Meinen drei Söhnen gewidmet

CATHERINE DONZEL

GELIEBTE BLUMEN

EINE KULTURGESCHICHTE

GERSTENBERG VERLAG

Inhalt

6 Blütenlese
Die Freude an Blumen in Ost und West

21 Girlanden, Streublumen und Kränze
Blumen von der Antike bis zur Renaissance

43 Geliebte Sträuße
17. und 18. Jahrhundert: die Blumenbilder der holländischen Meister und die Mode floraler Dekorationen

91 Laßt Blumen sprechen
19. Jahrhundert: die Kunst, Blumensträuße zu verschenken und anzunehmen; die ersten Floristen

145 Blumenmärkte
Ein Besuch der schönsten Märkte mit Blumen aus aller Welt

169 Blumenkünstler
Floristik als Kunst im Wandel der Zeit und der Mode

201 Anhang
Adressen 202 · Floristische Besonderheiten 212 · Blumenfeste 214 Blumenschauen 214 · Die Symbolik der Blumen 216 · Sitten und Gebräuche rund um die Blume 218 Wie man Sträuße frisch hält 219 Bibliographie 220 · Bildnachweis 221 Register 222 · Danksagung 224

Die Deutsche Bibliothek – CIP-Einheitsaufnahme
Geliebte Blumen : eine Kulturgeschichte / Catherine Donzel. [Aus dem Franz. übers. von Stefanie Schäfer]. – Hildesheim : Gerstenberg, 1998. Einheitssacht.: Le livre des fleurs <dt.>
ISBN 3-8067-2838-0

Aus dem Französischen übersetzt von Stefanie Schäfer

Die Originalausgabe erschien 1997 unter dem Titel *Le livre des fleurs* bei Flammarion, Paris.
Copyright © 1997 Flammarion, Paris

Gestaltung: *Marc Walter*
Konzeption: *Ghislaine Bavoillot*
Alle Rechte vorbehalten
Deutsche Ausgabe
Copyright © 1998
Gerstenberg Verlag, Hildesheim
Alle deutschen Rechte vorbehalten
Satz: Fotosatz Ressemann, Hochstadt
Printed in Italy by Canale, Turin
ISBN 3-8067-2838-0

Schutzumschlag-Vorderseite:
Adrian van der Spelt und Frans van Mieris, *Still Life* (der Ausschnitt, s. a. Seite 57, wurde hier aus gestalterischen Gründen bewußt seitenverkehrt abgebildet)
Schutzumschlag-Rückseite:
Audrey Hepburn im Musical *Funny Face* (1956)

Blütenlese

Nicht alle Menschen teilen die Liebe zu Blumen. Doch jeder verschenkt sie dann und wann oder bekommt selbst welche geschenkt. Ein kleiner Strauß als Dankeschön für einen erwiesenen Gefallen, Rosen als Mitbringsel zu einer Einladung zum Essen, Veilchen als Freundschaftsbeweis, Flieder als Ausdruck von Sympathie und Schleifenblumen zu besonderen Gelegenheiten: Blumen sind das gebräuchlichste Mittel, um anderen Menschen Freude zu bereiten. Mit Blumen kann man nichts falsch machen: Besser als jedes andere Geschenk werden sie von jedermann verstanden, und sie passen selbst zur heikelsten Gelegenheit. Kurzum, Blumen sind etwas ganz Besonderes.

Ein schöner Strauß kann vieles ausdrücken: Wünsche und Bedauern, Verehrung und Respekt, aber auch tiefere Ge-

fühle wie aufrichtige Zuneigung bis hin zu Liebe, in der Blumen bekanntlich wahre Wunder bewirken können. Die Liebe hält die Floristen in den Städten auf Trab und mobilisiert jedes Jahr am Valentinstag ganze Scharen junger Männer, insbesondere in den Vereinigten Staaten. Mit Blumensträußen liegt man bei Frauen nie verkehrt. Angeblich ziehen sie diese jedem anderen Geschenk vor. Frauen erhalten aber nicht nur die meisten Blumen, sie sind auch die eifrigsten Kunden der Floristen. Sie verschenken Blumen zu jeder passenden Gelegenheit, auch an Männer, was heute niemand mehr ungewöhnlich findet. In erster Linie jedoch beschenken sich die Frauen selbst mit Blumen, und zwar vor allem, um ihre Wohnungen damit zu schmücken.

Der Wunsch, die häusliche Umgebung durch Blumen zu verschönern, hat eine lange

Seite 1–5: Gartenrosen bei Moulié, Paris; alte Rosen in Seidenpapier; ein Herz aus Rosen für Marlene Dietrich in dem Film *Die Abenteurerin* (1941); und ein kleiner getrockneter Brautstrauß. Oben: In den USA war es noch bis vor wenigen Jahren üblich, daß ein Mann, der eine Frau zum Ball, ins Theater oder auch ins Kino einlud, ihr ein sogenanntes *corsage* schenkte, ein kleines Bukett, das sie sich an den Ausschnitt ihres Kleides heftete. So ist es noch heute bei den Abschlußbällen der Studenten üblich (*After the prom* von Norman Rockwell, 1957). Rechts: Ein Blumenstrauß war schon seit jeher ein sicheres Mittel, das Herz einer Frau zu gewinnen, selbst wenn es nur einfache Blumen vom Markt sind (*Les Amoureux aux Poireaux* – Verliebte mit Porree, Foto von Robert Doisneau, 1950).

Tradition. Im 19. Jahrhundert riefen in Paris die Blumenhändlerinnen: »Kaufen Sie Blumen, Madame, kaufen Sie Blumen!« Auch Ratgeber für Hausfrauen enthielten entsprechende Empfehlungen: »Verteilen Sie überall im Hause Blumen und Grünpflanzen. Sie verbessern das Wohnklima. Nichts verschönert das Haus so sehr wie dieser frische und abwechslungsreiche Schmuck (...).« Die Frauen werden seit mehreren Generationen mit derartigen Ratschlägen überhäuft und haben die Gewohnheit angenommen, sich mit Blumen zu umgeben.

Schon beim Bummel über den Markt verführen die wilden Osterglocken zum Kauf oder die großen Gartendahlien, die es beim Gemüsehändler gibt, oder gar die ersten Pfingstrosen, die im Einkaufskorb zwischen rötlichen Rhabarberstangen und frischen grünen Lauchzwiebeln Platz finden. In der Regel läßt man es beim Blumenkauf für den eigenen Haushalt bei den bunten, duftenden Sträußen vom Markt bewenden. Doch wer ließe sich nicht hin und wieder von den unwiderstehlich schönen Schaufenstern der Blumenläden auch zu unvernünftigeren Ausgaben verführen? Blumen können zu einer ruinösen Leidenschaft werden, auch wenn die Liste der floristischen Extravaganzen heute kürzer geworden ist und die Zeiten vorbei sind, als z.B. die Schauspielerin Sarah Bernhardt (1844–1923) die großen Pariser Floristen reich machte, indem sie ihre Nachtwäsche mit zahllosen Parmaveilchen besetzen ließ oder sich geflochtene Orchideen um die Taille wand.

Die Leidenschaft für Blumen muß aber nicht zwangsläufig Unsummen verschlingen. Gabriel García Márquez gibt in seinem Werk *Der Geruch der Guayave* zu, daß er sich nicht wirklich wohl fühlt, solange er nicht gelbe Blumen um sich hat, und daß er nicht arbeiten kann, wenn nicht eine Rose, eine gelbe versteht sich, auf seinem Schreibtisch steht. »Ich lasse einen Schrei los, man bringt mir die Blume, und von da an geht alles.« Man sieht, schon eine einzige, ganz bescheidene Blume kann bewirken, daß man geradezu süchtig nach ihr wird. Auch nüchterne Naturen sind dagegen nicht gefeit. Eine Dame aus guter Gesellschaft geriet 1996 in die Schlagzeilen der britischen Presse, weil sie in einem Park eine schöne Nelke abgepflückt hatte und dafür

Colette war eine unverbesserliche Blumennärrin. Nie konnte sie der Versuchung widerstehen, sich einen Strauß zu pflücken. Diese Art der Blumenliebe macht sie in ihrer Erzählung *Bella Vista* (1937) zum Thema. Die weibliche Hauptfigur pflückt in einem verwilderten Garten Frühlingsblumen: »Ich fand dort weiße Kallas, rote Rosen, Hunderte kleiner Tulpen mit spitzen Knospen, violette Iris und Klebsamen, deren Duft willenlos macht. Auch Mimosen, die das ganze Jahr über blühen, ließ ich nicht stehen. Danach warf ich mit großer Geste das ganze Bündel Blumen in den Wagen.« Oben: Herbstblumenstrauß von Eugène-Henri Cauchois (1850–1911). Rechts: *Coco* von Jacques-Henri Lartigue, 1934.

Blütenlese

einen Tag im Gefängnis verbringen mußte. Nicht alle floristischen Launen sind nämlich auch erlaubt. Denken wir an das Blumenpflücken – auch eine Art, sich Sträuße zu verschaffen –, kommen wir unweigerlich zu den verbotenen Blumen in Nachbars Garten oder zu den öffentlichen Blumenbeeten. Kinder, besonders in der Stadt, sind darin oft wahre Experten. Ihre Grundkenntnisse auf dem Gebiet der Floristik haben sie erworben, indem sie ein oder zwei Rosen von den städtischen Rabatten stibitzten oder sich vielleicht auf einen Rasen wagten, um ein paar Gänseblümchen für ihre Mutter zu pflücken.

Solche ersten Geschenke und das ängstliche Erschauern bei diesen kleinen Blumendiebstählen vergißt man nie. Simone de Beauvoir erinnert sich in ihren *Memoiren einer Tochter aus gutem Hause* daran, daß es in ihrer Kindheit als regelrechtes Verbrechen galt, sich an den Blumen im Garten zu vergreifen, und Agatha Christie berichtet in ihrer Autobiographie davon, wie sie als kleines Mädchen eines Tages erwischt wurde, als sie auf dem Grundstück des Nachbarn Osterglocken pflückte. Noch Jahre später ließ der Gedanke daran sie erzittern. Doch die meisten Menschen haben sicher auch glückliche Erinnerungen an das Pflücken von Blumensträußen, an die großen Ferien auf dem Land und an bunte Wiesen voller Sommerblumen. Türkenbund, Knabenkraut oder die Waldtulpe *(Tulipa sylvestris)* sind jedoch unantastbar, denn sie stehen unter Naturschutz. Aber es gibt ja Ehrenpreis, Hahnenfuß, roten Klee, die Ähren des Salbeis, Margeriten und Skabiosen, kurzum, mehr als genug, um unsere Vasen mit Sträußen zu füllen. Aus Waldreben kann man Kränze flechten, mit den Blüten der Winde verkleiden sich kleine Mädchen gern als Braut, winzige Windensträußchen schmücken die Puppenküche, und die Puppen selbst bekommen kleine Ketten. In den Blumenspielen der Kinder spiegeln sich die floristischen Gebräuche der Erwachsenen wider, und neue, noch geheimnisvollere werden von ihnen dazuerfunden. Sie versetzen uns in eine märchenhafte Welt, wie Lewis Carrol sie in *Sylvie und Bruno* entwirft, wo der junge Held auf einer toten Maus sitzt und mit Glockenblumen Musik macht.

Läßt man die vielen verschiedenen Blumen Revue passieren, ob Zucht- oder Wildpflanzen, gekaufte oder gepflückte, könnte man meinen, sie wären unentbehrlicher Bestandteil unseres Lebens. Und doch gibt es Gegenden auf der Welt, wo Blüten, so schön sie auch sein mögen, auf keinerlei Interesse stoßen, weder in ritueller noch in ästhetischer Hinsicht.

Links: Mit Blumen assoziierte man auch rührende Bilder der Mütterlichkeit. Emmy und Kitty Tutzing nach dem Rosenpflücken in einem bayrischen Garten. Schwarzweißfoto von Frank Eugène aus dem Jahr 1907. Oben: Im 19. Jahrhundert gehörten Blumen und Blüten im wesentlichen zur weiblichen Lebenswelt. Die Frauen trugen mit Sommerblumen geschmückte Hüte. Aquarell von Angelo Rossi, um 1862.

Die Liebe zu Blumen: kein selbstverständlicher Luxus

Von einer Pariser Designerin und Expertin für floristische Arrangements stammt eine Anekdote, die zeigt, daß die Leidenschaft der Europäer für Sträuße durchaus nicht universell ist. Sie hatte einem ihrer Freunde, der aus Schwarzafrika stammte und ihr eine Freude machen wollte, zu verstehen gegeben, daß Blumen immer sehr gut bei ihr ankämen. Der aber fand diese Vorstellung wider Erwarten höchst abwegig: »Wie entsetzlich! Ein paar tote Stengel in abgestandenem Wasser!« Seine Reaktion war ein eindeutiges Zeichen von Desinteresse an etwas so Vergänglichem und so wenig Nützlichem wie Blumen. Ganz ähnlich dachte übrigens Victor Hugo. Für ihn waren die schönen Kompositionen der Floristen nichts anderes als »Sträuße sterbender Wesen«. Diese Einstellung ist typisch für alle Kulturen, in denen Blumen etwas Seltenes sind. Man empfindet dort Mitgefühl für die zum Sterben verurteilte Pflanze und möchte dennoch nicht auf sie verzichten.

Die schwarzafrikanischen Völker machen nicht viel Aufhebens von Blumen, eine Besonderheit, die der Anthropologe Jack Goody in seinem Werk *The Culture of Flowers* (1993) beschrieben hat. Die afrikanischen Völker züchten traditionell keine Blumen. Sie benutzen sie weder als Körperschmuck, noch opfern sie sie den Göttern oder verschenken sie an ihre Mitmenschen. Sie verwenden sie auch nicht als Schmuck für die Wohnung. Ihre Behausungen bieten sich ja auch nicht für Blumenschmuck an, da es keine Möbelstücke gibt, auf denen Blumen einen geeigneten Platz fänden. So haben sich Wohnungssträuße in Europa denn auch erst im 17. Jahrhundert eingebürgert, als Tische, Beistelltischchen und Servierwagen Einzug in die Häuser hielten. Andererseits kann man Blumen, wie in anderen Kulturen durchaus üblich, auch einfach auf den Fußboden streuen, und es gibt Kränze, Girlanden u. ä., die man, wenn Kulturpflanzen rar sind, aus Wildblumen binden könnte. Doch die großen tropischen Regenwälder Afrikas mit ihrem üppigen Pflanzenwuchs sind arm an Blüten. Auch die Savanne ist karg; sie ist zwar während der Regenzeit von Blumen bedeckt, doch die Blüten verwelken sofort. Wo in der Natur so wenige Blühpflanzen vorkommen, ist es nicht verwunderlich, daß sich die Menschen ihrerseits so wenig dafür interessieren. Aber auch in anderen Regionen der Erde, besonders in den Regenwäldern des Amazonas, wo das Blumenwachstum sehr üppig ist, erregen Blüten kein größeres Interesse. Das gilt sogar für die Orchideen, die in Blütenkaskaden an den Lianen herunterhängen. Lediglich Angehörige einiger Indianerstämme Südamerikas stecken sich manchmal, einer Laune des Augenblicks folgend, eine Blume hinters Ohr.

In welcher Zahl und ob überhaupt Wildblumen vorhanden sind, kann also den Ursprung unserer floristischen Traditionen nicht erklären. Aber was treibt uns Europäer dann dazu, alle möglichen Blüten abzupflücken? Nichts ist nämlich weniger

Auf dem afrikanischen Kontinent sind mit Blumen verknüpfte Gebräuche nicht völlig unbekannt: An den Mittelmeerküsten Afrikas flicht man Jasminblüten zu Ketten oder bindet sie zu Sträußchen, die sich die Männer hinter die Ohren stecken, und in den Küstenregionen Ostafrikas schätzt man Rosen. Diese Bräuche sind islamisch geprägt, und so findet man sie in derselben Form in den moslemischen Ländern der arabischen Halbinsel. Im südlichen Arabien pflegen die Beduinen Blumentraditionen, die noch weit älter sind als der Islam. Die Männer dort sind sehr auf ihr Äußeres bedacht; sie tragen Kopfschmuck aus wildwachsendem Beifuß, Raute und Basilikum oder aus Jasmin und indischen Nelken, die sie auf dem Markt kaufen.

natürlich als unsere Art, der Liebe zu Blumen Ausdruck zu geben. In Wirklichkeit beruht diese Liebe auf einer langen kulturellen Entwicklung. Denn erst die Kulturpflanzen haben unsere Begeisterung für Floristik ausgelöst; und diese Begeisterung wiederum hat uns auf Umwegen die wilden Arten in ihrer Schönheit neu entdecken lassen.

Tatsächlich sind die Länder, in denen die meisten Schnittblumen verwendet werden, auch diejenigen, in denen die Wissenschaft und Kunst des Gartenbaus sich erfolgreich entwickelt haben. In Europa z.B. beherrschte man die notwendigen Techniken schon früh. Noch früher allerdings wurden sie in Asien ausgebildet, wo man zu unvergleichlicher Virtuosität gelangte. Schwarzafrika und Amazonien dagegen konnten sich den Luxus des Blumenanbaus nie erlauben. Blumen sind ja etwas außerordentlich Luxuriöses: Sind sie einmal gepflückt, muß man auf die Frucht verzichten, die die Pflanze später unter natürlichen Umständen tragen würde. So wird die Blume zum Selbstzweck und hat keinen anderen Nutzen als das Vergnügen, das sie bereitet. Darin ähnelt sie Parfums, Schmuck, teuren Gewürzen, Stickereien und Seidenstoffen. Die Voraussetzung für die Existenz all dieser Luxusgüter ist, daß es Menschen gibt, die genug Geld haben, um sie sich leisten zu können.

Auf dem eurasischen Kontinent hat es seit jeher Kulturen mit zahlreichen Tempeln, Palästen und blühenden Städten gegeben, und da die Freude am Luxus mit dem Vergnügen an Blumen einhergeht, fanden sie dort bald überall Verbreitung.

Die Kirschblüte ist in Japan jedes Jahr ein nationales Ereignis: Täglich berichten Zeitungen und Fernsehen über das jeweilige Stadium dieses Frühlingsphänomens. Im ganzen Land finden Feste statt, wie hier in Kioto, wo man die Kirschblüte seit dem 16. Jahrhundert feiert. Unter den blühenden Zweigen werden Prozessionen, Picknicks und Teezeremonien veranstaltet, und in Gedichten, Graphiken und Aquarellen wird ihre Schönheit gepriesen.

Blütenlese

BLUMEN IN OST UND WEST

In verschiedenen Kulturkreisen gibt es unterschiedliche Arten von Blumenarrangements sowie jeweils typische florale Sitten und Gebräuche. In Beirut z.B. überreichen Freunde einander duftende, mit Jasmin gefüllte Taschentücher als Abschiedsgeschenk. In buddhistischen Tempeln werden Schalen mit Lotosblüten aufgestellt, in Indien flicht man aus Ringelblumen Girlanden, in Bali tragen die Tänzerinnen Kopfschmuck aus Gold und Blütenkelchen, und die Japaner sehen dem Blütenregen in den Obstgärten jedes Jahr wie einem Fest entgegen.

Zu den typischen Merkmalen des westlichen Straußes gehört neben der üppigen Blütenpracht möglichst vieler Blumen die Form der Stengel, die einem idealen Maß zu entsprechen haben: Die Blütenstiele müssen lang genug sein, damit der Strauß anmutig fällt. In den Versuchsgewächshäusern experimentiert man mit ihrer Form, ihrer Eleganz und ihrer Fähigkeit, die Blüte zu tragen, ohne sich unter deren Gewicht zu biegen oder abzuknicken. Ebensosehr achtet man auf die harmonische Anordnung der Blätter: Wenn die oberen Blätter zu hoch austreiben, verdecken sie die Blütenkrone, stehen sie zu niedrig, wirkt die Blume nackt. Wenn die Stengel fein, elegant – und vor allem lang! – sind, können sie, ebenso wie die Blüte, ausschlaggebend für den Preis einer Blume sein.

Doch nicht nur in Europa spielt die Größe von Blumen eine wichtige ästhetische Rolle. Auch in Japan, wo sich die Floristik ebenfalls zur Kunst entwickelt hat, bemißt sich die mustergültige Harmonie der Blumenarrangements nach der richtigen Länge der verwendeten Pflanzen, danach, wie sich die Stengel biegen, überkreuzen und zueinander passen. Doch hier hören die Gemeinsamkeiten auf. Denn in Japan verwendet man Blumen äußerst sparsam. Man ist weit von jener Üppigkeit entfernt, die wir so sehr lieben und über die sich Okakura Kakuzo (ein Autor, der vehement für die Aufrechterhaltung japanischer Sitten eintrat) in seinem *Buch vom Tee* (1906) folgendermaßen ereifert: »Die achtlose Verschwendung von Blumen, so wie sie in abendländischen Kreisen üblich ist, ist indes noch grauenerregender, als selbst ihre Behandlung seitens der Blumenmeister des Ostens. Die Zahl der täglich geschnittenen Blumen, die zur Aus-

Links: Kniendes junges Mädchen im japanischen Blütenregen (Fotografie von Édouard Boubat). Oben links: Im 16. Jahrhundert kam in Japan die Kunst des Blumenarrangierens auf, Ikebana genannt. Die Meister der Teezeremonie lehrten in Schulen *(ryu)* die verschiedenen Arten, Blumen oder Zweige in einer Vase oder Schale anzuordnen. Diese Kunst wurde mit der Zeit zu einem festen Bestandteil der Mädchenerziehung. Oben rechts: Das Haus Lachaume in Paris gilt als Inbegriff der westlichen Floristik: langstielige Pfingstrosen und Lilien in üppigen Mengen.

Blütenlese

schmückung von Tafel und Ballsaal in Europa und Amerika dienen, um am folgenden Tage weggeworfen zu werden, muß riesengroß sein. Zur Girlande gebunden könnte sie wohl einen Erdteil umschlingen. (...) Wo kommen sie alle hin, diese Blumen, wenn das Fest vorüber ist? Es gibt nichts Traurigeres als den Anblick einer welken Blume, unbarmherzig zum Kehricht geworfen.« Okakura Kakuzo zeigt sich aber auch beunruhigt über das Los, das den Schnittblumen seitens seiner eigenen Landsleute widerfährt. Die japanischen Sitten erscheinen ihm allerdings sparsamer und überlegter und daher weniger verdammenswert, ja geradezu harmlos im Vergleich zu unseren Blumenexzessen. Auch die gefährlichen Machenschaften des Blumenmeisters verschweigt er nicht, jenes hochgeachteten Künstlers, der die Gärten des japanischen Kaisers abschreitet, stets bewaffnet »mit einer Schere und einer winzigen Säge«. Er schneidet, biegt, beugt die Blumen und zwingt ihnen unnatürliche Wachstumsformen auf. Er färbt sie »mit Salz, Essig, Alaun und vielleicht sogar mit Vitriol« und verbrennt sie mit »glühheißen Kohlen«, um den Austritt von Pflanzensaft zu verhindern.

Für den chinesischen Strauß, der sich ebensostark vom europäischen unterscheidet wie der japanische, sind lange Stengel ebenfalls von besonderer Bedeutung. Doch in China müssen sie holzig sein; Pfirsich- oder Orangenbaumzweige sowie die strauchigen Pfingstrosen wurden dort seit jeher

Oben: In manchen Regionen Südindiens wird der neue Tag mit Blumen begrüßt. Um die Götter gnädig zu stimmen, werden auf den Schwellen der Häuser Blütenkompositionen angeordnet, die sich im Laufe des Tages verstreuen, bis sie ganz verweht sind.
Rechts: In der kolumbianischen Stadt Popayán wird die Karwoche mit bunten Blumen gefeiert, wobei die Farben jeden Tag bis zum Ende der Feierlichkeiten wechseln; zum Schluß sieht man schließlich nur noch weiße Blumen. Bei den Prozessionen wird jeder Wagen von einer Blumenträgerin *(sahumadora)* angeführt, die Blüten und ein Räuchergefäß in den Händen hält. Die jungen Mädchen stehen für Jugend und Wohlstand.

krautigen Pflanzen vorgezogen. Außerdem sind in diesem Teil der Welt, wo man eher Topfpflanzen liebt, Sträuße sehr selten. Nur während der Neujahrsfeiern kommt der Strauß zu Ehren, ist dann aber in fast jedem Haus zu finden. Ein blühender Zweig gilt als Glücksbringer und wird nach bestimmten Regeln in eine Vase gestellt, die nicht weniger Bedeutung hat als ihr Inhalt. Die kostbare Neujahrsvase gehört in China zu den wichtigsten Familienerbstücken.

Ob feines Porzellan, glitzerndes Kristall, buntbemalte Fayencen oder dunkles Zinn: alle Völker, bei denen Sträuße eine Rolle spielen, haben Freude an schönen Vasen entwickelt. In Südasien jedoch benutzt man überhaupt keine Vasen. Die Blumenstengel sind uninteressant und werden auf den Kompost geworfen, man behält nur die Blütenkelche. Auf den Märkten von Delhi und Bombay werden Blüten lose und nach Gewicht verkauft: große Haufen von roten Rosenknospen und wunderschön anzusehende Pyramiden aus Ringelblumenblüten. Manche Händler befestigen die Blüten an Bändern oder an Streifen feiner Rinde. Hier ist das Reich der Girlanden, das aber nicht auf Indien beschränkt ist, sondern sich bis nach Südostasien und Polynesien erstreckt.

Die Verbreitung floristischer Gebräuche wirft ein Licht auf die Entwicklung der jeweiligen Kultur. Da der internationale Geschmack immer mehr zu Vereinheitlichung tendiert, tauchen Sträuße, wie sie im Westen üblich sind, überall in der Welt auf, sogar in Regionen, in denen sie bislang unbekannt waren. In Hongkong etwa feiert man den Valentinstag, ebenso wie in den Vereinigten Staaten, mit einer Flut von Rosensträußen, die eigens zu dieser Gelegenheit aus den Niederlanden importiert werden. Reiche Chinesen lassen sich große Bunde Wohlriechender Wicken mit dem Flugzeug aus Paris schicken. Ähnliche Tendenzen kann man in Tokio beobachten, wo bis vor kurzem jede Art von Blumengeschenk als unschicklich galt. Neuerdings werden dort bei offiziellen Besuchen, zu denen man traditionell Leckereien mitbringt, auch Blumensträuße als Gastgeschenk in Betracht gezogen.

Zu Beginn des 19. Jahrhunderts wurde unsere Vorstellung von Blumensträußen durch die Entdeckung der japanischen Floristikkunst geradezu revolutioniert. Heute sind es wiederum die Japaner, die bei den europäischen Floristen lernen, etwas natürlicher und spontaner zu arrangieren. In der Welt der Blumen findet ein permanenter Austausch statt.

Florale Moden und landestypische Vorlieben

Auch wenn der Strauß westlichen Stils heute nahezu überall zu finden ist, so sieht er doch nicht überall gleich aus. In seinen Herkunftsländern, von Europa bis zu den Vereinigten Staaten, trifft man auf die verschiedensten Vorlieben und Gebräuche, was allein schon an der Menge der gekauften Blumen ersichtlich wird, die von Land zu Land stark variiert. An der Spitze stehen die Schweiz und Österreich, wo Blumen in solchen Mengen konsumiert werden wie nirgendwo sonst. Doch auch in Norwegen deckt man sich großzügig mit Blumen ein. Ebenfalls weit oben auf der Rangliste stehen die Niederländer: Ihre Liebe zu Sträußen hat eine jahrhundertelange Geschichte; zudem sind sie die bedeutendsten Blumenproduzenten der Welt. Frankreich liegt weit abgeschlagen hinter Deutschland, Belgien und Italien, doch noch vor den Vereinigten Staaten und sogar vor Großbritannien, das unter den europäischen Ländern einen der hintersten Plätze einnimmt. Man fragt sich, warum die Briten, die Blumen doch so sehr lieben, nur so wenige kaufen. Die Erklärung mag darin liegen, daß in Großbritannien die kleinen Gärten in den englischen Städten und auf dem Land zu geringen Kosten eine ausreichende Menge an Blumen liefern, so daß man auf den Kauf beim Floristen verzichten kann. Auch die Königin bildet hier keine Ausnahme: Die Gärtner des Buckingham-Palastes holen die Blumen aus den Schloßgärten. Für offizielle Bankette im Ballsaal des Palastes verlangt die Königin große Mengen roter und gelber Nelken, passend zu den goldenen Tellern, zum Purpur und Blutrot der Stühle und zum Baldachin über den Thronsitzen, und sie werden allesamt in den Gärten von Windsor geschnitten: aus Sparsamkeitsgründen und aus nationalem Stolz.

Es ist aussichtslos, all die feinen Nuancen im Reich der Blumen verstehen zu wollen, etwa warum die Deutschen keine Sträuße verschenken, ohne vorher das Papier zu entfernen; warum die Franzosen grundsätzlich eine ungerade Anzahl von Blumen verschenken oder warum die Sträuße in Italien und Spanien buschiger und natürlicher sind als anderswo. Müßig, die Ursache plötzlich auftretender Modeerscheinungen ergründen zu wollen (etwa warum die Sonnenblume bei den Olympischen Spielen von Atlanta eine so große Rolle spielte und alle Sieger mit ihr geschmückt wurden) oder eine Erklärung für die unvorhersehbaren Vorlieben für bestimmte Farbtöne zu finden.

Die Geschichte des Blumenstraußes, so wie man ihn heute in Europa findet, ist von rasch aufflammenden, flüchtigen Begeisterungswogen, plötzlichem Desinteresse und ebenso launenhaften wie vergänglichen Gebräuchen gekennzeichnet. So ist auch der große Erfolg der zeitgenössischen Floristik nur eine Etappe in der Geschichte der Blumen.

Die meisten Engländer, heißt es, kaufen in ihrem ganzen Leben nie einen Strauß. Sie holen ihre Blumen aus dem eigenen Garten. Das gilt auch für die Mitglieder des Königshauses, die sich meist mit den Blumen begnügen, die die Gärtner von Windsor schneiden. Nur bei besonderen Anlässen greifen die Royals auf Londoner Floristen zurück, von denen einige den Hof schon zu Zeiten Königin Viktorias belieferten. Oben: Sarah Fergusons Töchter mit typisch britischen Blumenkränzen bei der Hochzeit von Alison Wordley, Sarahs ehemaligem Kindermädchen. Links: Anläßlich eines offiziellen Besuchs des früheren französischen Staatspräsidenten Charles de Gaulle war das Londoner Opernhaus reich mit Blumen geschmückt.

Girlanden, Streublumen und Kränze

Girlanden, Streublumen und Kränze

Florale Moden kommen und gehen. Unsere Großmütter haben uns die Orangenblüten von ihrer Hochzeit unter Glasglocken vererbt, und Erinnerungsfotos zeigen Bräute mit Kranz und Brautstrauß, Porträts von Frauen mit breitkrempigen, blumengeschmückten Hüten, Festessen mit großen Blumengestecken, aber auch alltäglichen Blumenschmuck in Vasen oder Körben. Daraus können wir die damaligen Vorlieben für bestimmte Blüten oder Blumenkompositionen ablesen. Herauszufinden, nach welchen Regeln Sträuße verschenkt wurden oder die Männer ihre Knopflöcher mit Blüten schmückten, ist jedoch schon schwieriger. Vor noch nicht einmal hundert Jahren regelten zahlreiche, heute nicht mehr bekannte Konventionen den Umgang mit Blumen. Wir vermögen uns eher florale Sitten und Gebräuche der Antike vorzustellen als die ungeschriebenen Gesetze des vergangenen Jahrhunderts.

Wenn wir an den Prunk des Alten Rom denken, sehen wir vor unserem geistigen Auge die Legionen im Triumphzug unter einem Blütenregen aufmarschieren, Heerführer mit lorbeerbekränzten Häuptern, Marmorpaläste, deren Fußböden mit Blumen bestreut sind, oder üppige Rosengirlanden, die Altäre und Götterstatuen zieren. Die Verschwendungssucht, die man im Alten Rom in bezug auf Blumen an den Tag legte, schlug das restliche Europa in einen Bann, dem es sich nie mehr ganz hat entziehen können. Unablässig wurden in der bildenden Kunst römische Kränze und Girlanden dargestellt, sowohl in den mythologisierenden Bildern des 18. wie in den Historienbildern des 19. Jahrhunderts, etwa denen des niederländisch-englischen Malers Sir Lawrence Alma-Tadema (1836–1912), auf denen schöne Römerinnen in einem regelrechten Meer von Blumen zu sehen sind. Blumen und Blütenblätter streuende Statisten tauchen heute zuweilen in Historienfilmen auf, um dem Geschehen eine gewisse Authentizität zu verleihen.

Die sinnenfrohen Blumendekorationen der Antike faszinierten nicht nur, weil sie ein Stück Wirklichkeit repräsentierten, sondern auch wegen ihres

»Du, Dika, jedoch setz dir ins Haar liebliche Blumenkränze, die dir deine Hand fein und geschickt flocht aus des Dilles Gräsern. Was blumengeschmückt, das allermeist mögen auch die Chariten anschauen, ihr Blick wendet sich ab, so jemand ohne Kranz naht.« Die griechische Dichterin Sappho (7.–6. Jahrhundert v.Chr.) beschwor in ihren Liebesgedichten auch die Schönheit der Blumen. Die Girlanden und Kränze Athens und Roms, von den antiken Dichtern besungen, übten großen Einfluß auf europäische Blumendarstellungen aus. Seite 20: Detail eines Frühlingsbildes von Sir Lawrence Alma-Tadema, 1894. Seite 21: Ausschnitt aus einem Wandfries (Anfang 19. Jahrhundert) in Schloß Malmaison. Links: Frühlingsbild von Sir Lawrence Alma-Tadema. Oben: Sommerallegorie von Sir William Ernest Reynold, 1862.

mythischen Charakters. Man trauerte der sagenhaften Rose von Paestum nach, die im Altertum überaus berühmt war, ohne daß man je erfahren hat, wie sie ausgesehen haben könnte. Sie regte die Phantasie in gleicher Weise an wie die hängenden Gärten der Semiramis, eines der Sieben Weltwunder. Dabei soll es sich um einen märchenhaften Park gehandelt haben, terrassenförmig angelegt und mit großem Aufwand bewässert, dessen exotische Pflanzen hoch über den Dächern des antiken Babylon wuchsen.

Der Vordere Orient war nämlich schon lange vor dem Aufstieg Roms berühmt für seine Gartenbaukunst und die Vorliebe für dekorative Pflanzen. Die Völker des »fruchtbaren Halbmonds« verewigten die Schönheit von Blumen und Pflanzen in Rosetten-, Palmetten- und Lotosblütenfriesen. Noch heute wächst an den Ufern des Nils blauer und weißer Lotos, die Lieblingsblume der Alten Ägypter. Er zierte die Kapitelle der Tempelsäulen, manchmal als einzelne Knospe, manchmal als mit einem Band umschlungenes Pflanzenbündel. Die architektonischen Sträuße mit ihren klaren Formen lassen darauf schließen, daß die Ägypter nicht nur große Baumeister und Gärtner, sondern auch hervorragende Floristen waren. Ihre Kunst rief bei den Griechen und Römern stets Bewunderung hervor. Bei den Festen des Neuen Reiches (1551–1070 v. Chr.), zur Blütezeit der ägyptischen Kultur, wurde vorwiegend mit Sträußen aus Mohn, Margeriten, Kornblumen und Lotos dekoriert, und die Damen trugen Blumenkränze im Haar. Die Ägypterinnen, elegante und gepflegte Frauen, wußten um die Wirkung von Blumen und nutzten sie, um ihre eigenen Reize zu unterstreichen. Viele Jahrhunderte später konnte auch die ägyptische Königin Kleopatra unter Beweis stellen, wie gut sie diesen Kunstgriff beherrschte: zuerst am römischen Feldherrn Cäsar, den sie mit Blumen geradezu überhäufte und dem sie damit den Kopf verdrehte. Während der Festlichkeiten zu Ehren seiner Ankunft in Alexandria trugen alle Gäste Kränze aus Rosen, deren Duft sich mit dem berauschenden Geruch von Nardenbaldrian vermischte. Danach becircte und eroberte sie auch Cäsars Rivalen Mark Anton mit Blumen. Zu seinen Ehren gab sie phantastische Bankette, bei denen der Marmorfußboden sechzig Zentimeter hoch mit Rosenblütenblättern bedeckt war, die von einem unsichtbaren Netz zusammengehalten wurden. Kleopatra hat beide Male gewonnen. Indem es die Rose, jene fremde Blume, die es den Armeen Alexanders des Großen zu verdanken hatte, dem Lotos vorzog, sollte Ägypten jedoch für lange Zeit seine Seele verlieren.

GRIECHENLAND: KRÄNZE FÜR DIE LIEBENDEN

Die Griechen sorgten überall dort für die Verbreitung der Rose, wo ein mildes Klima sie gedeihen ließ, besonders in Massilia, dem antiken Marseille, sowie in den Städten Nike und Antipolis, heute Nizza und Antibes. Der Blumenanbau hat dort also bereits eine lange Tradition. Ursprünglich pflanzte man sehr wahrscheinlich verschiedene Sorten der Essigrose *(Rosa gallica)* an, die als die älteste Rose Europas gilt. Ihre gefüllten Blüten verströmten einen zarten Duft. Rosen wurden als die schönsten unter den Blumen betrachtet; sie waren der Göttin Aphrodite geweiht und ein Symbol der Liebe. Doch neben Rosen züchteten die Griechen auch Narzissen, Majoran und Goldlack als Schnittblumen sowie das Veilchen, das Wahrzeichen der Stadt Athen.

In Griechenland schätzte man von jeher pflanzliche Ornamente. Anfangs wurden als Motive nur Blätter verwendet, doch das änderte sich, als man weiter in den Orient vordrang und mit der ägyptischen Kultur und ihrer floralen Kunst in Berührung kam. Nun begann man auch in Athen, Blumen zu Kränzen und Girlanden zu flechten, ein Brauch, der sich in ganz Europa bis zur Renaissance hielt. Zuallererst kamen die Götter in den Genuß dieser neuartigen Zierde: Lilien schmückten die Statuen der Artemis, roten Mohn pflückte man zu Ehren von Morpheus, und auf den Altar des Zeus durfte man alle Arten von Blumen legen, da er sie alle gleichermaßen liebte.

Die ursprünglich im Orient beheimatete Gewohnheit, Festbankette mit Blumen zu dekorieren, verbreitete sich rasch auch in Europa. Bevor sich die Gäste zum Essen niederließen, setzte man ihnen von Sklaven geflochtene Kränze ins Haar, die durch frische ersetzt wurden, sobald die ersten zu welken begannen. Die Frische und der zarte Duft der Blumen sollten einerseits den Genuß der Gäste noch erhöhen, andererseits wurden den Kränzen aber

Girlanden, Streublumen und Kränze

auch prosaischere Qualitäten zugeschrieben: Nach Auskunft zahlreicher medizinischer Abhandlungen beugt ein fest um den Kopf geschlungenes, aus bestimmten Pflanzen geflochtenes Band den unangenehmen Nebeneffekten des Weins vor oder kann sie sogar verhindern. Kränzen aus Goldlack oder Majoran wurde allerdings nachgesagt, Migräne zu verursachen, und denen aus Narzissen, die Nerven anzugreifen. Efeu jedoch, eines der Attribute des Weingottes Dionysos, wirkte angeblich Wunder, besonders in Verbindung mit Veilchen, die »die Schwere des Kopfes« mit der gleichen Effektivität wie Rosen vertreiben sollten. Rosen spielten überhaupt bei Festen eine wichtige Rolle. Es gab u.a. einen Brauch, den man »den Kranz trinken« nannte: Dabei wurden um die Trinkbecher Rosen gewunden, deren Blütenblätter man in den Kelch zupfte und mittrank.

Blumen verkörperten die angenehmen Seiten des Lebens und waren schließlich von öffentlichen wie privaten Anlässen nicht mehr wegzudenken. Es gab Kränze für Sieger, für Politiker, für Redner, für auslaufende Schiffe und für deren Passagiere. Kränze hatten dieselbe Bedeutung wie heutzutage Medaillen oder Orden. Und auch Verliebte wanden Kränze. Sie tauschten sie untereinander aus und versuchten, gute Vorzeichen für die Zukunft herauszulesen. Die Farbe der verwendeten Blumen konnte Zustimmung zu einem Rendezvous bedeuten, und die Art und Weise, wie Blüten auf einer Haube angeordnet waren, konnte entweder jede Hoffnung zunichte machen oder zu jedem Wagnis ermutigen. Bekam der Verliebte den verblühten Kranz geschickt, den die Dame seines Herzens am Abend zuvor getragen hatte, so durfte er leidenschaftliche Erwartungen hegen, und lagen auch noch ein paar angebissene Äpfel dabei, durfte er dies als eine heiße Liebesnachricht interpretieren.

Sehr zuverlässig war diese Symbolik allerdings offenbar nicht, denn wollte man eine Affäre als eher lauwarm charakterisieren, so hieß es, man liebe »mit Äpfeln und Rosen«. Um ernsthafte Absichten zu bekunden, mußte man schon mehr investieren. So hängte ein abgewiesener Liebhaber, der die Gunst seiner Geliebten zurückerobern wollte, zahlreiche kunstvolle und äußerst kostspielige Blumengirlanden an die Tür seiner gleichgültigen Angebeteten.

Griechische Moralisten und Pamphletisten kritisierten dieses Übermaß an Kränzen, in dem sie eine verhängnisvolle Neigung zu Prunksucht, Luxus, Geldverschwendung und sinnlichen Genüssen sahen. Der Philosoph Theophrast (um 372–287 v. Chr.) zeichnete in seinen *Charakterbildern* u.a. das Porträt eines hohen Beamten, der an seinen Weihaltären profane Girlanden aufhängte und sich in der Öffentlichkeit stets mit aufwendigen Blütenkränzen auf dem Kopf zeigte: übertriebene Eitelkeit, die geradezu lächerlich wirkte. Im Alten Rom aber sollte die verschwenderische Fülle der Blumen die in Griechenland noch bei weitem übertreffen.

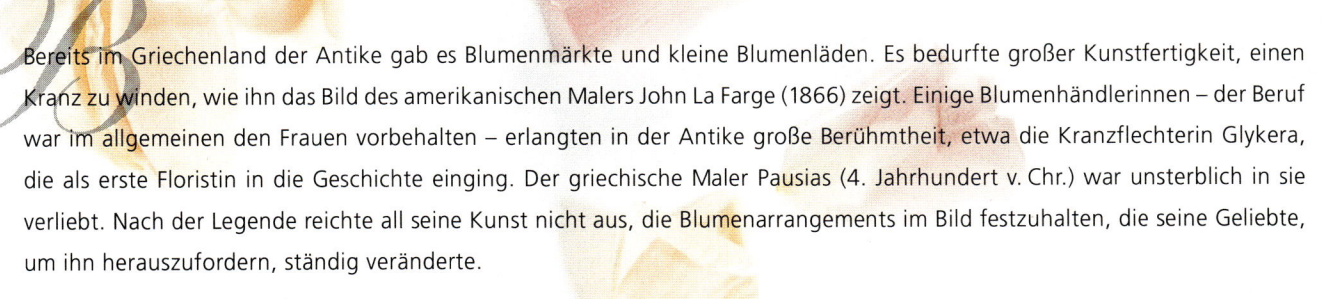

Bereits im Griechenland der Antike gab es Blumenmärkte und kleine Blumenläden. Es bedurfte großer Kunstfertigkeit, einen Kranz zu winden, wie ihn das Bild des amerikanischen Malers John La Farge (1866) zeigt. Einige Blumenhändlerinnen – der Beruf war im allgemeinen den Frauen vorbehalten – erlangten in der Antike große Berühmtheit, etwa die Kranzflechterin Glykera, die als erste Floristin in die Geschichte einging. Der griechische Maler Pausias (4. Jahrhundert v. Chr.) war unsterblich in sie verliebt. Nach der Legende reichte all seine Kunst nicht aus, die Blumenarrangements im Bild festzuhalten, die seine Geliebte, um ihn herauszufordern, ständig veränderte.

Rom im Rosenblütenregen

Schon zu Beginn der Regierungszeit von Kaiser Augustus (63 v. Chr.–14 n. Chr.) pflanzten die Römer Blumen in den Höfen ihrer Stadthäuser an. Fresken mit Gladiolen, Margeriten, Lilien, Krokussen und Myrten an den Wänden dienten dazu, die kleinen Gärten optisch zu vergrößern. Wahrscheinlich stammten aus diesen Gärten auch die Blumen, die man zum Schmücken des Hausaltars benötigte. Doch sie allein konnten den Bedarf nicht decken, denn seit dem Ende der Römischen Republik lebten die reichen Patrizier auf großem Fuß. In Pompeji und Herculaneum bauten sich die Römer ihre Sommervillen und gaben sich, umgeben von Luxusartikeln wie kostbarem Schmuck, Stoffen und natürlich Blumen, dem Müßiggang hin.

Der Gartenbau entwickelte sich in Kampanien, der langgestreckten Küstenebene, deren vulkanische Böden noch heute sehr fruchtbar sind. Die Versorgung der Städte mit Blumen war ein einträgliches Geschäft und trieb die Gärtner zu großem Erfindungsreichtum an. So kannten sie bereits Treibhäuser und wußten, daß das Begießen der Pflanzen mit lauwarmem Wasser die Blüte beschleunigt. Sie produzierten bis zum ersten Frost. Im Winter wurden Blumen aus Ägypten importiert: Zweimal im Monat legten mit den verschiedensten Blumenarten beladene Schiffe im römischen Hafen Ostia an. Die Einfuhr dieser ebenso nutzlosen wie kostspieligen Ware in wachsender Menge stieß nicht auf einhelligen Beifall, denn beileibe nicht jeder war damit einverstanden, daß auf dem fruchtbaren Ackerland Kampaniens statt Getreide Blumen angepflanzt wurden.

Blumen sind gewissermaßen Bestandteil der römischen Geschichte. So spielten sie z.B. häufig bei den Exzessen des gewalttätigen Kaisers Nero (37–68 n. Chr.) eine Rolle. Für ihn wurden Blütenblätter gestreut, wenn er am Strand in der Nähe von Neapel spazierenging. Für seine zahlreichen Hochzeiten brauchte er Unmengen von Kränzen. In seinem Goldenen Haus *(domus aurea)* auf dem Esquilin ließ er Rosenblüten regnen. Im runden Speisesaal, der sich unablässig um die eigene Achse drehte, um die Bewegung der Erde nachzuahmen, konnte man die Elfenbeinvertäfelung der Decke öffnen, um je nach Wunsch Parfums oder Blumen herabrieseln zu lassen. Diese Spielerei verschlang astronomische Summen. Hundertfünfzig Jahre nach Nero ging der grausame Kaiser Heliogabalus noch weiter. Statt eines sanften Blütenblätterregens ließ er eine wahre Sintflut auf seine Gäste niedergehen. Drei mit Blütenblättern vollbeladene Segel wurden nacheinander von ihren Halterungen gelöst, und ihr Inhalt ergoß sich in den Speisesaal. Die Gäste hatten gerade noch Zeit, diese neue Extravaganz zu beklatschen, bevor sie unter den Rosen erstickten.

In Rom war die Rose wegen ihrer Schönheit einerseits ein Symbol des Lebens und der Liebe, wegen ihrer Vergänglichkeit andererseits aber auch die Blume der Begräbnisse. Auf den Vanitas-Stilleben des 16. und 17. Jahrhunderts erschien sie wie eine Warnung, da sie die Unwägbarkeit und Vergänglichkeit des Lebens symbolisierte. Nach dem Untergang des Römischen Reichs, das gerade der Rose eine so unmäßige Liebe entgegengebracht hatte, gingen in Europa zunächst die Freude an Blumen und auch das botanische Wissen verloren. Doch beides sollte man Schritt für Schritt wiederentdecken.

Oben: Blumengefüllter Korb (Mosaik aus dem 2. Jahrhundert). Rechts: *The Roses of Heliogabalus* von Sir Lawrence Alma-Tadema (Ausschnitt). Die Idee, Rosenblütenblätter von der Decke regnen zu lassen, stammte ursprünglich von Nero. Kaiser Heliogabalus nutzte sie jedoch zu ganz anderen als dekorativen Zwecken. Seine Gäste, die seine grausamen Scherze kannten, waren erleichtert, als er sie mit dem duftenden Rosenregen beglückte. Der Regen hörte jedoch gar nicht mehr auf und wurde schließlich zu einer verhängnisvollen Sintflut. Die Damen verschleierten ihre Gesichter, einige Gäste versuchten, durch die Ausgänge zu entkommen – doch die Türen waren verschlossen und wurden von bewaffneten Legionären bewacht. Der entzückte Heliogabalus konnte beobachten, wie seine Gäste unter einem großen Leichentuch aus Rosen erstickten.

Blumen in den mittelalterlichen Klostergärten

Die Jahrhunderte, die auf den Niedergang und Fall des Römischen Reiches folgten, waren eine unruhige Zeit. Barbarische Horden, die Angst und Schrecken verbreiteten, fielen plündernd und brandschatzend in Europa ein. Die Menschen legten damals lieber Schutzwälle als blühende Gärten an. Doch dies ist nicht der einzige Grund für den Niedergang floristischer Sitten und Gebräuche: Es war in erster Linie die Kirche, die alle Erinnerungen an die Kränze und Girlanden des Alten Rom auszulöschen versuchte. Sie mußte ihre Autorität festigen, indem sie sich von den heidnischen Kulten abgrenzte, die noch immer lebendig waren. Jegliches Zeichen der Götzenverehrung mußte verboten werden, Götterstatuen ebenso wie das Darbringen von Blumen, deren Blüten von der Erinnerung an blutige Opferrituale wie besudelt erschienen. Die Gemeinschaft der Christen wurde gezwungen, auf Blumen zu verzichten, und zwar nicht nur im Zusammenhang mit religiösen Verrichtungen, sondern auch im Alltag. Das Verbot erstreckte sich sogar auf das Pflücken von Wildblumen. Klemens von Alexandria, ein konvertierter Heide, der sich zu einem bedeutenden Theologen entwickelt hatte, riet dringend davon ab. Ob diese Anordnung aufs Wort befolgt wurde, ist schwer zu sagen, doch zweifellos erfüllte sie ihren Zweck, indem sie den Menschen Schuldbewußtsein beim lieblichen Anblick von Blumen einflößte.

Es war paradoxerweise die Kirche selbst, die in den folgenden Jahrhunderten als Bewahrerin der Blumen auftreten sollte. Die kulturelle Renaissance, die Karl der Große (747–814) mit der Gründung seines Kaiserreichs einleitete, hatte das Interesse an den antiken Texten neu geweckt. Dazu gehörten auch Werke über Botanik, eine Wissenschaft, die keine Fortschritte mehr gemacht, ja sich teilweise sogar zurückentwickelt hatte, seitdem der Militärarzt Dioskurides im 1. Jahrhundert seine Arzneimittellehre *De materia medica* verfaßt hatte. Dabei handelt es sich um die erste illustrierte Abhandlung über Heilpflanzen, die bis zur Renaissance als grundlegendes Nachschlagewerk diente. Wie viele andere Abhandlungen war auch dieses Werk in den Klosterbibliotheken unter Verschluß gehalten worden. Dort wurde es von Mönchen immer wieder abgeschrieben, die so dafür sorgten, daß das Wissen über Pflanzen nicht in Vergessenheit geriet.

Überdies pflegten die Klöster die Kunst des Gartenbaus. Um die Versorgung der Klostergemeinschaften sicherzustellen, pflanzte man Gemüse und Kräuter an, aber auch Blumen, deren Anbau akzeptabel war, solange sie irgendeinen Nutzen hatten. Man kannte heilende Eigenschaften, die das Interesse an ihnen legitimierten. Zur Zeit der Karolinger (um 8.–10. Jahrhundert) wurden einheimische Arten wie Ringelblumen, blau blühender Schwarzkümmel, Malven und Lilien angepflanzt. Sich an der Schönheit von Blumen zu erfreuen, die ein Geschenk Gottes waren, galt nicht zwangsläufig als Sünde, und schließlich wurden einige wenige Blumen wieder auf dem Altar geduldet. In der Funktion als Altarschmuck, in rein dekorativer und keinesfalls liturgischer Bedeutung, gewannen sie etwas von ihrer ursprünglichen Unschuld zurück. Man sollte sich jedoch hüten, diesem ersten Blumenschmuck zuviel Bedeutung beizumessen. Lange Zeit stand die Vorstellung von der Blume als Nutzpflanze, die heilt oder nährt, im Vordergrund. Die Samen der Pfingstrosen dagegen, denen man nachsagte, sie seien giftig, die aber trotzdem in der Dunkelheit mondloser Nächte gesammelt wurden, suchte man in den Arzneirezepten der Mönche vergeblich. Blumen waren seit jeher ein wenig suspekt und wurden mit finsteren Ritualen in Verbindung gebracht, mit fremdar-

Mittelalterliche Miniaturen zeigen meist zweifarbige Gebinde. Hier flicht eine junge Frau in ihrem ummauerten Garten einen Kranz aus weißen und roten Blumen, Symbole ihrer Keuschheit und der Leidenschaft für ihren Geliebten (Miniatur aus einer französischen Handschrift von Boccaccio, um 1460). Vielleicht hat sie einige der roten und weißen Kletterrosen vom Holzgestell hinter sich gepflückt. Im Vordergrund sind Blumen zu sehen, die für die Gärten jener Epoche typisch waren und dekorativen wie auch medizinischen Zwecken dienten: Akelei, Lavendel und Rosmarin. Die Stockmalve, von der hier einige Blüten abgebildet sind, nahm in den mittelalterlichen Arzneibüchern ebenfalls einen festen Platz ein.

Girlanden, Streublumen und Kränze

29

tigen, heidnischen Bräuchen, die verborgen im Unterbewußtsein des Volkes fortbestanden. Sie mußten vom Schatten dunkler Praktiken und Hexerei befreit und unter die Obhut der Kirche gestellt werden.

Gegen Ende des 11. Jahrhunderts benutzten die Mönche im Kloster von Cluny Blumen dazu, miteinander zu kommunizieren, wenn die Ordensregel ihnen Schweigen auferlegte. Im Mittelalter betrachtete man die Welt als ein Geflecht von Symbolen, in dem Blumen eine wichtige Rolle spielten. Viele Arten bekamen damals einen neuen, christlichen Namen. Meist wurden sie nach der Jungfrau Maria benannt, deren Verehrung schon im 11. Jahrhundert sehr populär war. Die Winde hieß in Frankreich »Nachtmütze unserer Lieben Frau«, Himmelschlüssel wurden als ihr »Hemd« bezeichnet und kleine wilde Orchideen als ihre »Pantoffeln«. In Deutschland heißen letztere noch heute »Frauenschuh«. Der Versuch, die Blumen zu »christianisieren«, konnte jedoch die volkstümlichen Bezeichnungen nicht verdrängen, und die neuen Namen vermochten sich nicht wirklich durchzusetzen. So bestanden die christliche und die heidnische Symbolik später nebeneinander her, wie man es auch von anderen Bräuchen kennt.

BLUMENHUTMACHER UND DUFTENDE STREUBLUMEN

Seit der Zeit der ersten Kreuzzüge gewann Blumenschmuck auch außerhalb der Klostermauern an Bedeutung. Hohe Herren und edle Fräulein trugen mit ihnen symbolische Liebeswortgefechte aus. Der französische Epiker Chrétien de Troyes (um 1140 – vor 1190) berichtet in seinem höfischen, altfranzösisch verfaßten Roman *Perceval* (um 1180), daß die Jungfrauen in Räumen mit duftenden Streublumen schliefen. Ihre Roben waren »weiß mit goldenen Blumen« oder »violett mit vielen kleinen Silberblumen«. Die Damen empfingen ihre Ritter, indem sie »alle Häuser mit Girlanden schmückten und Blütenblätter in den Straßen streuen« ließen. Schließlich entstand Ende des 13. Jahrhunderts der *Rosenroman*, in

Oben: Die Mode der sogenannten Blumenhüte erreichte ihren Höhepunkt im 13. und 14. Jahrhundert. Im einfachen Volk und bei bestimmten religiösen Ritualen trug man sie jedoch noch wesentlich länger. An den Fürstenhöfen Europas war diese Mode schon bald verfeinert worden. Die französische Königin Isabeau von Bayern und ihre Hofdamen trugen noch im 15. Jahrhundert Blumen im Haar, doch dabei handelte es sich um feine Goldschmiedearbeiten mit Perlen oder Edelsteinen, die man auf Stoffwülste aufnähte (Ausschnitt aus der Handschrift *Das Buch von der Stadt der Frauen* von Christine de Pizan, um 1410). Oben rechts: Blüte des Schwarzkümmels. Heute findet man sie oft als Schnittblume in Sträußen, früher wurde sie als Gewürz sowie als Heilmittel gegen Spinnenbisse empfohlen.

Girlanden, Streublumen und Kränze

Im 15. Jahrhundert kam eine neue Art der Blumendekoration für die weitläufigen, leeren und kalten Räume der Kirchen und Schlösser auf: Wandteppiche mit Blumen- und Blütengrund, »Millefleurs« genannt. Man verwendete sie auf die gleiche Weise wie Girlanden aus frischen Blumen: Die Teppiche wurden nach Belieben an verschiedenen Stellen auf- und wieder abgehängt, von einem Schloß zum anderen transportiert und an Häuserfassaden oder, z.B. bei Prozessionen oder der feierlichen Ankunft eines Fürsten in der Stadt, quer über die Straße gehängt (flämischer Wandteppich mit einer Darstellung der drei Parzen, Anfang 16. Jahrhundert).

Girlanden, Streublumen und Kränze

dem die Blume die Liebe und das Verlangen symbolisiert und der Dichter sich auf eine verzweifelte Suche begibt, um »sie zu erlangen und zu pflücken«.

Parallel zu diesen Gefühlsallegorien begann es auch im wirklichen Leben wieder überall zu blühen, etwa in den »zur Zierde und zum Vergnügen« angelegten Obstgärten der herrschaftlichen Häuser. Durch den Kontakt mit dem Islam hatten die Kreuzfahrer eine andersartige, faszinierende Lebensart kennengelernt. Sie kehrten aus dem Heiligen Land zurück, beeindruckt von allem, was sie dort gesehen hatten: kunstvolle Goldschmiedearbeiten, mit Prägedruck versehenes, vergoldetes Leder, Seidenstoffe, Teppiche mit Blumenmuster. Vor allem aber von den bewundernswerten Gärten, die die Mauren im Zuge ihrer Eroberungen hinterlassen hatten: von Persien, wo sich die antike Tradition der babylonischen Gärten erhalten hatte, bis nach Spanien, wo man in Andalusien (seit dem 8. Jahrhundert unter arabischer Herrschaft) grüne Paradiese mit Blumen und Vögeln angelegt hatte, in denen Brunnen plätscherten und sich Wasserräder drehten. Dort wuchsen einige neue Pflanzenarten, die das Herbarium der Europäer bereichern sollten, besonders die Nelkenart *caryophyllus*, die nach Gewürznelken duftet. Und natürlich die Rose, für die die Heiden eine fast ausschließliche Leidenschaft hegten und für die sich nun auch die christlichen Ritter begeisterten.

Alle floralen Gebräuche, ob religiös oder profan, drehten sich von da an um die Rose, die beliebteste und vieldeutigste der mittelalterlichen Blumenarten. Sie wurde mit Symbolen beladen, in Stein und Glas stilisiert dargestellt und schmückte als Fensterrose die gotischen Kathedralen. Die kunstvollsten Fensterrosen überhaupt besitzt die Kathedrale im englischen York; eine ihrer Inschriften lautet: »Wie die Rose die Blume unter den Blumen ist, so ist dies das Haus der Häuser.«

Die bedeutsame Rolle der Rose in der Gotik kennzeichnet den Beginn einer floristischen Restauration, deren spezifische Sitten und Gebräuche bis zur Renaissance fortbestanden. Eines der besten Beispiele dafür ist die Mode der »Blumenhüte«. Eigentlich handelte es sich dabei mehr um einen Kranz, der direkt von den römischen Kränzen inspiriert war. Man trug ihn auch zu ähnlichen Gelegenheiten, d.h. bei Festen, Banketten und wenn die Liebe im Spiel war. Darüber hinaus schmückte er bei Prozessionen die Statue der Heiligen Jungfrau.

Diese Blumenhüte wurden sowohl von Frauen als auch von Männern getragen. Sie bestanden entweder aus einem Holzreifen oder aus einer Art Polster, auf denen man Blumen und Blätter befestigte. Manchmal flocht man auch nur einfache grüne Kränze, beispielsweise aus Kresse, Minze oder Basilikum, die man mit kleinen Sträußen versah. Damals waren Blumen noch selten, weswegen man sich oft mit einfachen grünen Hüten begnügen mußte, wenn Rosen und Veilchen verblüht waren.

Das Basteln von Pflanzenschmuck war eine beliebte Beschäftigung vornehmer Damen. Sie saßen

Oben: Darstellungen der Heiligen Jungfrau und ihrer Engel pflegte man mit Kränzen und Girlanden zu schmücken, wie auf diesem Werk des Meisters der Geburt Christi von Costello aus dem 15. Jahrhundert. Im Laufe der Zeit begann man, statt frischer Rosen Elfenbein-, Perlmutt- oder Korallenblüten zu verwenden, aus denen später die Perlen des Rosenkranzes hervorgingen. Rechts: Anläßlich eines himmlisches Festes bringen Seraphim große Blumengirlanden herbei, die sie im Garten geflochten haben. In Umhängetüchern tragen sie die Pflanzen, die man zur Anfertigung von kleinen Blumenhüten oder von Rosenkränzen brauchte. Detail eines Freskos von Benozzo Gozzoli (1420–1497) in der Kapelle des Palazzo Medici-Riccardi, Florenz.

Girlanden, Streublumen und Kränze

dabei im Obstgarten und plauderten miteinander. Manche brachten es bei ihren Arbeiten zu großer Kunstfertigkeit, und meist sollten die Kränze etwas Bestimmtes ausdrücken. Auch junge Herren gesellten sich zu den Damengrüppchen, und es galt als besonders galant, symbolische Rededuelle mit Hilfe von Kräutern und Blumen zu führen.

Das Tragen von Blumenhüten war nicht nur auf den Landadel beschränkt. Mehr noch schätzte man sie in den Städten. In Paris führte diese Mode im 12. Jahrhundert zur Gründung einer Gilde der »Blumenhutmacher«. Sie bauten außerhalb der Stadtmauern auf kleinen Parzellen die Pflanzen an, die sie zur Herstellung von Hüten bzw. Kränzen oder anderem Schmuck benötigten. Auch die Häuser, zumindest die der begüterten Familien, verschönerte man mit Zweigen und Schnittblumen, deren Blüten man entweder verstreute oder zu Girlanden flocht.

Sträuße waren dagegen noch selten. Es gab ja nichts, worauf man Vasen hätte abstellen können: keine Konsolen oder kleinen Tischchen und auch nur wenige fest an einem Platz stehende Eßtische. In den mittelalterlichen Wohnungen war alles beweglich, kein Gebrauchsgegenstand hatte seinen festen Ort. Dieser Zustand, der bis ins 17. Jahrhundert andauerte, in dem die ersten Inneneinrichtungskonzepte entwickelt wurden, erklärt – jedenfalls teilweise – die späte Verbreitung des Blumenstraußes. Bis dahin flocht man Blüten, Pflanzen und Zweige zu Girlanden, die besonders bei Festen als Türumrahmungen und Wandschmuck dienten. Es waren Dekorationen für spezielle Gelegenheiten, die nur für einen Abend aufgehängt und nach dem Fest wieder abgenommen wurden. Nur Streublumen gehörten in stärkerem Maße zum täglichen Leben, wobei man natürlich auch bei Festlichkeiten Blumen und Blätter auf dem Boden verteilte. Alltags streute man in den Räumen der Häuser Ginster, Schwertlilien, Lavendel oder Minze auf den Fußboden. Mit ihrem Duft erfrischten sie die Luft in den Zimmern und trugen so zur Wohnlichkeit bei. Vorrangig jedoch wurden die Streublumen wegen ihrer prophylakti-

Links: Die Weiße Lilie *(Lilium candidum)* war neben der Rose die beliebteste Schmuckblume des Mittelalters und das bevorzugte Attribut der himmlischen Heerscharen (oben: Detail aus einer Darstellung der Krönung Mariens von Filippo Lippi, 1406–1469). Zudem war sie die meistverbreitete Wappenblume. Im 5. Jahrhundert erschien die goldene Lilie auf den Bannern des fränkischen Königs Chlodwig. Doch die »Lilie« der französischen Könige war in Wirklichkeit eine Iris. Die Legende berichtet, daß Chlodwig, als er kurz vor seinem Sieg über die Westgoten durch eine Furt watete, ein Meer von kleinen gelben Iris erblickte, die damals in Europa sehr verbreitet waren und auch Sumpflilien genannt wurden. So wurde diese Pflanze, deren Anblick als gutes Omen galt, aufgrund einer Namensgleichheit zur Wappenblume des französischen Königreichs.

schen Eigenschaften geschätzt, da ihr Duft angeblich Krankheiten und Miasmen vertrieb.

Die Mode, Blumen auf Tischdecken zu verteilen, stellt eine weitere Verwendungsart der Streublumen im Haushalt dar. Der mittelalterliche Tisch war schmucklos gedeckt, von großer Bedeutung aber war die Tischdecke. So bürgerte sich schon früh die Gewohnheit ein, Blüten und duftende Zweige darauf zu verteilen. Dieser Brauch mag dem Wunsch entsprungen sein, die wenig angenehmen Gerüche des geräucherten Fleischs zu überdecken – zumindest anfangs. Der Italiener Francesco Colonna berichtet nämlich in seinem Werk *Hypnerotomachia Poliphili* (Poliphilos Erzählung vom Krieg zwischen Liebe und Schlaf, 1499), wie die Streublumen auf den Tischen der Renaissance aussahen. Er beschreibt ein imaginäres Festmahl, bei dem der Tisch siebenmal, für jeden neuen Gang, frisch gedeckt wird. Trotz der übertriebenen Darstellung enthält die Beschreibung vermutlich einen wahren Kern. Der Autor zeigt sich beeindruckt von den wechselnden Tischdecken und Blumen, er beschreibt die verschiedenen Kombinationen der Farben und Materialien sehr genau: Zu Beginn des Mahls sind die Tische mit grüner Seide gedeckt, von der goldene und silberne Fransen herabhängen. Eine junge Dame bringt in einem goldenen Korb Veilchen als Streublumen. Danach folgt ein Tischtuch aus persischer Seide, bedeckt mit Orangenblüten, dann graue Seide, auf der Rosen aus weißem, leuchtendrotem und karmesinrotem Damast verteilt werden, darauf gelber, mit Maiglöckchen bestreuter Satin, violette Seide mit Jasminblüten, karmesinrote Seide mit gelbem, weißem und violettem Goldlack und schließlich weißes, mit duftenden Nelken übersätes Leinen. Colonna berichtet weiter, daß nach jedem Gang die Tischdecken über dem Boden ausgeschüttelt werden, so daß sich unter den Füßen der Gäste ein Teppich aus bunten Blüten bildet.

Nach dem Mahl braucht der Speisesaal nur noch ausgefegt zu werden, und der Fußboden bleibt »sauber und glänzend wie ein Spiegel« zurück. Ab dem 17. Jahrhundert wurden die frischen Streublumen dann durch Tischdecken mit bestickten Blumen ersetzt.

Die Spontaneität und Unbekümmertheit, mit der man sich in der Gotik mit Blumen schmückte, machte nach und nach anderen Sitten und Gebräuchen Platz. »Blumenhüte« kamen rasch wieder aus der Mode. In der Renaissance trug der Adel zwar noch immer Blumenkränze, doch nur noch zu vergnüglichen Anlässen wie Maskenbällen und Kostümfesten. Die Hüte selbst bestanden von nun an aus Filz oder Samt und wurden statt mit Blüten mit Straußenfedern, Edelsteinen oder Goldschmiedearbeiten verziert.

Man plünderte die Gärten nicht mehr mit derselben Sorglosigkeit, wie man es früher getan hatte. Die Blumen, die man im Mittelalter in Europa gleich büschelweise pflückte, ob für Heiltränke oder als Streublumen, wurden jetzt in Verzeichnissen erfaßt, in Herbarien katalogisiert und sorgfältig untersucht. Bis dahin hatte man Blumen nie einer genaueren Betrachtung unterzogen. Da sie stets einem mehr oder minder nützlichen Zweck dienten, hatte man sie nicht für wert erachtet, um ihrer selbst willen bewundert zu werden, in ihrer ganzen, individuell verschiedenen Komplexität und Schönheit. Nun, in der Renaissance – eine Zeit, in der sowohl das Mikroskop als auch das Teleskop erfunden wurden –, begann man alle Naturphänomene eingehend zu untersuchen. Auf einmal erhielten die Blumen allein durch ihr Aussehen einen ganz neuen Stellenwert. Es waren zuerst Maler und Miniaturmaler wie Hubert und Jan van Eyck, die viele Pflanzenarten bis in ihre winzigsten Details erforschten. Sie waren damit der botanischen Wissenschaft um Jahrzehnte voraus.

Die floralen Sitten und Gebräuche vom Mittelalter bis zur Renaissance erforderten beträchtliche Mengen an Blumen, die damals wegen ihrer Seltenheit noch sehr kostspielig waren. Als rare Luxusgegenstände wurden sie deshalb ebenso wie Gewürze mit einer Naturaliensteuer belegt, die häufig in »Scheffeln Rosen« bestand. So ist auch das Geschenk dieses eleganten jungen Mannes an das Jesuskind auf dem Bild des niederländischen Malers Bernaert van Orley (1488–1541) zu verstehen: Der Korb voll Jasmin, Stiefmütterchen und Nelken ist die wertvolle Gabe eines Vasallen an seinen Lehnsherrn.

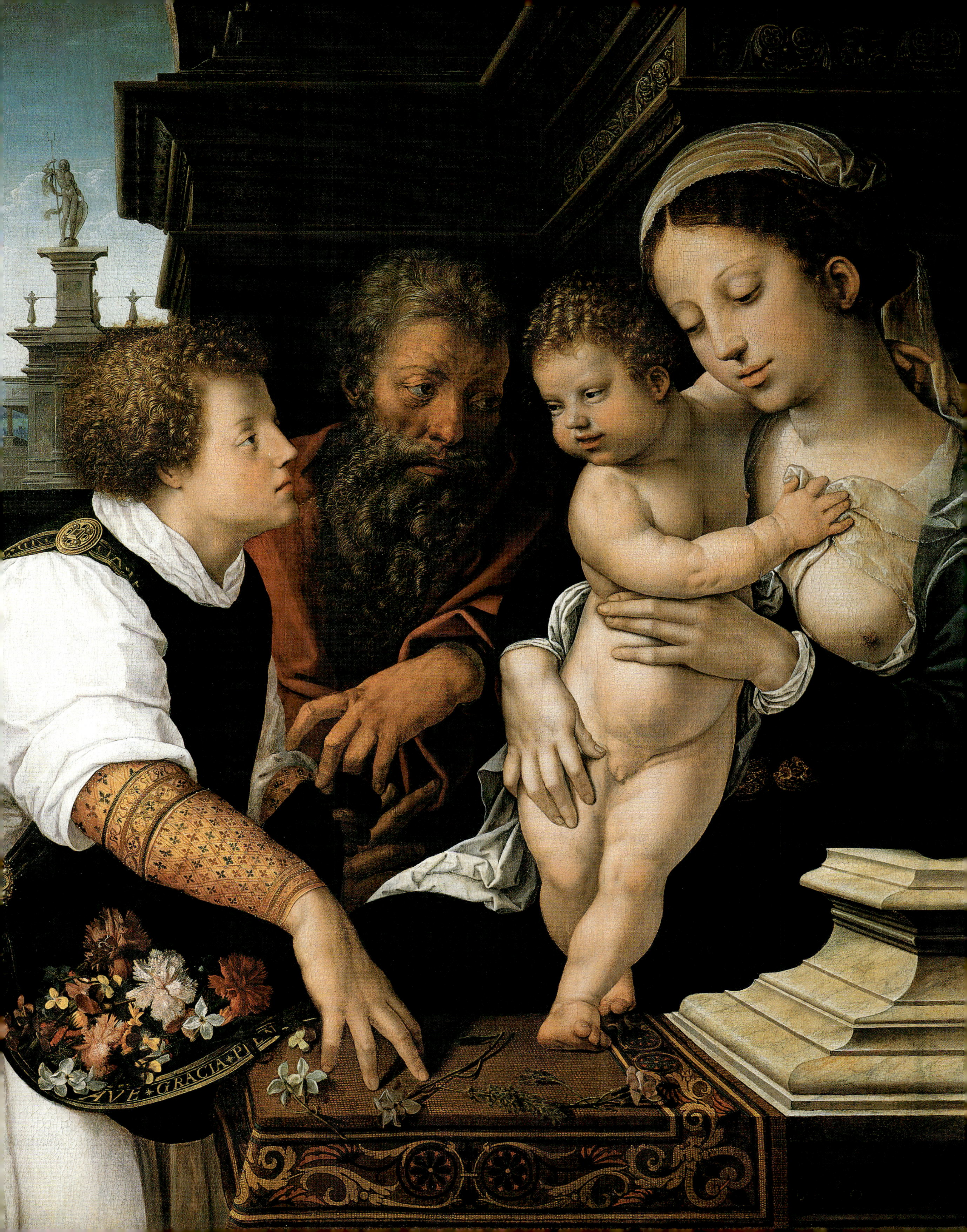
AVE·GRACIA·PL

BLUMENPORTRÄTS

Im 15. Jahrhundert tauchten in der bildenden Kunst winzige Sträuße auf, und zwar besonders häufig auf Darstellungen der Verkündigung. Dabei handelte es sich keineswegs um besonders kunstvolle Arrangements: eine Handvoll Blumen in provisorischen Vasen, für die beispielsweise Apothekergefäße, Wasserkannen und Trinkbecher herhalten mußten. Die Auswahl der Blumenarten, unter denen die Lilie – das Attribut der jungfräulichen Reinheit – den ersten Platz einnahm, beweist, daß die damit verbundenen Absichten vor allem symbolischer Natur waren. Dennoch wirken sie erstaunlich natürlich. Ebenso naturgetreu wurden in jener Zeit Gänseblümchen, Veilchen, Stiefmütterchen und Rosen in die Marginalspalten von Handschriften gemalt. Besonders die Brüder van Eyck fielen durch ihre schönen Blumendarstellungen auf, ebenso der Franzose Jean Bourdichon, der Stundenbücher mit Schmetterlingen illustrierte, die an Weißdornblüten Nektar saugen. Sie sind bis hin zum Stempel detailgetreu wiedergegeben. Der französische Maler Jean Fouquet (um 1415–1481) verzierte das *Stundenbuch des Simon de Varie* mit sehr realistisch wirkenden Akeleien. Und Albrecht Dürer (1471–1528) schuf als erster meisterhaft authentische Pflanzenporträts.

Die Fähigkeit, zu beobachten und zu staunen, bestimmte ab jener Zeit die gesamte Welt der Kunst und Wissenschaft. Die Botaniker konnten von dem zunehmenden Naturalismus in der Malerei nur profitieren. Im 16. Jahrhundert erschienen zahlreiche neue Abhandlungen über Botanik, die durch die Erfindung des Buchdrucks rasch Verbreitung fanden. Sie beruhten nun auf dem direkten Studium der Pflanzen. Die Illustrationen in diesen Abhandlungen mögen eine noch größere

Ganz oben: Veilchensträußchen von Albrecht Dürer (1503). Die Blumen sind zu einem kleinen Bund mit Blätterkrause zusammengebunden, so, wie es die Floristen noch heute tun. Oben: Der deutsche Botaniker Leonhart Fuchs veröffentlichte 1542 ein großes illustriertes Herbarium, das über 550 Blumen- und Pflanzenporträts enthielt. Dieses Werk – *De historia stirpium* – ist eines der wenigen, in dem sich die Illustratoren selbst verewigt haben: Hier sieht man sie beim konzentrierten Abzeichnen einiger Blumen. Rechts: Die Akeleien, mit denen der französische Maler Jean Fouquet im Jahre 1455 das *Stundenbuch des Simon de Varie* verzierte, wirken ganz natürlich, fast wie frisch gepflückt.

Girlanden, Streublumen und Kränze

Ad scm
stephm

Stepha
nus au
tē pleū

gratia ⁊ fortitudine
faciebat signa mag
na in populo. uers.

Girlanden, Streublumen und Kränze

Neuerung dargestellt haben als die Texte selbst. Denn diese entbehrten noch der Eindeutigkeit; sie waren eine Art Mischung zwischen Arzneibuch und Pflanzenkunde. Die Flora wurde weiterhin unter dem Aspekt des Medizinischen betrachtet. Man bezog sich auf die Schriften der antiken Gelehrten, vor allem auf das Werk des Dioskurides, das inzwischen übersetzt und weithin bekannt war.

Trotzdem sollten die Inventarverzeichnisse, die die Illustratoren nach geduldigem Botanisieren erstellten, sowie ihre Buchillustrationen selbst das allgemeine Interesse an Blumen und Pflanzen stark fördern. Davon zeugen u.a. die wissenschaftlichen Abhandlungen, die sich damals auch mit ästhetischen Aspekten befaßten. Die »Pflanzengeschichte« *(Historia generalis plantarum)* von Dalechamps (Lyon 1587), eine Sammlung von bereits früher publizierten Werken, enthält ein Kapitel über die Schönheit der Blumen und ihre verschiedenen Eigenschaften. Dalechamps stellt seinen Lesern die am angenehmsten duftenden Arten vor und warnt sie vor solchen, die schlecht riechen oder zu rasch verwelken. Offensichtlich betreffen all diese Ratschläge Schnittblumen, die man nun zu Buketts band, sei es zur Dekoration oder »um sie in der Hand zu halten und ihren Anblick und ihren Duft zu genießen, indem man sie hin und wieder unter die Nase hält«. Das Interesse an dieser Art von Blumenarrangement scheint etwas ganz Neues gewesen zu sein, denn Dalechamps macht sich die Mühe, genau zu erklären, was ein Strauß eigentlich ist: »Man nehme einige Handvoll Blumen und stelle sie in Vasen oder bemalte Tontöpfe.« Das erinnert noch mehr an ein Kochrezept als an Floristik. Erst die neuen, fremdartigen Blumenarten, die sehr kostspielig waren und deren Schönheit besonders gepriesen wurde, führten zu kunstvolleren floristischen Kompositionen.

Anfangs wurden die exotischen Blumen zwar bestaunt und bewundert, doch wußte man nicht so recht etwas mit ihnen anzufangen. Dalechamps zeichnete immerhin ein kleines Porträt der Tulpe, die der Schweizer Botaniker Conrad Gesner 1561 zum ersten Mal dargestellt hatte. Doch wußte er zu wenig über sie, um wirkliches Interesse zu empfinden. So ordnete er sie in die Familie der Liliengewächse ein und beschrieb sie folgendermaßen: »Es gibt noch eine andere sehr schöne Pflanze, die manche zu den roten Lilien zählen und die Tulipam genannt wird, abgeleitet von dem Namen, den die Türken ihr in ihrer Sprache geben.«

Links: Gänseblümchen, Stiefmütterchen und Nelke in einem Werk über die Legende des heiligen Stefan. Die Blüten an den Rändern der Handschriften des 15. Jahrhunderts erinnern an die Praxis des Blumenstreuens. Die Bücher vermitteln uns so eine Vorstellung davon, wie die mit Blumen bestreuten Tische ausgesehen haben mögen, von denen kaum Darstellungen erhalten sind. Im 15. Jahrhundert gab es diese Sitte noch, obwohl der Adel, besonders in England, schon damit begonnen hatte, die frischen Streublumen durch Blumenstickereien auf den Tischdecken zu ersetzen. Ganz oben: Gänseblümchen, zweifarbige Stiefmütterchen und Malvenblüten im *Stundenbuch des Engelbert von Nassau*, illustriert um 1485 in Belgien. Oben: Wildglockenblumen.

41

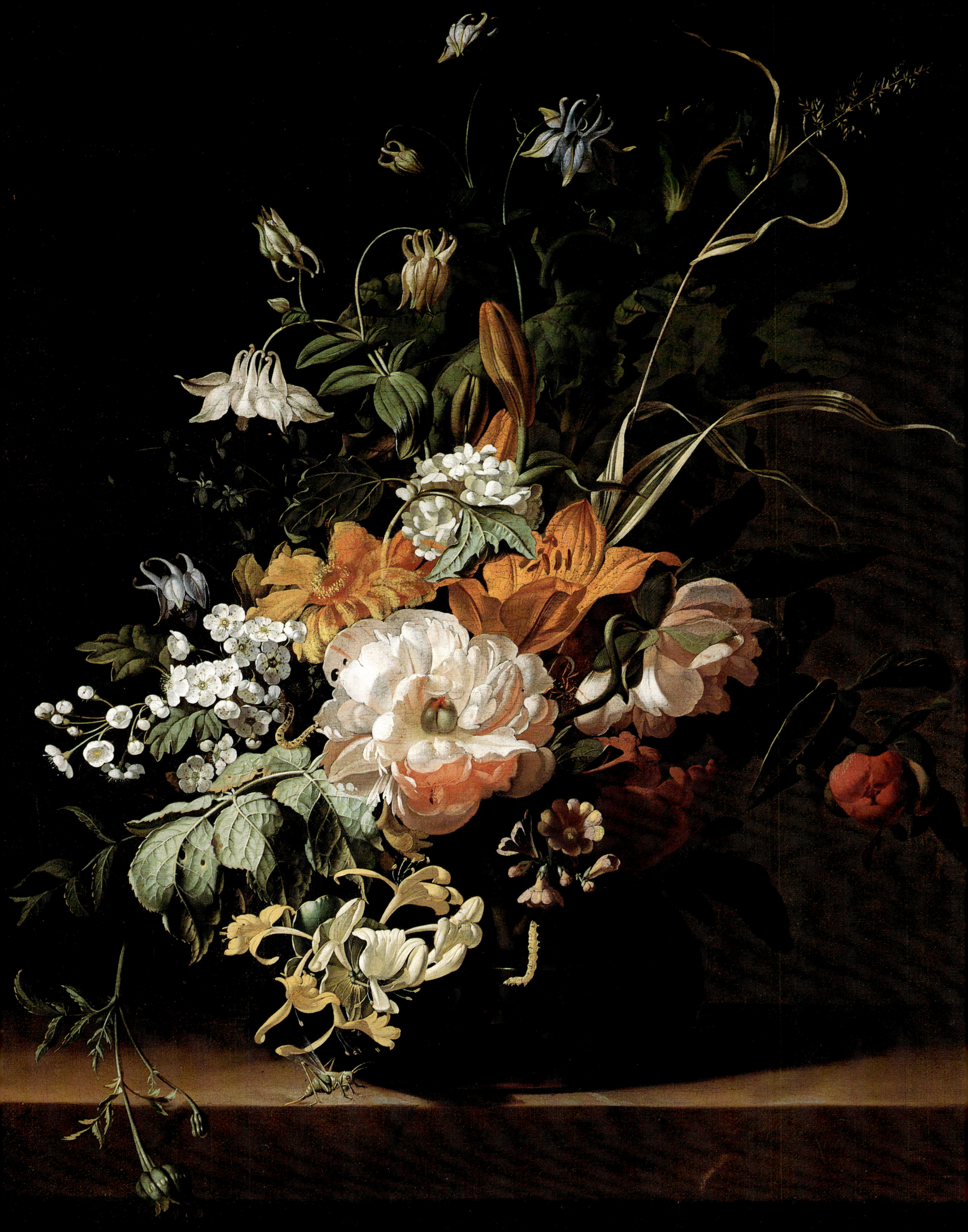

Geliebte Sträuße

bestis henedos in
pio oristut venie
qui tines non eripitur
talia quirogna dat oo
iestia et iou.

Geliebte Sträuße

Im Laufe des 17. Jahrhunderts entwickelte sich der Strauß vom einfachen, kunstlosen Büschel Blumen zu einem allseits geschätzten, wertvollen Dekorationsobjekt, das aus kostspieligen exotischen und seltenen Blüten bestand. Unter diesen Raritäten war die Tulpe eine Weile lang die begehrteste. Conrad Gesner, der sich um eine botanische Systematik bemühte, hatte sie im Jahre 1559 in einem Augsburger Garten entdeckt. Sehr wahrscheinlich war sie durch Ogier Ghislain de Busbecq (1522–1592) nach Deutschland gebracht worden, einen Gesandten des deutschen Kaisers Ferdinand I. in Konstantinopel. Dort züchtete man Blumenarten, die bis dahin in Nordeuropa praktisch unbekannt waren.

Busbecq, dem wir die Einführung von verschiedenen orientalischen Pflanzen wie Flieder und Falschem Jasmin in Europa verdanken, hatte eine besondere Vorliebe für die Tulpe, die auch von den Türken geliebt wurde. Im Frühling versammelte sich in Vollmondnächten der ganze türkische Hofstaat im Palast des Sultans, um ein Bild von besonderer Schönheit zu bewundern: Auf riesigen Regalen standen große, mit farbigen Flüssigkeiten gefüllte Kristallkugeln und dazwischen Hunderte von Vasen mit Tulpensträußen. Die Blüten mußten fest geschlossen, spitz zulaufend und schmal sein. Der orientalische Geschmack wurde jedoch bald vom europäischen verdrängt, der dicke runde Tulpen bevorzugte.

Seite 42: Blumenstrauß von Rachel Ruysch, um 1700. Seite 43: Ein von Blumen umgebenes Selbstbildnis des berühmten italienischen Blumenmalers Mario dei Fiori. Links: Zu den ältesten Darstellungen der Tulpe gehören die Aquarelle des niederländischen Miniaturmalers und Zeichners Georg Hufnagel (1542–1600). Wie genau er die Natur beobachtet hat, beweist diese Darstellung zweier Tulpen mit gewellten Blättern, rechts eine Papagei-Tulpe. Oben: Seltsame exotische Blumen regten die Phantasie der Menschen an und weckten neues Interesse an Gärten (Bild eines Schülers von Sebastiaen Vrancx, Ende 16. Jahrhundert). Die erst kurz zuvor in Europa eingeführten exotischen Blumen trugen zur Verbreitung des Straußes bei.

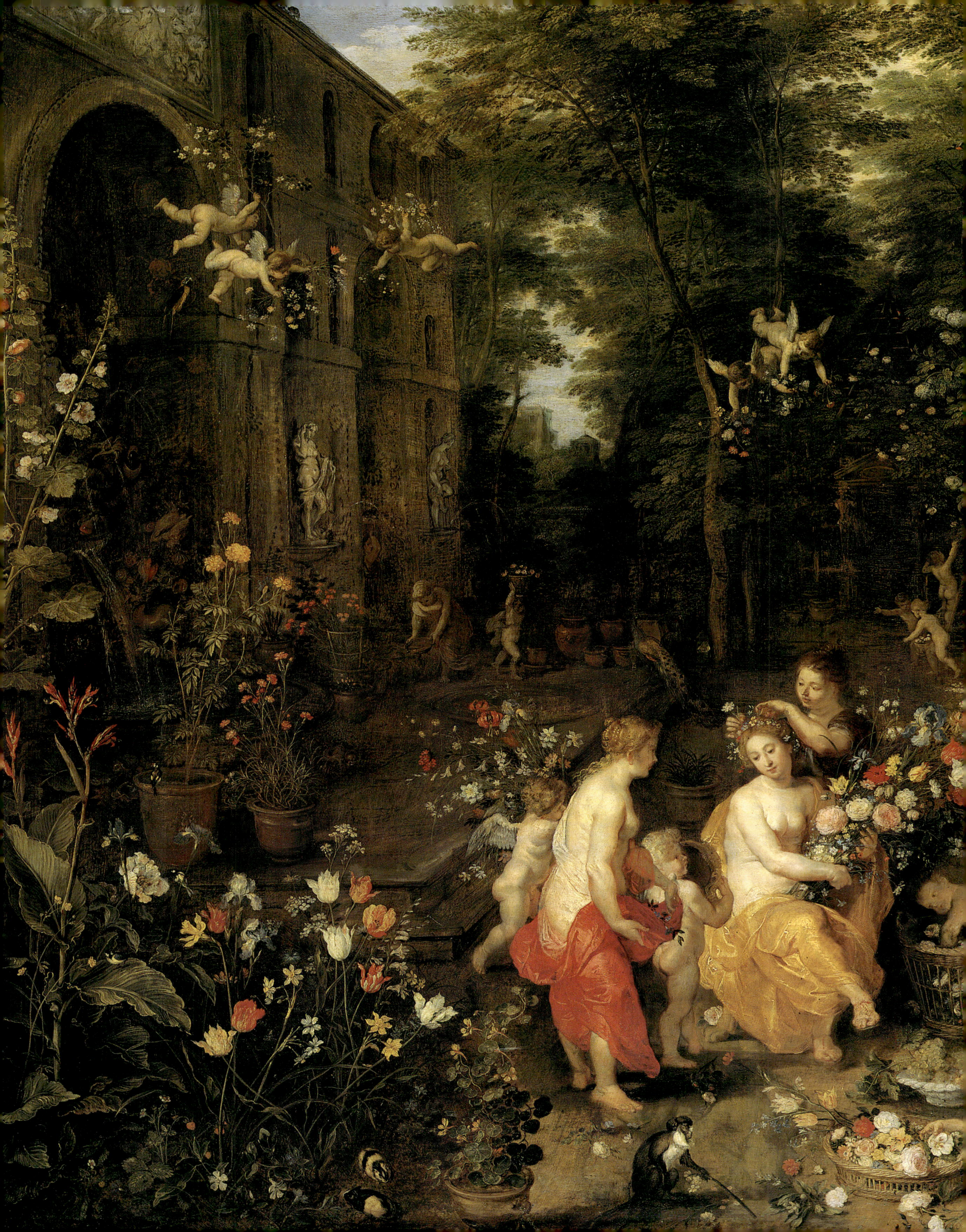

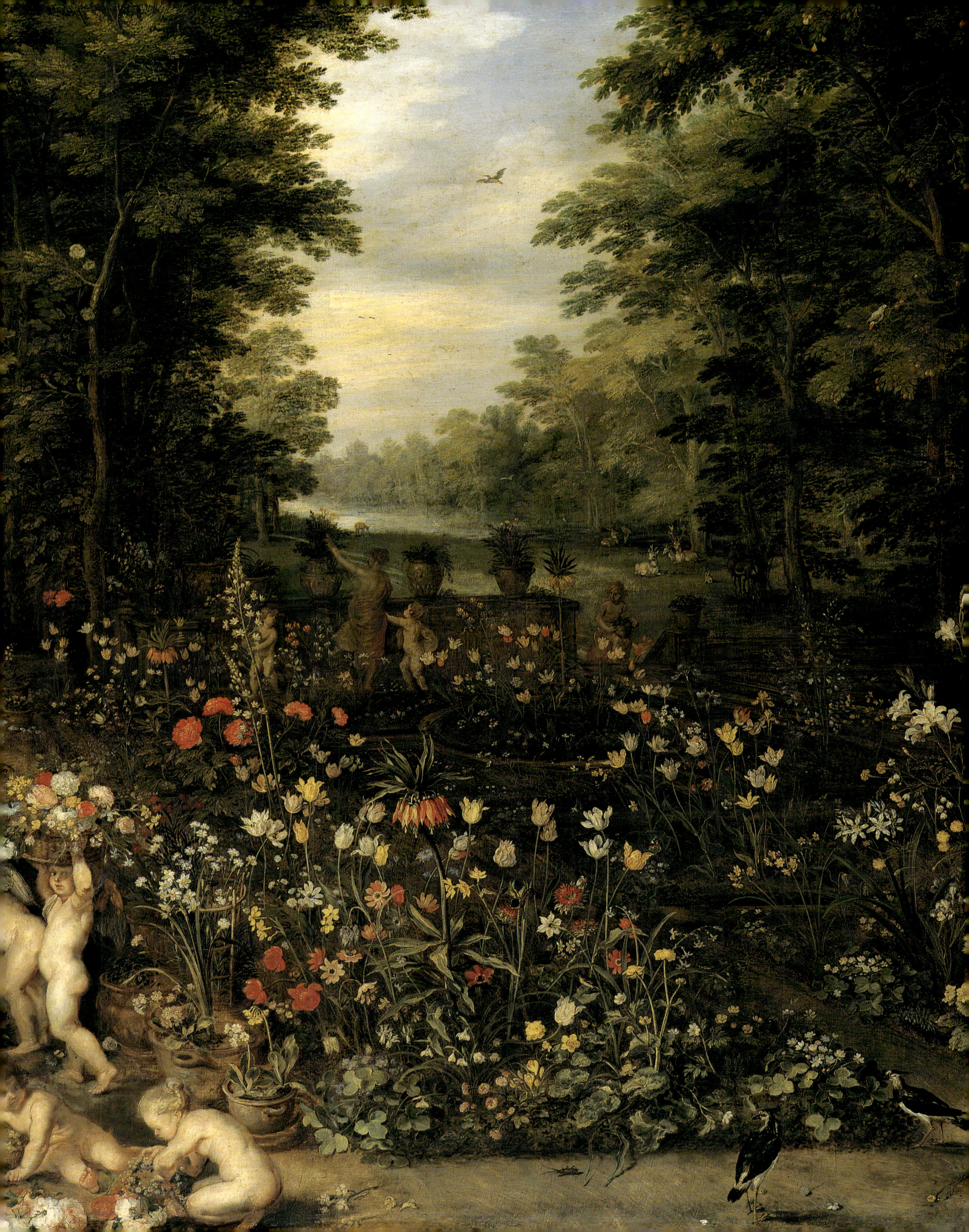

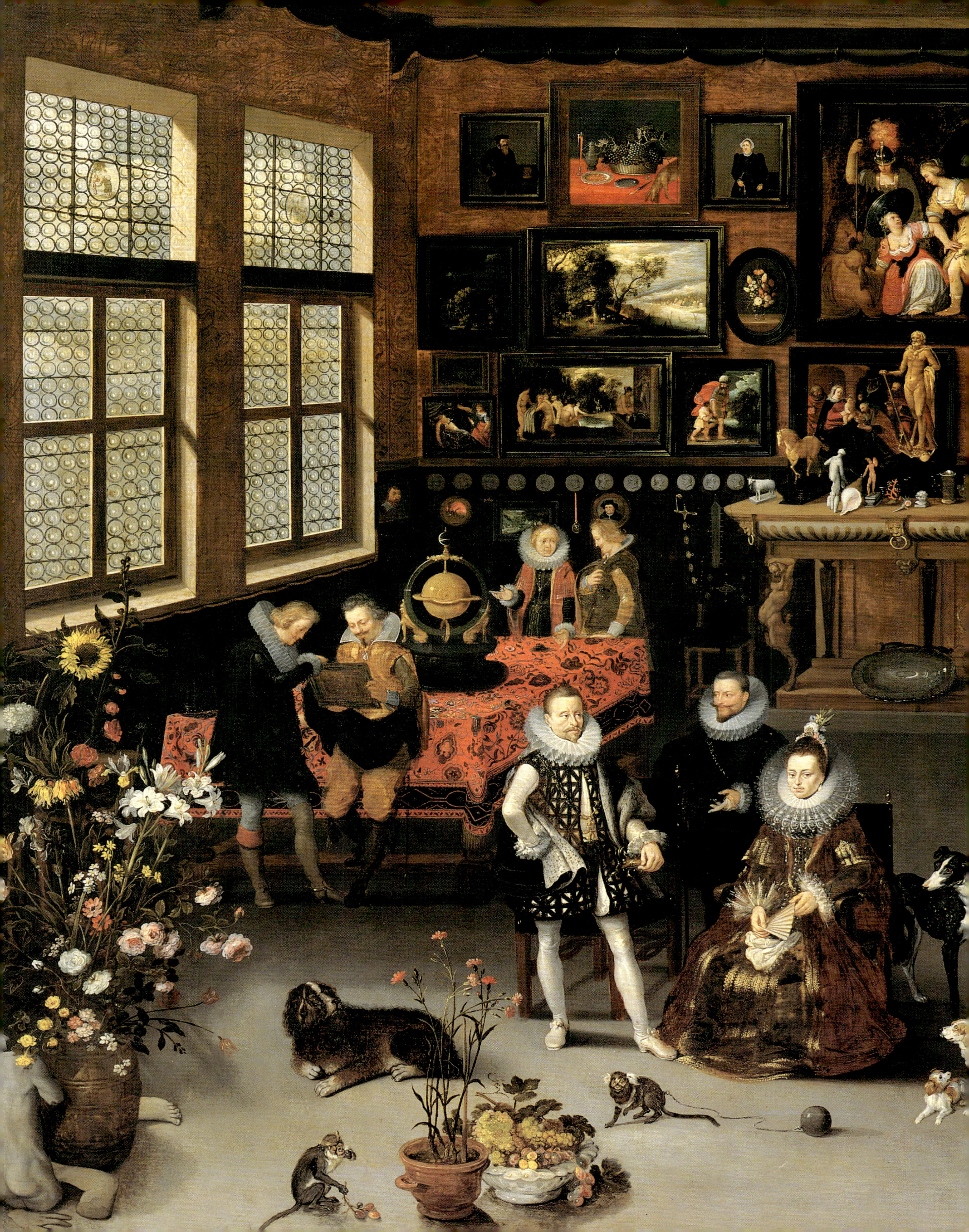

Das Tulpenfieber

Busbecq hat damals gewiß nicht vorausahnen können, welche Zukunft die Tulpe in Europa erwartete und welche Begeisterung sie dort auslösen sollte. In einem Brief an seinen Freund, den Botaniker Charles de l'Écluse (1526–1609), berichtete er diesem von der Existenz der schönen Blume. L'Écluse bat ihn daraufhin, ihm umgehend einige Samen und Zwiebeln nach Wien zu schicken, wo er damals tätig war. Er begann jedoch erst 1593, nachdem er zum Direktor des Botanischen Gartens im holländischen Leiden ernannt worden war, mit seinen Tulpenstudien, um sich dann bis zu seinem Tod systematisch der Tulpenzucht zu widmen. Er experimentierte mit der Vermehrung von Zwiebeln und entdeckte die Fähigkeit der Tulpenblüten, sich auf unerklärliche Weise zu verwandeln, plötzlich seltsame Farbflecken oder überraschende neue Formen anzunehmen. Bis ins 19. Jahrhundert hinein wußte man nicht, daß die wankelmütigen Schönheiten in Wirklichkeit krank waren: Von Blattläusen übertragene Pflanzenkrankheiten wirkten störend auf die Stoffwechselvorgänge der Pflanze ein und lösten so die seltsamen Verwandlungen aus. Immerhin aber hatten die Forschungen von Charles de l'Écluse entscheidende Auswirkungen auf die Zukunft des Gartenbaus in den Niederlanden. Für Kenner und Sammler in ganz Europa, mit denen l'Écluse ständig sowohl Zwiebeln als auch Informationen austauschte, war Leiden schon damals die wichtigste Bezugsadresse.

Innerhalb weniger Jahre nahm die Beliebtheit der Tulpe allgemein zu. Florilegien verbreiteten Porträts besonders schöner Pflanzen – von Hyazinthen, Kaiserkronen und bunten Anemonen, die alle aus der Türkei stammten – wie eine neue Kunstform, und neuerdings fand man darin auch Exemplare der geheimnisvollen Tulpen. Bei diesen Alben handelte es sich um eine Art Katalog, den reiche Züchter in Auftrag gaben, wenn sie besonders schöne Blumen aus ihrem Garten verewigen wollten. Wobei das Wort »Garten« nicht ganz zutreffend ist für die damaligen öden Rabatten, in die in regelmäßigen Abständen einzelne Zwiebeln gesetzt wurden. Doch man hatte auch gar nicht die Absicht, damit einen dekorativen Effekt zu erzielen. Es ging einzig darum, seine Sammlung seltener Arten zur Schau zu stellen, die sehr kostspielig und schwer zu bekommen waren und die man nur ungern in einem bunten Blumenbeet versteckt hätte.

Die Gärten des 17. Jahrhunderts mit ihren exotischen Pflanzen waren daher eher eine Art Freilichtmuseum, Erweiterungen der Panoptiken, in denen Fürsten, Aristokraten und Bankiers mit Vergnügen alles sammelten, was die Natur an Seltsamkeiten zu bieten hatte: Bärenkiefer, Korallenzweige oder Schildkrötenpanzer. Obwohl einzigartig und von unschätzbarem Wert, waren dies jedoch unbelebte Objekte. Viel aufregender war es, eine Blumensammlung anzulegen oder, besser noch, eine Sammlung von Blumenzwiebeln, die immer wieder keimen und Leben hervorbringen konnten. Die Fähigkeit zu dieser

Vorhergehende Doppelseite: Auf dem Gemälde von Jan Bruegel d. J. (1601–1678), das die Göttin Flora in einem blühenden Garten zeigt, sind viele der damals beliebten Arten zu erkennen, etwa die Große Kaiserkrone, die mit ihren nach unten weisenden Blüten inmitten von Tulpen wächst. Links: Dieses Bild vom Besuch von Erzherzog Albert und Erzherzogin Isabelle im Kabinett eines Sammlers zeigt, welches Interesse Blumen damals bei gebildeten Leuten hervorriefen. Oben: Der Haarschmuck aus Tulpenblüten unterstreicht die Schönheit dieser Dame aus der Familie Grenville. Das Porträt (1640) stammt von Gilbert Jackson. Die Tulpen sind ein Hinweis darauf, daß die Dame wohlhabend gewesen sein muß.

erstaunlichen »Wiederauferstehung« machte die Tulpe zur Königin aller Kuriosa.

Tulpenzwiebeln wurden bald zu astronomischen Preisen gehandelt, und in Holland brach ein regelrechtes Tulpenfieber aus: In den 1630er Jahren stiegen Nachfrage und Preise unablässig. Der Marktwert der Tulpen richtete sich ausschließlich nach ästhetischen Kriterien. Wichtig war einerseits die Form der Blüte: Im 17. Jahrhundert liebte man ausladende Blütenkronen, üppig und wenn möglich gefüllt. Aber noch wichtiger war die Farbe, und in dieser Hinsicht war die Tulpe einfach unübertroffen. Eine ganze Farbpalette von mehr oder weniger seltenen Tönen machte ihre spezifische Schönheit aus. Am wenigsten begehrt waren die einfarbigen Sorten; sie waren zwar auch nicht gerade preiswert, aber doch erschwinglich. Beliebter waren die gelben, zinnoberrot oder violett geflammten Tulpen. Die höchsten Preise jedoch erzielten weiße Sorten mit bunter Zeichnung. Die berühmte 'Viceroy', weiß mit violettem Muster, war ein Vermögen wert. Doch auch sie reichte nicht an die weißrote 'Semper Augustus' heran: Auf dem Höhepunkt des Tulpenfiebers war eine einzige ihrer Zwiebeln 13 000 Gulden wert, den zweifachen Preis einer Wohnung in einer Stadt wie Delft.

Das Tulpenfieber war wie ein großer kollektiver Rausch, der Verkäufer und Käufer in den Schenken der Städte zusammenführte. Dort kaufte und verkaufte man nichts weniger als die Hoffnung, ein Vermögen zu machen. Seit der Gründung der Ostindischen Kompanie im Jahre 1602 herrschte in der Republik der Vereinigten Provinzen der Niederlande ein Wohlstand, wie man ihn nie vorher gekannt hatte. Jeder wollte nun ein Stück vom großen Kuchen abbekommen, und es waren nicht nur

Oben: Gegen Ende des 17. Jahrhunderts gab es spezielle Tulpenvasen, eine Spezialität der Delfter Künstler. Rechts: Das Bild mit dem Titel *Floras Mallewagen* (Floras Narrenkutsche) von Hendrik Gerritszoon entstand 1637, zu einer Zeit, als der Preis für holländische Tulpen seinen Tiefstand erreicht hatte. Der Wind treibt den Wagen vor sich her, auf dem die tulpengeschmückte Flora inmitten einer elegant gekleideten Gesellschaft von Männern sitzt, die jedoch Narrenkappen tragen und sich betrinken.

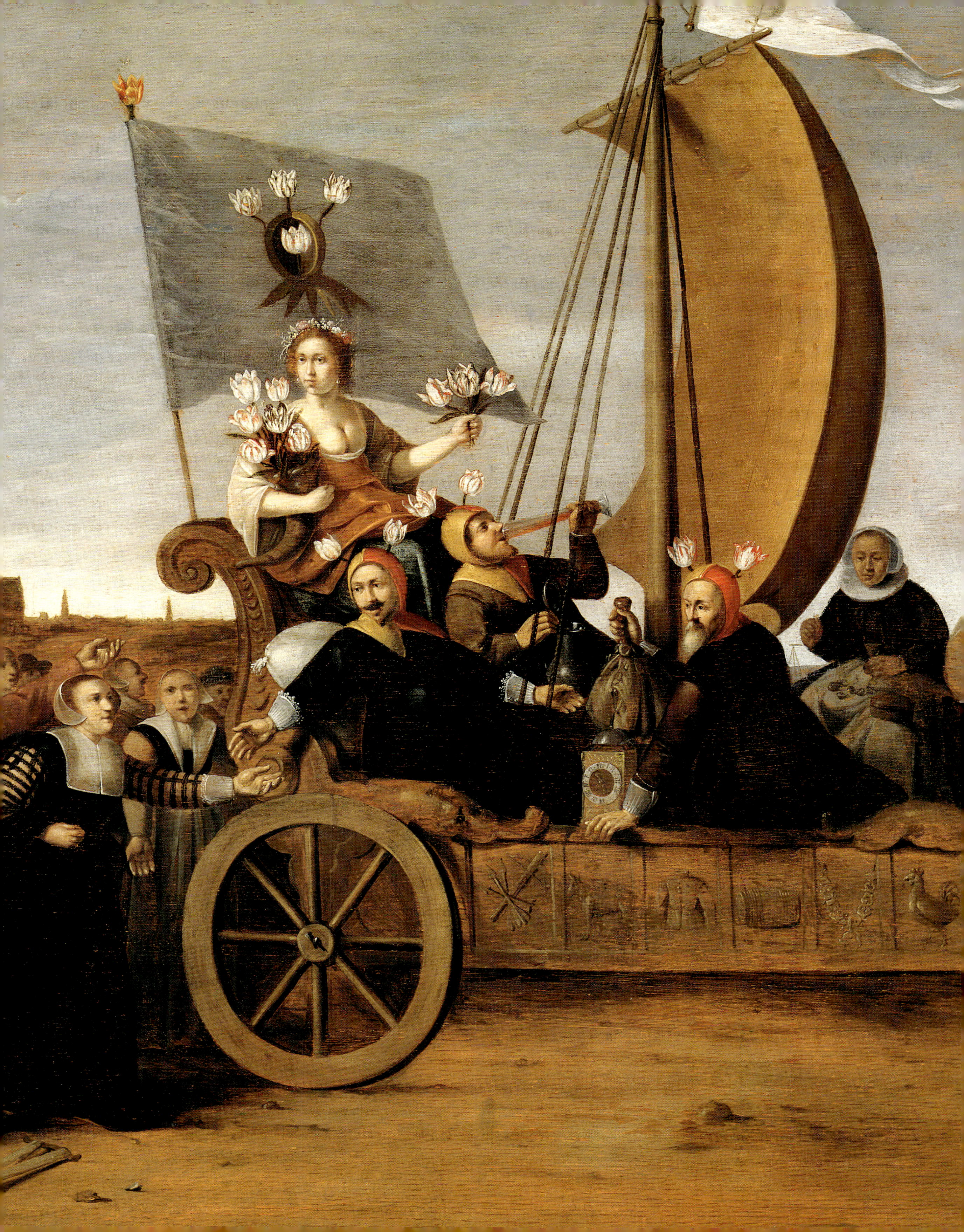

Geliebte Sträuße

die Reichen, die sich mit Tulpenspekulationen ruinierten. Eine Zwiebel zu kaufen, die im nächsten Frühling wie durch ein Wunder eine begehrte Farbzeichnung aufweisen würde, bot einfachen Webern oder Zimmerleuten plötzlich die Aussicht, sich ein teures Haus an einem der Amsterdamer Kanäle leisten zu können. Es war ein riskantes Spiel, zumal man die Zwiebeln schon im Winter verkaufte, wenn sie noch in der Erde ruhten. Da die Käufer das Startkapital oft gar nicht hatten, erwarben sie die verborgene Ware, für die sie eine Art Echtheitszertifikat bekamen, auf Kredit. Man setzte alle Hoffnung darauf, daß in der folgenden Saison die Preise weiter steigen würden und man das Zertifikat an andere Interessenten würde weiterverkaufen können, die oft auch nicht begüterter waren als die Vorbesitzer. Im März 1637 gab es in Holland zahlreiche Leute, die auf dem Papier Millionäre waren, und man begann, im Tulpenhandel einen Riesenschwindel zu vermuten. Am 1. und 2. Februar raunte man sich in Haarlem zu: So schnell wie möglich verkaufen! Doch am 3. war es bereits zu spät: Die Kurse waren ins Bodenlose gesunken, und viele Menschen verloren ihr gesamtes Hab und Gut, was der Liebe zu Tulpen verständlicherweise einigen Abbruch tat. Im zweiten Drittel des 17. Jahrhunderts sanken die Preise zwar stark, dennoch gehörte die Tulpe, wie alle anderen exotischen Arten, weiterhin zu den teuren Blumen. Sie war zu teuer – und noch zu selten –, um sich als Blume für Haushaltssträuße durchzusetzen.

Geliebte Sträuße

Die Phantasiesträusse der niederländischen Maler

Angeblich sind die ersten gemalten Blumendarstellungen in Antwerpen entstanden. Eine Dame, die sich keine Tulpen leisten konnte, soll bei Jan Bruegel d. Ä., genannt »Samt-« oder »Blumenbruegel« (1568–1625), statt dessen Bilder von ihnen in Auftrag gegeben haben, was damals ebenfalls eine beträchtliche Investition bedeutete. Hochrangige Künstler wie Jan Bruegel arbeiteten für eine höchst anspruchsvolle Kundschaft. Der Preis für ihre Arbeit richtete sich nach der Anzahl der Blüten auf dem Bild, ja sogar nach der Zahl der Blütenblätter und anderen winzigen Details. Es genügte, wenn der Pinsel beim Malen der Farbzeichnung einer Tulpe oder Nelke ein wenig ausrutschte, um die Blüte wertlos zu machen und damit den Preis für das ganze Bild zu senken. Da die Künstler mit solchen unliebsamen Zufällen rechnen mußten, ließen sie sich ihre Werke entsprechend honorieren.

Eine ganze Weile vor Jan Bruegel aber gab es auch schon Bilder, auf denen Blumen das Hauptmotiv darstellten und Personen oder eine gestaltete räumliche Umgebung fehlten. Das älteste, das erhalten geblieben ist, stammt aus dem Jahr 1490. Dieses Werk des niederländischen Malers Hans Memling (um 1433–1494) war jedoch noch nicht ganz eigenständig; es befindet sich auf der Rückseite eines anderen Gemäldes. Das neue Genre der Malerei steckte noch in den Kinderschuhen und fand erst ab dem Beginn des 17. Jahrhunderts Eingang in die Häuser der Reichen, unter denen es von da an zum guten Ton gehörte, seine Wände mit Bildern zu schmücken. Doch es wäre falsch, darin nur ein Modephänomen zu sehen. Der tiefere Grund für die Entstehung der gemalten Sträuße ist in dem offenen, Europa entzweienden Konflikt zwischen Reformation und Gegenreformation zu suchen.

Tausende von Blüten schmückten die Kathedrale des katholischen Antwerpen. Der Klerus war dort der wichtigste Mäzen vieler Künstler, die Altarbilder und andere religiöse Kunstwerke mit Girlanden verzierten. Die schönsten Gebilde rankten sich um Darstellungen der Heiligen Jungfrau, als Reaktion auf die Protestanten, die den Marienkult und die Verehrung von Bildern im allgemeinen ablehnten. Diese Art der Dekoration wurde typisch für Antwerpen und ließ eine erste Generation von Blumenmalern entstehen. Anfangs konnten sich ihre Talente vermutlich unabhängig von ihrer Konfession entfalten. Doch als im spanisch besetzten Flandern die religiösen Verfolgungen anfingen, blieb den protestantischen Künstlern nichts anderes übrig, als in die nördlichen Niederlande zu fliehen. Jan Bruegel d. Ä. war streng katholisch und blieb bis zu seinem Tod in Antwerpen. Ambrosius Bosschaert d. Ä. (1573–1645) und auch Roelandt Savery (1576–1639) dagegen verließen die Stadt, zusammen mit vielen anderen Malern, und mußten sich nun einen neuen Kundenstamm aufbauen. Die Kirchen im Norden kamen als Mäzene nicht in

Links: Blumen wurden zu einem vertrauten Bestandteil des täglichen Lebens. Blumenornamente schmückten die Möbel, insbesondere die sogenannten Tulpenschränkchen, wie dieses mit Perlmutteinlegearbeiten. Die zahlreichen Schubladen dienten zur Aufbewahrung von Tulpenzwiebeln. Oben: Der Krug mit Blumen, den Hans Memling um 1490 auf die Rückseite des Porträts eines betenden Mannes malte, gilt als eines der ersten Blumenbilder. Es handelt sich um einen Strauß mit religiöser Bedeutung: Lilien, Iris und Akelei symbolisieren die Reinheit der Jungfrau und die Passion Jesu Christi, dessen Initialen auf dem Krug zu sehen sind. Blumen mit weltlichem Zweck kamen erst im darauffolgenden Jahrhundert auf und setzten sich schließlich im 17. Jahrhundert durch.

53

Frage, denn in den nördlichen Niederlanden hatte der protestantische Bildersturm jegliches Dekor, insbesondere Blumenornamente, hinweggefegt. Den Malern gelang es jedoch, das Interesse der betuchten, Handel treibenden Mittelklasse zu wecken, die Luxus und Neuerungen gegenüber sehr aufgeschlossen war. Da sie mit beiden Füßen fest auf dem Boden der Realität standen, waren diese Neureichen besonders empfänglich für alles, was ihre Art zu leben verkörperte. Für sie entstand jenes Genre in der Malerei, das man als »Stilleben« bezeichnet und auf dem ganz alltägliche Objekte zu sehen sind, etwa Tische mit Lebensmitteln und eben Blumen.

Der Anthropologe Jack Goody stellt fest, daß zu jener Zeit »die katholische Girlande an Bedeutung verliert und der protestantische – oder besser gesagt profane – Strauß ihre Nachfolge antritt«. Bald sollte er in ganz Europa erblühen. In der ersten Hälfte des 17. Jahrhunderts weisen die Blumensträuße der Maler alle mehr oder weniger dieselben Charakteristika auf. Nur wenige typische persönliche Stilmerkmale lassen sich ausmachen. Die Kompositionen von Ambrosius Bosschaert strahlen durch ihre frischen, klaren, wie auf Porzellan oder Lack gemalten Blüten viel Fröhlichkeit aus. Bei Savery hingegen lassen die geheimnisvoll wirkenden Clair-obscur-Gemälde, auf denen einige Blumen im Verwelken begriffen sind, auf ein eher melancholisches Temperament schließen. Alle Künstler haben jedoch eines gemeinsam: Nie haben sie die Sträuße, die sie malten, auch in Wirklichkeit gesehen, denn sie existierten gar nicht. Mit nichts als ihrer Phantasie kreierten sie Arrangements, die es so nie hätte geben können. Gänseblümchen ragten aus Sträußen hervor, als hätten sie unnatürlich lange Stengel. Blumen verschiedener Jahreszeiten gaben sich in einer Vase ein Stelldichein: Neben Frühjahrsblühern wie Tulpen, Kaiserkronen oder Iris plusterten sich Rosen auf. Die oft winzigen Vasen enthielten eine solche Menge von Blumen, daß sie in der Realität umgekippt wären.

Solche Buketts sind eine echte Herausforderung für manche heutigen Floristen, die Spaß daran finden, sie zu kopieren. So hatte der niederländische Florist Marcel Wolterinck 1995 die Idee, die Kreationen der holländischen Meister für die Vermeer-Ausstellung in der National Gallery of Art in New York nachzustellen. Um sicherzugehen, daß einige Exemplare genau im richtigen Moment aufblühen würden, mußte er über fünftausend Blumen ordern. Im Falle der *Iris germanica* wurde diese Idee zu einem regelrechten Alptraum, denn sie blüht nur von Mai bis Oktober, und es war bereits November. Ein Züchter konnte Wolterinck dennoch einige hundert Stück besorgen, doch nur zehn Iris blühten genau zum richtigen Zeitpunkt.

Mit derartigen Schwierigkeiten hatten die Maler damals nicht zu kämpfen. Jede Blüte war das Objekt spezieller Studien. So besaßen sie bald ein umfangreiches Repertoire an Blumen jeder Jahreszeit, aus dem sie schöpfen konnten, um ihre imaginären Buketts zusammenzustellen. Doch ob wirklichkeitsgetreu oder nicht, war unwichtig, wenn nur alles bis ins winzigste botanische Detail korrekt war.

Oben: Die Sträuße von Ambrosius Bosschaert d. Ä. hatten großen Erfolg, so z.B. diese Darstellung einer blumengefüllten Vase, die sich im Louvre befindet. Bei genauem Hinsehen zeigt sich jedoch, daß die fröhliche Ausstrahlung durch gewisse Details Lügen gestraft wird, etwa die angeknabberten Rosenblätter und das Insekt neben der Signatur. Rechts: Der kleine Strauß von Jan Bruegel d. Ä., der sich heute in Wien befindet, zeigt Blumen verschiedener Jahreszeiten, was nicht der einzige »Fehler« ist: Man beachte die Kornblume mit dem unnatürlich langen Stengel links oben neben der großen blauen Iris. Die Schachbrettblume unten rechts ist eine orientalische Art, deren Blüten ein ungewöhnliches Würfelmuster aufweisen.

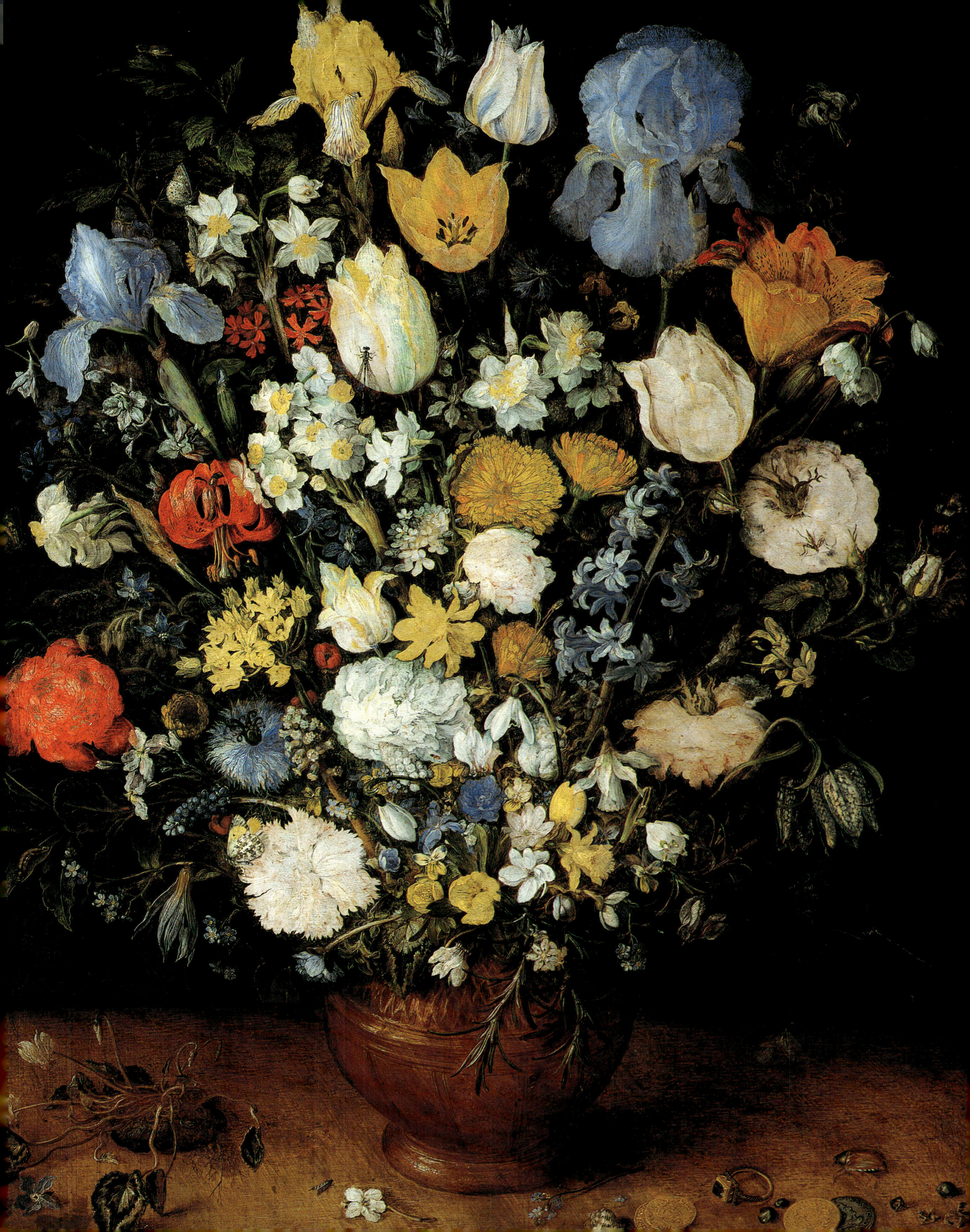

Die Symbolik der Blumen

Wie im Mittelalter glaubte man noch immer, daß Gott die Natur mit einer Fülle von lehrreichen Botschaften ausgestattet habe. Die Entdeckung der verborgenen Bedeutung aller Dinge war eine beliebte Beschäftigung des 17. Jahrhunderts. Wenn einem nichts Rechtes einfallen wollte, konnte man in den Emblematik-Büchern nachschauen, die zumeist aus Italien kamen. Dabei handelte es sich um eine Art Wörterbuch, in dem in Form von eleganten Epigrammen die Symbolik einer Vielzahl von Objekten, insbesondere Blumen, erklärt wurde. Die Formulierungen waren so vage und geschraubt, daß die Leser mit ein wenig Phantasie immer das herauslesen konnten, was sie zu finden wünschten. Das große Buch der Natur zu entziffern wurde zu einem kreativen Gesellschaftsspiel, dem man sich mit Begeisterung widmete.

Man kann die Sträuße des 17. Jahrhunderts unmöglich verstehen, ohne ihre Symbolik zu kennen, die viel zu ihrem Erfolg beitrug. Die Bedeutung, die den Blumen am häufigsten zugeschrieben wurde, bezog sich auf ihre Vergänglichkeit, die man mit der Kürze des menschlichen Lebens verglich. Dies war das Lieblingsthema der Vanitas-Stilleben, auf denen frische Blüten in die unheilvolle Nachbarschaft eines Totenschädels, einer Sanduhr, einer Uhr oder eines halbverzehrten Maiskolbens plaziert wurden. Hinzu kamen Darstellungen von Insekten, etwa einer Aasfliege, die zusätzlich das Vergehen der Zeit betonte, das Vergängliche, das schon nach einem kurzen Augenblick dem Tod geweiht ist. Ein Schmetterling dagegen verkörperte aufgrund seiner Metamorphose die Hoffnung auf Auferstehung.

Jede Blüte konnte auf ihre Art beredt sein, manche waren sogar vieldeutig. Die Rose z.B. bot sich für diverse Interpretationen an. Seit der Antike stand sie für die Vergänglichkeit aller irdischen Freuden, die Unbeständigkeit der Schönheit und der Liebe sowie die Qualen der fleischlichen

Oben: Die Symbolik von gemalten Blumen zu entschlüsseln war äußerst kompliziert. Das Selbstporträt des holländischen Malers Anthonis van Dyck mit einer Sonnenblume (1633) bietet verschiedene Deutungsmöglichkeiten. Van Dyck hatte sich gerade in England niedergelassen, wo ihn König Karl I. adelte. Da die Sonnenblume ein bekanntes Symbol für die Beziehung zwischen Monarch und Untertanen war, benutzte der Maler sie, um seine Treue dem König gegenüber zum Ausdruck zu bringen. Und da die Sonnenblume in den Niederlanden auch das Symbol für die Malkunst war, konnte sich van Dyck mit seinem Bild zugleich selbst in ein positives Licht rücken. Rechts: Ein Trompe-l'œil mit Blumengirlanden und Vorhang von Adrian van der Spelt und Frans van Mieris (1658).

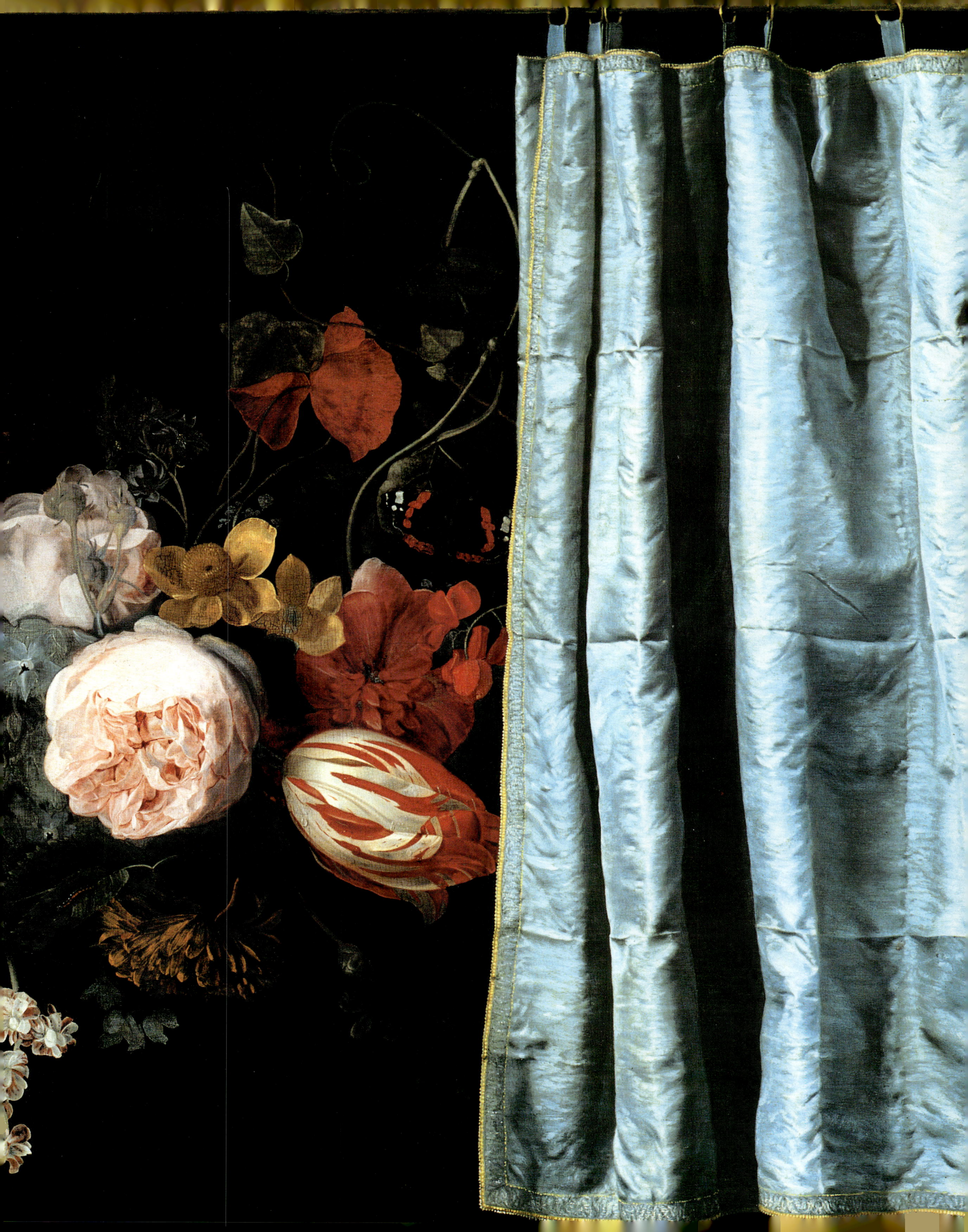

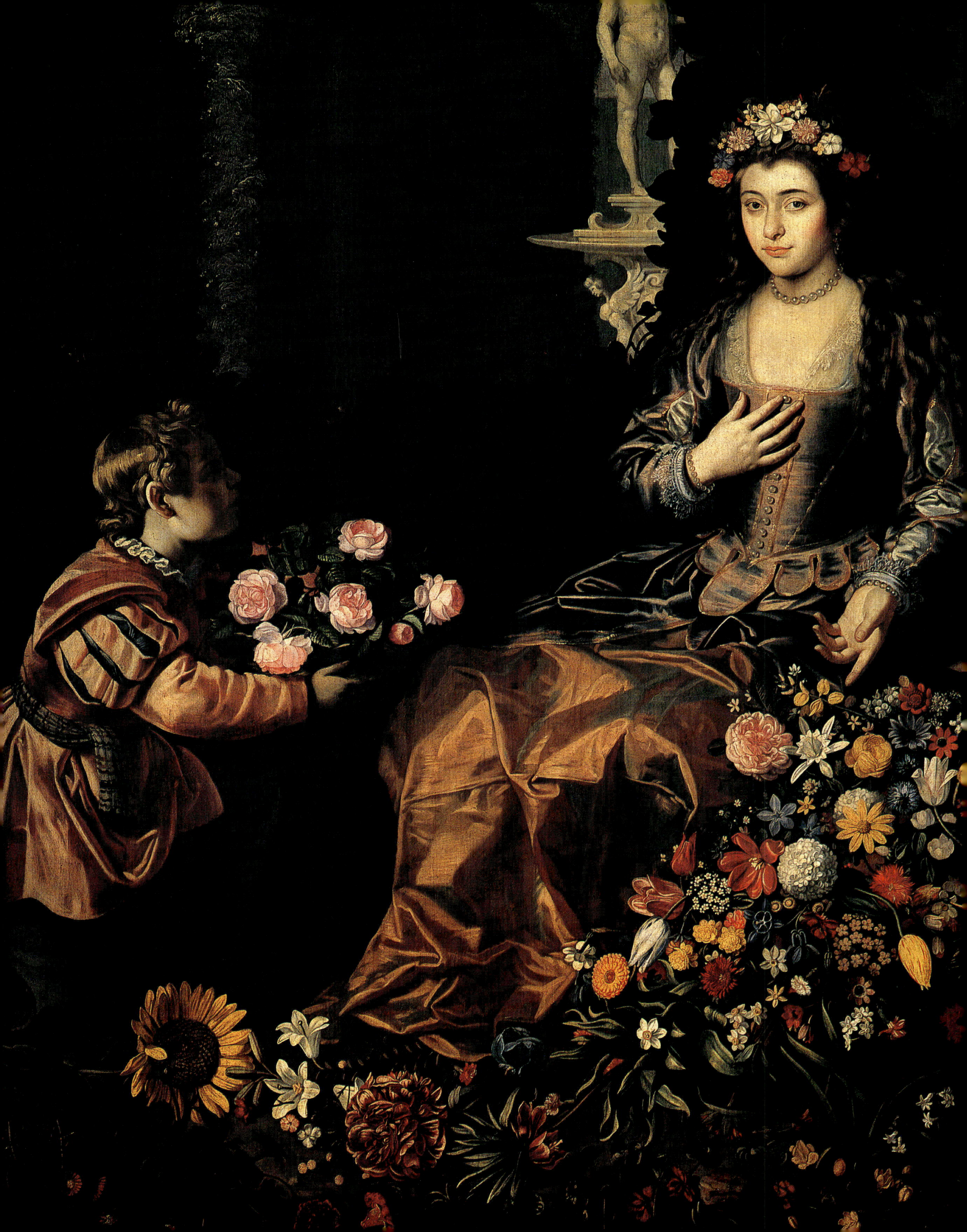

Geliebte Sträuße

Links: An den Fürstenhöfen des 16. und 17. Jahrhunderts war Flora, die Göttin der Blumen und Gärten, äußerst beliebt. Anders in der Antike, in der sie eine zweitrangige Göttin mit ziemlich schlechtem Ruf war, weil ihre Feste Anlaß zu ausschweifenden Szenen gaben, bei denen sich die Freudenmädchen öffentlich entblößten. Der spanische Maler van der Hamen y Leon ließ die Göttin Flora 1627 in dieser eleganten jungen Frau wieder auferstehen. Ein Junge bringt ihr Blumen dar. Oben: Adlige Damen verkleideten sich gerne als Schäferinnen: Auf dem Gemälde von D. Santvoort hält die kleine Clare Alewijn einen Hirtenstab mit zwei Tulpen und anderen Blümchen, die mit einem goldenen Faden umwunden sind.

Geliebte Sträuße

Begierde. Die Katholiken allerdings sahen in ihr schon lange Zeit ein Symbol für die Jungfrau Maria. Hingegen fühlten sich die Protestanten durch ihr Purpurrot und ihre Stacheln an das Blut Christi und der Märtyrer erinnert.

Viele Blumenarten kamen und gingen wie Moderströmungen. Die Kaiserkrone, wegen ihrer nach unten geneigten Blütenkelche Symbol der Bescheidenheit, war zu Beginn des 17. Jahrhunderts äußerst beliebt, nach 1650 jedoch kaum noch zu sehen. Das gleiche gilt für die Tulpe, deren Popularität bereits nach den 1630er Jahren etwas nachließ. Die Emblematik-Bücher beschäftigten sich nicht ausführlich mit ihr. Aufmerksamkeit erregte ihre Zugehörigkeit zu den Pflanzen, deren Blüten sich morgens öffnen, dem Lauf der Sonne folgen und sich schließen, sobald diese am Horizont verschwindet. Auch die Ringelblume und die Sonnenwende (auch Heliotrop genannt) gehören zu diesen Pflanzen, außerdem natürlich die Sonnenblume, die, nachdem sie erst kurz zuvor aus der Neuen Welt importiert worden war, dank des majestätisch wirkenden Strahlenkranzes ihrer Krone große Beliebtheit erlangte. Neuen Blumenarten wurde sofort eine Bedeutung zugeschrieben, etwa der Passionsblume, die man im 16. Jahrhundert in Südamerika entdeckt hatte und die sogleich von den Jesuiten vereinnahmt wurde. Die seltsame Anordnung ihrer Stempel und Staubgefäße erinnerte die Ordensbrüder an die grausamen Instrumente der Kreuzigung.

Es gab darüber hinaus ein großes Repertoire an Blumen, deren Bedeutung sich seit dem Mittelalter nicht geändert hatte. Die weiße Lilie war und blieb für die Katholiken ein Symbol der Jungfräulichkeit. Die Bedeutung des Veilchens schwankte zwischen Bescheidenheit und Leichtfertigkeit. Die Nelke blieb weiterhin ein Symbol der Frömmigkeit, wie schon ihr wissenschaftlicher Name *Dianthus* (»Blume Gottes«) andeutet. Aufgrund einer alten Tradition konnte sie auch die heiligen Bande der Ehe verkörpern; daher erscheint sie häufig auf männlichen oder weiblichen Porträts.

Auf jeden Fall ließ sich die Liebe, ob ehelich oder nicht, durch Blumen hervorragend ausdrücken. Abgewiesene Liebhaber und schüchterne Verliebte griffen auf die Sprache der Blumen zurück. So z.B. der französische Herzog von Montausier, der zehn Jahre lang vergeblich um die charmante Julie d'Angennes warb, die Tochter der Marquise de Rambouillet. Seinen letzten Trumpf spielte er aus, als er ihr 1641 ein in duftendes Leder gebundenes Buch schenkte. Er nannte es *Girlande Julies*, eine Sammlung von Madrigalen und symbolischen Blüten zu Ehren der Gleichgültigen. Schließlich hatte er damit Erfolg, und die beiden heirateten. Montausier ließ nach der Hochzeit den Park des Schlößchens Rambouillet, das er mit seiner Frau bewohnte, mit Blumen bepflanzen. Es war 1620 von der Marquise de Rambouillet renoviert worden, wobei ihr besonderes Augenmerk den Gärten galt. Von den großen Fenstern aus konnte man die Aussicht auf den Park genießen, und in den Innenräumen standen kleine Toiletten-

Oben: Seit dem Mittelalter hatte sich auf religiösen Bildern die Symbolik der Blumen eingebürgert. Auf diesem Gemälde von Cesare Dandini (1595–1658) deutet die heilige Dorothea auf Rosen, die vom Blut ihres Martyriums gerötet sind. Es sind einfache Gartenrosen; Dorothea war auch die Schutzpatronin der Gärten. Rechts: Die weiße Lilie verkörperte von jeher die Reinheit der Jungfrau Maria. *Gruß des Engels* von Eustache Lesueur (1616–1655).

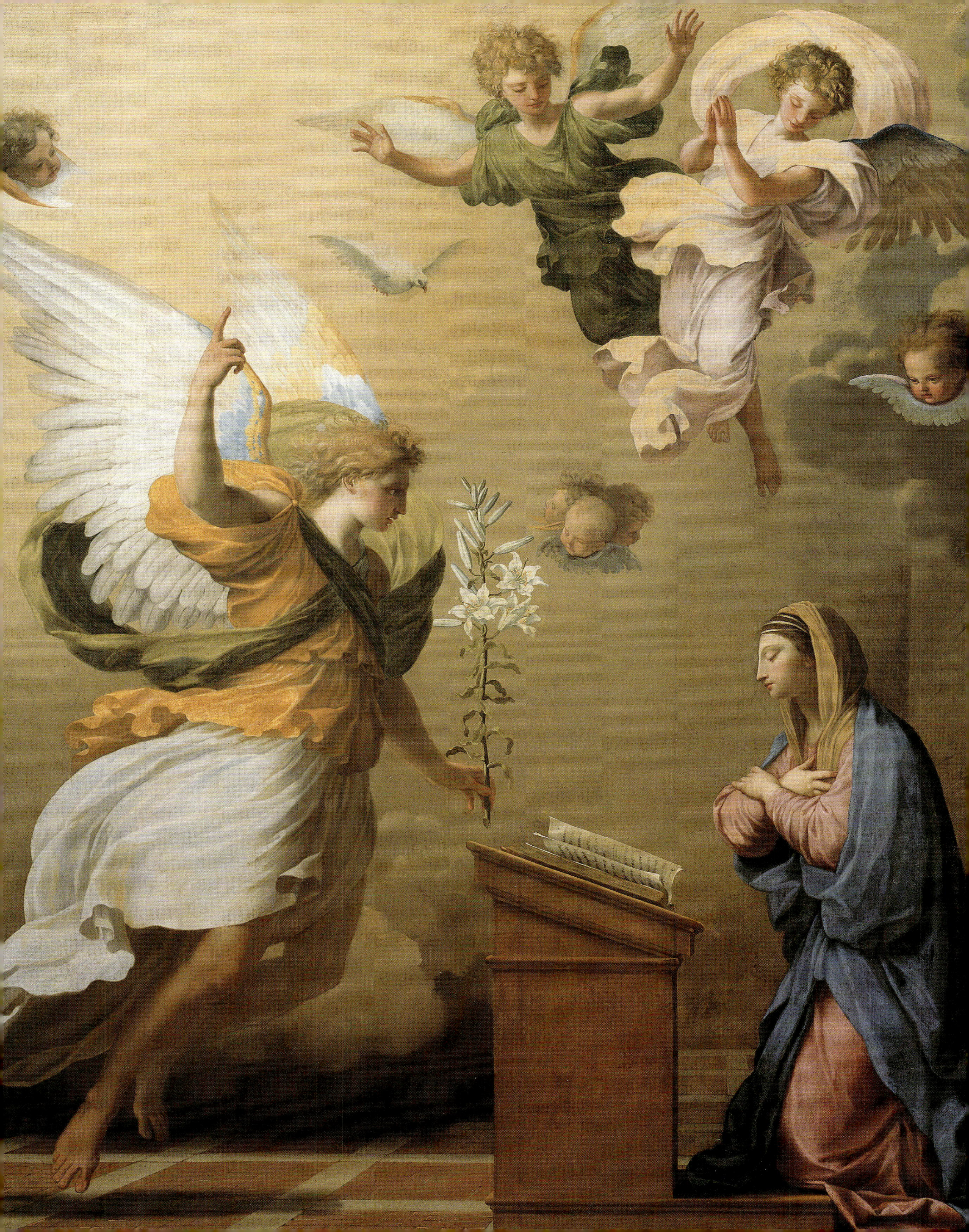

Geliebte Sträuße

tischchen mit Einlegearbeiten sowie Beistelltische, die man mit Blumen schmücken konnte. Die Marquise scheint davon intensiven Gebrauch gemacht zu haben. Mademoiselle Madeleine de Scudéry (1607–1701) erinnert sich in ihrem Werk *Arthamène ou Le grand Cyrus*: »Die Luft in ihrem Schloß war stets parfümiert: Verschiedene wunderschöne Körbe voller Blumen schufen in ihrem Schlafzimmer einen immerwährenden Frühling.« Dies bestätigt auch die Inventarliste der Besitztümer der Marquise, in der eine beeindruckende Menge an Vasen aufgeführt wird. Man hatte inzwischen festgestellt, daß erst ein schönes Gefäß einen Strauß richtig zur Geltung bringt. Aus China wurden blau-weiße Porzellanvasen importiert. Doch auf den meisten Bildern aus jener Epoche sind die Vasen leer. In den Interieurs sieht man noch keine Sträuße, jedenfalls keine »echten«. Es gab natürlich Arrangements zu bestimmten Anlässen, etwa wenn eine ehrenwerte Familie einem Maler Modell stand. Doch diese Blumen sind derart mit Symbolen überladen, daß sie vermutlich gänzlich der Phantasie des Malers entstammten. Außerdem gibt es nur wenige Porträts, die Frauen beim Arrangieren von Blumensträußen darstellen, und wenn, dann belassen sie es meist dabei, auf die Blüte zu deuten, die ihrer Verfassung oder ihrem Gemütszustand gerade am besten entspricht. Woraus man schließen kann, daß Sträuße noch nicht allgemein üblich waren, vor allem, weil der Adel ausschließlich besonders schöne und exotische Blumen liebte, die im täglichen Leben fehl am Platz waren. Doch wenngleich Sträuße aus frischen Blumen nur ganz allmählich die Häuser eroberten, hatten auch sie damals schon einige bedingungslose Anhänger.

Ganz oben: Blumenbestickter Damenhandschuh aus dem Jahr 1630. Oben: Im 17. Jahrhundert entdeckte man die Häuslichkeit und damit die Innendekoration. Nachdem der Strauß ein fester Bestandteil des Alltagslebens geworden war, verlor er nach und nach seine symbolische Bedeutung. Die Vase mit Blumen auf diesem Stich von Wenzel Hollar (1607–1677) hat daher wahrscheinlich keine bestimmte Symbolkraft. Rechts: Titelseite der Madrigalsammlung *Girlande Julies* (illustriert von Nicolas Robert).

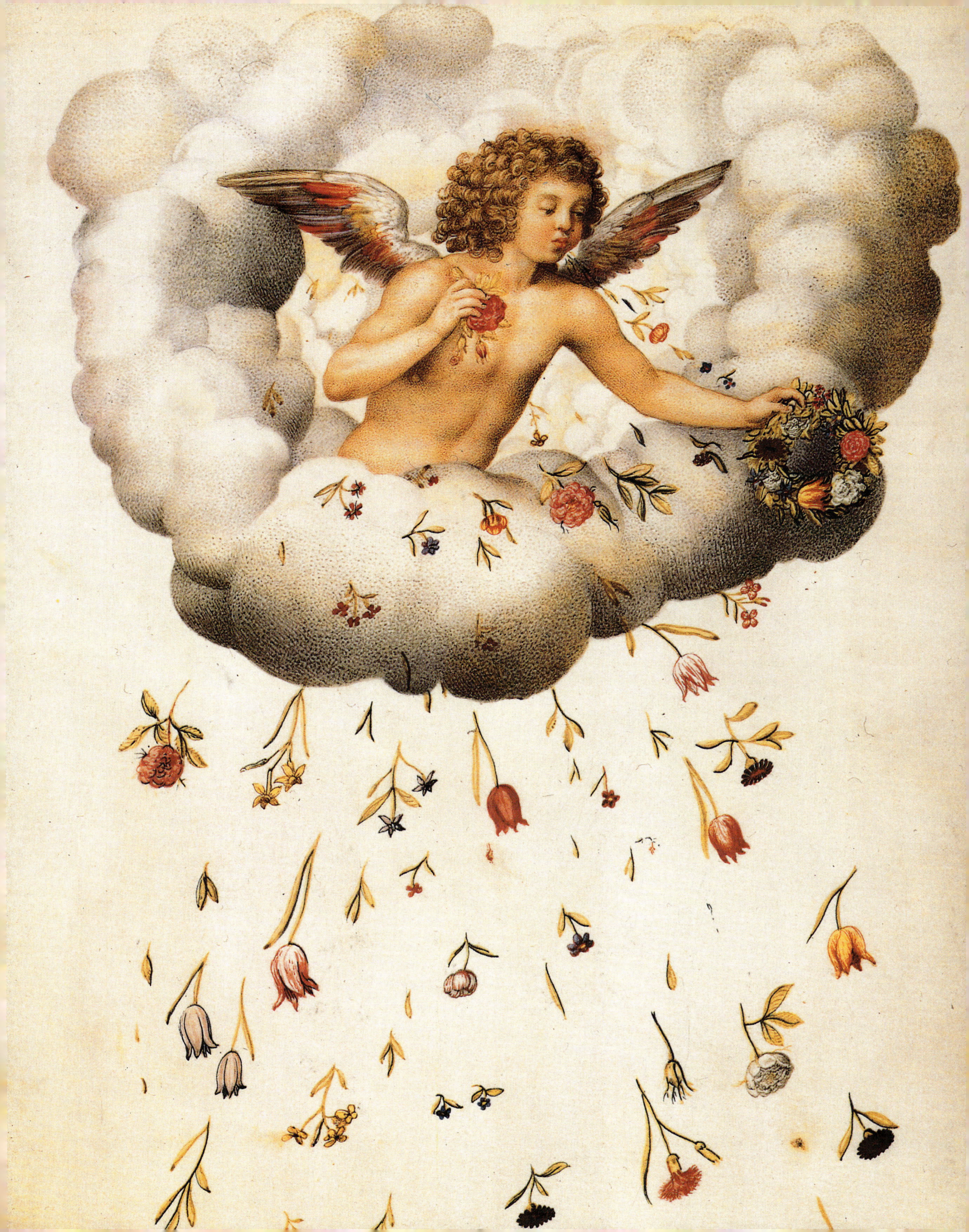

Geliebte Sträuße

DIE ANFÄNGE DER FLORISTIK

Der in Rom lebende Jesuitenpater Giovanni Battista Ferrari war geradezu verrückt nach Blumen. Allein zu seinem Vergnügen stellte er wunderbare Sträuße zusammen. Und er war anscheinend nicht der einzige, denn im vierten Buch seines Werks *Flora, seu de florum cultura* (1633) zitiert er zahlreiche italienische Adlige, die dieses Hobby mit ihm teilten. Die langsamen Transportmittel und die weiten Entfernungen, die innerhalb Italiens überbrückt werden mußten, konnten die italienischen Blumenliebhaber nicht davon abhalten, miteinander zu kommunizieren und sich gegenseitig ausgewählte »Werke« zuzuschicken. Die Sträuße wurden in spezielle, fest verschlossene Holzkisten verpackt, in denen Blätter von Zitrusbäumen sie vor dem Austrocknen bewahrten, und dann mit einem reitenden Boten auf die Reise geschickt. Den Berichten zufolge erreichten sie ihr Ziel in aus-

Ganz oben: Diese Vignettendarstellung einer Vase stammt aus einem 1633 erschienenen Werk des Autors Ferrari über kunstvolle goldene Vasen, die, ähnlich wie Räuchergefäße, zahlreiche Öffnungen und im Inneren Trichter und Siphons aufwiesen. Oben: Mit den Sträußen kamen auch die Blumenvasen auf. Im 17. Jahrhundert waren Gefäße, die ausschließlich für Blumen bestimmt waren, noch eine relativ neue Erfindung. Im China der Ming-Dynastie wurden in Kanton blau-weiße Porzellanvasen speziell für den Export nach Europa hergestellt. Durchsichtige Kristallvasen waren ebenfalls beliebt. Ein Stilleben von Juan van der Hamen y Leon, 1627.

Geliebte Sträuße

Ganz oben: Nachdem Sträuße in Mode gekommen waren, sah man Girlanden fast nur noch auf religiösen Gemälden: Verkündigungsszene von Charles La Fosse, 1685. Oben: Auch wenn die Damen sich als Göttin Flora malen ließen, trugen sie noch Girlanden, wie auf diesem anonymen Porträt aus der ersten Hälfte des 17. Jahrhunderts. Der mit Blumen geschmückte Stuhl im Vordergrund links deutet möglicherweise darauf hin, daß die abwesende Person, für die der Stuhl bestimmt war, verstorben ist. Da die Dame auf dem Bild eine Nelke in der Hand hält (das Symbol der Ehe), könnte es sich bei dem Verstorbenen um ihren Ehemann handeln.

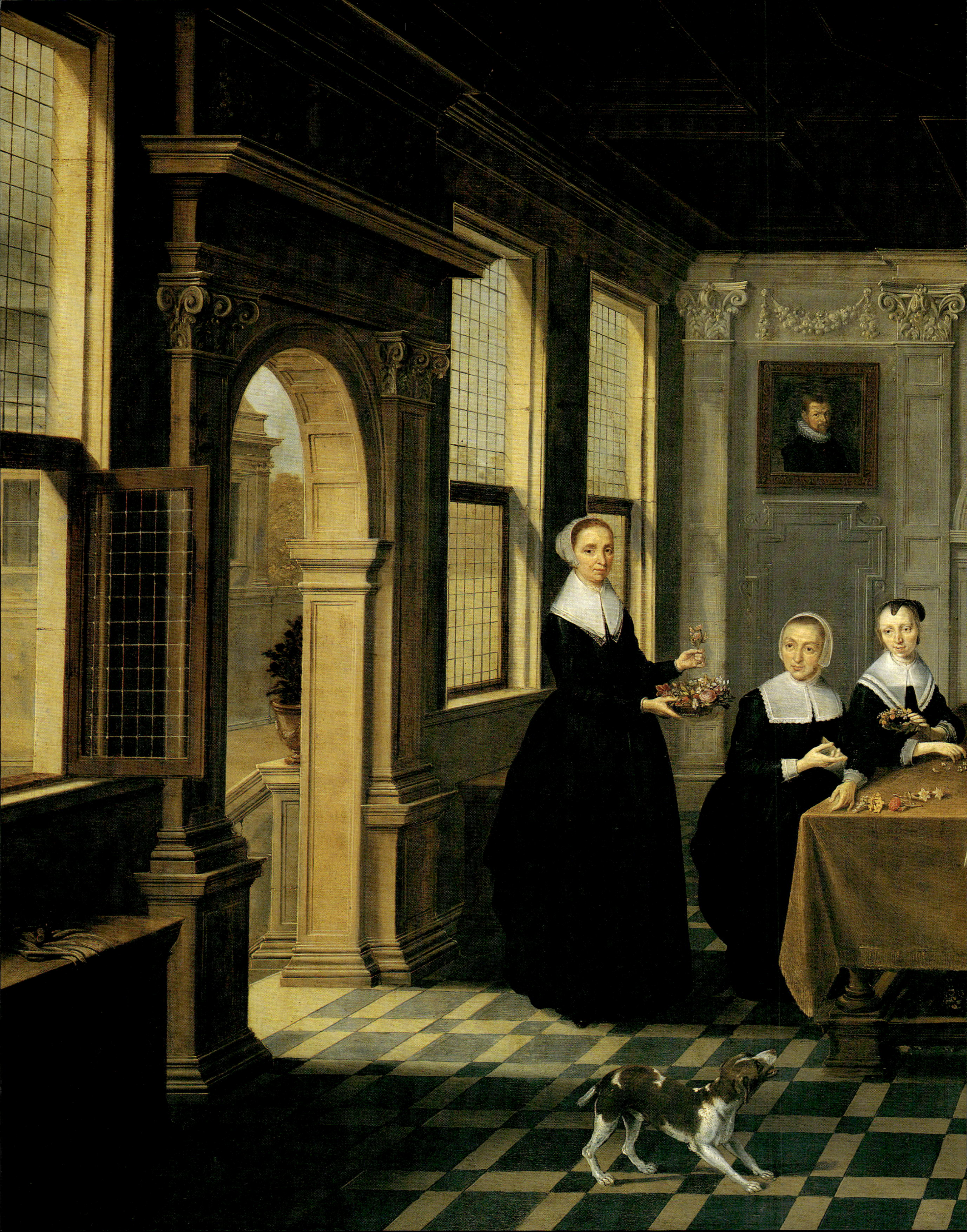

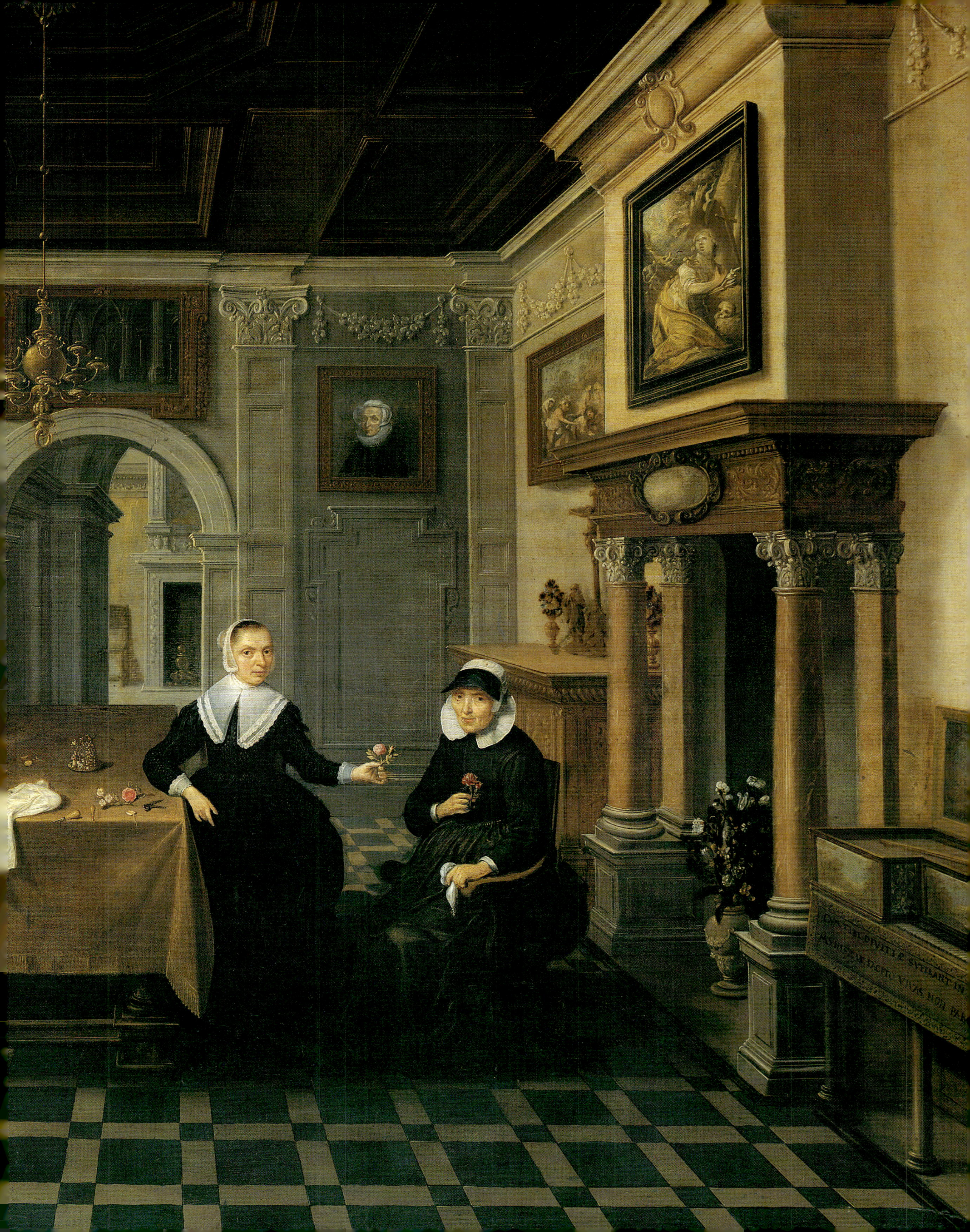

gezeichnetem Zustand. So konnten die Spezialisten untereinander ihre Kreationen bewundern und Ideen austauschen. Ferrari sammelte auf diese Weise fundierte Kenntnisse, die er in seinem Buch über die Kunst der Floristik zu Papier brachte.

Seine Empfehlungen laufen auf Kompositionen hinaus, die stark den gemalten Buketts ähneln: viele verschiedene Blumenarten und viele verschiedene Farben. Bei den Arrangements war eine Art Hierarchie zu beachten: Die einfachsten Blumen wurden in großen Mengen ganz unten angeordnet, während die wertvolleren darüber hinausragten und die Spitze bildeten. Diese röhren- oder pyramidenförmigen Kompositionen wirken heute ein wenig steif, da sie nicht durch Blattwerk aufgelockert wurden. Sie dienten allerdings auch nicht in erster Linie dem Zweck, Räume zu verschönern. Da die Stengel manchmal sorgfältig mit langen Narzissenblättern umhüllt wurden, könnte man eher an Sträuße denken, die man in der Hand hielt. Dafür spricht auch Ferraris Rat, die fertige, mit einem Leinenfaden umwundene Komposition gründlich zu wässern. Wahrscheinlich mußte sie danach lange ohne Wasser auskommen. Blumenarrangements in Körben wurden folgendermaßen frisch gehalten: Der Boden war z.B. mit Myrtenblättern bestreut, auf denen Tulpen standen, alle ganz gerade und aufrecht. Zu diesem Zweck wurde in jeden einzelnen Stengel ein Stäbchen aus Holz oder Metall gesteckt. Dieser wenig anmutige Präsentationsstil war vor allem im 19. Jahrhundert gebräuchlich. Ferrari und seine Zeitgenossen verliehen ihren Kompositionen eine gewisse architektonische Strenge. Blumen wurden wie Kunstgegenstände betrachtet und den verschiedensten ästhetischen Konventionen unterworfen. Man veränderte gegebenenfalls sogar ihre Farbe, denn die reiche Palette der floralen Farben wies in den Augen unserer Vorfahren immer noch Mängel auf. Es gab kein Schwarz und kein Grün und nur sehr wenig Blau. Doch Ferrari wußte Rat. Um Himmelblau zu erhalten, mußte man zuerst getrocknete Kornblumenblüten zerreiben. Danach wurde der azurfarbene Staub mit Schafsmist vermischt und mit Essig getränkt. Ein wenig Salz dazu, und das Ganze konnte in die Erde zu der Zwiebel oder Wurzel der Pflanze gegeben werden, die daraufhin die gewünschte Farbe annahm. Ähnliche Rezepte hatte Ferrari auch für Duftveränderungen. Wenn man es geschickt anstellte, sollte man sogar Knoblauch dazu bringen können, nach Rosen zu duften.

Ab Ende des 17. Jahrhunderts wandelte sich der florale Geschmack, und anstelle kostspieliger unnatürlicher Blumen begann man natürliche Schönheit zu bevorzugen. Eine neue Generation holländischer Maler, von Jan Davidsz de Heem (1606–1683) bis zu Jan van Huysum (1682–1749), nahm die Idee vom Strauß des kommenden 18. Jahrhunderts vorweg: zerzauste Blütenblätter und ein fröhliches Durcheinander von Blumenarten, dazu Weinranken, Zweige und Gräser sowie viele Blätter, die sich kaum von Unkraut unterschieden und keinerlei materiellen Wert besaßen.

Vorhergehende Doppelseite: Eine Szene mit fünf Frauen von Bartholomeus van Bassen. Sie muß sich im Sommer abspielen, da ein Blumenstrauß im kalten Kamin steht. Eine der Damen bringt Blumen aus dem Garten, während die anderen mit Hilfe von Draht und den auf dem Tisch liegenden Utensilien Arrangements zusammenstellen. Oben: Seltsamerweise haben die holländischen Maler auf ihren Stilleben nie jene Delfter Tulpenvasen mit zahlreichen Öffnungen für jeweils eine Tulpe dargestellt. Diese Porzellankunstwerke tauchten allerdings auch erst gegen Ende des 17. Jahrhunderts auf, als die Maler bereits zerzauste Sträuße bevorzugten. Tulpenvasen wirkten zu streng, um als Motiv reizvoll zu sein. Rechts: Vase mit Blumen von Jan Davidsz de Heem, um 1660.

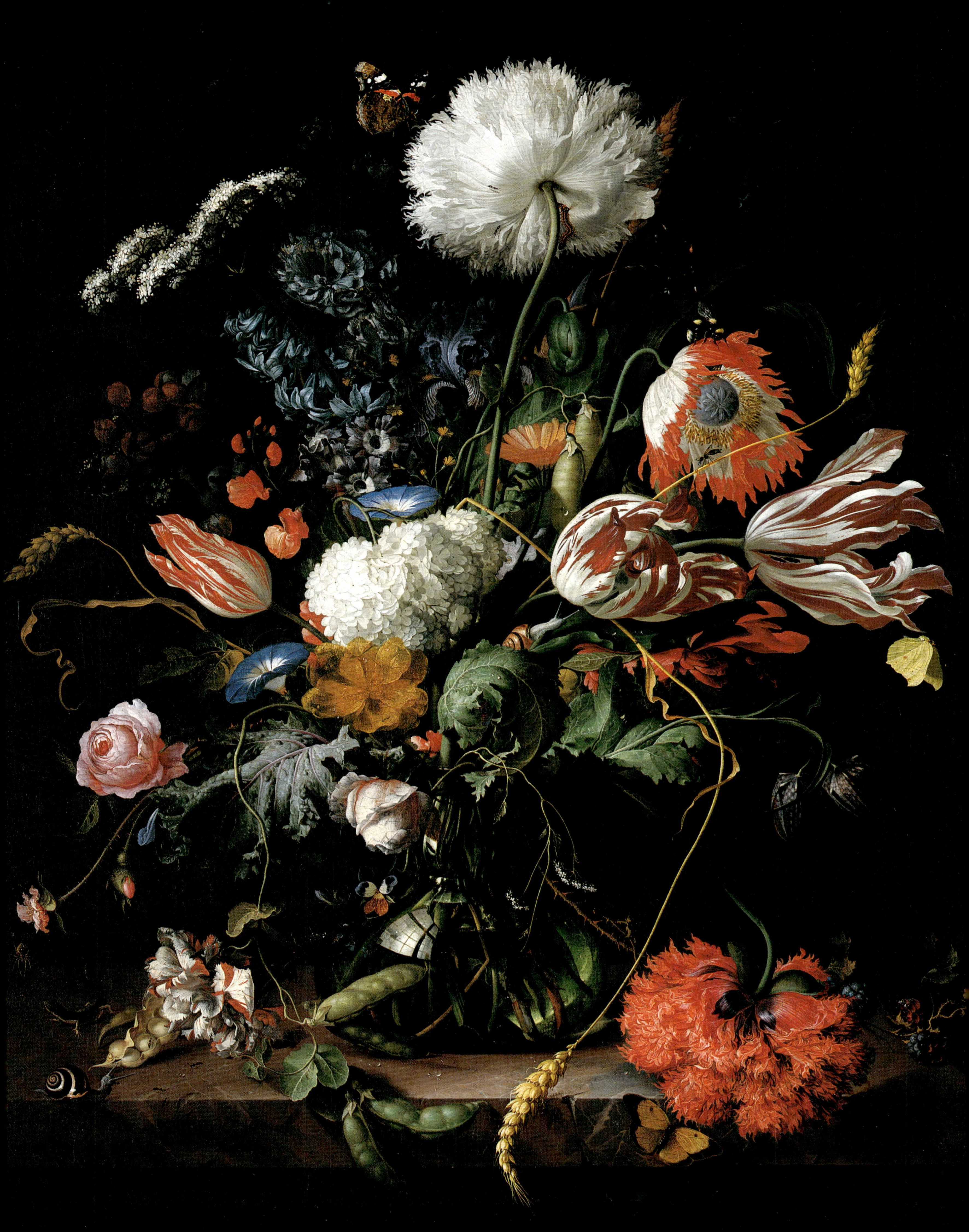

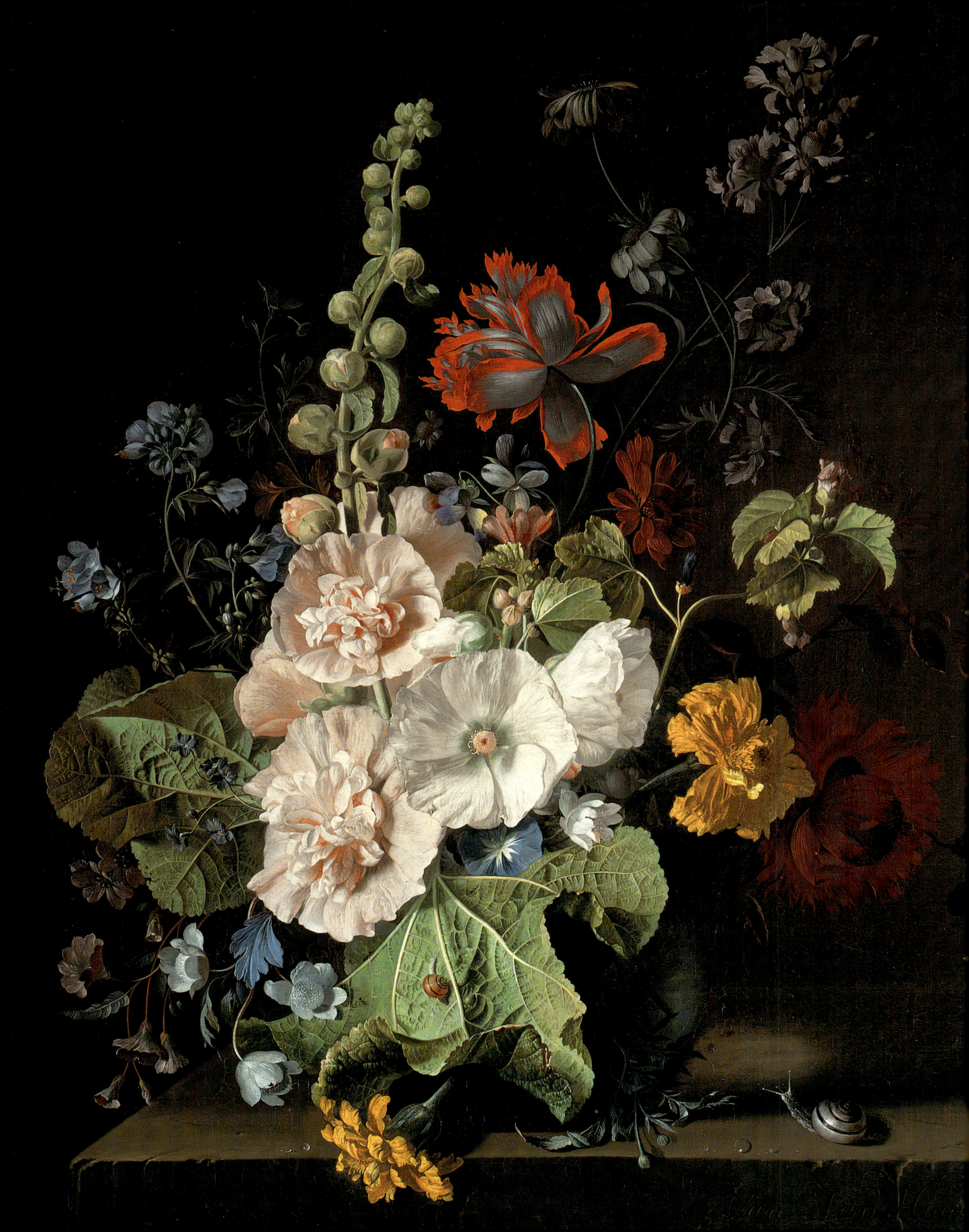

Floristische Moden: vom bescheidenen Blümchen zur Orchidee

Ebenso wie die Holländer entdeckten auch die französischen Künstler ihre Vorliebe für den kunstvoll zerzausten Strauß, der in unordentlichen, doch wohlbedachten Kaskaden herabfiel. Zu Beginn des 18. Jahrhunderts war man jedoch noch weit von den winzigen verspielten Vasen entfernt, die Maler wie Jean-Baptiste Siméon Chardin (1699–1779) fünfzig Jahre später darstellten. Der prächtige, glanzvolle Stil Ludwigs XIV. zeigt sich auch in der Blumenmalerei. Dieser Stil war eine Spezialität von Jean-Baptiste Monnoyer (1634–1699), der es als königlicher Blumenmaler darin zur Meisterschaft brachte und überladene Kompositionen schuf, auf denen sich aus großen goldenen Schalen Unmengen von Blüten ergießen. Marmorpfosten, samtene, reich mit Posamenten versehene Faltenwürfe und andere prunkvolle Accessoires vervollständigen die Blumenarrangements. Für die Menschen des ausgehenden 17. Jahrhunderts war es selbstverständlich, daß die Natur sich der Kunst und der Kultur zu unterwerfen hatte. Man liebte kunstvolle Blumen, die unter großem Kostenaufwand in den Treibhäusern von Versailles gediehen, wo man Orangenbäume und viele andere exotische, frostempfindliche Arten hütete. Der Gärtner André Le Nôtre überwachte die Versorgung dieser wertvollen Pflanzungen. So hatte es Ludwig XIV. (1638–1715) befohlen, der wünschte, daß bei Festen und in den königlichen Gärten auch im Winter Blumen blühten. Der König liebte Blumen, besonders die Tuberose, die daraufhin in Versailles groß in Mode kam. Wie viele andere Fürsten seiner Zeit war auch er ein Sammler seltener Pflanzen. Die Fülle der Blumen, die außerhalb der Saison in Körben oder akribisch geplanten Rabatten blühten, diente vor allem dazu, den außerordentlichen Reichtum der königlichen Sammlung vorzuführen. In den letzten Jahren der Herrschaft Ludwigs XIV. wurde der Adel jedoch der steifen konventionellen Pracht müde, die so wenig Platz für Gefühle und Träume ließ. Um der strengen Hofetikette zu entfliehen, amüsierte man sich auf dem Land und genoß die Freuden der freien Natur.

Man hatte nämlich einen neuen Zeitvertreib entdeckt, der in der guten Gesellschaft äußerst beliebt wurde: das Botanisieren. Seit 1690 organisierten die Botaniker des Königlichen Botanischen Gartens regelmäßig Exkursionen aufs Land, an denen jedermann teilnehmen konnte. Und so kamen sie denn alle: Apothekerlehrlinge, durchreisende Fremde, gelehrte Sammler und darüber hinaus alles, was in Paris Rang und Namen hatte. Nichts war amüsanter, als ins Umland von Paris zu fahren, um zu beobachten, wie Pflanzen in ihrer natürlichen Umgebung wachsen. Auch Frauen schlossen sich solchen Unternehmungen gerne an. Der schwedische Naturforscher Carl von Linné (1707–1778) hatte die geschlechtliche Vermehrung der Blütenpflanzen entdeckt und publizierte 1735 ein Werk, das eine neuartige botanische Klassifizierungsweise enthielt, die so wunderbar einfach war, daß »selbst die Damen hoffen können, sie zu erlernen« – was sie auch taten. Davon zeugen die kleinen Herbarien, die

Links: Dieser Strauß von Jan van Huysum (1710) beweist, daß sich vom Beginn des 18. Jahrhunderts an das Aussehen der Blumengebinde veränderte. Die rot-schwarze Tulpe in der Mitte oben sieht man von hinten, was in früheren Zeiten undenkbar gewesen wäre. Die großen Blätter der Stockrose, die mit der Unterseite nach oben weisen, nehmen einen zentralen Platz ein – ein Zeichen für den neuen Stellenwert von Blattwerk. Plötzlich interessierte man sich für alle Pflanzen, die in den Gärten grünten und blühten. Oben: Herbarien waren groß in Mode: Blume aus Nordamerika (Seite aus einem Herbarium des Schweizer Botanikers Haller, 1708–1777).

Geliebte Sträuße

Jean-Jacques Rousseau, der im Alter ebenfalls gerne botanisierte, speziell für seine Freundinnen anlegte. Die kleinen Sammlungen waren so hübsch gestaltet, daß sie den Verdacht erwecken, die botanische Begeisterung sei z.T. recht oberflächlich gewesen.

Die Liebe zu Blumen im 18. Jahrhundert war einerseits sicher echt, andererseits aber auch eine modische Zeiterscheinung. Man brüstete sich ebenso damit, die Flora zu kennen und das Leben auf dem Land zu schätzen, wie man die neuesten Auswüchse der Mode zur Schau trug. So begeisterte man sich denn auch nur für diejenige Blume, die in der Wissenschaft oder in der Gesellschaft gerade aktuell war. Sogar die profanen Kartoffelblüten kamen so kurzfristig zu Ehren. Kaum hatte der Agronom Antoine Augustin Parmentier die Unterstützung Ludwigs XVI. für den Anbau der Knollen erhalten, sah man deren Blüten überall an Ausschnitten und Westen. Was beweist, daß man nun auch einfache Blumen zu schätzen wußte und sie hübsch fand. Die früher gültige Regel, nach der kostbare Blumen mehr zählten als die weniger kostbaren, hatte ausgedient. Allein ihr Charme war jetzt wichtig, und die Sträuße profitierten davon. Sie wurden damals durch viele neue, exotische Arten bereichert, die unablässig von allen Kontinenten nach Europa kamen und den unstillbaren Appetit auf Neues befriedigten, der für das 18. Jahrhundert typisch war.

So entdeckte man z.B. die chinesischen Kamelien, die peruanische Kapuzinerkresse sowie südamerikanische Orchideen, für die man sofort zu schwärmen begann und die gegen Ende des Jahrhunderts ihre ersten Anhänger gewannen. Damals kamen auch die ersten Blumen aus Schwarzafrika, wohin man sich bis dahin so gut wie gar nicht gewagt hatte. Der französische Botaniker Adanson hatte in seinem Gepäck Hibiskussträucher, Winden, Wunderblumen, Petunien und Zinnien. Die bunte Zinnie gefiel offenbar, denn wir finden sie ab 1772 in kleinen Kompositionen. Der dekorative Gebrauch dieser exotischen Pflanzen wurde jedoch nicht sofort üblich, und die Kamelie, die bereits in England wuchs, sowie die Hortensie, die nun in die Versuchsgärten kam, sollten nicht vor dem 19. Jahrhundert in Mode kommen. In der Zwischenzeit hatte man die Möglichkeit, die Pflanzen zu akklimatisieren, zu verbessern und noch zu verschönern. Auch die Gewächshäuser und Gärtchen der Blumenliebhaber waren eine Quelle von Neuheiten. Die Artenkreuzung war schon recht gut erforscht, und die Manipulation der Farben bereicherte das Repertoire der Blumen immer wieder aufs neue. Manche Blumenarten befanden sich in dauerndem Wandel, so etwa die Aurikel, eine weiterentwickelte Form der Schlüsselblume. Diese Pflanze mit ihrem lieblichen Duft, deren Blütenblätter ein natürliches Sträußchen bilden, hatte ebenso großen Erfolg in den Vasen wie in der Malerei. Als Folge von Manipulationen bekam die Aurikel in den 1750er Jahren plötzlich lebhaft-grüne Blüten mit einem weißen pudrigen Fleck in der Mitte. Weitere erstaunliche Farben kamen nach:

Oben: Orientalischer Klatschmohn aus dem Herbarium des Schweizer Botanikers Haller, 1741. Rechts: Ständig kamen neue unbekannte Blumenarten von anderen Kontinenten nach Europa. Ende des 18. Jahrhunderts waren dann nahezu alle Arten, aus denen wir auch heute noch unsere Sträuße zusammenstellen, in Verzeichnissen erfaßt. Im Pariser Naturkundemuseum, dem weltgrößten seiner Art, werden Erinnerungen an die damaligen Entdeckungen gepflegt: Blütenpflanzen, die dank der umsichtigen Maßnahmen der Botaniker etwas von ihrer Schönheit und sogar ihrer Farbe über die Jahrhunderte hinweg bewahrt haben. Das erste gepreßte Exemplar einer Hortensie, 1771.

Viburnum ...
Hydrangea Hortensis
  Sieb[?]

Peautia Celestina, aut melius
  Hortensia cœrulea

La rose du japon appelée aussi
impropremment oreille d'ours à l'Isle
de france. du jardin de la vitelobague en
       févr. 1773 - M. de Bourbon

vide Bellonie [?] :
Isle de france
vide herb. gen. pet.

Peautia Celestina   nobis primum dicta

HERB. MUS. PARIS.

Schieferblau, Gelbbraun, Zimt und Graugrün. Die Leute waren verrückt nach Aurikeln und wollten sie unbedingt für ihre Sträuße und für ihre Gärten haben. Die Sammler ließen ihnen alle erdenkliche Pflege angedeihen, sie verwöhnten sie wie Haustiere. Das ging so weit, daß manche die Erde mit rohem Fleisch düngten.

Die Leidenschaft für Blumen nahm derart frenetische Züge an und hatte bald eine so weite Verbreitung gefunden, daß Blumen schließlich auch die Innenräume der Häuser eroberten. Der englische Schriftsteller Horace (Horatio) Walpole (1717–1797) äußerte sich einmal in geradezu lyrischem Überschwang dazu: »Mögen die Ruheecken und Schlafzimmer, die Arbeitszimmer, die Speisesäle und die Bäder erfüllt sein von den lieblichen Düften der Veilchen, Maiglöckchen, der Nachtviolen, des Goldlacks, der weißen Narzissen, der weißen Lilien, der Hyazinthen, der Nelken und der ägyptischen Reseda!«

Oben: Der Strauß in einer mit Figuren geschmückten Vase von Jan Frans Eliaerts (1761–1848) stammt aus einer späteren Zeit als das Gemälde rechts. Im unteren Teil des Gebindes sind eine braune und eine nachtblaue Primelvariante zu sehen. Rechts: Auf dieser Allegorie des Monats April von Peeter Snijers (1727) zeigt eine junge Dame in Gartenkleidung ihrer Magd die Blumen, die sie abschneiden soll.

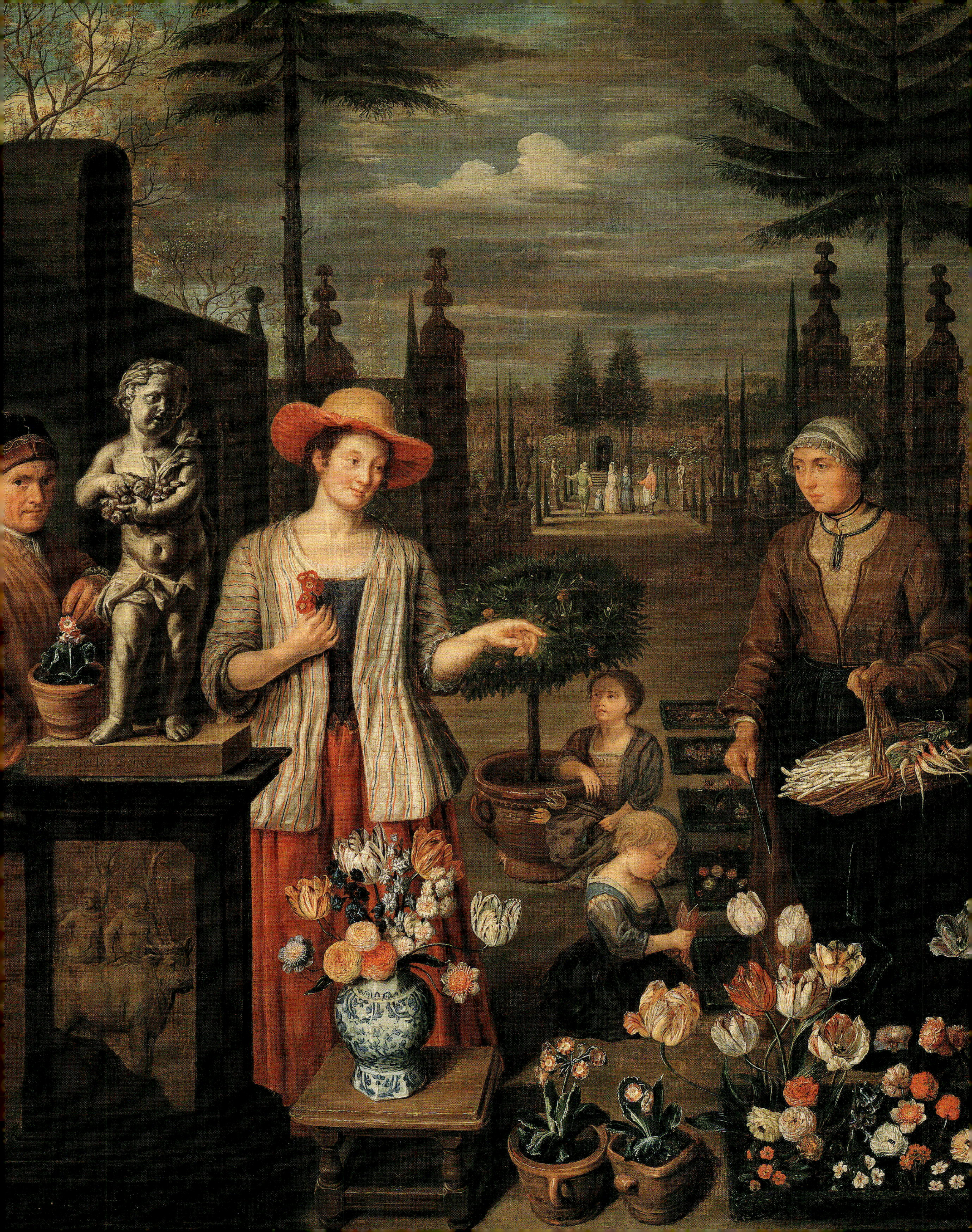

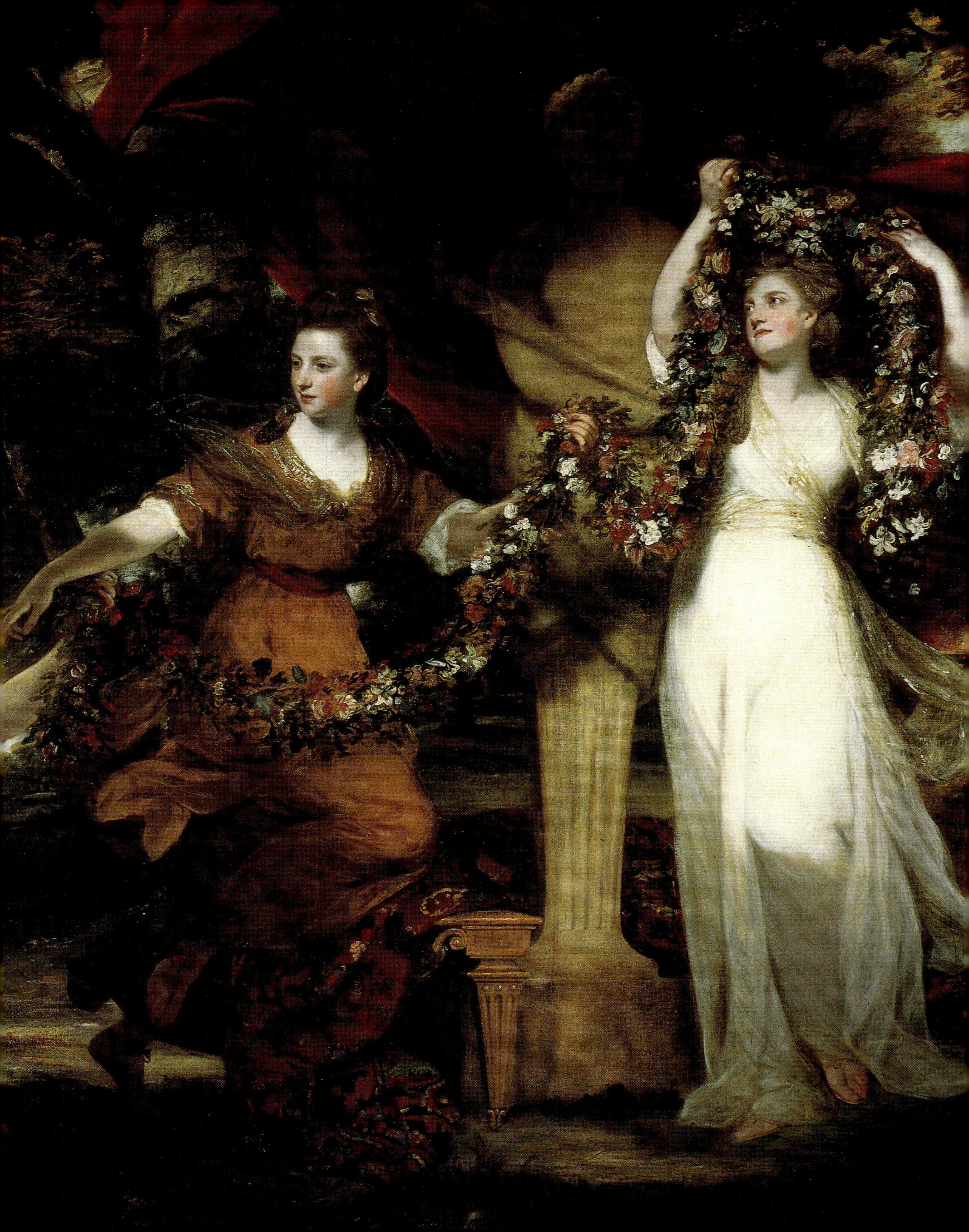

MÄRCHENHAFTE BLUMENDEKORATIONEN

Trotz seiner Theoretiker und Literaten kam aus England, wo man wild wirkende Gärten mochte und die Schönheit des Natürlichen pries, nicht der entscheidende Anstoß zur Innenraumdekoration mit Blumen, die in der zweiten Hälfte des 18. Jahrhunderts Schreiner, Möbeltischler, Schnitzer und Tapezierer beschäftigte. Kleine, in frischen Farben – Malvenrosa, Narzissengelb oder Pfirsichorange – gestrichene Appartements, mit floralen Holzschnitzereien verzierte Wandvertäfelungen und mit geblümten Stoffen bezogene Möbelstücke kamen zuerst in Frankreich auf. Der Stil des Malers Antoine Watteau (1684–1721) verkörpert die Geisteshaltung der Aristokratie jener Zeit.

In dieser ländlich-romantischen Atmosphäre erfand Madame de Pompadour (1721–1764), die sich selbst »Schäferin von Arkadien« nannte, den Stil der Epoche ihres königlichen Liebhabers Ludwig XV. Ein Stil, der aus märchenhaften Blumendekorationen bestand. Die besten Gärtner und Botaniker des Königs schmückten den Park von Versailles mit Oleander, Granatapfelbäumen, Flieder und Lauben aus Jasmin, außerdem bestückten sie eine kleine, natürlich belassene Ecke mit duftenden Pflanzen. Die Pavillons von Madame de Pompadours Gemächern waren ebenerdig angelegt, so daß man direkt von den Gärten aus die Salons betreten konnte, die ihrerseits so natürlich gestaltet waren, daß man den Unterschied zwischen außen und innen kaum bemerkte. Alles drückte die Fröhlichkeit eines ewigen Frühlings aus: die grün lackierten Möbel wie der mit Pfingstrosen und Vögeln bemalte chinesische Taft. Die Vorliebe für Chinoiserien, die von einer ständigen Einfuhr von Seiden und Porzellan gespeist wurde – die übrigens in Kanton eigens für den Westen hergestellt wurden –, gründete nicht darin, daß man sie aufgrund ihrer Authentizität besonders liebte. Sie sollten vielmehr die Phantasie anregen, was wiederum zur Suche nach neuen Motiven und floralen Raffinessen führte.

Bei einem Fest auf Schloß Bellevue stellte Madame de Pompadour im November 1750 eine neue Alternative zu diesen Blumendekors vor. Sie empfing den König und seine Gäste in einem Appartement, in dem sich ganz hinten ein beheiztes Gewächshaus und, mitten im kalten Winter, ein Blumenbeet mit vorwiegend frischen Rosen, Nelken und Lilien befand, deren lieblichen Duft der begeisterte König lobte. Doch die »Natur« war nicht echt. Die Vasen, die Rosen-, Nelken- und Lilienblüten, ja sogar die Stengel, alles war aus Porzellan, und den lieblichen Duft verbreiteten Duftöle. Die feinen Gegenstände waren Produkte einer Firma in Vincennes, einer kleinen Manufaktur, die aber berühmt war für ihre schönen

Links: Im 18. Jahrhundert waren antikisierende Motive beliebt. Ausschnitt eines Gemäldes von Sir Joshua Reynolds (1723–1792): Drei Frauen schmücken die Statue des Hymenaios, des griechischen Gottes der Hochzeit und der Ehe. Oben: Madame de Pompadour gehörte zu den Begründerinnen der Pflanzen- und Blumendekormode. Sie ließ sich gerne von Blüten umgeben darstellen, wie auf diesem Bild von François Boucher (1756). Ihr grünes Kleid ist mit seidenen Rosen besetzt, und auch sonst ist sie von floralen Motiven umgeben: chinesische Seidenkissen mit Pfingstrosen darauf und Rosen zu ihren Füßen und auf ihren Büchern.

Geliebte Sträuße

Blumen, wie man sie nirgends sonst bekam. Ludwig XV. kaufte kurzerhand die gesamten Lagerbestände auf und ließ die Produktionsstätten nach Sèvres verlegen. Dies war der Beginn des Sèvres-Porzellans und seiner Blumendekors. In jener Epoche wurde auch die »Pompadour-Rose« erfunden, die purpurrot auf Vasen, Kakaokannen und Teeservices prangte.

Porzellan wurde zu den unterschiedlichsten Dekorationsgegenständen verarbeitet, die die Modewarenhändler verkauften. Einer von ihnen, Monsieur Lazare Duvaux, hat sie sehr detailliert beschrieben: Es gab geflochtene Körbe aus Gold- oder Silberdraht, mit Seide gefüttert und gefüllt mit den verschiedensten Blumen mit geraden Stengeln, Vasen aus China oder Sachsen, ähnlich mit Blumen dekoriert, Lüster und Leuchter, deren Arme Ästen nachgebildet waren, an denen gefüllte Anemonen, Ringelblumen, Glockenblumen oder Goldlack blühten. Duvaux berichtet noch von einer weiteren Art, Porzellan zu verwenden: 1757 kaufte z.B. der Herzog von Francavilla einen Dessert-Tafelaufsatz, der aus mehreren Figuren und Gruppen aus sächsischem Porzellan bestand sowie blumengefüllten Vasen und Tieren, verziert mit vergoldeten und glasierten Zweigen, garniert mit Rosen aus Vincennes und das Ganze plaziert auf einem goldenen Untersatz. Die Dekoration eines festlichen Mahls bestand seit dem Beginn des 18. Jahrhunderts, insbesondere beim Dessert, im wesentlichen aus dem Tafelaufsatz. Dabei handelte es sich anfangs um vergoldete Halter für Dinge, die man während des Essens brauchte, von Salzfäßchen über Öl- und Essigkännchen bis hin zu Feuerrädern, die man bei der Mahlzeit anzündete. Dieser nützliche Aspekt trat jedoch bald gegenüber dem schmückenden Zweck in den Hintergrund. Tafelaufsätze wurden phantasievoll mit Schlössern, Gloretten und Gärten gestaltet. Blumen, ob frisch oder aus Porzellan, nahmen dabei einen wichtigen Platz ein. In erster Linie ging es jedoch darum, die Gäste zu überraschen und zu begeistern. Man scheute keine Kosten, wenn der Effekt nur ungewöhnlich genug und zugleich wirklichkeitsgetreu war. Auch die Süßwarenhersteller erfanden ein neuartiges, preiswertes und vielseitiges Blumendekor: Sie formten Girlanden, Beete und Sträuße aus einer Zuckermasse, die im Ofen getrocknet wurde.

Man umgab sich mit derart vielen Blumen, daß einen schwindelte und man die echten kaum noch von den falschen unterscheiden konnte. Die Fürstenhöfe Europas übernahmen die Pariser Mode, die sich bald von Preußen bis nach Rußland verbreitete. Das pluralistische England verleibte den französischen Stil dem eigenen Repertoire an gotischen, neoklassizistischen und chinesischen Elementen ein. In London, Jouy, Lyon und Berlin fabrizierten die Stofffabrikanten meterweise ineinander verschlungene Blüten. Traditionsgemäß bot sich dafür ein Untergrund aus Stoff am ehesten an. Phantasieblumen rankten sich auf den Seiden des französischen Dessinateurs Jean-Baptiste Pillement (1728–1808), der seine Muster in ganz Europa verkaufte. Der französische

Oben: Bei den Modewarenhändlern bekam man die verschiedensten Kunstblumen, z.B. Seidenblumen, wie auf diesem Bild des spanischen Malers Luis Paret: Der Händler öffnet eine Schachtel mit Blüten, während die Kundin ein Blumendiadem betrachtet und ihr Begleiter über den Preis verhandelt. Derartige Accessoires waren äußerst kostspielig. Noch teurer waren Porzellanblumen, die man ebenfalls beim Modewarenhändler kaufte. Rechts: Nur wenige der damaligen Kunstwerke aus Porzellan sind erhalten geblieben. Der französische Künstler Didier Gardillou stellt heute nach alten Techniken der Manufaktur von Vincennes naturgetreue Reproduktionen her.

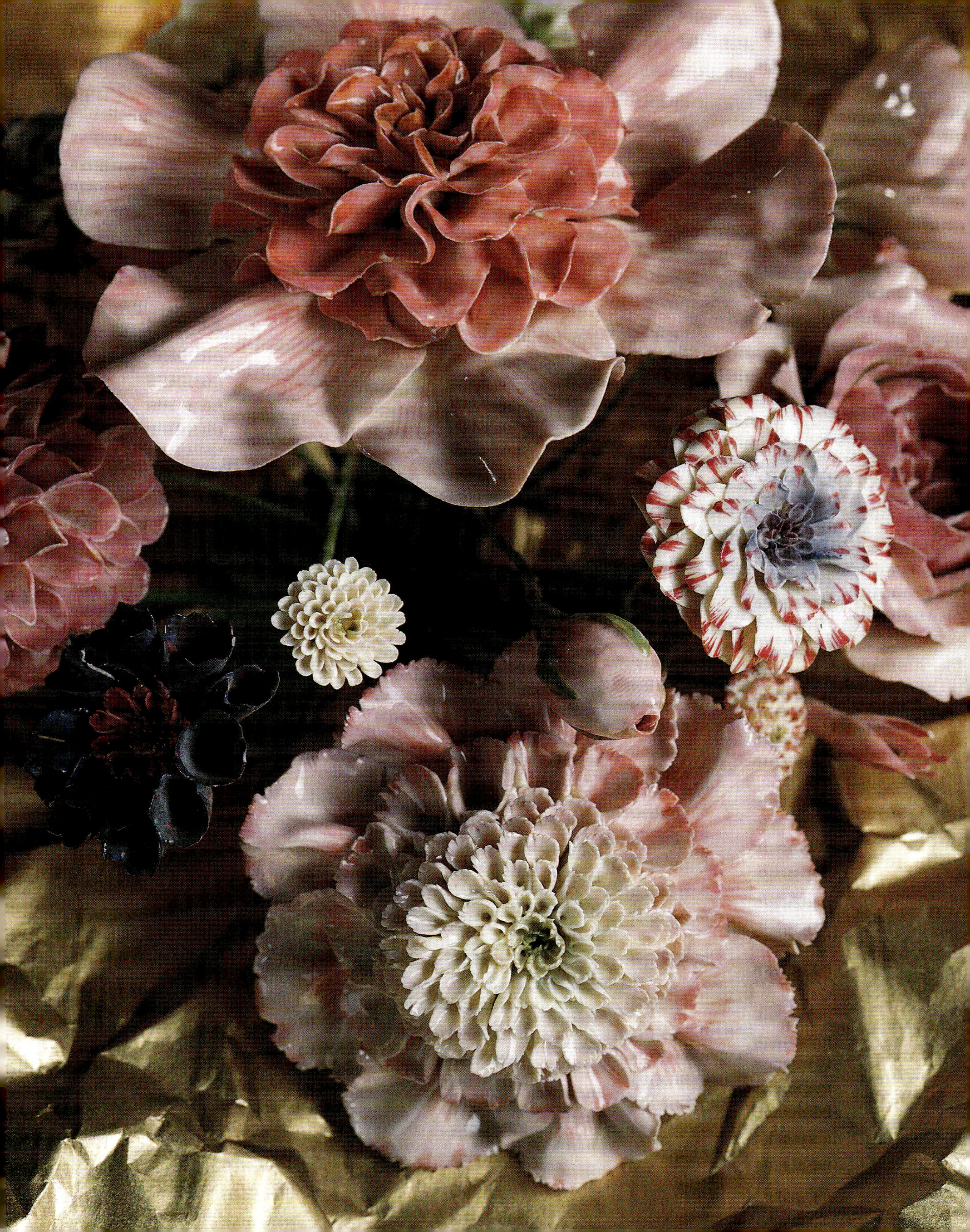

Geliebte Sträuße

Maler Philippe de La Salle (1723–1804), in Österreich, Spanien und am russischen Zarenhof ebenso bekannt wie in Paris, verzierte seine broschierten Lampas (ein schweres Damastgewebe) mit zahlreichen Sträußen. Auch gedruckte Blumen waren sehr beliebt, etwa auf den berühmten »Indiennes«, bemalten Tuchen, die ursprünglich die Ostindische Kompanie importierte, die aber später auch in Europa hergestellt wurden. Diese lebhaft bunten Baumwollstoffe sorgten für einschneidende Veränderungen in der Innendekoration und machten der Seide Konkurrenz, die sie fortan auf sommerlichen Möbeln ersetzten.

Doch vor allem waren es die Tapeten, eine weitere Erfindung des 18. Jahrhunderts, die Blumen in die Räume brachten. Dieser neuartige Wandschmuck kam von England aus in Mode. Die Engländer liebten Tapeten aus China, auf denen Schmetterlinge um Glyzinien-, Chrysanthemen- und Irisblüten flatterten. Dann, um 1770, führte der Franzose J.-B. Réveillon Papierbahnen ein, die mit pflanzlich inspirierten Arabesken bemalt waren. Die Tapeten wurden ebenso wie die Sträuße dem jeweils herrschenden Geschmack angepaßt und zeigten so von Jahr zu Jahr die Blumen, die gerade en vogue waren. Auch die Kompositionen variierten: Die Blumen waren mal mit Bändern umschlungen, geflochten, standen in Vasen oder waren einfache Büschel. Darunter waren ausgefallene Kunstwerke wie z.B. blühende Büsche, die einem Kohlkopf entsprossen, oder Buketts, die sich in Erdbeeren, Stachelbeeren oder aufgeschnittene Melonen verwandelten. Es gab auch noch gewagtere Arrangements, etwa Rosensträuße, die mit Streifen von geflecktem Fell (Panther oder Leopard) umwunden waren. Überhaupt bewies man beim Binden der Schnittblumen große Sorgfalt. Man umwickelte sie mit Goldfäden, Satinbändern, Spitzen und sehr häufig mit blauen Bändern.

Die geblümten Tapeten des 18. Jahrhunderts verraten uns, welche Arrangements oder Blüten damals gerade in Mode waren. Auf den französischen Tapeten waren die Stengel oft schräg angeschnitten, während sie auf den englischen gerade Schnittflächen aufwiesen. Anhand solcher Unterschiede können Spezialisten die Herkunft von Motiven bestimmen. Ganz oben: Ausschnitt eines Musters, um 1780. Oben: Tapetenbahn mit großen Nelkenblüten aus der Manufaktur Jacquemart et Benard, 1799. Rechts: Wie ein Blütenregen wirkt die Dekoration anläßlich eines Banketts im Wiener Redoutensaal 1760. Werk aus der Schule von Martin Mytens.

80

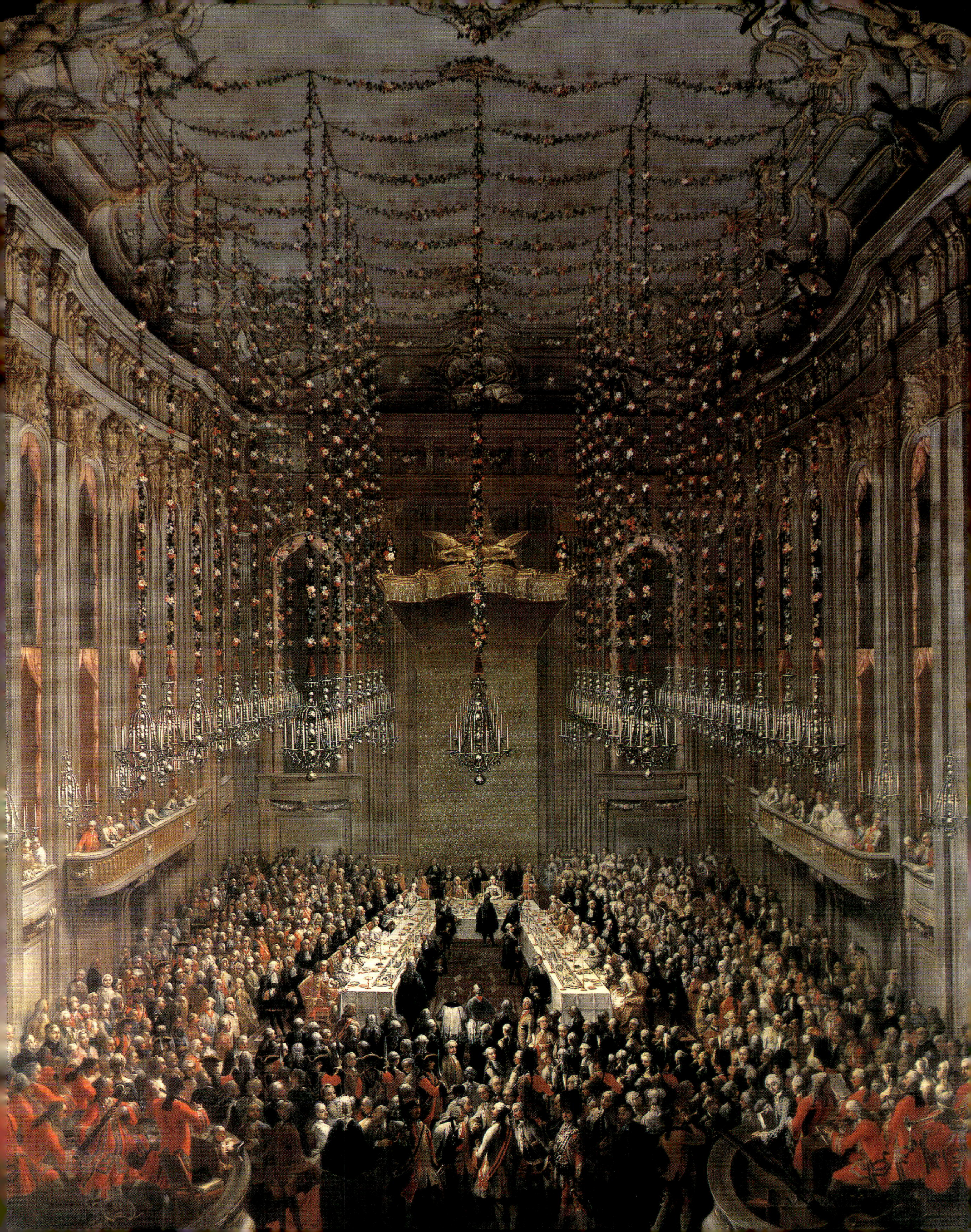

Blumen als Schmuck

Der überaus vielseitige Autor P.-J. Buc'hoz – er schrieb über Thermalbäder, über Tabak sowie über den Maulwurf – veröffentlichte 1771 ein Buch über den Gebrauch von Blumen als Schmuck für die Damen *(Toilette de Flore, ou Essai sur les plantes et les fleurs qui peuvent servir d'ornement aux dames)*. Dieses Schönheitshandbuch handelt u.a. von der Zubereitung pflanzlicher Pasten, Lotionen und Salben für weiße Zähne, gegen Falten, zum Färben grauer Haare, kurzum Schönheitsmittel für all das, was Frauen seit jeher plagt. Ein Kapitel ist ganz der Frage gewidmet, welchen Blumenschmuck man für Toilettentische wählen und mit welchen Stoffen man diese bedecken sollte. Die Toilettentischchen waren oft sehr kostbar, ebenso wie die darauf liegenden Deckchen, die man mit Kräutern und Pflanzenpulvern parfümierte. Sie waren das wichtigste Element einer wohldurchdachten Schlafzimmerausstattung, denn die Damen des 18. Jahrhunderts hatten es sich zur Gewohnheit gemacht, Besucher während ihrer Morgentoilette zu empfangen. Die morgendlichen Treffen gaben ihnen die Möglichkeit, ihre Reize durch offenes Haar und nur scheinbar unschuldige Negligés zur Geltung zu bringen. Die richtige Toilette fand natürlich ohne Zeugen statt, lange vor dem Eintreffen der Liebhaber und Bewunderer.

Buc'hoz, der über derlei Koketterien sehr genau Bescheid wußte, empfahl seinen Leserinnen eine Auswahl an Blumen, die sie auf den Toilettentisch legen sollten, um ihre Reize noch zu erhöhen. Daher wissen wir heute, aus welchen Arten die kleinen Alltagssträuße damals bestanden. Sie sahen anders aus als die festlichen Kompositionen und raffinierten Arrangements, die auf Dekostoffen oder Tapeten abgebildet waren. Für die Alltagssträuße verwendete man ganz gewöhnliche Blumen der jeweiligen Jahreszeit, die man in den Gärten der Landhäuser oder auf dem Feld pflücken konnte. Buc'hoz nennt die Kleinblütige Königskerze mit »langen Ähren gelber Blüten, die hübsche Pyramiden bilden«, die Akelei, verschiedene Geißblattarten, die Blüten des Kapernstrauchs, Apfelblüten und gefüllte Herbstzeitlosen. Manche Blumen, die für den Toilettentisch nicht geeignet waren, empfiehlt er für andere Gelegenheiten. Die Kaiserkrone und andere *Fritillaria*-Arten, die Lichtnelke und den Goldlack sowie Balsaminen als Topfpflanzen dienten zur alltäglichen Verschönerung größerer Räumlichkeiten.

Buc'hoz' Werk, das sich im wesentlichen an Frauen richtet, zeugt davon, daß Blumen im Haushalt, ob im Ankleidezimmer oder im Salon, schon damals in das Ressort der Hausherrin fielen. Die Beschäftigung mit Blumen gehörte zu den amüsanten Tätigkeiten, mit denen sich die schönen Müßiggängerinnen die Zeit vertrieben. Darüber hinaus mußten sie sich um die Sträußchen kümmern, die sie sich ins Haar oder an die Korsage steckten. Zu diesem Zweck stellte man kleine Kompositionen aus Granatapfelblüten, Kornblumen und Schlüsselblumen zusammen. Für die flachen Ziersträußchen, die man am Dekolleté befestigte, band man Stiefmütterchen, Rittersporn,

Oben: Eine Rose auf einem Weinglas, dargestellt von Herman van der Mijn (1684–1741). Rechts: Die Baronin von Neubourg-Cromière trägt auf diesem Porträt des schwedischen Malers Alexander Roslin (1718–1793) verschiedene Arten von Blumenschmuck, wie sie zu ihrer Zeit modern waren: Girlanden und aufgesetzte Rosen zieren ihr Kleid, im Haar trägt sie Blumen und einen Ansteckstrauß, wie damals üblich, links auf der Brust. Ab 1770 wurden diese Sträuße immer größer, weil man neuartige Blumen wie die Zinnie oder die Kalla hinzufügte, deren Weiß den Teint heben sollte.

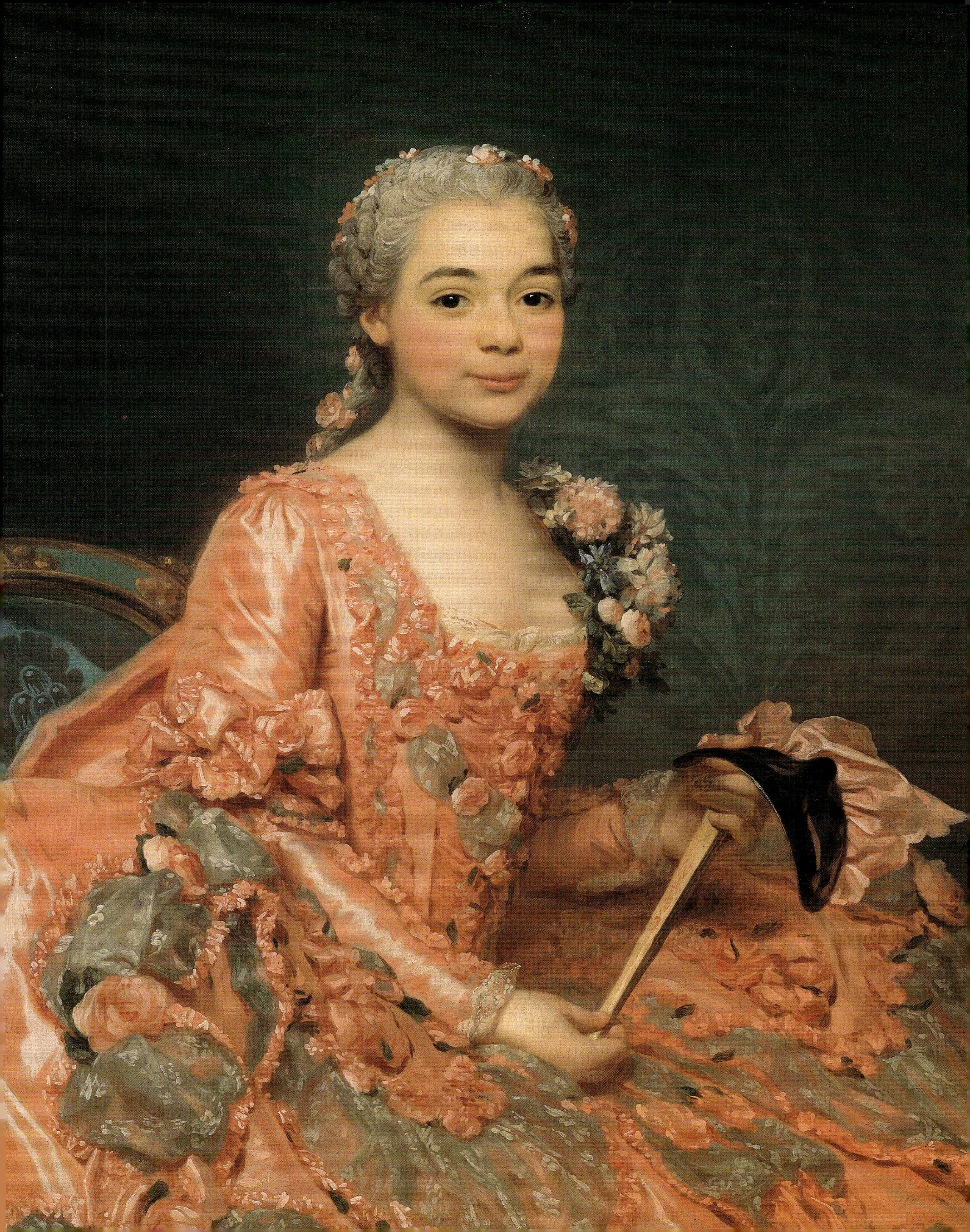

Geliebte Sträuße

Oben: Detail eines mit Blumen bestickten Kleidungsstückes und mit Blumen broschierte Stoffe aus dem 18. Jahrhundert (Privatsammlungen). Rechts: Bei der Morgentoilette überlegten die Damen, welche Blumen sie am jeweiligen Tag tragen sollten. Der Augenblick, in dem die Frauen vor dem Spiegel ihren Haarschmuck oder ihr Anstecksträußchen ausprobierten, wird auf zahlreichen Stichen und Gemälden thematisiert. François-Hubert Drouais hat 1756 einen solchen Moment als Familienszene dargestellt. Selbst der Hausherr trägt einen geblümten Morgenmantel. Um 1780 begannen sich die eleganten Herren mit Sträußchen zu schmücken wie die Frauen.

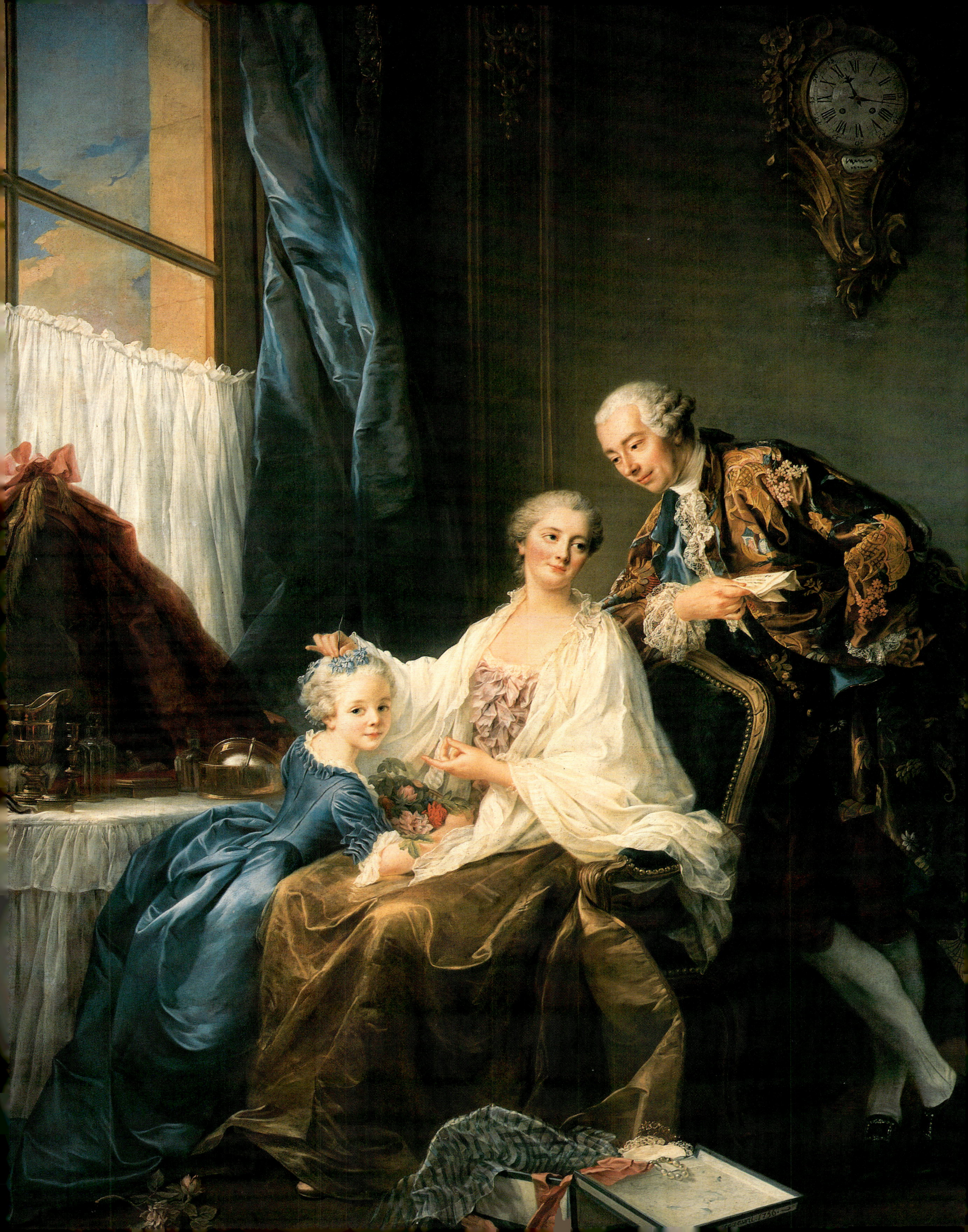

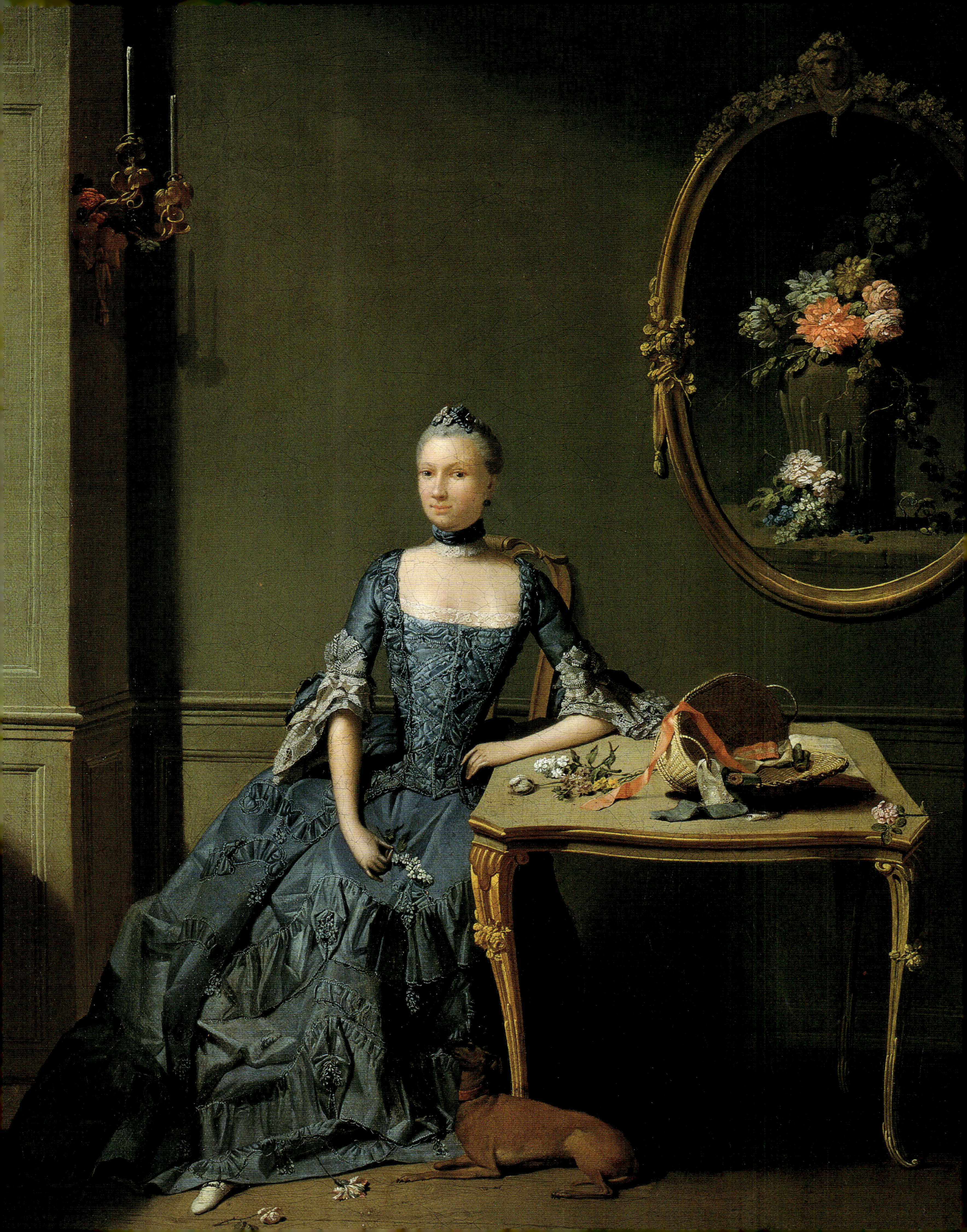

Geliebte Sträuße

Anemonen, Ringelblumen oder Aurikeln zusammen, wobei letztere wegen ihrer Haltbarkeit besonders geschätzt wurden. Blumenschmuck hatte nämlich die unerfreuliche Eigenschaft, die bei den Bällen herrschende Hitze nicht gut zu vertragen. Es gab zwar verschiedene Methoden, um Abhilfe zu schaffen, doch sie waren extrem unpraktisch. Madame d'Oberkirch, eine elsässische Adlige, die 1789 ihre Memoiren verfaßte, berichtet von einem jener Mittel, die die Unbequemlichkeit der Hofroben noch erhöhten. Als sie 1778 bei Hofe eingeladen war, legte sie ihr Festgewand an und probierte »zum ersten Mal eine Sache aus, die zwar sehr modern, aber äußerst hinderlich war: kleine flache Fläschchen, durch ihre Rundungen der Kopfform angepaßt, die ein wenig Wasser enthielten und in die man die Stengel der Blumen stellen konnte, um sie in der Frisur frisch zu halten«.

Wollte man sich diese Folter ersparen, brauchte man sich nur an die Modeschmuckhändlerinnen zu wenden, die damals ebenso berühmt waren wie heute die großen Couturiers. Sie waren Expertinnen darin, Kleider und Frisuren mit den verschiedensten Accessoires zu verschönern, z.B. Blumen, Girlanden und Sträußchen, die zwar hübsch waren, aber falsch. Mit Hilfe täuschend echt aussehender Kunstblumen konnte man die gesamte Flora zu modischem Beiwerk verarbeiten. Und doch gab es Einschränkungen: Nur junge Frauen, deren makelloser Teint neben der Schönheit der Blumen bestehen konnte, durften sich nach Belieben mit ihnen schmücken. Ältere Damen hielten es für ratsam, auf diese Art der Zierde zu verzichten. Marie-Antoinette war gerade erst dreißig, als sie 1786 verkündete, sie werde in Zukunft auf Rosa und auf Blumen verzichten, da beides in ihrem Alter lächerlich wirke. Viele Frauen mochten sich ihr Älterwerden allerdings nicht eingestehen, und so florierte die Produktion von Kunstblumen weiter.

Zu den künstlichen Arrangements, die bereits beschrieben wurden – Bäume und Sträucher aus Zucker sowie Porzellanblumen –, gesellten sich nun viele andere Materialien, die, wie z.B. Samt, Seide oder Pergamentpapier, sowohl für Kleidungsstücke als auch für die Dekoration von Innenräumen geeignet waren. Die – wahrscheinlich falschen – Blumengirlanden, die an Betten oder Wandvertäfelungen befestigt dargestellt wurden, ähneln denen, die man auf Röcken sieht, bis ins kleinste Detail. Um 1780 hatte die Herstellung modischer Blumenaccessoires eine solche Bedeutung erlangt, daß sie zu einer eigenen Branche innerhalb der Kunstblumenherstellung wurde. Sie expandierte ständig, wobei zwischen Allerheiligen und Pfingsten, wenn die Gärten kahl waren, besonders gute Umsätze erzielt wurden. Die Herstellung künstlichen Blütenschmucks, die in Frankreich der Floristenzunft vorbehalten blieb, war jedoch nichts Neues, denn sie wurde in China schon seit langem praktiziert. Von dort kam diese Tradition zuerst nach Italien, wo man künstliche Blumen aus Federn, Stoff und sogar den Kokons von Seidenspinnerraupen produzierte, die die Farben gut annahmen und in ihrer Zartheit echten Blüten ähnelten. Die italienischen Kreationen waren äußerst realistisch, doch auch sehr kostspielig,

Links: Porträt der Dänin Anna Marie Koster von P. Cramer, 1762: An ihrem Arbeitstisch fertigt sie Seidenblumensträuße. Im offenen Korb liegen Bänder und Garn. Oben: Der einfache Haushaltsstrauß aus Garten- oder Wildblumen ist eine Erfindung des 18. Jahrhunderts. Blumenstudie von Jean-Baptiste Chardin (1699–1779).

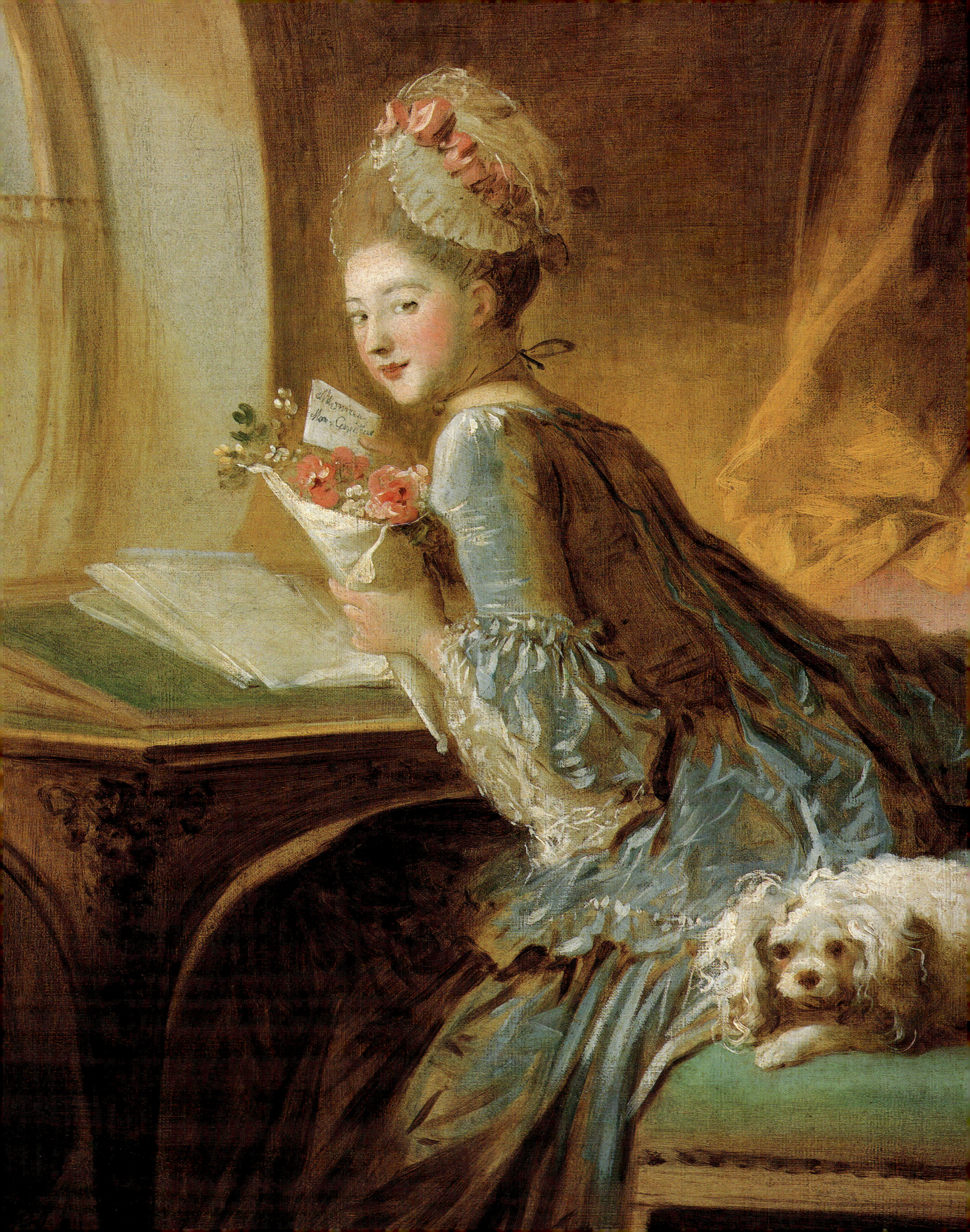

Geliebte Sträuße

da die Italiener mangels ausreichender technischer Ausstattung jedes Blütenblatt und jedes Blättchen mühsam mit der Hand ausschneiden mußten. Perfektioniert wurde die Herstellung dann in Paris, wo 1738 ein gewisser Seguin in die Produktion künstlicher Blumen einstieg und Lockenstäbe, Plätteisen und andere Gerätschaften erfand. Danach entwickelte ein Schweizer eine Stanze, mit der man mehrere Motive gleichzeitig ausschneiden konnte, sowie einen waffeleisenähnlichen Mechanismus, mit dem man feine Äderchen auf die Blätter druckte.

Gegen Ende des 18. Jahrhunderts war Paris in der Kunstblumenherstellung führend. Es gab dort elf bedeutende Manufakturen, darunter die des Böhmen Wenzel, der für Marie-Antoinette eine Rose herstellte, die bald Berühmtheit erlangte. Die Blütenblätter waren aus den feinen Häutchen von Eierschalen ausgeschnitten und von denen einer echten Rose kaum zu unterscheiden. Wenzel verriet den interessierten Damen bei Hofe einige seiner Geheimnisse. Die Damen konnten damals noch nicht ahnen, wie nützlich ihnen dieses Wissen einmal sein würde. Denn die Revolution zwang nicht wenige Aristokratinnen, sich ihren Lebensunterhalt selbst zu verdienen, und da sie nichts anderes gelernt hatten, als Blumen zu basteln, war dies die einzige Möglichkeit, die ihnen zum Broterwerb blieb. Übrigens arbeitete auch Goethes spätere Frau Christiane Vulpius, als der Dichter sie kennenlernte, in einer Blumenmanufaktur in Weimar – was der Achtbarkeit des Blumenhandwerks durchaus zugute kam.

Als wenig empfehlenswert galt dagegen der Handel mit frischen Blumen, der ebenfalls hauptsächlich in weiblichen Händen lag, sich aber auf den Straßen abspielte. Die Händlerinnen waren Wind und Wetter sowie den Blicken der Leute schutzlos ausgesetzt, denn sie hatten noch keine festen Stände oder Läden. In Frankreich verschlimmerte sich die Situation noch, als sie nach der Revolution ihre berufsständischen Privilegien verloren. Während sie zur Zeit der Monarchie noch einen einigermaßen guten Ruf hatten, mußten sie sich nun auf der Straße mit berufsfremden, skrupellosen jungen Frauen herumschlagen, die ihnen Konkurrenz machten. Es kam in aller Öffentlichkeit zu Streitereien, bei denen oftmals die Polizei einschreiten mußte.

Dieses Durcheinander spiegelt gegen Ende des 18. Jahrhunderts die Rolle der Blumen in der damaligen Zeit wider. Sie waren zwar nun endgültig Teil der weiblichen Sphäre und hatten sowohl die Gefühlswelt als auch die Mode und die Wohnungen erobert, doch noch gab es keine festgelegten Regeln für ihren Gebrauch. Blumen wurden noch wie Gemüse verkauft. Gewiß, man schenkte einander damals bereits Blumen, z.B. unter Freunden oder Geliebten, doch in den Ratgebern jener Zeit finden sich noch keinerlei Hinweise darauf. Dies sollte sich im darauffolgenden Jahrhundert grundlegend ändern. Im 19. Jahrhundert avancierten die Floristinnen zu höflichen, adretten Fachverkäuferinnen, und ihre anspruchsvollen Kunden wußten sehr gut über die strengen Regeln floraler Konventionen Bescheid.

Links: *Le Billet doux* (Der Liebesbrief) von Jean Honoré Fragonard. Der Name auf dem Umschlag verrät nicht, ob die Schöne diesen Blumengruß empfing oder selbst abschicken will. Oben: Eine Blumenverkäuferin, dargestellt von Jean-Baptiste Huet.

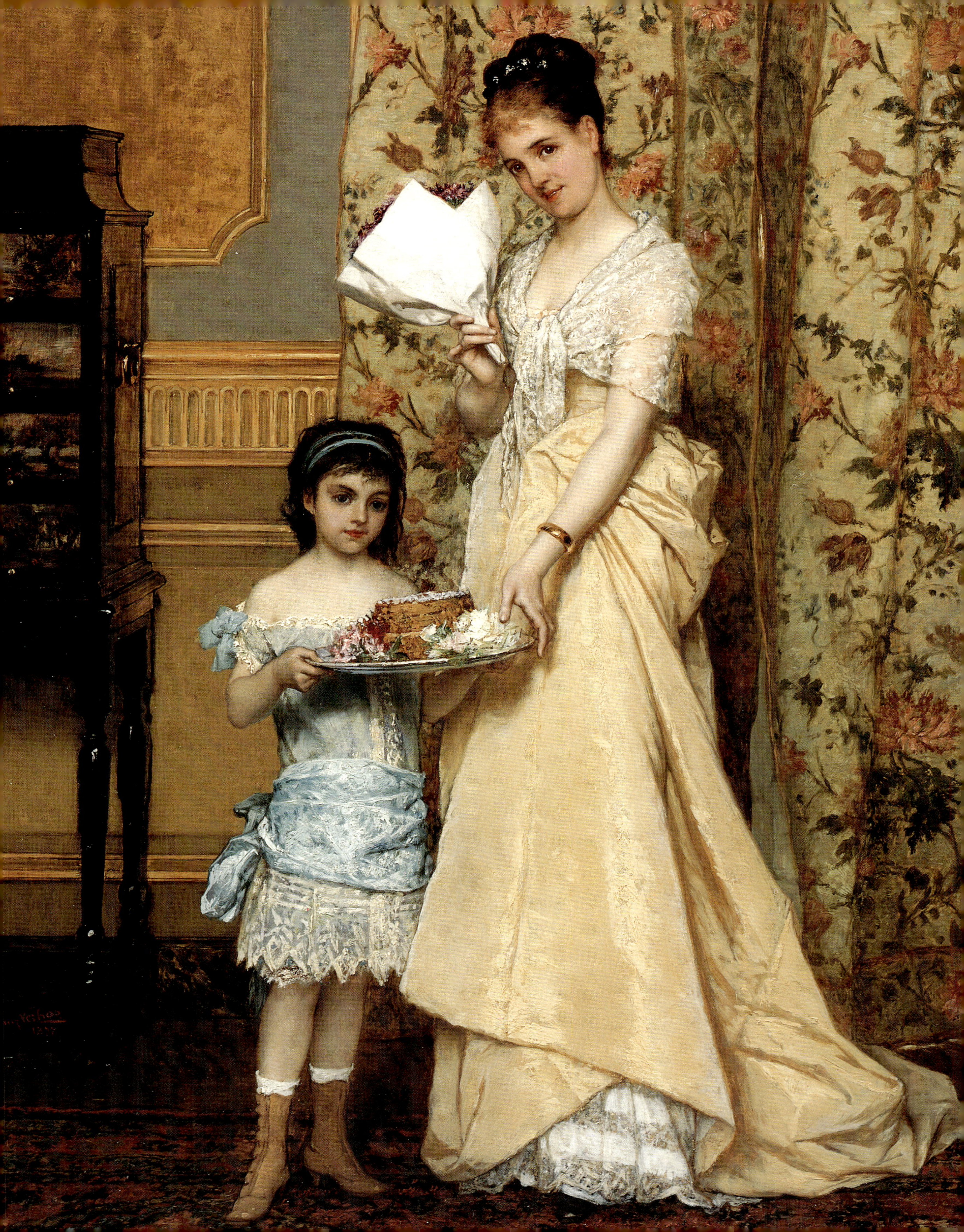

Laßt Blumen sprechen

Laßt Blumen sprechen

In Frankreich kühlte die Liebe zu Blumen nach der Revolution von 1789 merklich ab. Man distanzierte sich von dem Übermaß an floralem Schmuck, wie er während des Absolutismus üblich gewesen war. Eine derartige Verschwendung galt nun als ein Beispiel für die dekadente Lebensweise des Adels. Und doch verspürte man das Bedürfnis, den tristen Alltag durch Blumen aufzuheitern – Blumen, die man am Wegesrand oder in den verwilderten Gärten der vertriebenen Adligen pflückte. Die stolze Rose wurde allerdings aus den erwähnten Gründen gemieden, und so wurden Ende des 18. Jahrhunderts ganze Rosenfelder umgepflügt, um Getreide oder Gemüse auf ihnen anpflanzen zu können.

Seit dieser Zeit gehören Blumen in immer stärkerem Maß auch zum Leben der sogenannten kleinen Leute. Im 19. Jahrhundert zeigt sich diese Tendenz u.a. im vermehrten Kauf von Topfpflanzen. In einer Abhandlung aus dem Jahr 1811 heißt es, viele Pflanzen, die man bis dahin nur in botanischen Gärten gezogen hatte, seien nun überall in Mode gekommen und nicht nur in reichen Haushalten beliebt, sondern auch bei Leuten mit eher bescheidenem Einkommen. Statt zu Feiertagen Sträuße zu verschenken, die schon nach kurzer Zeit verwelken, bringe man nun sehr häufig Topfpflanzen als Präsent mit. In Paris fand damals bereits alle zwei Wochen ein – wenn auch recht kleiner – Blumenmarkt statt, der den Bedarf der Stadt an Pflanzen jedoch bald nicht mehr decken konnte. Im Jahre 1800 wurde er an die Stelle verlegt, wo er sich noch heute befindet: an den Quai aux Fleurs am Seineufer. Im Laufe des 19. Jahrhunderts wurden in der französischen Hauptstadt noch zehn weitere derartige Märkte eingerichtet. Und auch in anderen europäischen Ländern kamen verstärkt Blumenmärkte auf. Auf kleinen Balkonen und Fensterbrettern standen nun Pflanzen, die früher als Raritäten gegolten hätten. Sie wuchsen in Tontöpfen, Kästen, Körben oder in verzierten Kübeln, wie man sie etwas später vor allen reichen Häusern stehen sah. Meistens wurden sie paarweise aufgestellt, um die Regeln der Symmetrie nicht zu verletzen, die zu Beginn des 19. Jahrhunderts streng eingehalten wurden. Da Napoleon in erster Linie Veilchen liebte, gewann diese Blume geradezu politische Bedeutung: Erst sah

Seite 90: Eine mit Blumen dekorierte Torte auf einem Gemälde von Franz Verhas, 1877. Seite 91: Loge im Théâtre des Italiens, um 1874 von Eva Gonzalès gemalt. Ganz oben: Zu Beginn des 19. Jahrhunderts wurden seltene Pflanzen, die sich bis dahin nur wenige leisten konnten, in Töpfen auf Fensterbrettern gezogen. Topfpflanzendarstellung von Martinus Rorbye, 1820er Jahre. Oben: 1789 waren überall Mohnblüten zu sehen, wie auf diesem Ausschnitt einer Tapete aus der Manufaktur Réveillon. Rechts: Nach der Französischen Revolution demokratisierten sich auch die floralen Gebräuche. Die Damen trugen bürgerliche Kleidung und hoben ihre Schönheit gerne durch einfache Feldsträuße hervor, wie Madame Pierre Seriziat auf dem Gemälde von Jacques Louis David (1748–1825).

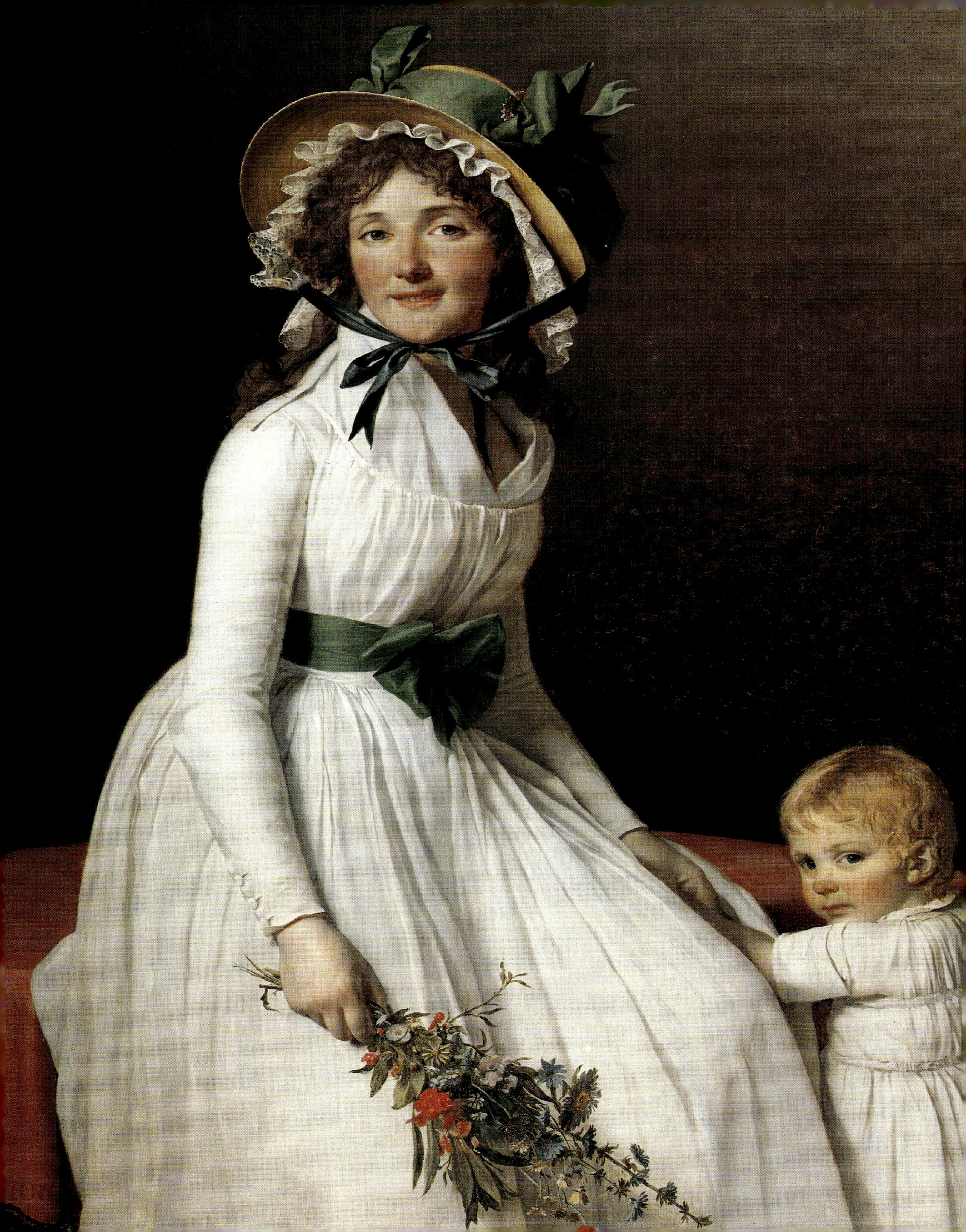

Laßt Blumen sprechen

man sie an den Revers der Kaisertreuen, doch mit Napoleon verschwanden auch sogleich die Veilchen. Aber nicht für lange, denn nachdem 1814 Ludwig XVIII. an die Macht gekommen war, verteilte er an die Damen Veilchen mit den Worten, den Blumen habe er ebenfalls Amnestie gewährt.

Mit den Bourbonen hielt auch der Pflanzenschmuck endgültig wieder Einzug in Frankreich, jedoch nicht mit der gleichen Üppigkeit wie in Rußland oder Österreich. Der Naturforscher Bory de Saint-Vincent war, als er 1805 nach Wien kam, fasziniert von der floralen Dekoration, die er dort vorfand: »Ich erinnere mich u.a. mit fast überschwenglicher Begeisterung an das Boudoir der Gräfin von C. Um dorthin zu gelangen, mußte man durch einen regelrechten Wald von afrikanischen Sträuchern, Hortensien und Kamelien, damals noch ziemlich unbekannten Pflanzen, hindurch, die in Beeten wuchsen, in denen zudem Veilchen einen dichten Teppich bildeten.« Auch in Deutschland eroberten Pflanzen die Wohnungen, etwa in Form von »Zimmerlauben« – geflochtenen Paravents, an denen sich Efeu und andere Kletterpflanzen emporrankten.

Oben: Napoleon und Marie Louise von Österreich wurden bei ihrer Ankunft in Compiègne mit Blumenpräsenten empfangen (Gemälde von P. Azou). Marie Louise wählte einen Veilchenkranz, um dem Geschmack ihres Gatten zu entsprechen. Rechts: Napoleons erste Ehefrau Joséphine bevorzugte Rosen, wie sie auf dem kleinen Medaillon zu sehen sind. Es waren Seidenblumen, und die Rechnung, die aus ihrer Zeit als Kaiserin stammt, zeigt, daß sie diese Art von Haarschmuck häufig trug.

Salon de Fleurs de S. M. l'Impératrice & Reine.

Mad. Roux-Montagnat Rue Helvétius, N.° 16.

Paris, le

Vendu à Sa Majesté L'Impératrice & Reine

avoir remonté une Coiffure de roses blanches, fondues en couleur de chair et fourni 4 roses idem	24
fourni une Coiffure de roses roses	72
1 Coiffure en Agrostitas	72
1 Coiffure en roses épanouies	72
1 Coiffure de fleurs de Champs	72
1 Coiffure de roses roses et Jasmin	72
1 Coiffure de Marguerites à cœur puce	72
2 ½ garniture de robe en fleur de…	150
1 Coiffure œillets roses	72
1 Diadème de roses et une Guirlande de ¾ idem	96
1 Coiffure en renoncules	96
1 Coiffure en oreilles d'ours	72
1 Coiffure belle Bruyère	72
remonté 1 Diadème en fleurs Mélangées et fourni des fleurs	24
…ton et emballage	9
f.	**1047**

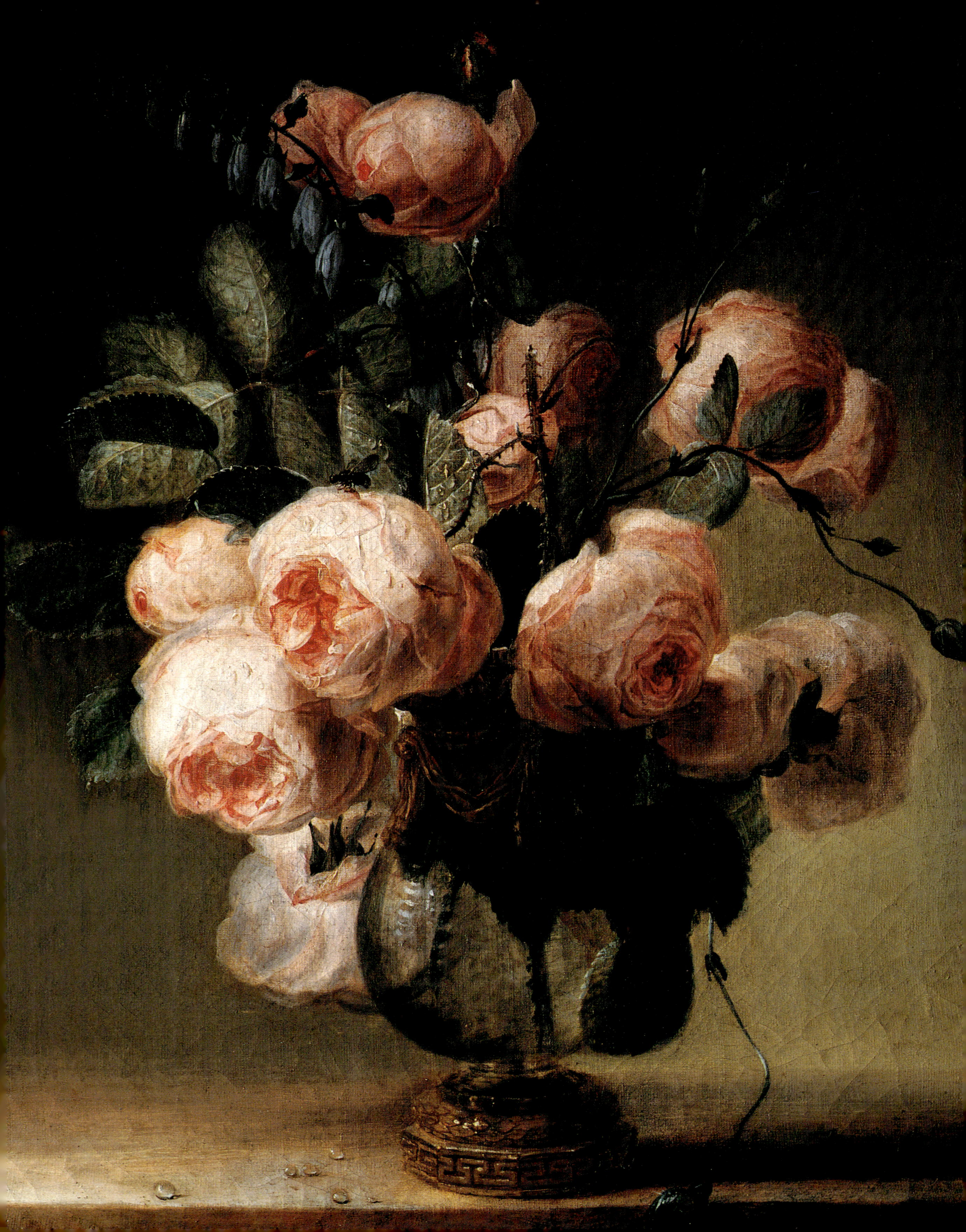

Die ersten Blumengeschäfte

Blumenmaler schufen ganz unabhängig von der politischen Situation im Frankreich des frühen 19. Jahrhunderts Arrangements, die nie verwelkten. Als exemplarisch dafür mag die Karriere des Pflanzenzeichners Pierre-Joseph Redouté (1759–1840) gelten, der seine Laufbahn als Rosenmaler und königlicher Zeichenlehrer in Versailles begonnen hatte, wo er es schließlich bis zum Hofmaler von Königin Marie-Antoinette brachte. Während der Revolution von 1789 nahm er eine Stelle im Pariser Naturkundemuseum an. Danach wurde er Hofmaler von Napoleons erster Gattin, Kaiserin Joséphine, und verewigte auf 120 Bildern die Schönheit ihres Gartens von Malmaison. Die Bourbonen, die nach Napoleon die Regierungsgeschäfte übernahmen, verhielten sich tolerant und trugen ihm seine Nähe zu Napoleon nicht nach; Redouté gehörte inzwischen gewissermaßen zum Inventar der Krone. In den Jahren 1817 bis 1824 schuf er seine berühmten Rosenbilder, und 1825 wurde er mit dem Orden der Ehrenlegion ausgezeichnet. Beim Studieren einer Lilie, die ihm ein Schüler gebracht hatte, verstarb er 1840 ganz plötzlich.

Nach 1830 läßt sich im Werk Redoutés ein deutlicher Wandel feststellen: Während er seine Modelle zuvor nach Belieben in den königlichen oder kaiserlichen Parks sowie im Botanischen Garten pflücken durfte, mußte er nun, da er seiner Privilegien beraubt war, die Blumen, die er für seine Studien benötigte, kaufen, ebenso wie alle anderen auch. Im winzigen Geschäft der Blumenhändlerin Madame Prévost, das sich in der Nähe des königlichen Palastes befand, wurden noch die seltensten Exemplare für ihn bereitgehalten. Es wäre jedoch falsch, Madame Prévost als eine gewöhnliche Blumenverkäuferin zu bezeichnen, denn sie war damals bereits das, was wir heute als Floristin definieren würden. Auf jeden Fall besaß sie das erste Blumengeschäft in Paris, womöglich sogar in ganz Europa. Diese Neuerung mag aus heutiger Sicht banal erscheinen, doch was ihre Folgen betrifft, war sie keineswegs unbedeutend, da sie eine grundlegende Änderung der floralen Gebräuche nach sich zog: Pierre-Joseph Redouté pflegte mit seiner Floristin zu diskutieren, er holte gerne ihren Rat ein und schätzte ihr Talent sowie die gleichbleibend gute Qualität ihrer Ware. Das war etwas ganz anderes als die früheren Spontankäufe an den Ständen der Blumenmädchen.

Links: Pierre-Joseph Redouté (1759–1840) schuf naturgetreue Pflanzendarstellungen; zu den reizvollsten gehören seine Rosenbilder. Oben: Strauß mit Lilien und Rosen in einem Korb, der auf einem Schränkchen steht. Das Gemälde stammt von Antoine Berjon (1754–1802).

Laßt Blumen sprechen

Dutzende von Blumenläden wurden nach dem Beispiel von Madame Prévost eröffnet. Nur wenige Händler übernahmen jedoch auch ihre Gewohnheit, das Wasser in den Eimern und Vasen regelmäßig zu wechseln, damit die Bunde länger hielten. Auch dabei handelte es sich nämlich um eine fortschrittliche Neuerung. Seit dem 17. Jahrhundert verkauften die Blumenhändlerinnen in erster Linie eine Art Blumengestecke, bei denen die Blüten ohne Stengel auf kleinen Gestellen befestigt wurden. Da diese Kompositionen kein Wasser aufnehmen konnten, verwelkten sie ziemlich rasch. Doch brauchte man solche Konstruktionen, weil platte oder pyramidenförmige Arrangements modern geworden waren. Oft hatten die Stengel keinerlei Bedeutung; die Blüten allein ergaben, dicht aneinandergepreßt, ein buntes Farbmosaik. Blumen in Form von Gebinden, wie Madame Prévost sie in ihrem Laden verkaufte, waren im Handel noch selten zu finden. Meistens fertigte man solche Gebinde selbst – Sträußchen ohne viel schmückendes Beiwerk, wie sie auf den Toilettentischchen der Damen des 18. Jahrhunderts standen.

Solche aus Wildblumen gefertigten Buketts stellt auch Félix in Balzacs Roman *Die Lilie im Tal* für Madame de Mortsauf zusammen. Seine sich ringelnden Winden, Kerbeldolden und Weinranken waren das genaue Gegenteil der üblichen strengen Blütengestecke. Félix nämlich benutzte die Sprache dieser Blumen, um mit seiner Geliebten in Verbindung zu treten, mit ihr zu kommunizieren. Im 19. Jahrhundert begann man wieder einen Sinn für die Sprache der Blumen zu entwickeln. Und meistens erzählten die Blumen von Liebe.

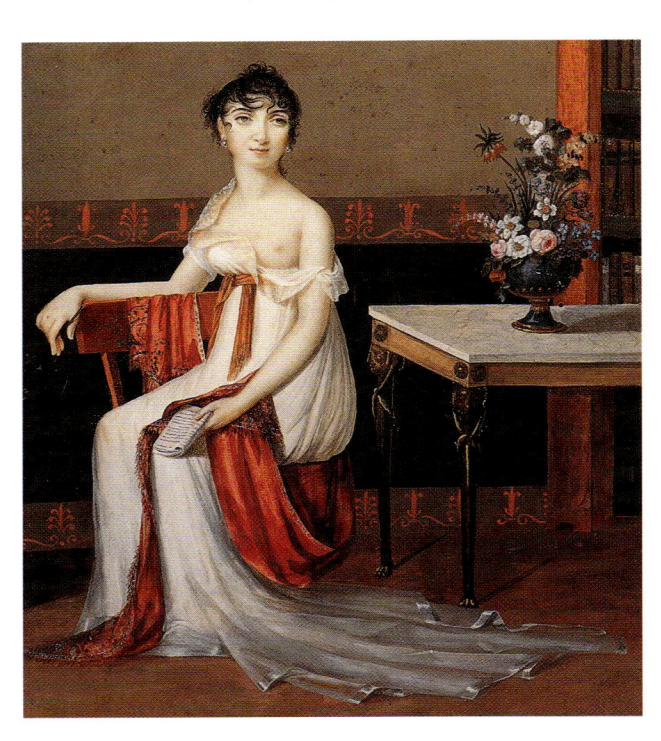

Oben links und unten rechts: Die Wiedereinsetzung der Bourbonen in Frankreich (1814) machte dem relativ strengen Stil des Kaiserreichs ein Ende. Man gewann erneut Gefallen an üppigem Blumenschmuck. Im Haus blieb die Dekoration zwar recht schlicht, aber in puncto Kleidung war es mit der Zurückhaltung vorbei. Man vergleiche das anonyme Porträt der jungen Frau mit der nackten Brust aus dem Jahr 1801 mit dem Stich aus der Zeitschrift *Le Bon Genre* von 1814. Oben rechts: Kränze aus frischen Blumen mit Anspielung auf die Antike waren unter Napoleon beliebt, wurden aber danach bald unmodern (Stiefmütterchenkranz von Antoine Pascal, 1803–1859).

Blumen galten nun als passendes Geschenk für alle Gelegenheiten. Anläßlich der Geburtstagsfeier des Urgroßvaters bringen ihm Mitglieder der Familie kleine, steif aussehende Sträuße, bei denen es sich wahrscheinlich, wie damals üblich, um Blüten auf einem Holzgestell handelt (Michel Genod, 1838).

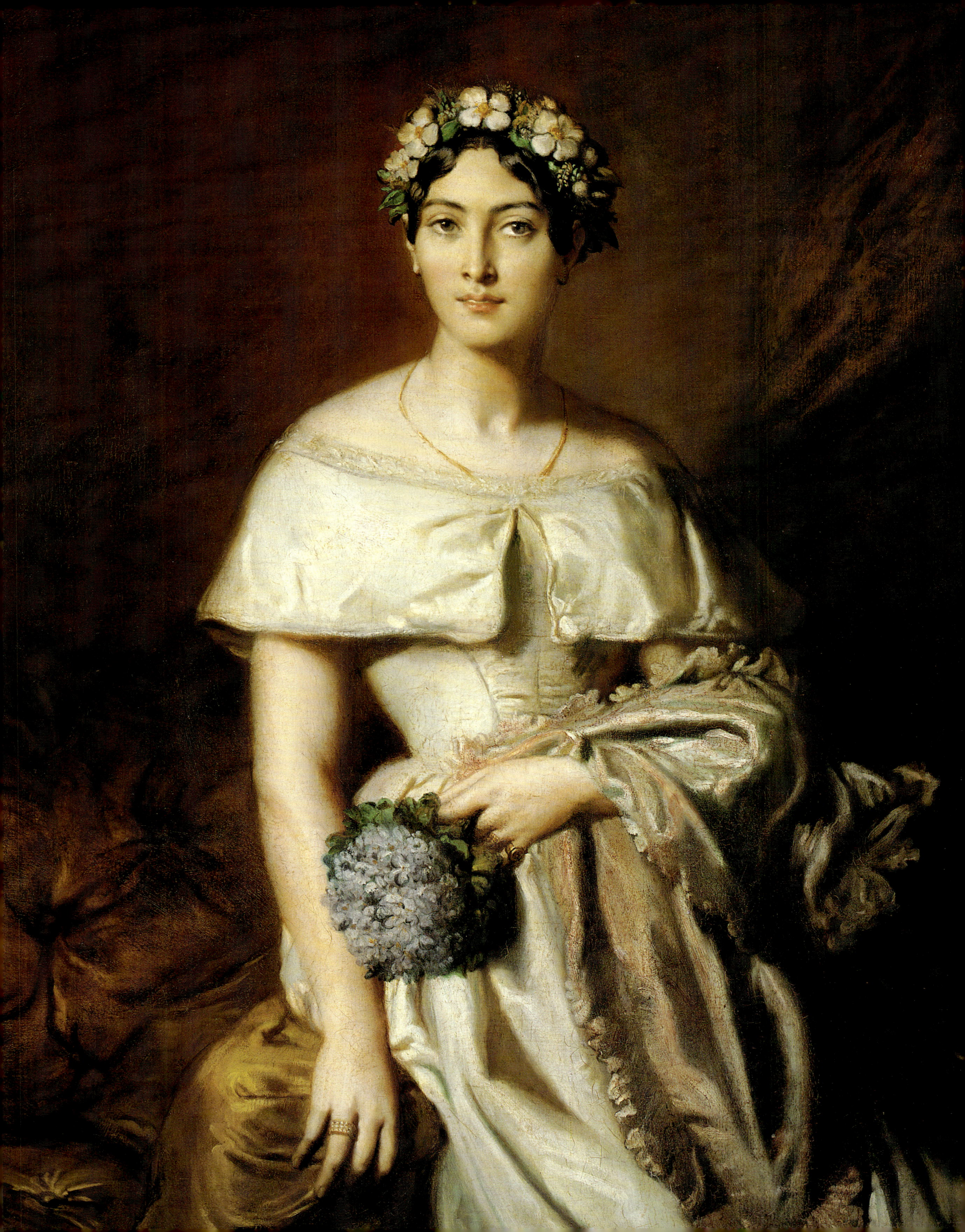

Die Sprache der Blumen

Brent Elliott, Konservator der Bibliothek der Royal Horticultural Society, hat in einem 1993 erschienenen Artikel eine interessante Analyse der Blumensymbolik vorgestellt, mit der sich die Gesellschaft des 19. Jahrhunderts eifrig beschäftigte. Seine Studie trägt den Untertitel »Wenn Sie genau verstanden werden wollen, schicken Sie keinesfalls Blumen«, womit er zum Ausdruck bringen will, daß die Sprache der Blumen überaus kompliziert ist und je nach Autor, Epoche und Land variieren kann.

Zwischen 1840 und 1880 erschienen überall in Europa und auch in den Vereinigten Staaten zahlreiche Schriften über die symbolische Bedeutung der Blumen. Die Werke haben unterschiedliche, nicht genau benannte Quellen. Die französischen Spezialisten behaupteten gerne, die Blumensymbolik sei türkischer Herkunft und Lady Mary Wortley Montagu, eine Verwandte Alexander Popes, habe sie zuerst nach England gebracht. Die doppelte Herkunftsbezeichnung – der Orient und England – sollte die Glaubhaftigkeit ihrer Annahme untermauern. In der Tat hatte Lady Mary diese seltsame Kommunikationsmethode ins Leben gerufen, als sie einer Freundin 1718 einen »türkischen Liebesbrief« schickte. Dabei handelte es sich um eine Tasche, die mit allerlei Dingen gefüllt war, und um ein Gedicht, das die Bedeutung dieser einzelnen Teile erklärte. Das Säckchen enthielt zwar eine Narzisse, eine Rose und einen Strohhalm, doch es befanden sich auch ein Stück Seife, ein Stück Kohle, eine Birne, eine Gewürznelke, eine Perle und Papier darin. Es waren also nicht ausschließlich Blumen, die für bestimmte Nachrichten standen, und der Sinn, der den einzelnen Objekten zugeordnet wurde, hatte eher mit der Suche nach einem Reim zu tun. Kurzum, die Geschichte von der türkischen Herkunft der Blumensymbolik entbehrt jeder Basis.

Viel wahrscheinlicher ist die Sprache der Blumen darauf zurückzuführen, daß man sich im 17. Jahrhundert auf die Symbolik von Dingen und Phänomenen gewissermaßen spezialisierte. *Julies Girlande* (1641) gehört zu den ersten Werken, die

Links: »Césarine war in weißen Crêpe gekleidet, trug einen Kranz weißer Rosen auf dem Kopf und eine Rose an der Taille; ein Schal bedeckte keusch ihre Schultern und die Korsage; sie machte Popinot verrückt.« Diese Beschreibung aus dem Roman *César Birotteau* von Honoré de Balzac paßt bestens zu dem Porträt von Mademoiselle de Cabarrus (Théodore Chassériau, 1819–1856). Oben: Die jungen Mädchen wurden zwar, um Bewerber anzulocken, verführerisch mit Blumen geschmückt, blieben aber unschuldig bis zu ihrer Hochzeit. Die Liebe kannten sie nur in Form der metaphorischen Blumensymbolik. Eine kleine Auswahl englischer Bücher über die Sprache der Blumen aus den Jahren 1840 bis 1880.

sich mit diesem Thema beschäftigen. Doch erst 1819 erschien in Paris eine Art Wörterbuch der Blumenbedeutungen. Die Autorin war eine gewisse Charlotte de Latour, mit bürgerlichem Namen Louise Cortambert, Gattin des Geographen Eugène Cortambert. Ihr Buch folgte dem Kreislauf der Jahreszeiten, Monat für Monat, und listete in der Reihenfolge ihres Erblühens in der Natur den Namen der Blumen, ihre Bedeutung und alle Anekdoten oder historischen Überlieferungen auf, die mit ihnen verknüpft wurden. Der Anhang enthält zwei Tafeln mit Gebrauchsanweisungen, und ein Register führt die Blumennamen mitsamt Abbildungen auf und dazu ihre jeweilige Bedeutung in einem Wort. Ein anderes sehr praktisches Wörterbuch listete die unterschiedlichen Gemütszustände auf, die durch ein Bukett ausgedrückt werden konnten. Wollte man »Hintergedanken« zum Ausdruck bringen, mußte man einen Strauß großer Astern schicken, Narzissen bedeuteten »Selbstsucht« und Pfingstrosen »Scham«. So konnte man mit Hilfe der Tabellen aussagefähige Gebinde zusammenstellen oder auch selbst einen Strauß entziffern. Aber das war noch nicht alles. Das Buch enthielt zusätzlich eine Blumenuhr, in der jeder Stunde des Tages eine bestimmte Blüte zugeordnet ist. Briefe, die nur aus Blumenzeichnungen bestanden, konnten zwei verschiedene Bedeutungen haben, je nachdem, ob man sie richtig oder verkehrt herum betrachtete. Die Anwendung dieser vielseitigen Blumensprache verlangte einige Übung. Das Buch der Charlotte de Latour fand viele Nacheiferer. Einige Autoren wählten einen stärker wissenschaftlichen, botanischen Ansatz, wieder andere predigten Moral, da die Blumensprache meist der Kommunikation zwischen den Geschlechtern diente. Anständige Damen mußten sich in acht nehmen, um nicht durch ihre Buketts unbeabsichtigt falsche Hoffnungen zu wecken. Aus der Liste der Gefühle, die man mit Sträußen ausdrücken konnte, strichen sie Begriffe wie »Wollust«, »Ich brenne«, »Hingabe« oder »Ich bin trunken, ich liebe Sie«.

Charlotte de Latours Buch wurde ins Deutsche übersetzt und erschien 1820 in Berlin. Die erste englische Übersetzung kam 1827 heraus und erlebte in den zwanzig folgenden Jahren neun weitere Auflagen. Es wurde ein Bestseller. Nun fingen auch die britischen Schriftsteller an, ähnliche Werke zu verfassen, von Anfang an mit gewissen Abweichungen vom französischen Vorbild. Zu Beginn nahm man es mit den Bedeutungen, die Charlotte de Latour etabliert hatte, noch sehr genau, doch dann schlichen sich bei Übertragungen in andere Sprachen Fehler ein, so daß neue Symbole aufkamen, die aber nichts anderes waren als Übersetzungsfehler. Zudem aber hatte sich in der englischen Kultur ein eigenes florales Bezugssystem entwickelt, das in vielen Fällen auf Shakespeare zurückging. Die Bedeutung der Blumen im Strauß Ophelias war seit zwei Jahrhunderten festgelegt, und es wäre undenkbar gewesen, beispielsweise die französische Interpretation des Rosmarins zu übernehmen – »Deine Gegenwart belebt mich« –, wo doch die bleiche Ophelia im vierten Akt von *Hamlet* Rosmarin als Kraut der Erinnerung bezeichnet. Da in England außerdem strenge

Oben: Die Blumen sprachen nicht nur, sie nahmen auch Gestalt an. 1847 veröffentlichte der Zeichner Gérard Grandville seine *Fleurs animées*, Abbildungen personifizierter Blumen, halb menschlich, halb pflanzlich: Orangenblüte in der Gestalt einer Braut. Seite 103 links: Englischer Fächer mit Blumensymbolik, der zugleich als Tanzkarte diente. Seite 103 große Abbildung: Volkstümlicher Bilderbogen mit Blumenbedeutungen aus Metz.

Laßt Blumen sprechen

LE LANGAGE DES FLEURS.

Amaranthe. (Constance.)	Absinthe. (Peines de cœur.)	Campanules. (Flatterie.)	Digitale. (Travail.)
Dipsarus, Chardon. (J'ai soif.)	Eglantier. (Eloquence.)	Géranium écarlate. (Bêtise.)	Hortensia. (Beauté froide.)
Iris. (Bonne nouvelle.)	Lis. (Majesté, pureté.)	Mauve. (Amour maternel.)	Petite Marguerite ou Pâquerette. (Innocence.)
(amour-propre.)	Œillet. (Amour vif et pur.)	Pavot. (Sommeil.)	Rose de Provins. (Amour sacré de la patrie.)
	Vigne. (Ivresse.)		Tulipe. (Magnificence.)

Fabrique d'Estampes de Gangel frères et P. Didion, à Metz. Déposé.

Laßt Blumen sprechen

Tugendgrundsätze herrschten, wurde in den dortigen Ausgaben alles weggelassen, was als schockierend hätte empfunden werden können: So stand das Heliotrop in England für »Frömmigkeit« und nicht für »Ich liebe«.

Die Situation wurde noch komplizierter, als auch die Amerikaner ihre Liebe zur Sprache der Blumen entdeckten. Ab 1850 erschienen die meisten Werke über florale Symbolik in den USA. Und wieder schlichen sich zahlreiche Fehler in das ausgeklügelte System ein: Die umgangssprachlichen englischen Pflanzennamen hatten oft kein Äquivalent im amerikanischen Englisch, und die Autoren waren nicht unbedingt Botaniker. Man geriet daher auf den sprichwörtlichen Holzweg und fabulierte drauflos, so daß ein und dieselbe Blume u.U. sogar im selben Buch unter mehreren Bezeichnungen aufgeführt wurde. Es war beinahe die Ausnahme, wenn noch übereinstimmende Bedeutungen auftauchten.

Man kann sich also leicht vorstellen, zu welchen Verwechslungen die Vielfalt von Blumensprachen unweigerlich führen mußte. Ein französischer Anhänger von Charlotte de Latour, der einer Landsmännin den Hof machte, die ein anderes Handbuch benutzte, sah sich zahlreichen Schwierigkeiten gegenüber. Verliebte er sich in eine Engländerin, konnte er kaum darauf hoffen, daß seine

Seite 104 große Abbildung: Rätsel in Form einer Collage. Jeder Frau wird eine Blume zugeschrieben (Arbeit von Lady Filmer, um 1861). Seite 104 rechts: Schneeglöckchen bedeuteten bei den Engländern »Ich hoffe« und in Frankreich »Trost«. Oben: »Schülerinnen und Lehrerinnen saßen (...) gesittet und erwartungsvoll da, jede hielt in der Hand das Gratulationsbouquet aus den hübschesten, ganz frischen Frühlingsblumen, die die Luft mit ihrem Wohlgeruch erfüllten (...)«, heißt es in Charlotte Brontës Roman *Villette* über die Feier des Namenstages des Schuldirektors. Dieses Thema hat Henri-Jules-Jean Geoffroy zu seinem Bild *Le Compliment un jour de fête à l'école* (Glückwünsche zum Geburtstag in der Schule) inspiriert.

Buketts verstanden würden, und bei einem amerikanischen Fräulein hätte er am besten sofort aufgegeben. Es gab nur eine Lösung: daß sich die Gesprächspartner auf ein Handbuch einigten. Was natürlich nicht geschah, denn alle Welt gab vor, an eine universelle Sprache der Blumen zu glauben, und jeder brüstete sich damit, ihre Regeln zu kennen, obwohl sie nie jemand festgelegt hatte. Doch gab es eine Art allgemeinen Konsens, was die häufig vorkommenden Blumenarten betraf, jedenfalls auf nationaler Ebene. So wird noch heute eine rote Rose mit »Liebe« assoziiert.

Wenn man zwei oder drei Grundprinzipien beachtete, konnte man also grobe Fehler vermeiden. Jede Taktlosigkeit galt schließlich als unverzeihlich. Davon zeugt ein Artikel aus dem Jahr 1902 in der französischen Zeitschrift *Le Petit Jardin*: »Zwar war uns bereits bekannt, daß die Dahlie in der Sprache der Blumen für Gefühlskälte steht, doch daß dies auch von Gerichten ernst genommen würde, ist uns neu. Das hat sich jedoch vor kurzem in Deutschland ereignet. Ein Lehrer bestellte für seine Braut einen Strauß zu umgerechnet fünf Francs. Die Rosen waren bereits verwelkt und die Kamelien noch nicht erblüht. Die Floristin ersetzte diese Blumen kurzerhand durch weiße Dahlien. Die Braut war empört, wies die zweifelhafte Huldigung ihres Bräutigams zurück und weigerte sich, den Strauß anzunehmen. Dieser wurde an die Blumenhändlerin zurückgeschickt, die Zahlung verweigert. Es kam zum Prozeß. Das Gericht hatte Spezialisten als Gutachter bestellt, die einhellig erklärten, daß ›Dahlien nicht in einen Hochzeitsstrauß gehören‹. Nicht nur wurde die Klage der Floristin abgewiesen, sondern sie mußte obendrein die Kosten des Verfahrens bezahlen, die sich auf umgerechnet 375 Francs beliefen.« Die Wahl von Dahlien für eine solche Gelegenheit war ein echter Kunstfehler, doch von einer durchschnittlichen Floristin konnte man nicht unbedingt verlangen, daß sie in der Lage war, die feinen Nuancen floraler Gepflogenheiten zu interpretieren.

Ganz oben: Frauen und Mädchen schneiden Weißdornzweige, um daraus Kränze und Girlanden zur Feier des Monats Mai zu winden (Foto von Henry Peach Robinson, 1862). Oben: Darstellung junger Mädchen mit Rosen von Alma-Tadema. Auch auf diesem Bild haben die Blumen eine symbolische Funktion. Die beiden Mädchen, die Töchter des Malers, tragen die Rosen des Lebens, während ihre gerade verstorbene Mutter im Hintergrund Rosen der Trauer trägt. Rechts: In diesem Detail aus einem Bild von Franz Xaver Winterhalter (1805–1873), *Der Erste Mai 1851*, deuten die Maiglöckchen auf zwei Geburtstage hin: den des kleinen Prinzen Arthur (hier auf dem Arm seiner Mutter, Königin Viktoria) und den des Herzogs von Wellington, der vor ihm niederkniet. Ansonsten galten in England eher die Blüten des Weißdorns als typisch für den Monat Mai.

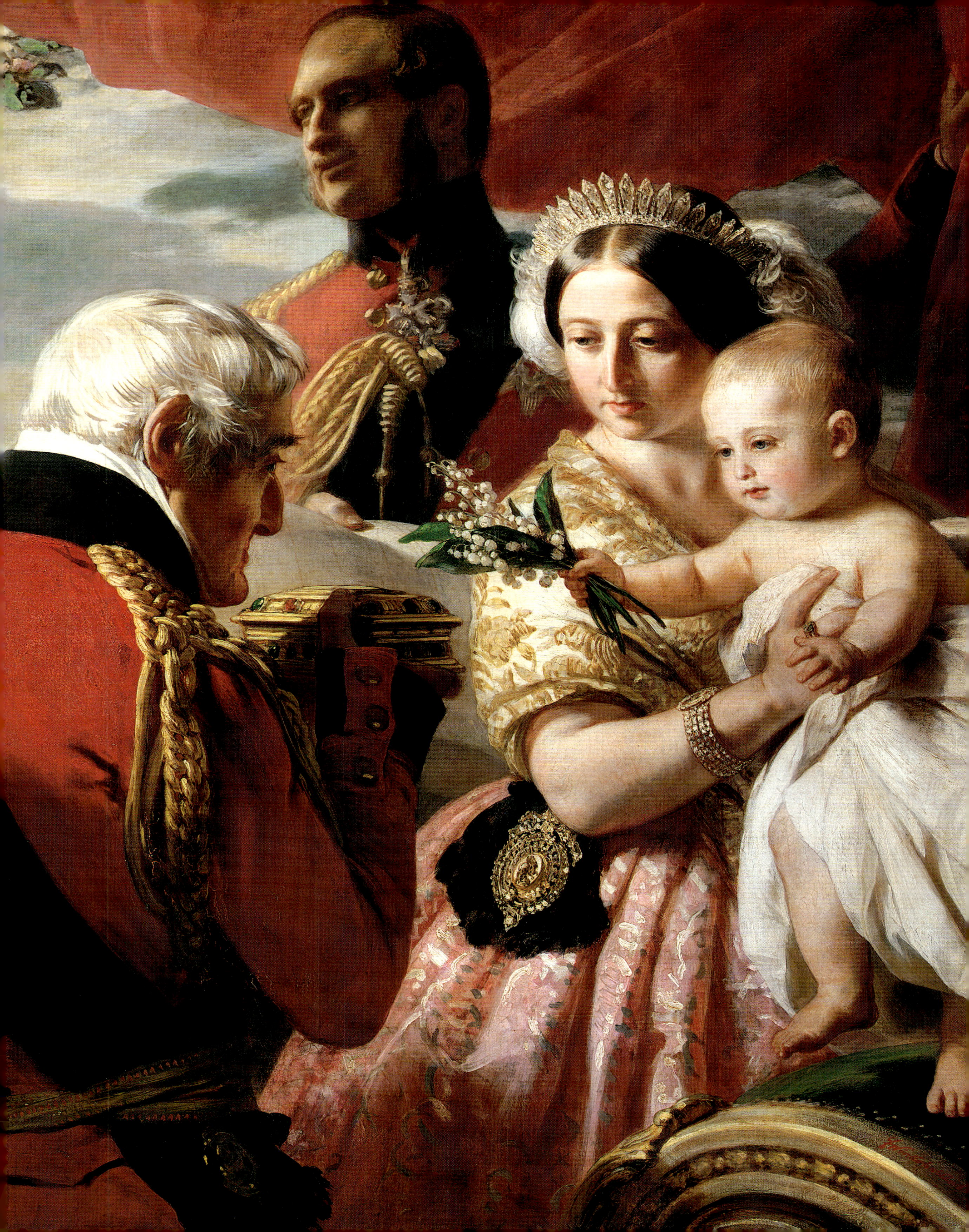

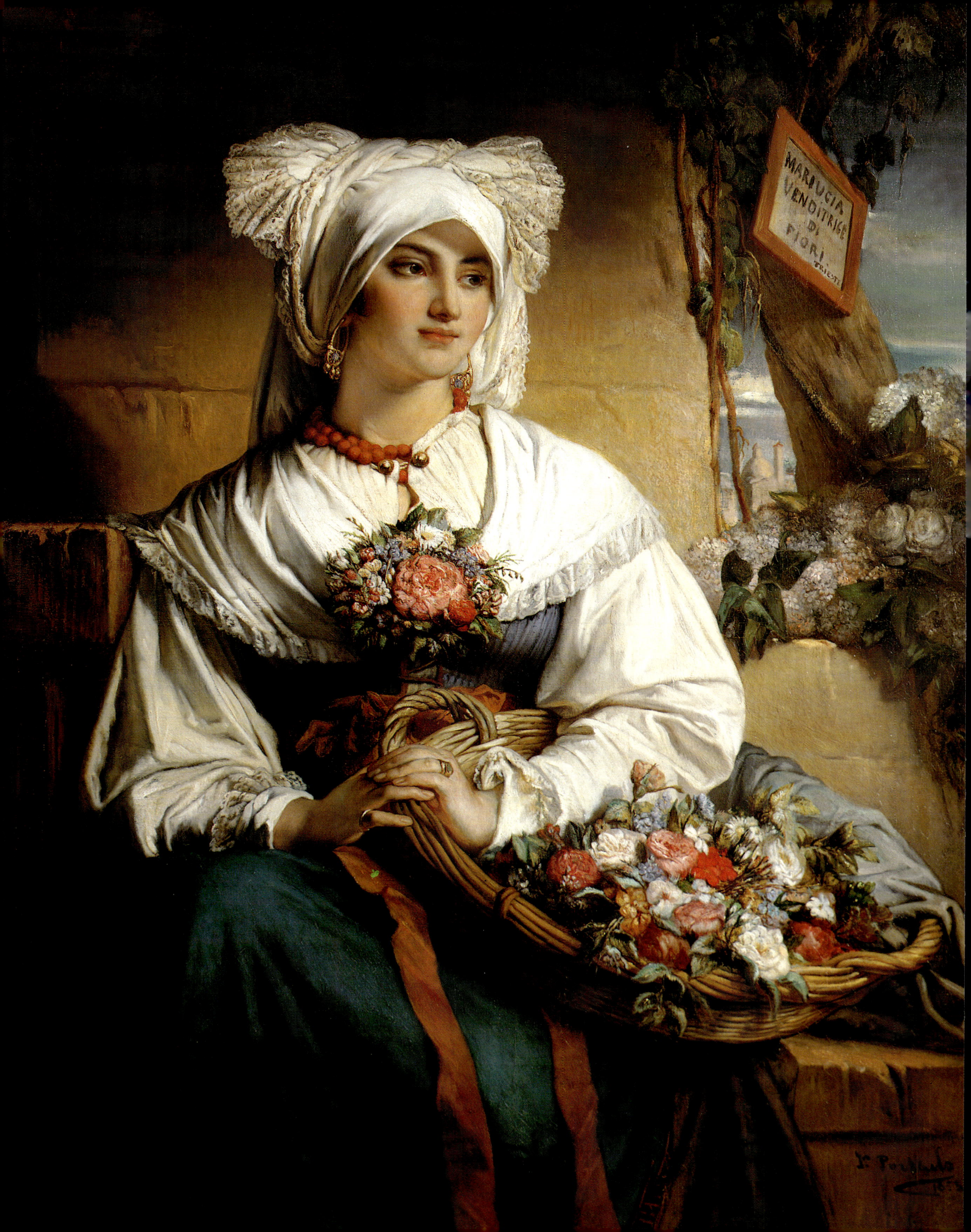
MARIUCIA
VENDITRICE
DI
FIORI
TRIESTE

GROSSE FLORISTEN UND SCHÖNE SCHAUFENSTER

In den 1840er Jahren differenzierte sich der Blumenhandel in Frankreich aus. Kugelförmige Narzissenbüschel mit Blättern, im Morgengrauen am Stadtrand gepflückt, kleine Veilchensträuße oder Topfpflanzen mußten mit raffinierten Buketts konkurrieren. Normen, Tarife und Kategorien wurden eingeführt. Parallel zur Hierarchie der Waren gab es auch eine Rangordnung bei den Blumenverkäufern oder, besser gesagt, bei den Verkäuferinnen, da die Frauen in diesem Beruf zahlenmäßig nach wie vor dominierten. Die bescheidensten Vertreterinnen des Berufsstands boten ihre Blumen in einem Korb feil. Die Frauen waren zumeist hübsch und jung, was sich als verkaufsfördernd erwies, und es gab sie in allen größeren Städten Europas und Amerikas. Mit dem Korb auf der Taille oder am Arm liefen sie neben den Pferdedroschken her, um ihre kleinen Sträuße loszuwerden, oder hielten an den Pferderennbahnen Ausschau nach Herren, denen sie Blumen für ihre Knopflöcher verkaufen konnten. Bis spät in die Nacht hinein sah man sie auf den Terrassen der Cafés. Dieser Handel war zwar illegal, wurde aber geduldet. Die Straßenhändlerinnen, die kleine Karren mit Blumen vor sich herschoben, waren sozial etwas besser gestellt, da sie einen Gewerbeschein besaßen. Manche verkauften nur gelegentlich Blumen, und zwar dann, wenn die Einkaufspreise günstig waren. Eine Woche später boten sie vielleicht Heringe an oder womöglich beides zugleich. Wollte man verhindern, daß die Rosen nach Hering rochen, wandte man sich besser an die Spezialistinnen unter den Straßenverkäuferinnen. Man erkannte sie an ihren besonderen Karren, die stufenförmig konstruiert waren, damit die Sträuße hübsch präsentiert werden konnten. Und schließlich gab es noch die Möglichkeit, die Ware in festen, von der Stadt gemieteten Buden anzubieten. Die Geschäfte dieser Blumenverkäuferinnen florierten, denn sie hatten das Privileg, den Altarschmuck für die Kirchen zu liefern, was ihnen besonders im Marienmonat Mai gute Umsätze bescherte. Blumenschmuck für Kirchen bezog man nur selten von den eleganten Floristinnen, die ein eigenes Ladengeschäft führten. Diese beschwerten sich häufig über die Nachbarschaft der kleinen Buden, doch angesichts ihres rasanten Aufstiegs fällt es schwer zu glauben, daß sie ihnen geschadet haben.

In Paris wurden bald allerorts teure Blumenboutiquen eröffnet. Paul de Kock (1793–1871), Autor erfolgreicher Vaudevilles und zeitgenössischer Chronist, war, wie viele andere, fasziniert von dieser Neuerung. In den 1840er Jahren beschrieb er die hübschen, eleganten Geschäfte, in denen es natürliche Blumen zu kaufen gab. Die Dekorationen, die bei Tag schon sehr schön aussahen, sollen nachts besonders beeindruckend gewesen sein, wenn die Gaslaternen den Blumen einen fast märchenhaften Schimmer verliehen. Im letzten Drittel des 19. Jahrhunderts nahm die Zahl der Pariser Blumenläden innerhalb kurzer Zeit um ein Vielfaches zu. Henry de Vilmorin, Autor eines Buches über Blumen in Paris

Die Blumenverkäuferinnen mit ihren großen Körben boten fertige Sträuße an, von einfachen Veilchensträußchen bis zu etwas raffinierteren Kompositionen. In den 1850er Jahren hatten die besseren unter ihnen auch große Rosen oder Kamelien im Sortiment, die sie mit Kiefer-, Lorbeer- oder Orangenbaumzweigen zu kleinen Buketts banden. Links: Jean-François Portaels (1818–1895): Blumenverkäuferin in Triest. Oben: Darstellung einer jungen französischen Blumenfrau von Leopold de Moulignon (1821–1897).

(1892), listet zunächst 45 solcher Läden auf, zwanzig Jahre später waren es bereits zweihundert. Dieses Phänomen war nicht nur in Frankreich zu beobachten. Vilmorin berichtet, daß auch in London zahlreiche Blumenhändler eigene Geschäfte eröffneten. Eine ähnliche Entwicklung fand in den Vereinigten Staaten statt: »Die Amerikaner haben kaum Zeit, auf einen Markt zu gehen. Das Produkt muß an ihrer Haustür abgeliefert werden. In den großen Städten gibt es eine Vielzahl von Geschäften, die Blumen verkaufen.« Edith Wharton beschreibt in ihrer um das Jahr 1870 spielenden Erzählung *New Year's Day* einen Blumenladen am Broadway: »Sie blieb vor dem Schaufenster eines Blumenladens stehen und betrachtete interessiert die Vasen mit Rosen und Treibhauslilien sowie die festen Sträuße mit Maiglöckchen und Veilchen. Schließlich trat sie ein und wählte (…) sorgfältig zwei perfekte Exemplare einer neuen Rosensorte von silbrigem Farbton aus, die die Floristin zuerst

Oben: Der französische Maler Victor Gilbert hatte eine Vorliebe für Blumenverkäuferinnen, von denen er ein romantisches Bild zeichnete (*La Marchande aux fleurs, place de la Madeleine*, um 1880). Die Realität sah nicht immer so rosig aus. Vor allem arme Frauen mußten mit dem Verkauf von Blumen auf der Straße ihren Lebensunterhalt verdienen. Rechts: Auch arme kleine Mädchen betätigten sich als Blumenverkäuferinnen (*St Martin-in-the-Fields*, William Logsdail, 1888). Da sie darauf angewiesen waren, ihre Ware so billig wie möglich zu bekommen, mußten sie sich mit den Portiers der großen Hotels gutstellen, die jeden Tag wundervolle Sträuße und Blumenkörbe wegwarfen.

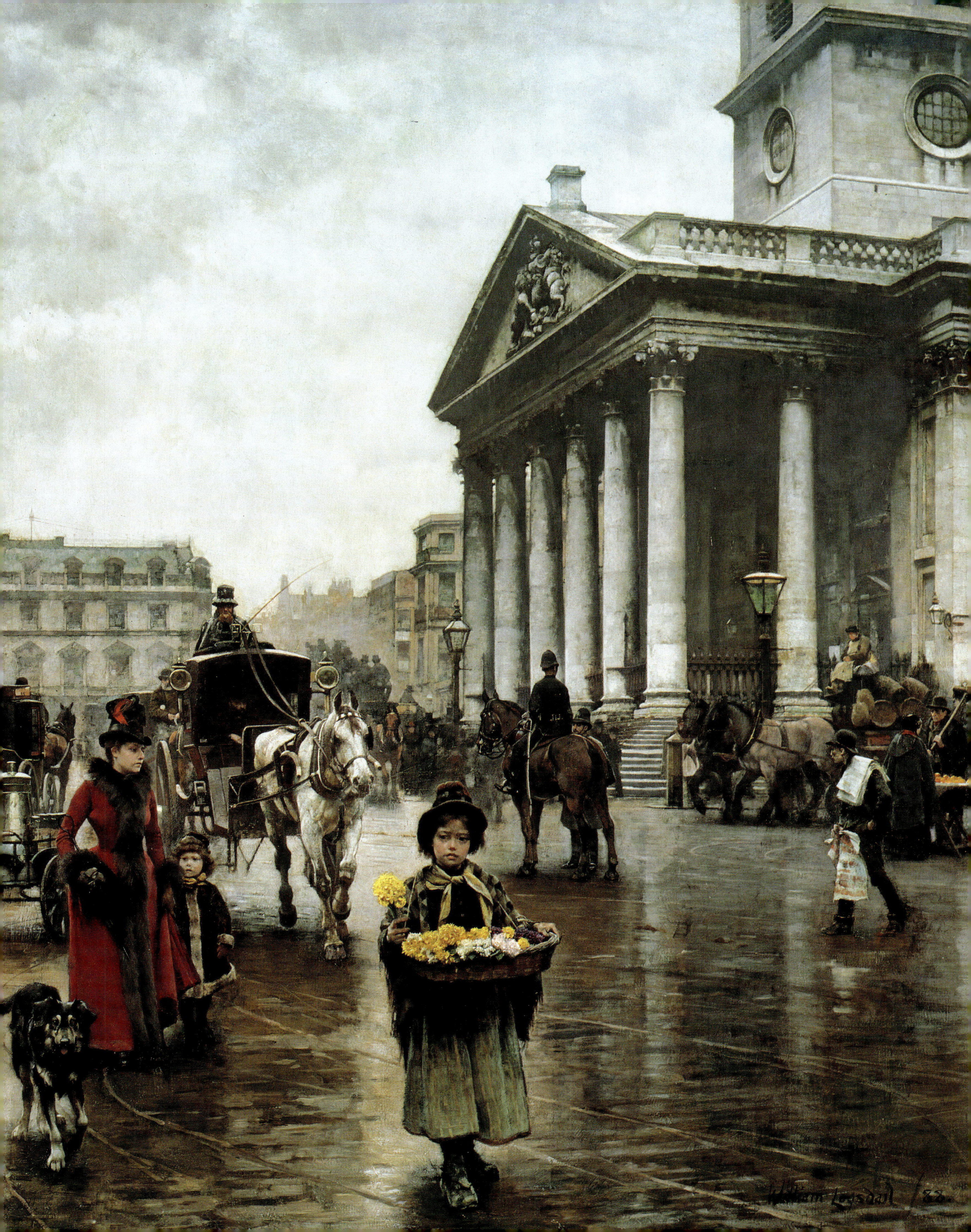
William Logsdail / 88.

in Watte verpackte und dann, um sie noch besser zu schützen, mit den Stengeln zuerst in eine Hülle schob.«

Die eleganten Floristinnen waren mehr als nur Blumenverkäuferinnen. Albert Maumené, der im Jahre 1900 eine Kulturgeschichte der Blumen veröffentlichte, beschrieb sie als »angesehene Persönlichkeiten, die neue Kompositionen kreieren und uns mit neuen Formen des Blumenarrangements vertraut machen«. Die Vorstellung von der Blumenbinderei als Kunstform stammt aus dieser Zeit. Und bald tauchten auch die ersten Theoretiker unter den Blumenkünstlern auf. So z.B. Jules Lachaume in Paris, der 1840 ein Geschäft eröffnete, das 1897 in die Rue Royale verlegt wurde, wo es sich heute noch befindet. Lachaume belieferte den Hof Napoleons III. sowie die Romanows. Außerdem ist ihm die Mode der Orchideen zu verdanken, darunter die malvenfarbenen Cattleyen, die Proust so gerne im Knopfloch trug.

Jules Lachaume revolutionierte seinen Berufsstand, indem er 1847 eine Abhandlung über die Kunst des Arrangierens von sogenannten natürlichen Blumen verfaßte. Der Zusatz »natürlich« war deshalb wichtig, weil sich auch die Verkäufer von Kunstblumen als »Floristen« bezeichneten. Ihre Schaufenster waren von denen der Verkäufer echter Blumen teilweise kaum zu unterscheiden. Andererseits verkauften diese eleganten Geschäfte hauptsächlich Modeartikel, da künstlicher Blumenschmuck, der bei ärmeren Leuten beliebt war, einen etwas vulgären Beigeschmack hatte. Lachaume selbst war ein Spezialist für »Kränze, Schmuck und Sträußchen aller Art für Bälle und Abendgesellschaften«. Und er hatte Talent und Schick, weshalb ihm die Damen aus guter Gesellschaft bald vertrauten. Seine Abhandlung besteht aus einer Liste kluger Ratschläge in bezug auf das harmonische Gleichgewicht von Garderobe, Accessoires, Frisur und dem kleinen Strauß, den man in der Hand hielt.

Für die Anfertigung der kleinen Gebinde war Madame Adde Lachaume zuständig, die großes Talent bewies. Die Arbeitsteilung der Lachaumes war typisch für jene Zeit: Renommierte Häuser wurden im allgemeinen von einem Mann geleitet, der die Modelle entwarf, während die Frauen für

In England und Amerika gab es Floristinnen, die weder ein Geschäft noch einen Stand hatten, sondern direkt bei den Kunden arbeiteten. In Henry James' Erzählung *Im Käfig* legt eine Vertreterin dieses »neuen Beruf(s) für Frauen (...) in den glänzendsten Farben dar (...), wie sie auf diese Weise Zutritt zu den angesehensten Häusern hatte; wie sie spüren konnte (...), daß es nur eines einzigen weiteren Schrittes bedurfte, um sie gesellschaftlich, ja um sie voll und ganz zu integrieren«. Ganz oben: Heranrückende Gendarmen schlagen Blumenverkäuferinnen und -verkäufer in die Flucht. Oben: Pariser Blumenhändlerin vor ihrem Geschäft, 1875.

Laßt Blumen sprechen

deren Ausführung verantwortlich waren. Wie in vielen anderen Geschäften standen Adde wahrscheinlich ein paar Helferinnen zur Seite. Wer anfing, im Blumenhandel zu lernen, mußte erst einfache Arbeiten ausführen, z.B. die Sträuße mit Draht umwickeln oder Blumen auf künstlichen Stengeln befestigen. Danach konnte man über verschiedene Stufen des Blumenbindens aufsteigen, bis man die höchsten Weihen erreicht hatte und nur noch mit weißen Blumen arbeitete, etwa Schneeballzweigen, weißen Iris, Gardenien oder Kamelien. Wer sich so weit hochgearbeitet hatte, hatte die Chance, den Werkraum zu verlassen und erste Verkäuferin zu werden. Diese durfte sich zwischen Kristallvasen und all den schönen Blumen bewegen, immer gut gekleidet und hübsch frisiert, in Kontakt mit Leuten aus den besten Schichten – was bei vielen jungen Frauen die Hoffnung auf ein besseres Leben und auf sozialen Aufstieg weckte. Solche Illusionen erwarteten sie nach Feierabend an der Ladentür in Gestalt junger Dandys oder auch schon gesetzterer Herren. Doch die Aussicht, von einem solchen Mann eines Tages zur Frau genommen zu werden, war illusionär: Im 19. Jahrhundert hätte kein Mann in guter gesellschaftlicher Position jemals um eine Floristin angehalten. So etwas gab es nur in Büchern, und tatsächlich kamen damals in zahlreichen Romanen »kleine Blumenverkäuferinnen« vor, die es dank ihrer Persönlichkeit schafften, alle Klassenvorurteile zu

Kunstblumenmacherinnen brauchten Geschicklichkeit und ein Gefühl für Farben (Gemälde von Alexander Mann, 1853–1908). Diese Fähigkeiten erlaubten ihnen, auch in Geschäften zu arbeiten, die echte Blumen anboten. Oft engagierten die Floristen ehemalige Modistinnen, Schneiderinnen oder auch Zofen, die sich bei ihrer früheren Herrin um die Blumenarrangements gekümmert hatten.

Laßt Blumen sprechen

überwinden. Ein Mythos, der sich als zählebig erwies. Als Archetypus galten dabei Eliza Doolittle in George Bernard Shaws *Pygmalion* (1913) sowie alle weiteren *My Fair Ladies*, die auf der Bühne und auf der Leinwand zu sehen waren, das blinde Blumenmädchen in Charlie Chaplins Film *Die Lichter der Großstadt* eingeschlossen.

Und doch gab es tatsächlich einige Beispiele für außergewöhnliche Karrieren auf diesem Sektor. In Paris z.B. sprach man jahrzehntelang von Isabelle Brilliant, einer einfachen Blumenfrau, die ihre Buketts aus dem Korb verkaufte. In der zweiten Hälfte des 19. Jahrhunderts wurde sie zu einer lokalen Berühmtheit. Sie hatte überall Zutritt, in den feinsten Restaurants und sogar im Jockey Club. Aufgrund einer Ausnahmegenehmigung der Polizei war sie die einzige unter den einfachen Blumenhändlerinnen, deren Gewerbe offiziell genehmigt war. Das brachte ihr zwar kein Vermögen ein, verhalf ihr jedoch zu Bekanntheit und dem Anschein von Ehrbarkeit – der Wunsch aller Halbweltdamen. Nana, die Hauptfigur in Zolas gleichnamigem Roman, dachte in Augenblicken des Zweifels an ihr altes Blumenmädchenideal zurück: ein bescheidenes, ordentliches Leben, ehrlich verdient und dabei gefällig und mit Duft erfüllt. Doch Nana war nicht dafür geschaffen, Blumen zu verkaufen, sondern sie zu bekommen, und zwar ganze Arme voll.

Oben und rechts: Im 19. Jahrhundert war Frankreich in der Kunstblumenherstellung in puncto Qualität führend. Ab 1850 wurde daraus ein bedeutender Industriezweig, der allein in Paris sechstausend Arbeiter und Hilfsarbeiter beschäftigte, die Stengel oder Blütenblätter anfertigten, Blüten zusammensetzten und Sträuße banden. Jede Manufaktur hatte ihre eigene Spezialität. Die Firma Légeron, von der noch heute die großen Couturiers ihre Blumen beziehen, produzierte 1880 ausschließlich Stempel und Blätter. Hier sehen wir Kataloge für Rosenblütenblätter und grüne Blätter aus den Archiven von Légeron. Links: Blumenhändlerin mit Korb beim Verkauf von Knopflochblüten, London, 1892.

Nº 48
Rustic

Nº 49
Hortensia

Nº 50
Parol

Für jeden Anlass die richtige Blume

Paul de Kock tat, als stehe er vor einem Rätsel: »Die Pariser Damen haben einen enormen Verbrauch an Blumen, doch seltsamerweise kaufen sie so gut wie nie welche, und ihre Ehemänner schon gar nicht.« Der Grund lag darin, daß es einen »außerehelichen« Markt gab, dessen Bedeutung wohl nur die Blumenhändler genau einschätzen konnten. Die offiziellen Blumengeschenke eines verheirateten Mannes waren auf wenige Gelegenheiten beschränkt. In den Vernunftehen des 19. Jahrhunderts war kein Platz für Leidenschaft und Blumensträuße. Die Ehefrau war schließlich keine jener Halbweltdamen oder Diven, die man mit Hilfe üppiger Blumenpräsente erobern mußte. Mit seiner scheinbaren Gleichgültigkeit, durch nur gelegentliche Blumengeschenke an seine Frau, betonte der Ehemann den feinen Unterschied zwischen einer geachteten Dame und jenen Mädchen, die ständig Huldigungen forderten. So schickte denn auch eine wirklich ehrbare verheiratete Frau – und natürlich wußten sie alle, was sich gehörte – Sträuße ihrer Bewunderer kommentarlos zurück. Was aber nicht unbedingt heißen mußte, daß Blumengeschenke auch tatsächlich ohne Konsequenzen blieben ...

Ein respektabler Mann ruinierte sich nur außerhalb seiner Ehe durch Blumenkäufe. Und die Ware kam ihn wahrlich teuer zu stehen. Die Pariser Zeitung *Entreacte* schätzte 1839 die durchschnittlichen Jahresausgaben eines Lebemannes auf 4000 Francs für Essen und Trinken, 3000 für Theaterbesuche und 1200 für Blumen. Verlor er aber sein Herz an eine Schauspielerin, war er gezwungen, zwei- bis dreimal soviel für Sträuße auszugeben. Ein Teil der Blumen war allerdings für den persönlichen Gebrauch der Herren bestimmt, und zwar als Schmuck für ihre Knopflöcher. Diese Mode kam um 1845 auf, und Kamelien, Rosen, Gardenien und Nelken gehörten fortan zum eleganten Abendanzug. Tagsüber wirkten Blumen im Knopfloch jedoch äußerst deplaziert, zumindest in Frankreich. Erst gegen Ende des 19. Jahrhunderts übernahmen die Franzosen von den Engländern die Angewohnheit, auch tagsüber Blüten am Revers zu tragen, sogar farbige wie die gelbe Rose 'Maréchal Niel'. Abends trugen die Herren jedoch weiterhin ausschließlich weiße Blumen.

In gewissen Situationen konnte die Blüte im Knopfloch auch Ausdruck einer bestimmten Gesinnung sein. In England waren ans Revers geheftete Primeln das Erkennungszeichen für die Mitglieder der Primrose League, einer konservativen Vereinigung, die 1883 im Gedenken an den ehemaligen englischen Premierminister Benjamin Disraëli (1804–1881) gegründet worden war. Er soll diese Blume besonders geliebt haben. Auch anderswo in Europa trug man seine politische Gesinnung im Knopfloch zur Schau, z.B. in Österreich, wo der Aufstieg verschiedener Parteien von unterschiedlichen Blumenarten begleitet war. Stefan Zweig erinnert sich in *Die Welt von gestern*: »Die Arbeiter marschierten (...) in den Prater, jeder die rote Nelke, das Parteizeichen, im Knopfloch. (...) Kaum tauchte die rote Nelke als Parteiabzeichen auf, so erschien plötzlich eine andere

Oben: Weihnachtseinkauf einer Londonerin in der Blumenabteilung von Harrods, 1902. Rechts: In der Literatur des 19. Jahrhunderts gibt es viele rührende Anekdoten über in Buketts versteckte Liebesbriefe, wie ihn die junge Frau auf dem Bild Le Billet von Auguste Toulmouche gerade liest. Manche waren wohl zu gut versteckt: Alphonse Karr erzählt in Voyage autour de mon Jardin (1858) die traurige Geschichte einer alten Dame, die nach einem halben Jahrhundert einen sorgfältig aufbewahrten Strauß getrockneter Blumen löst und darin die Liebeserklärung findet, auf die sie einst vergeblich gewartet hat.

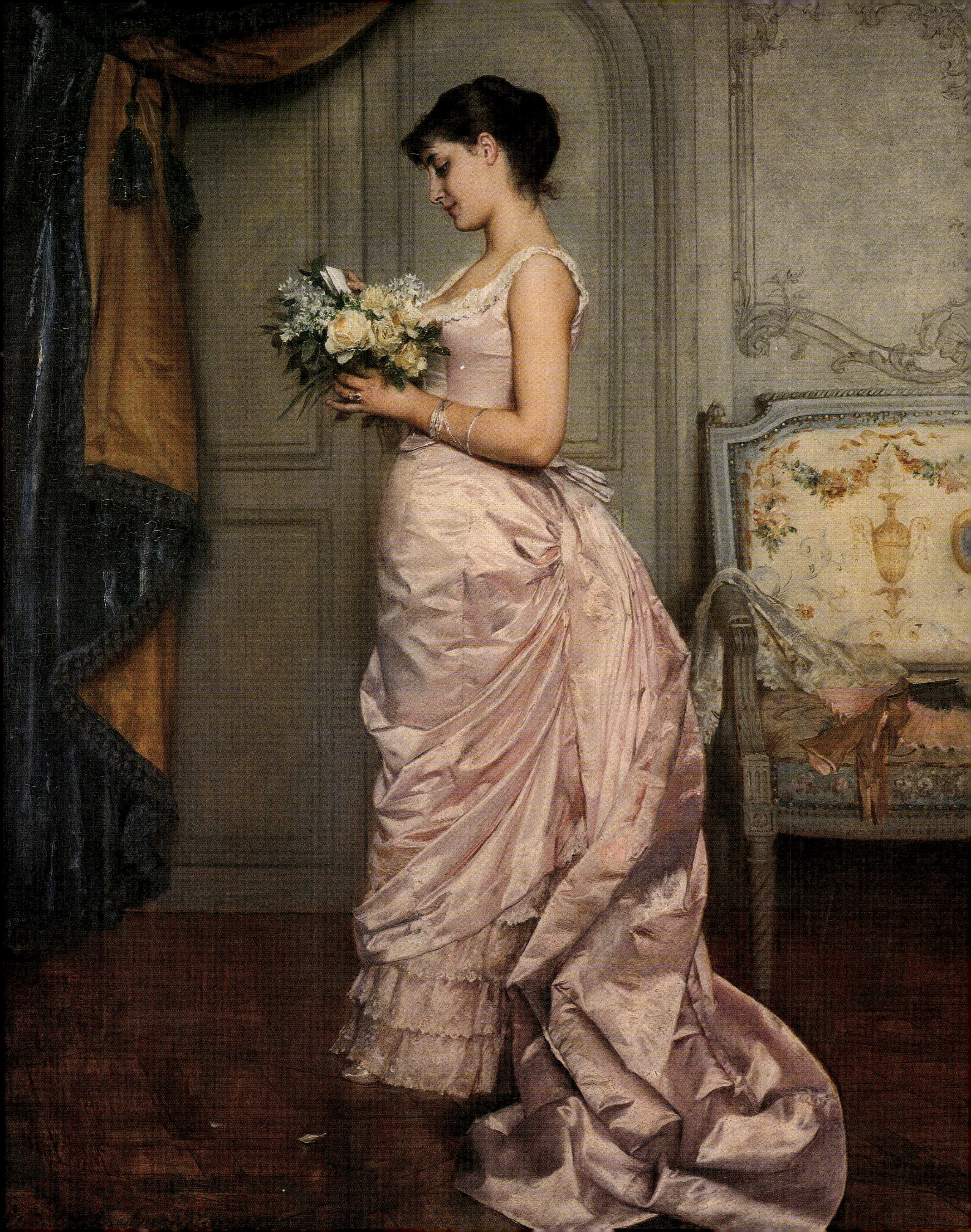

Laßt Blumen sprechen

Blume im Knopfloch, die weiße Nelke, das Zugehörigkeitszeichen der christlich-sozialen Partei. (...) Aber schon tauchte eine dritte Blume auf, die blaue Kornblume, Bismarcks Lieblingsblume und Wahrzeichen der deutschnationalen Partei.«

So schmückten sich also die Männer mit Blüten, während sie ihre Geschäfte regelten. Sie bewiesen dadurch zugleich ihre Eleganz und taten ihre Meinung kund. Die Gunst einer auch nur einigermaßen bekannten Kurtisane konnten sie allerdings nicht mit einer Gardenie oder ein paar kleinen Veilchen gewinnen. Um eine dieser Damen für sich einzunehmen, mußte man sie förmlich mit einem Meer von Blumen überschütten. Was den Kurtisanen wiederum eine Möglichkeit bot, das Vermögen des Betreffenden einzuschätzen und vorauszuplanen, was aus ihm herauszuholen war. Zolas Nana, die sich gerne mit »Haufen von Blumensträußen« umgab, verfuhr mit ihren Liebhabern nicht anders. Die Reden, die bei ihr zu Hause geführt wurden, lassen in dieser Hinsicht keinen Zweifel: »Wenn Rose auf Léon fliegt, kann sie ihn gerne haben. An dem hat man schon was Rechtes! ... Ein Bukett in der Woche und sonst ...!« Nicht, daß

Ein beschwipster Mann mit offener Krawatte und zwei Damen im Arm im Morgengrauen. Der Strauß vom Vorabend liegt in der Gosse (Bild des belgischen Malers Charles Hermans, 1838–1924). Diese unsympathische Figur erinnert an die Männer, mit denen Zolas Nana verkehrte: »(...) er war ein Mädchenjäger, der sein Geld mit liederlichen Frauenzimmern vertan hatte; er war durch und durch unmoralisch, (...) er profitierte von dem Geld der anderen, indem er nur alle heiligen Zeiten einmal ein Bukett oder ein Diner bezahlte.«

Nana Sträuße besonders gemocht hätte; sie stapelten sich in ihrem Vorzimmer und häuften sich in ihrer Kutsche, ohne daß sie auch nur einen Blick darauf geworfen hätte. Was ihr daran gefiel, waren allein die Huldigungen der von Leidenschaft entflammten Männer und der Preis, den sie zu zahlen bereit waren, um an ihr Ziel zu gelangen. Als sie dann nicht mehr zahlten und die Gläubiger an ihre Tür klopften, wurden die Sträuße, die einige treue Verehrer noch immer schickten, zu einer enervierenden, nutzlosen Sache. Die Zofen tuschelten sich in der Küche bereits zu, was ihre ruinierte Herrin nur im geheimen dachte: Wie schade, daß man für die teuren Sträuße nicht einmal mehr ein paar Sous bekommen konnte.

Marguerite Gautier, die »Kameliendame« von Alexandre Dumas, war schon vor Nana ein Beispiel für ausschweifendes Leben und Blütenexzesse. Auch sie war »der Anlaß dafür gewesen, daß soviel Geld für Blumen ausgegeben wurde, daß eine ganze Familie davon in Freuden hätte leben können«. Bei genauerer Betrachtung stellt man fest, daß sie, wie viele ihrer Freundinnen, ein vorwiegend »professionelles« Interesse an Blumen hatte. So erschien sie etwa zu Bällen oder im Theater mit ihrem unvermeidlichen Kamelienstrauß, der 25 Tage im Monat weiß und die restlichen fünf Tage rot war. Dumas behauptet (und kokettiert dabei mit seiner vermeintlichen Ahnungslosigkeit), er kenne den Grund für diesen Farbenwechsel nicht. Dabei schickt Marguerite im Lauf der Erzählung einen Liebhaber, der sie eines Abends überrascht, als sie einen roten Strauß bei sich hat, mit den Worten weg, er solle am

Die »Kameliendame« war nicht die einzige, die diese Blumenart bevorzugte. In den 1850er Jahren hatten Kamelien den Gipfel ihrer Beliebtheit erreicht, da ihre Blüten regelmäßig aussahen, im Winter erhältlich waren und nicht dufteten, was sie für jede Gelegenheit passend machte. Fünfzig Jahre später war die Kamelie aus denselben Gründen unmodern geworden, die sie einst populär gemacht hatten: Man fand ihre Blüten zu üppig und vermißte den Duft. Die Schauspielerin Madame Doche in der Rolle der Kameliendame; rechts und links Kamelienbilder von Madame Withers, um 1830.

nächsten Tag zwischen elf Uhr abends und Mitternacht wiederkommen, wenn die Kamelien weiß geworden seien. Im Grunde hatten die Blumen der Marguerite Gautier also etwas ziemlich Anrüchiges.

Die vornehmen Damen kultivierten ganz andere florale Sitten. Zu besonderen Anlässen – Bällen oder Abendgesellschaften – trugen sie Schmuck und Blumen. Der Schneider Worth hatte die Haute Couture begründet, und in den 1860er Jahren wurden Rock, Korsage und Schleppe der aufwendigen feinen Ballkleider mit großen Garben frischer Blumen besetzt. Diese Mode flaute in den Jahrzehnten danach ein wenig ab, doch Trauben von Glyzinien, die an der Schulter festgesteckt wurden und bis auf den nackten Arm herabfielen, das Diadem aus Maiglöckchen und Federn im Haarknoten, Rosen an der Korsage und mit Parmaveilchen besetzte Samthalsbänder blieben unerläßliche Accessoires eleganter Damen. Nicht zu vergessen das Sträußchen, das man in der Hand hielt – von den Engländerinnen der Viktorianischen Zeit *posy* genannt – und das die Floristinnen passend zur Garderobe anfertigten. Um die Mitte des 19. Jahrhunderts begann man, es in kleinen, kunstvoll gestalteten Väschen zu tragen, die es in den verschiedensten Ausführungen gab: spitz zulaufend oder in Form eines Füllhorns, aus Gold, Perlmutt, Lack oder Elfenbein, teilweise mit Perlen, Türkisen oder Edelsteinen besetzt. Da die Damen ihr Bukett, wie ihren Fächer, niemals ablegten, hatte man raffinierte Vorrichtungen erfunden. Manche Buketthalter waren mit einer Kette und einem Ring versehen, den man an den Finger stecken konnte, wodurch man die Möglichkeit hatte, die Blumen für die Dauer eines Walzers loszulassen, um sie direkt danach wieder in die Hand zu nehmen. Andere hatten ein ausklappbares Stativ, damit man sie für einen Moment auf den Tisch stellen konnte. Es gab amüsante Exemplare mit winzigen Spiegeln: Man tat so, als röche man an seinem Bukett, und beobachtete dabei unauffällig die Umgebung. Die jungen Mädchen konnten die Blicke sehen, die sie auf sich zogen, und die Mütter ihre Töchter sowie potentielle Bewerber im Auge behalten. Die blumengeschmückten Dekolletés der Bälle waren nämlich nicht zuletzt sehr verführerisch und dienten so dem Zweck, die unverheirateten jungen Frauen standesgemäß an den Mann zu bringen.

So kommen wir zur Hochzeitszeremonie, dem Höhepunkt im Leben einer ehrbaren Frau und zugleich in der damaligen französischen Gesellschaft die einzige Gelegenheit, bei der sie sich mit Sträußen überhäufen lassen durfte, ohne um ihren Ruf fürchten zu müssen. Es genügte, gewisse

Diese Seite: Eine ungeschriebene Regel besagte, daß eine Dame sich nie in der Öffentlichkeit zeigte, ohne etwas in der Hand zu halten. Bei Bällen war ein kleines Bukett ebenso unerläßlich wie der Fächer und das Abendtäschchen. Von Nachteil war allerdings, daß die Pflanzen die Handschuhe beschmutzten, und so wurden schließlich Blumenhalter erfunden. Die Fotos zeigen wertvolle Objekte aus der Zeit zwischen 1830 und 1900. Rechts: Damen mit blumengeschmückten Kleidern und Frisuren bei einer Abendgesellschaft (Jean Béraud, 1849–1936).

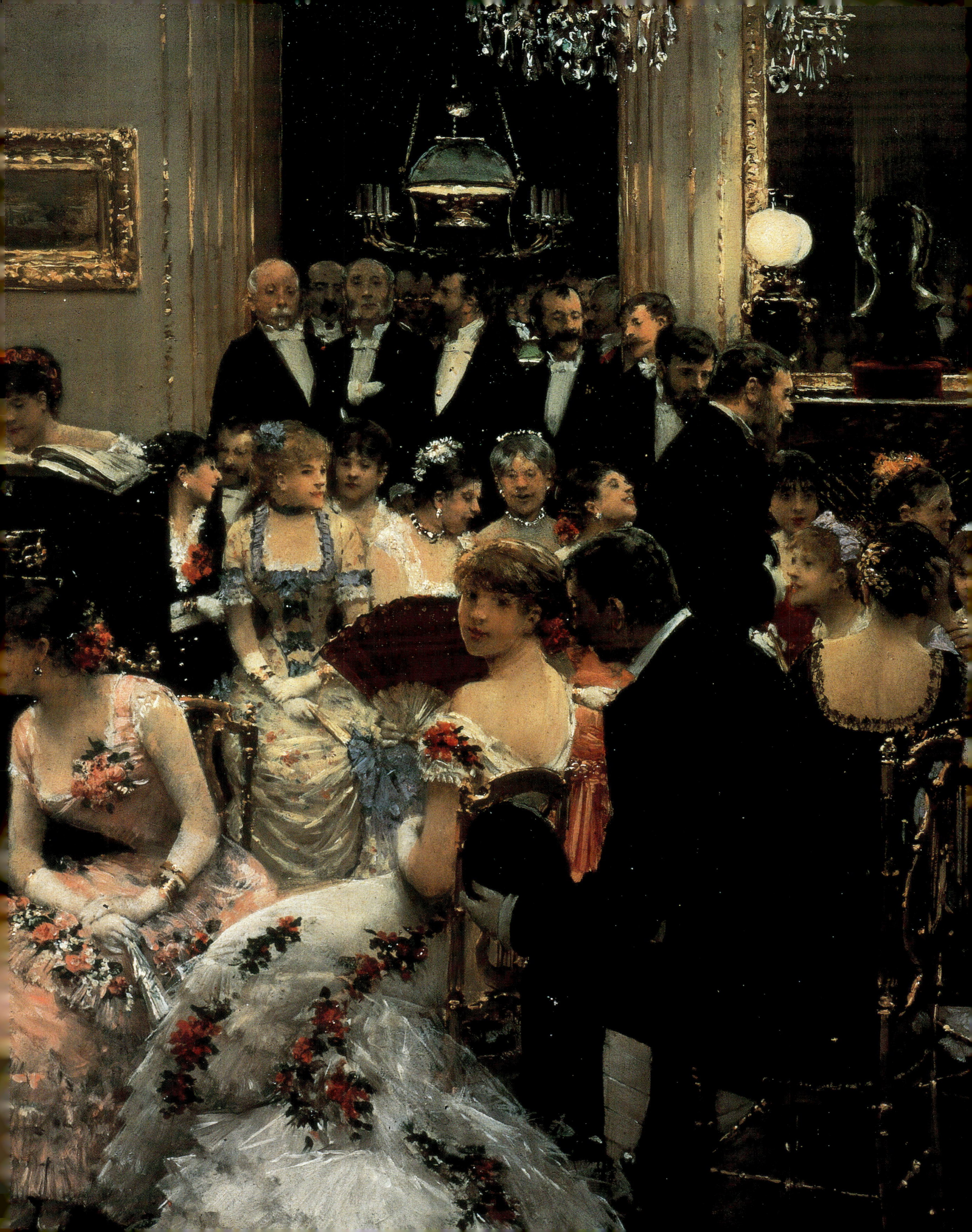

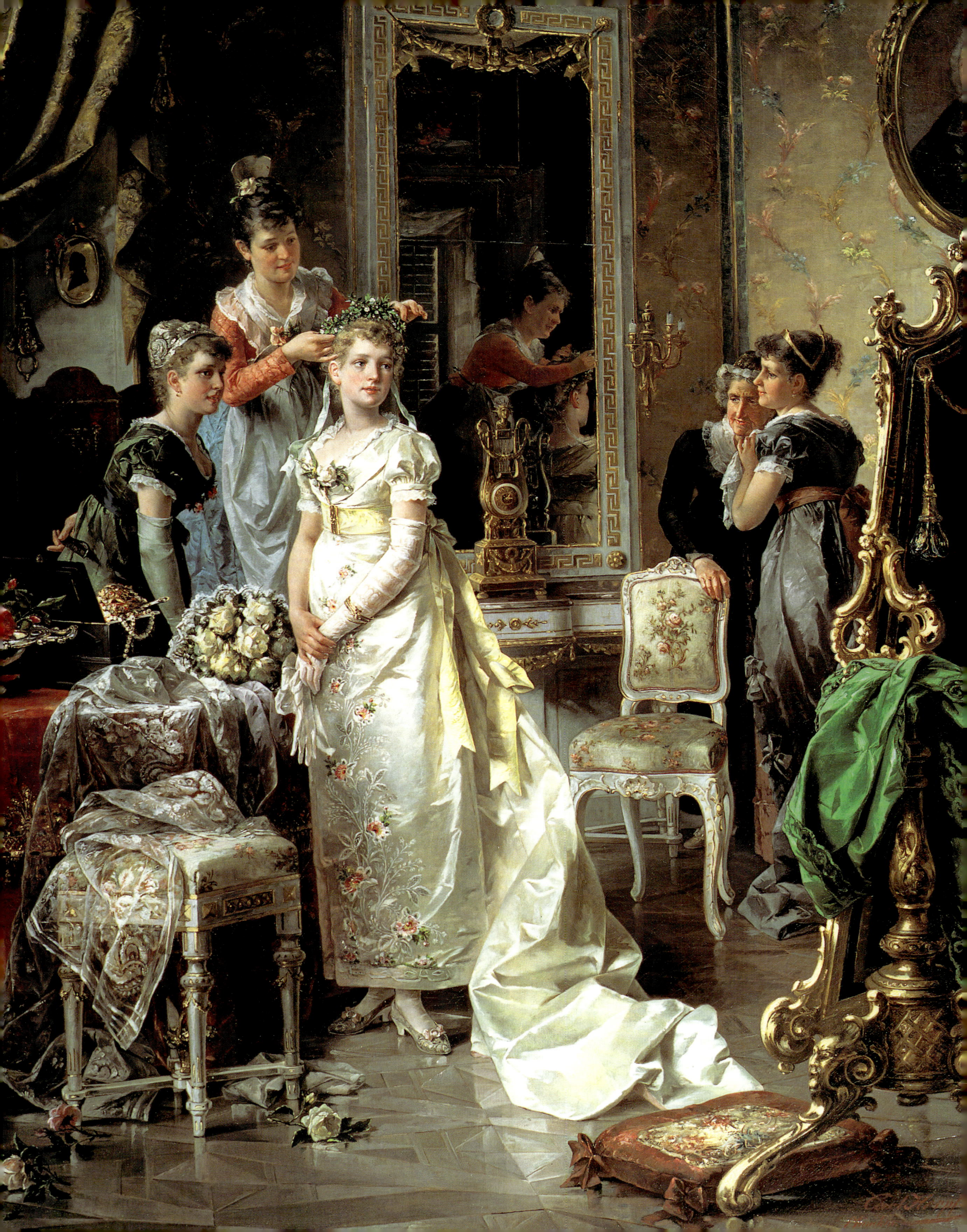

Regeln zu beachten, die von der Farbe der Blüten bis zu den Kompositionen sämtlich in Benimmbüchern festgelegt waren.

Die Blumenpräsente begannen mit dem Antrag. Einige Stunden nachdem der junge Mann erfolgreich um die Hand des Mädchens angehalten hatte, brachte die Floristin ein erstes Gebinde makellos weißer Blumen. Am Verlobungstag schickte der Bräutigam vor seiner Ankunft einen blumengefüllten Korb. Danach mußte er bis zur Hochzeit jeden Tag einen Strauß schicken. Kein einziger Tag ohne Blumengruß wäre toleriert worden. Die Rosen, Schneeballzweige, weißen Veilchen und Fliederbunde kamen bis zum Tag der Hochzeit, an dem der Bräutigam morgens noch einen letzten Blumenkorb für seine Braut abgeben ließ. Einen Korb, wohlgemerkt, keinen Strauß. Die Engländerinnen waren die ersten, die mit einem – zuweilen recht großen – Brautstrauß in der Hand vor den Altar traten.

In Frankreich kamen Orangenblüten in Mode. Man trug sie in Form von Kränzen oder als Sträußchen an Korsage oder Taille. Diese Sitte kam erst relativ spät auf, ebenso wie die weißen Brautkleider, die im Laufe des 19. Jahrhunderts üblich wurden. In Paris waren das ganze Jahr über Orangenblüten erhältlich, so daß ab 1860 die Bräute sich selbst im Winter mit Kränzen von auf Silberdraht befestigten Orangenblüten schmücken konnten.

Nach der Hochzeit mußte eine Frau von Stand auf solche Blumenzier verzichten. Nur an Neujahr durfte sie Sträuße annehmen. An diesem Tag pflegten ihr die Herren, die bei ihr zu Gast gewesen waren, für ihre Freundlichkeit mit Blumen oder Konfekt zu danken. Auch bei großen Abendgesellschaften konnte sie unbedenklich Blüten an ihr Kleid und ihre Frisur stecken. Doch im Alltag gehörte es zum guten Ton, nur Seidenblumen zu tragen, die den Stoff der Bänder nicht beschmutzen – Zeichen von Sparsamkeit und Schlichtheit, zwei wichtigen weiblichen Tugenden. Das galt auch für den kleinen Strohhut, den die Frauen ab Ostermontag zu tragen pflegten. Der Aufstieg des Bürgertums und seiner Überzeugungen führte zu einem Ideal, das von Frauen hausfrauliche Qualitäten verlangte. Als Beweis dafür diente in erster Linie ein schön eingerichtetes, blumengeschmücktes Heim.

Nur Bräute aus wohlhabenden Familien konnten es sich leisten, bei ihrer Hochzeit Orangenblüten zu tragen. Sie waren sehr kostspielig, und oft schenkte sie der Onkel seinen Nichten. Weniger begüterte Verlobte begnügten sich mit künstlichen Orangenblüten, die nach der Hochzeit unter Glasglocken aufbewahrt wurden. Links: *Am Morgen der Hochzeit* von Carl Herpfer (1836–1897). Oben: Edmund Blair Leighton (1853–1922) zeigt hier, wie sich eine Braut ins Standesregister einträgt.

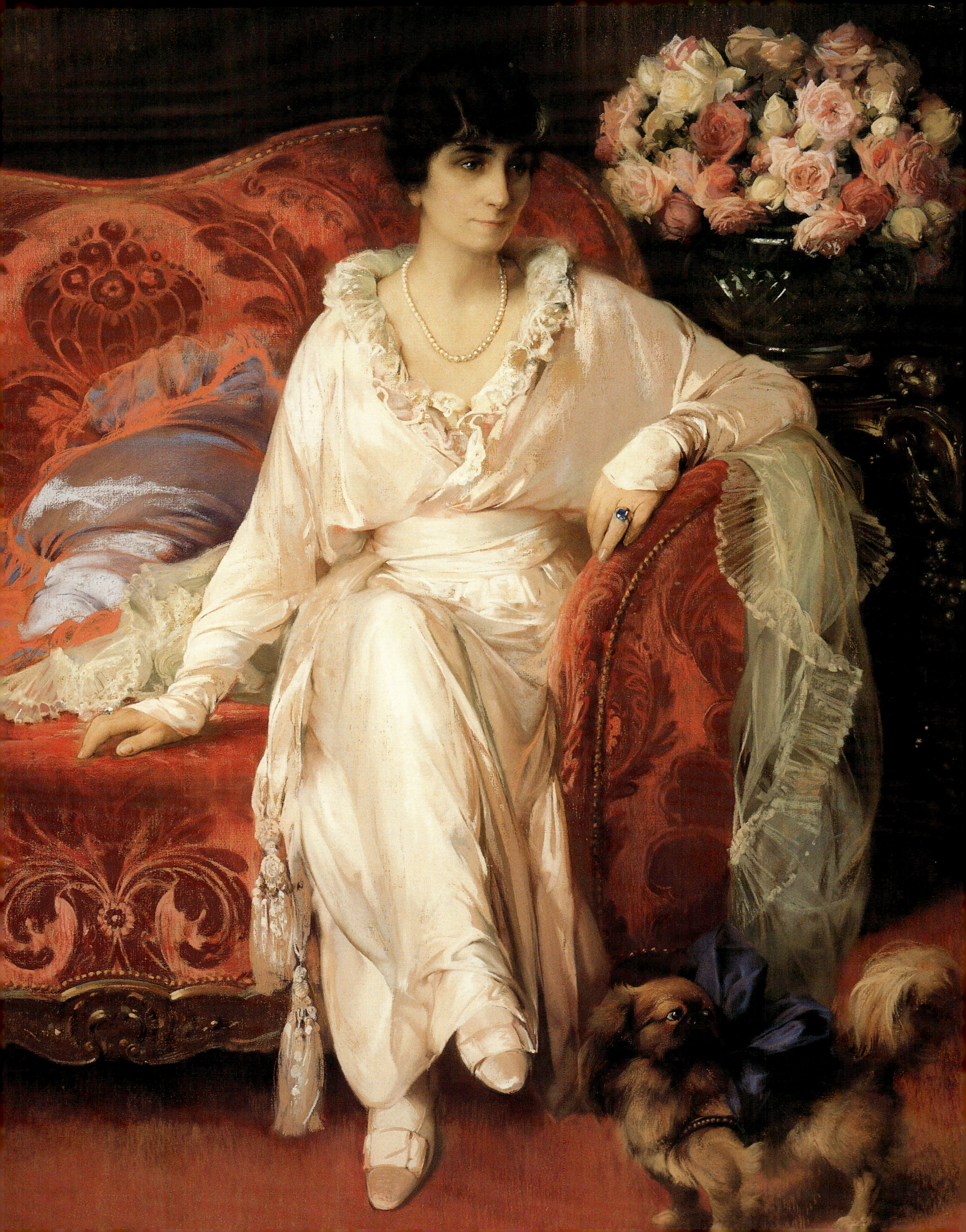

BLUMEN IM HAUS

In der zweiten Hälfte des 19. Jahrhunderts gehörte üppige Pflanzenpracht zum Alltag, und elegante Salons ähnelten Wintergärten. Das Tageslicht wurde von rosa Hortensien in Töpfen und Efeuranken gefiltert. In Gefäßen auf Rattan- oder Metallgestellen blühten die Pflanzen, die die Damen geschenkt bekommen hatten. Um 1850 waren dies Azaleen, Rhododendren, Kamelien, Myrten oder Granatapfelbäumchen. Ab 1880 bevorzugte man Körbe mit einer Zusammenstellung von verschiedenen Pflanzen, etwa Farnen, Kallas, kleinen Palmen und Kroton-Wundersträuchern, und zwar alle in Töpfen. Schnittblumen waren zu vergänglich und kostspielig, um sie als Dekorationsobjekte im Alltag zu verwenden. Dies hätte als Verstoß gegen die Regeln der häuslichen Sparsamkeit gegolten. Anders war es, wenn Madame Besuch erwartete. An dem Wochentag, an dem sie empfing, ließ sie ihre Räume mit duftenden Gebinden schmücken. Ein Salon ohne Blumen sei eine Beleidigung für das Auge, bemerkte ein zeitgenössischer Schriftsteller.

In den Häusern wohlhabender Familien wurden vor allem die festlichen Abendessen mit aufwendigem Blumenschmuck dekoriert. Bei diesen gesellschaftlichen Ereignissen konnten die Gastgeberinnen ihr Organisationstalent sowie den Reichtum ihrer Tischwäsche und Gedecke zur Schau stellen. Blumen waren ein fester Bestandteil der Tischdekoration, und so bescherten die Diners mit aufwendigem Blütenschmuck den Floristen stets gute Umsätze. Dieser Tischschmuck fand nicht zuletzt durch die veränderten Serviergebräuche Verbreitung. Während früher die Schüsseln mit Suppe und Gemüsen vor die Gäste auf den Tisch gestellt worden waren, wurden die Gerichte nun nacheinander aus der Küche gebracht und jedem Gast einzeln serviert, wie es noch heute üblich ist. Auf den Tischdecken war nun genügend Platz, und die reichen Pariserinnen machten es sich um 1845 zur Gewohnheit, die Enden der Tafeln mit Gestecken oder Arrangements zu schmücken, die aus Efeublättern, Immergrün oder Lorbeer mit bunten Blüten bestanden. Am beliebtesten waren jedoch runde Dahlien. Diese Kompositionen waren steif und relativ voluminös. Ab 1865 nahm ihr Umfang solche Ausmaße an, daß die Floristen die Arrangements, die den ganzen Tisch füllten, auf Tragen herbeitransportieren mußten. Und da diese Gebilde auch an Höhe ständig zunahmen, konnten die Gäste ihr Gegenüber nicht mehr sehen, worunter die Konversation entsprechend zu leiden hatte.

Ganz anders sahen die englischen Tischdekorationen jener Epoche aus. Sie waren raffinierter und nahmen Rücksicht auf den Komfort der Gäste. Die

»Ach, diese Fliederbüsche! (...) Ich habe armweise davon ins Haus getragen, das Pflücken ist eine solche Wonne, und jeder Krug, Kessel und Kübel im Innern prangt von purpurner Pracht, und die Dienstboten glauben, es fände eine Gesellschaft statt, und sind darum besonders hurtig, und ich gehe von Zimmer zu Zimmer und bestaune die wohlriechende Herrlichkeit (...).« Es kam selten vor, daß eine Hausherrin – wie in diesem Auszug aus Elizabeth von Arnims Roman *Elizabeth und ihr Garten* – so verschwenderisch mit Sträußen umging, ohne daß ein besonderer Anlaß bestanden hätte. Im allgemeinen wurde erwartet, daß man bei Blumen maßhielt, auch wenn man sie sehr liebte. Links: Porträt einer eleganten Dame von Firmin Baes (1874–1945). Oben: *Dans la Serre* (Im Gewächshaus) von Jacques-Joseph Tissot (1836–1902).

Engländer hatten seit dem 18. Jahrhundert eigene Gebräuche entwickelt, darunter einen ganz besonderen Tafelaufsatz, *epergne* genannt, der trotz seines französischen Namens außerhalb Großbritanniens kein Pendant hatte (außer in den USA). Es handelte sich dabei um ein wertvolles Objekt aus Metall oder Porzellan, bestehend aus einer unterschiedlichen Anzahl von Schalen oder Körben an langen Halterungen, die von einem Mittelfuß ausgingen. Nachdem man die Gefäße anfangs mit Früchten oder Konfekt gefüllt hatte, wählte man später statt dessen Blüten. Die als Vasen benutzten Schalen bildeten durch ihre Anordnung (unter- bzw. übereinander) eine Art Blumenständer. Rosen- oder Veilchensträuße sahen in dem zierlichen Gestell aus, als schwebten sie in der Luft, vor allem, wenn die Gefäße aus Glas oder Kristall bestanden. Die einfacheren *epergnes*-Modelle nahmen im Laufe des 19. Jahrhunderts eine erweiterte Trompetenform an. So werden sie im Haushaltsratgeber von Mrs. Beeton (*Book of Household Management*, 1859) beschrieben. Die Autorin stellt ihren Leserinnen verschiedene Arten der Tischdekoration vor, die, abgesehen von ein paar luxuriöseren Ausnahmen, immer ein zentrales Blumenarrangement oder ein *epergne* vorsahen. Eine andere Variante waren kleine Vasen vor dem Platz eines jeden Gastes. Andere Haushaltsratgeber wiederum stellten noch ungewöhnlichere Blumendekorationen vor, die alle Frauen mit ein wenig Geschick und entsprechendem Vermögen realisieren konnten. In *Warne's Model Housekeeper* (1879) fand sich der Vorschlag für einen »Blumenbrunnen«. Man garnierte dafür eine Art dreigeschossige Bonbonniere mit Blättern, Veilchen und Seerosen. Auf die oberste Platte kam ein Eisblock. Während des Diners schmolz das Eis nach und nach, wobei das Wasser wie bei einer echten Quelle über die Blumen rieselte. Am Ende des 19. Jahrhunderts waren derartige Wasserspiele bei den Französinnen sehr beliebt. 1890 übernahmen sie eine weitere englische Idee: Man ahmte Beete

Oben links: Die Kunst der englischen Gastgeberinnen bestand darin, Ästhetik und Gastlichkeit harmonisch zu verbinden. Diese »Dinnertafel auf russische Art«, eine Illustration aus dem Buch *Every-Day Cookery* (1890) von Mrs. Beeton, wurde in diesem Sinne konzipiert. Das hohe Gesteck hat eine Aussparung in der Mitte, damit die Gäste sich mit ihrem Gegenüber unterhalten konnten. Oben rechts: Seite aus einem Glaswarenkatalog der Viktorianischen Zeit, in dem mehrere Varianten englischer Tafelaufsätze *(epergne)* angeboten werden. Rechts: Diese Dekoration eines deutschen Geburtstagstisches in der ersten Hälfte des 19. Jahrhunderts (Gemälde von Ferdinand Georg Waldmüller) war mehr prächtig als der Gastlichkeit förderlich.

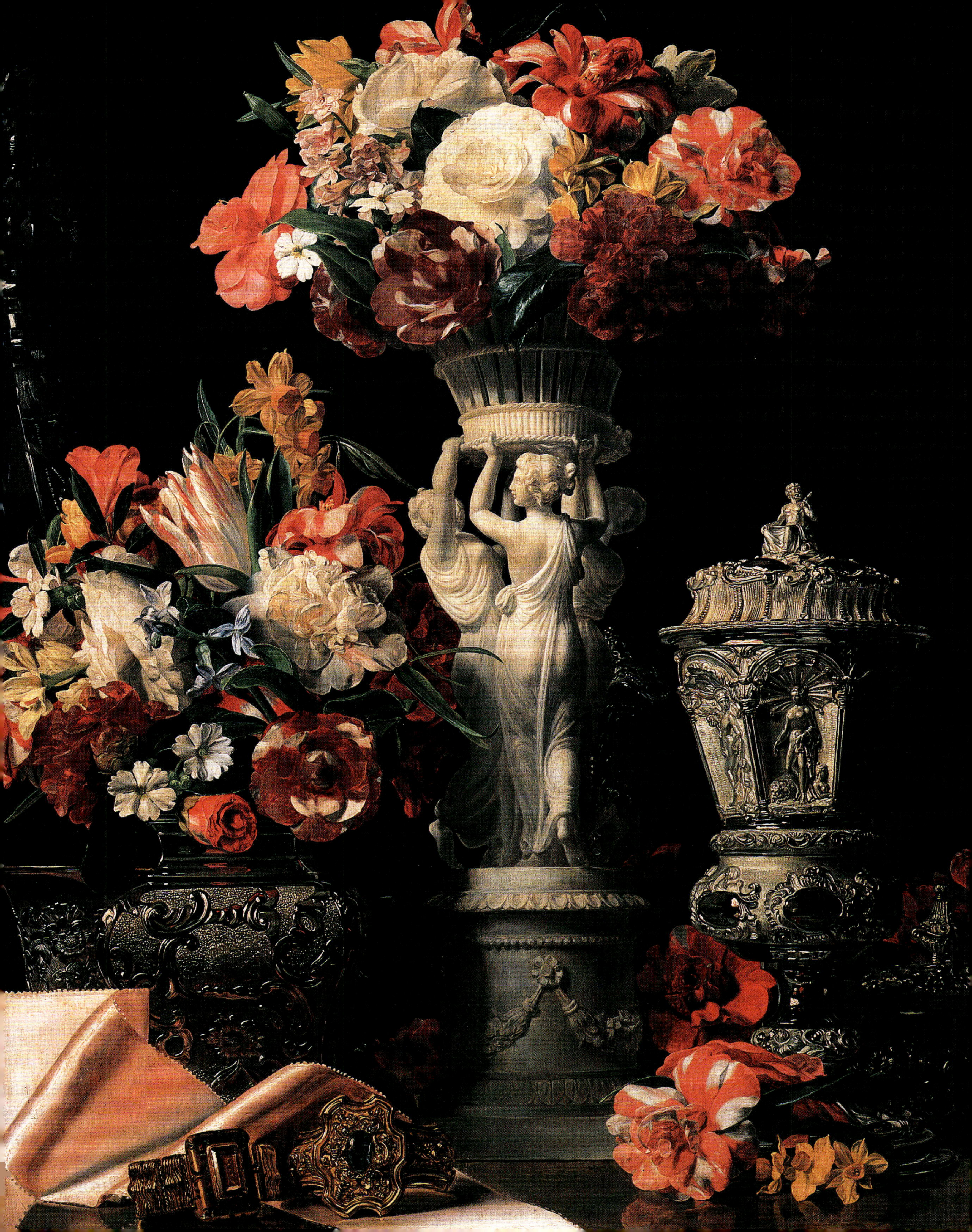

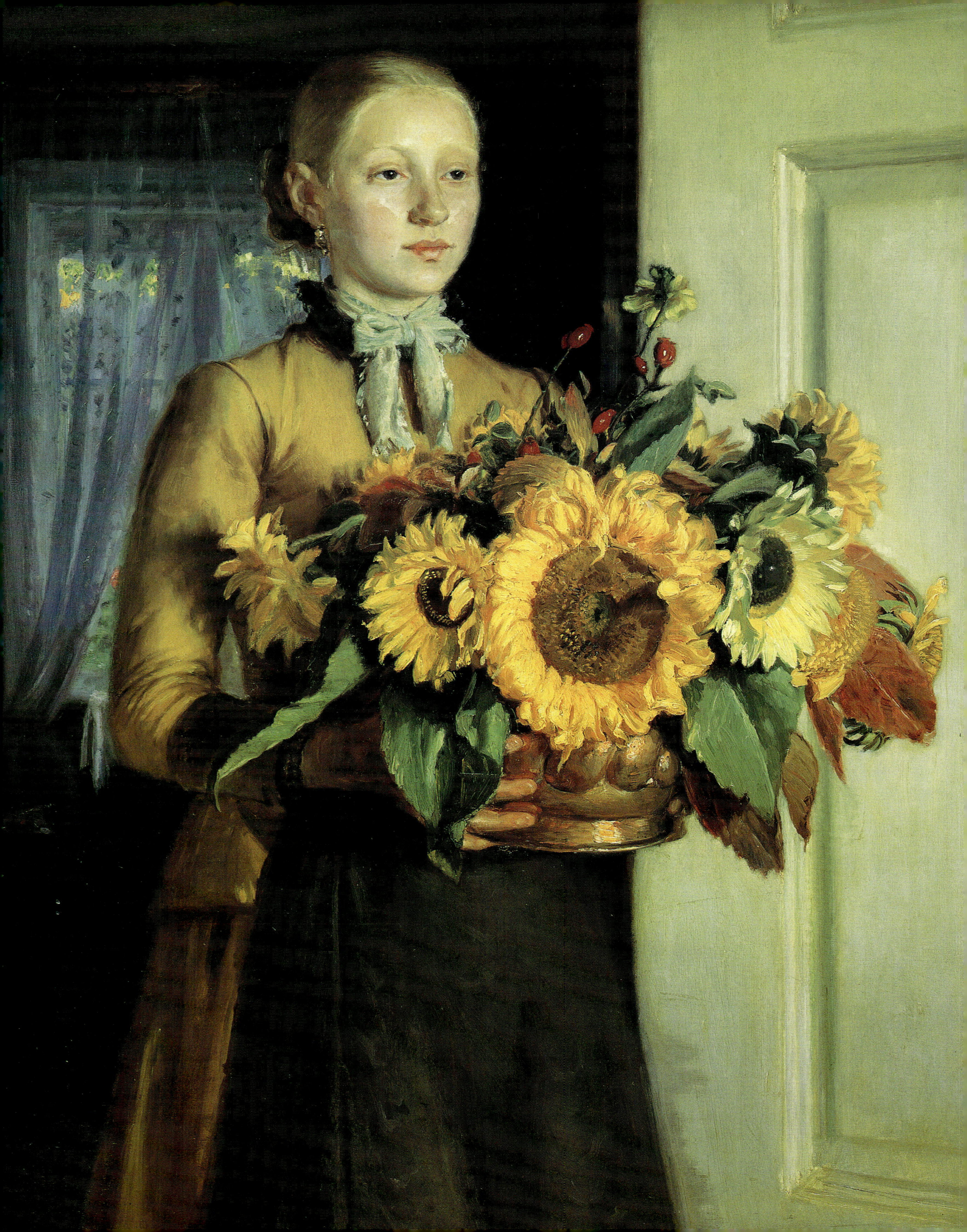

nach, indem man Moos auf ovale, viereckige oder rautenförmige Platten legte und verschiedene Blüten und kleine Farne hineinsteckte. Diese und andere englische Erfindungen brachten wieder mehr Natürlichkeit und Bescheidenheit in die Tischdekoration, wobei die Schlichtheit nicht nur ästhetische Gründe hatte. Denn auch die Engländerinnen hingen bürgerlichen Idealen an, die verlangten, daß man mit Blumen in maßvoller Weise umging.

Haushaltssträuße, so eine weitverbreitete Meinung, »reinigten die Atmosphäre der Elendsquartiere und verbreiteten Wohlbehagen«. Die britischen Arbeiter verbrächten weniger Zeit in der Kneipe, wenn ihre Frauen nur Blumen im Haus hätten. Die englischen Ladies praktizierten daraufhin florale Mildtätigkeit, indem sie in den Armenvierteln Londons Blumenbunde an die Hausfrauen verteilten. Es wäre interessant zu erfahren, wie sie empfangen wurden … Nach den Berichten war die Begeisterung groß, was in den Vereinigten Staaten zu ähnlichen Aktionen führte. Ein Artikel der Pariser Zeitung *Le Matin* berichtet von einem Ereignis in New York aus dem Jahr 1880. In der dortigen Presse war an diejenigen Einwohner der Stadt, die ein Haus auf dem Land besaßen, appelliert worden, sie sollten so viele Margeriten wie möglich herbeischaffen, um die Wohnungen der Arbeiter damit zu schmücken. An besagtem Tag waren die Straßen von Lieferwagen verstopft, die Bunde, Kartons und ganze Fässer mit Margeriten transportierten. Die Journalisten und Mediziner des Hygienerats kümmerten sich, assistiert von Polizisten, um die Verteilung. Das ganze Viertel jubelte vor Begeisterung.

Nach und nach begannen auch Hausfrauen aus bescheidenen Verhältnissen, ihren Haushalt mit Blumen zu verschönern. Gegen Ende des 19. Jahrhunderts konnte man sich ein gemütliches Heim nicht mehr ohne einen kleinen Strauß in der Mitte des Tisches vorstellen. Diese Blumen sollten ein Bild von Glück und Harmonie vermitteln. Vor allem aber war so ein Strauß nicht mehr teuer. Der Gartenbau hatte inzwischen beträchtliche Fortschritte gemacht, wodurch Blumen für fast jedermann erschwinglich geworden waren.

BLUMEN ALS INTERNATIONALE HANDELSWARE

In Paris war man von der außergewöhnlich rasanten Entwicklung des Blumenhandels überrascht worden. In den großen Markthallen, die der Architekt Victor Baltard entworfen hatte und die um 1870 fertiggestellt wurden, war für keinen einzigen Blumenstand Platz vorgesehen. Zwanzig Jahre später beschwerten sich Blumenzüchter und -händ-

Im Jahr 1913 erschien in Frankreich ein Buch über die Kunst des Blumenbindens, das großen Erfolg hatte. Die Autorin, eine gewisse Madame N.C. Clairoix, war sich beim Erlernen dieser Kunst nicht zu fein dazu gewesen, ihre Ringe abzulegen, um die Blumen zu versorgen. Nicht alle Damen machten sich solche Mühe, und Madame Clairoix beklagt, daß sie das Arrangieren der Sträuße zumeist ihren Hausangestellten überließen. Am einfachsten war es jedoch für die Hausherrinnen, ihr Heim mit Topfpflanzen zu dekorieren. Links: Der Strauß mit Sonnenblumen, den die junge Frau vor sich herträgt, ist kunstvoll arrangiert (Michael Ancher, 1889). Oben: *Personen mit Topf weißer Chrysanthemen* von Gustav Wilhelm Blom, Ende 19. Jahrhundert.

ler lautstark über diese Situation und forderten einen geeigneten Verkaufsort. Die ganze Zeit über war der Pariser Blumenmarkt – mittlerweile der bedeutendste der Welt – in einem zugigen Teil der Großmarkthallen abgehalten worden, zwischen Butter, Geflügel und Meerestieren. In London dagegen hatte man auf dem Markt von Covent Garden eigens ein Gebäude für den Blumenverkauf errichtet. Doch bereits 1890, im Erscheinungsjahr von Oscar Wildes Roman *Das Bildnis des Dorian Gray*, herrschte auch dort schon wieder Platzmangel. Der Handel florierte, und es herrschte reges Treiben: Dorian begegnet in den frühen Morgenstunden »riesige(n) Karren, voll beladen mit nickenden Lilien«, einer langen »Reihe von Jungen, die Kisten mit gestreiften Tulpen und gelben und roten Rosen trugen« und sich »geschickt zwischen den riesigen jadegrünen Gemüsebergen hindurch(schlängelten)«.

Die Blumenlieferungen hatten plötzlich Dimensionen angenommen, die man vor 1850 niemals erahnt hätte. Dabei kamen die Blumen in jenen Jahren noch wie von alters her auf den Markt, denn seit der Renaissance, als die Blumenhutmacher außerhalb der Stadtmauern ihre Gärten anlegten, hatte sich nichts Entscheidendes geändert. Alle europäischen Städte waren von einem Gründgürtel umgeben, von wo aus jede Nacht die Gartenbauer aufbrachen, um auf Karren ihre Grünpflanzen, Stiefmütterchen, Reseden oder Rosen in

Im Wagen der Dame, die gerade auf dem Kopenhagener Blumenmarkt eingekauft hat, ist eine kleine Vase mit Bukett zu erkennen. Eine Zeitlang waren Luxuswaggons von Zügen wie auch Pferdedroschken und Automobile mit kleinen Sträußen in kegelförmigen Vasen geschmückt. Dies war bis nach dem Zweiten Weltkrieg üblich. In Elisabeth Taylors Roman Angel findet man die Beschreibung einer solchen Innendekoration: »Sie kam am nächsten Tag zum Essen, in ihrem dunkelroten Fiat, der mit Fransen und Knöpfen, seidenen Troddeln, Vasen mit Rosen und Frauenhaarfarn ausgestattet war.«

die Markthallen zu bringen. Ähnlich war es in den USA. Im Staat New York und in New Jersey gab es ebenfalls Gärtnereien vor den Toren der Stadt, da sich dort die ersten holländischen Siedler niedergelassen hatten und ihr Wissen umgehend anwandten.

Der Markt blieb also lokalen Beschränkungen unterworfen, und die Produktion der näheren Umgebung konnte den Bedarf der Städter auch lange Zeit decken. An den ersten warmen Tagen im Jahr begann es rund um Paris zu blühen. Die Gärtner aus Ivry und Montrouge brachten ihre Hyazinthen, Tulpen und Tuberosen zum Markt, in Fontenay-sous-Bois züchtete man Primeln und Zinerarien, und aus Bourg-la-Reine, Clamart und Verrières kamen Parmaveilchen. Das galt natürlich nur für die wärmeren Monate. Im Winter war es trotz der Gewächshäuser schwierig, genügend Blumen zu produzieren, und so lichteten sich mit dem ersten Frost die Auslagen der Floristen, während gleichzeitig die Preise in schwindelerregende Höhen kletterten.

Wenn in Paris Schnee lag, herrschten an der Rivieraküste von Menton bis Toulon noch frühlingshafte Temperaturen. Dort ließ sich Alphonse Karr, ein äußerst kritischer Journalist und ehemaliger Leiter des *Figaro*, 1853 nieder. Er hatte aus politischen Gründen ins Exil gehen müssen und war im damals noch italienischen Nizza gelandet. Das milde Klima gefiel ihm, denn er war ein begei-

Oben: Eine Londoner Dame mit Rosenstrauß im Omnibus nach Bayswater (J.W. Joy, 1895). Es scheint sich weder um ein Bukett vom Floristen noch um ein Bund vom Markt zu handeln, sondern eher um selbstgepflückte Rosen aus dem Garten. Die damaligen kommerziellen Sträuße waren rund, dicht und in weißes Papier eingeschlagen. Folgende Doppelseite: Typische Gebinde in weißem Einschlagpapier auf dem Blumenmarkt, wahrscheinlich in Paris (Victor Gilbert, 1880).

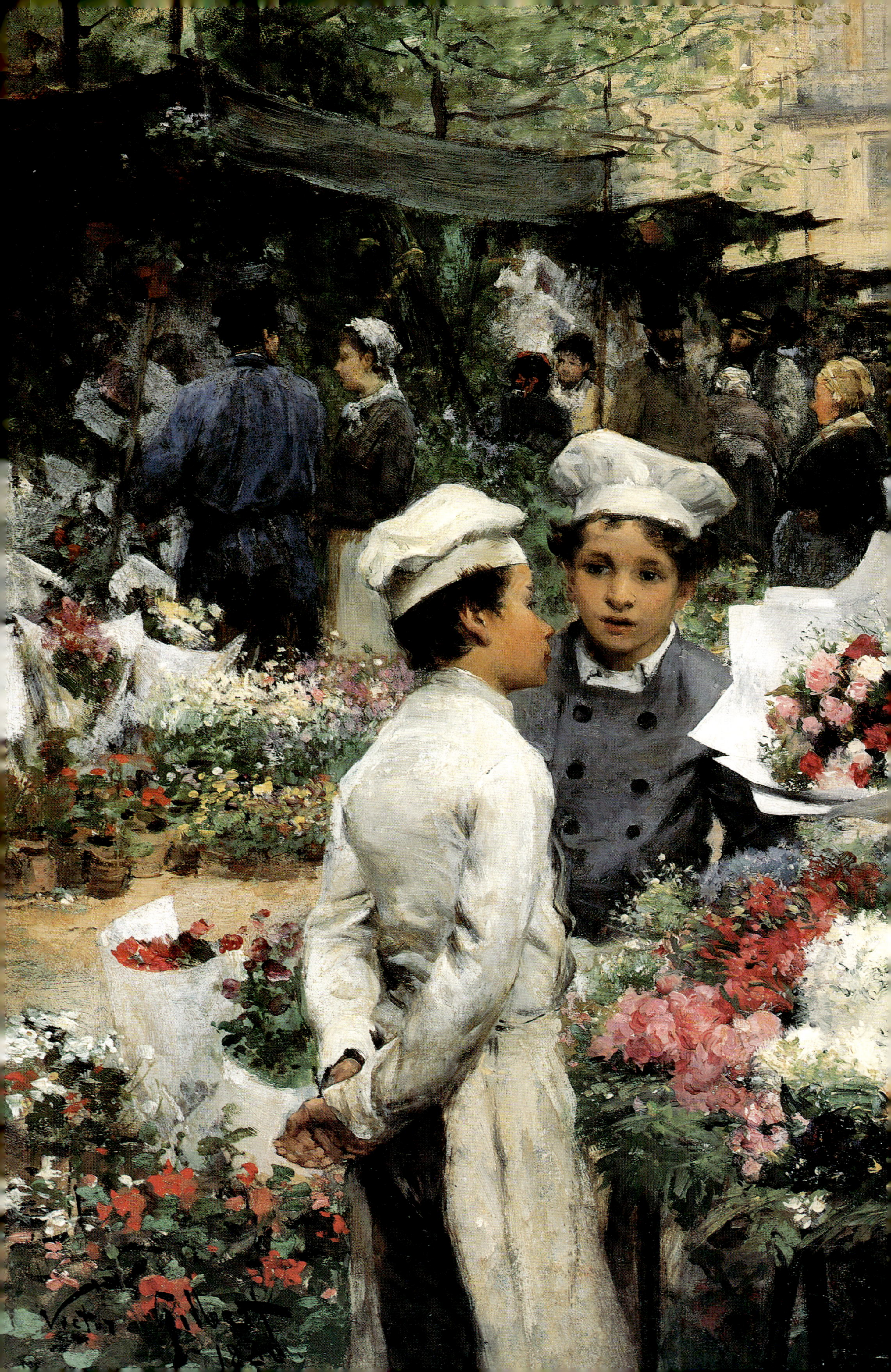
Victor

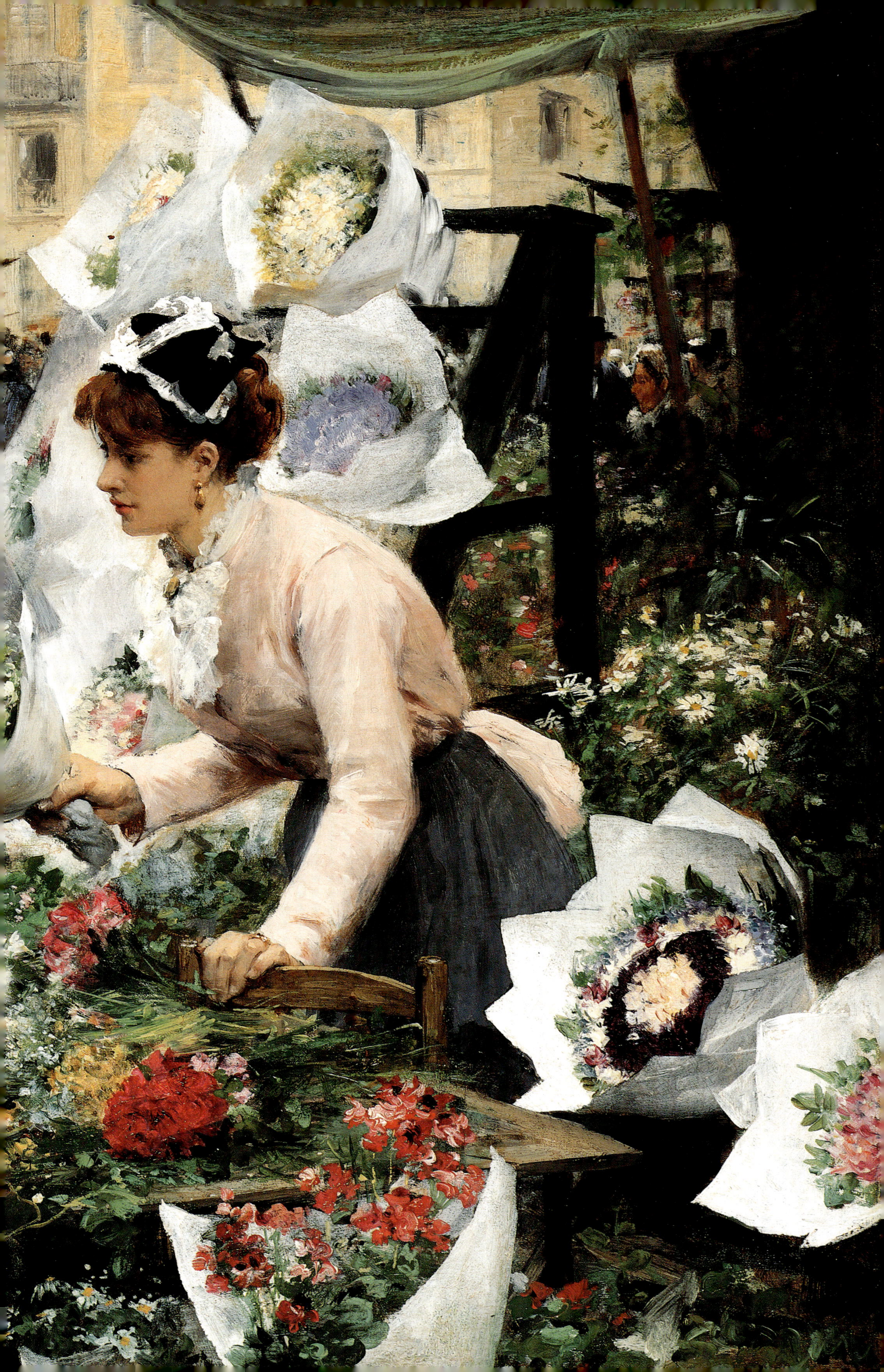

sterter Hobbygärtner und hoffte, im Süden seine erzwungene Freizeit gut nutzen zu können. Erstaunt mußte er feststellen, daß es trotz des schönen Wetters und der vielen Wildblumen, die dort wuchsen, praktisch keine Gärtnereien gab. Wollte jemand in Nizza einen Strauß haben, mußte er ihn aus Genf kommen lassen. Er bekam dann, wie Alphonse Karr es beschrieb, eine Art Blumentablett mit zusammengepreßten, zerdrückten und verformten Blüten. Karr kam auf die Idee, daß man in Nizza unter freiem Himmel und zu jeder Jahreszeit genügend Blumenarten züchten könnte, um den winterlichen Mangel der französischen Gärtnereien wettzumachen. Er pachtete also ein großes Stück Land und ließ aus Frankreich, Belgien und England Pflanzen kommen, für die er sich interessierte. Schon nach einem Jahr Arbeit wurde er für seine Mühe belohnt, woraufhin Karr ein Geschäft eröffnete und Sträuße zu verkaufen begann. Zuvor hatte er sich einige Kompositionen der besten Pariser Floristen schicken lassen und sie eingehend studiert. Er machte daraus jedoch etwas ganz Eigenes, indem er Buketts band, in denen »die Blumen ihre Form sowie ihre Haltung bewahrten und einen glücklichen Eindruck vermittelten«. Damit hatte er sofort Erfolg. Alle reichen Leute, die ihre Sommerfrische an der Côte d'Azur verbrachten, kauften ihre Sträuße bei ihm. Daneben baute er ein Versandgeschäft auf, das nach Paris, London, Berlin und St. Petersburg lieferte. Man kann sich heute kaum noch vorstellen, welche Begeisterung es damals, 1860, auslöste, wenn ein Strauß von Monsieur Karr aus Nizza in einem Pariser Haushalt eintraf – ein verschwenderisches Bukett, das nach Orangenblüten duftete, deren Aroma einem beim Öffnen der leichten Holzkiste in die

Oben und rechts: Die beiden Fotografien von Seeberger zeigen Impressionen vom Blumenfest im Bois de Boulogne, Paris, Juni 1909. Ein Artikel der Zeitschrift *Monde illustré* kommentiert das Ereignis und stellt die Preisträgerinnen der Blumenwagen vor: »Der erste Preis ging an Madame Suzanne Murat, in einem allerliebsten Kabriolett, verziert mit Margeriten und Nelken, gebunden mit Gazeschleifen. Weitere Ehrenbänder wurden Madame Gaby Nellys und Madame Melza verliehen, charmant und elegant in einem schwarzen Landaulett mit Margeriten, sowie an Madame Coll und Madame de la Vallette in einem zweispännigen Phaeton, geschmückt mit diesen schönen Damen inmitten von Pfingstrosen.«

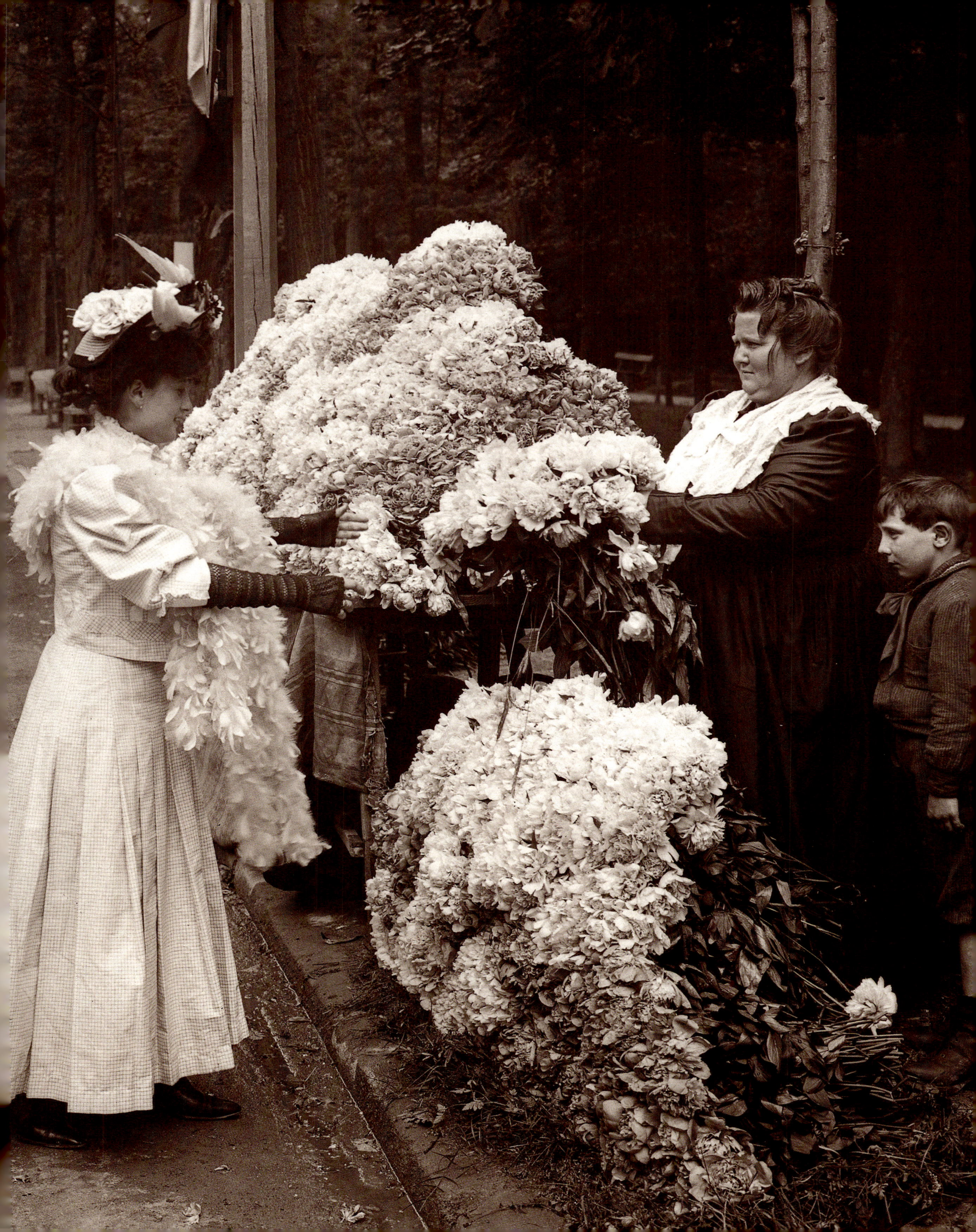

Nase stieg und an Sonnenschein erinnerte. Die Sträuße waren eine ausgezeichnete Werbung für den Mittelmeertourismus und gaben dem Gartenbau in der Region den entscheidenden Impuls.

Bald sandte der Süden, während Paris vor Kälte zitterte, seine schönsten Botschaften: Mimosen, Safranrosen, Hyazinthen aus Toulon, Nelken aus den Schluchten von Ollioules oder Strandflieder aus La Ciotat. Bis Ende Mai, wenn im Süden die Rosen in der Hitze verwelkten, kamen die Blumen per Eisenbahn von der Mittelmeerküste.

Und auch innerhalb der französischen Hauptstadt waren Blumen mit dem Zug unterwegs. Ab 1860 konnten die Bewohner der Vorstädte, die die Verbindung Bastille – Vincennes nahmen, nachts um 0 Uhr 45 die Ankunft des »Rosenzuges« erleben, der die Produkte aus Brie-Comte-Robert in die Markthallen brachte. Die Konkurrenz aus dem Süden hatte bewirkt, daß der Blumenanbau und die Frühkultur von Modepflanzen effektiver geworden waren. Rund um Paris hatten etwa zwanzig Gärtner begonnen, Flieder zu züchten, und noch einmal so viele pflanzten Rosen an. Durch geschickte Manipulationen erhielt man Exemplare, die zu jeder Jahreszeit blühten. Das war zwar teurer als die Produktion am Mittelmeer unter freiem Himmel, doch die Blumen waren genauso schön. Diese Entwicklung fand überall statt, wo man Blumen liebte. In den 1890er Jahren gab es in den Vereinigten Staaten riesige Gärtnereien, in denen Zehntausende von Rosen gezüchtet wurden, und die Gärtner, die Gladiolen, Tuberosen oder Lilien anpflanzten, pachteten mehrere Hektar Land für ihre Plantagen. Produktion und Handel machten auf diesem Gebiet dieselben raschen Fortschritte wie in anderen Bereichen. Auch in England hatte es die Eisenbahn ermöglicht, daß andere Regionen mit dem Grüngürtel um London konkurrieren konnten. So trafen 1867 in Covent Garden die ersten Narzissen von den Scilly-Inseln ein. Doch die großen Londoner Floristen importierten auch Treibhausblumen aus der Gegend um Paris; besonders die aus Versailles waren sehr begehrt. In Frankreich wiederum war man dazu übergegangen, im belgischen Gent Azaleen und Orchideen von bester Qualität einzukaufen. Und Rußland importierte während des langen russischen Winters Sträuße aus Nizza.

Der Handel mit Blumen trug also damals bereits internationale Züge. In den 1890er Jahren reagierte niemand mehr entzückt und überrascht, wenn er im Winter einen Rosenstrauß zu sehen bekam. Fortan konnte man das ganze Jahr über alle Blumen bekommen, die man haben wollte, und sogar in den großen Mengen, die man für die inzwischen in Mode gekommenen Blumenkorsos brauchte. Gegen Ende des Jahrhunderts kennzeichneten derartige Festivitäten überall da, wo es das entsprechende Publikum gab, den Beginn des Sommers. Im Juni folgte ein Blumenfest dem anderen. Man bewunderte »den aufs herrlichste mit Girlanden geschmückten Landauer«, den »zweispännigen Phaeton mit schönen Frauen inmitten von Pfingstrosen« oder auch den »Viktoria, geschmückt mit zarten Asparaguszweigen und malvenfarbenen Cattleyen«.

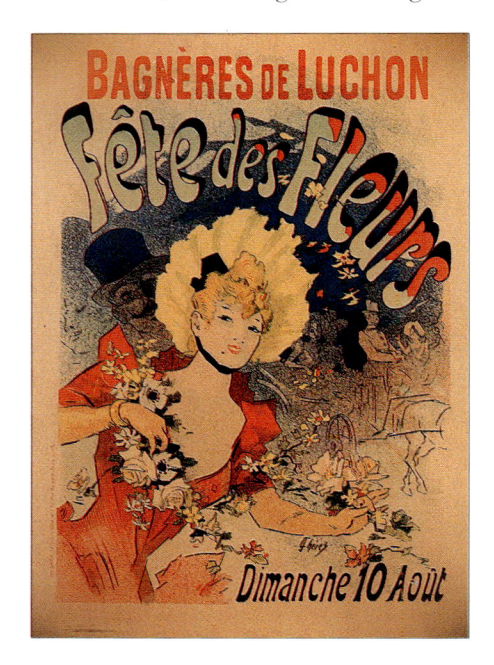

Oben: In zahlreichen Ferienorten stellten die Blumenfeste, die Ende des 19. Jahrhunderts in Mode kamen, das Ereignis des Jahres dar, so auch in Luchon (Haute-Garonne), das seit über hundert Jahren diese Tradition bewahrt. Hier sehen wir ein Plakat, auf dem das erste Blumenfest in Luchon angekündigt wird, von Chéret im Jahre 1890 entworfen. Rechte Seite, von links oben nach rechts unten: Eine elegante Dame, die an einem Seidenblumenbukett schnuppert (Foto von Paul Nadar). – Die russische Tänzerin Anna Pawlowa inmitten von Blumen im Hotel Ritz (1912). – Amerikanisches Brautpaar unter der Glocke aus Blumen, einer traditionellen Hochzeitsdekoration in den USA. – Zwei Amerikaner vor einer großen Blumenkomposition, die um 1900 modern war und von der man nicht weiß, ob es sich um Festtags- oder Begräbnisschmuck handelt.

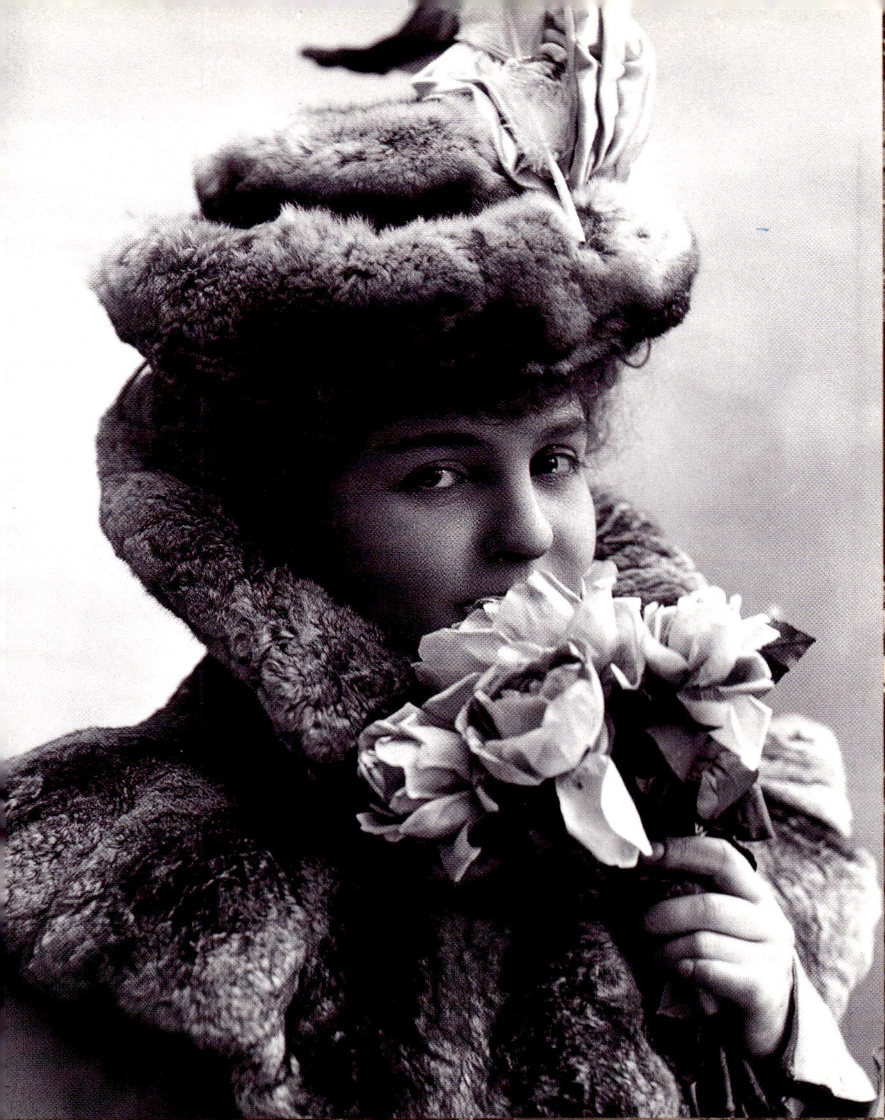

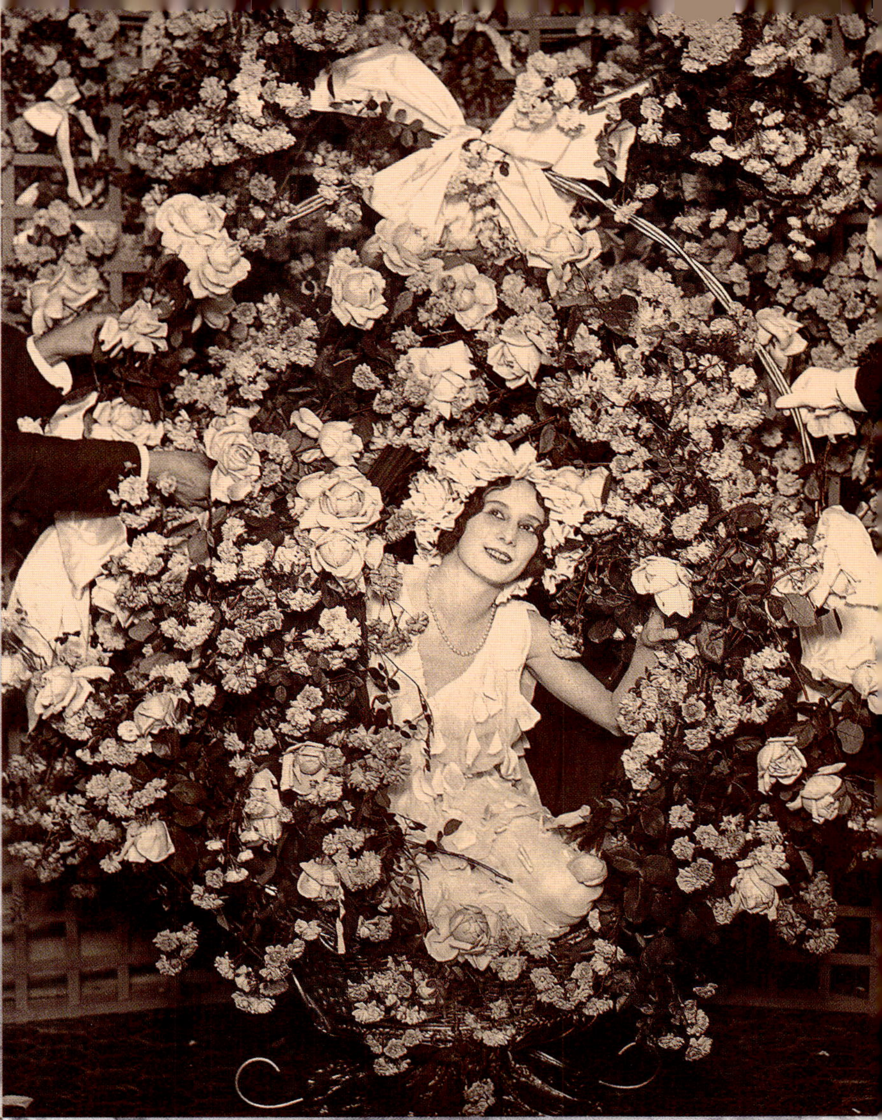

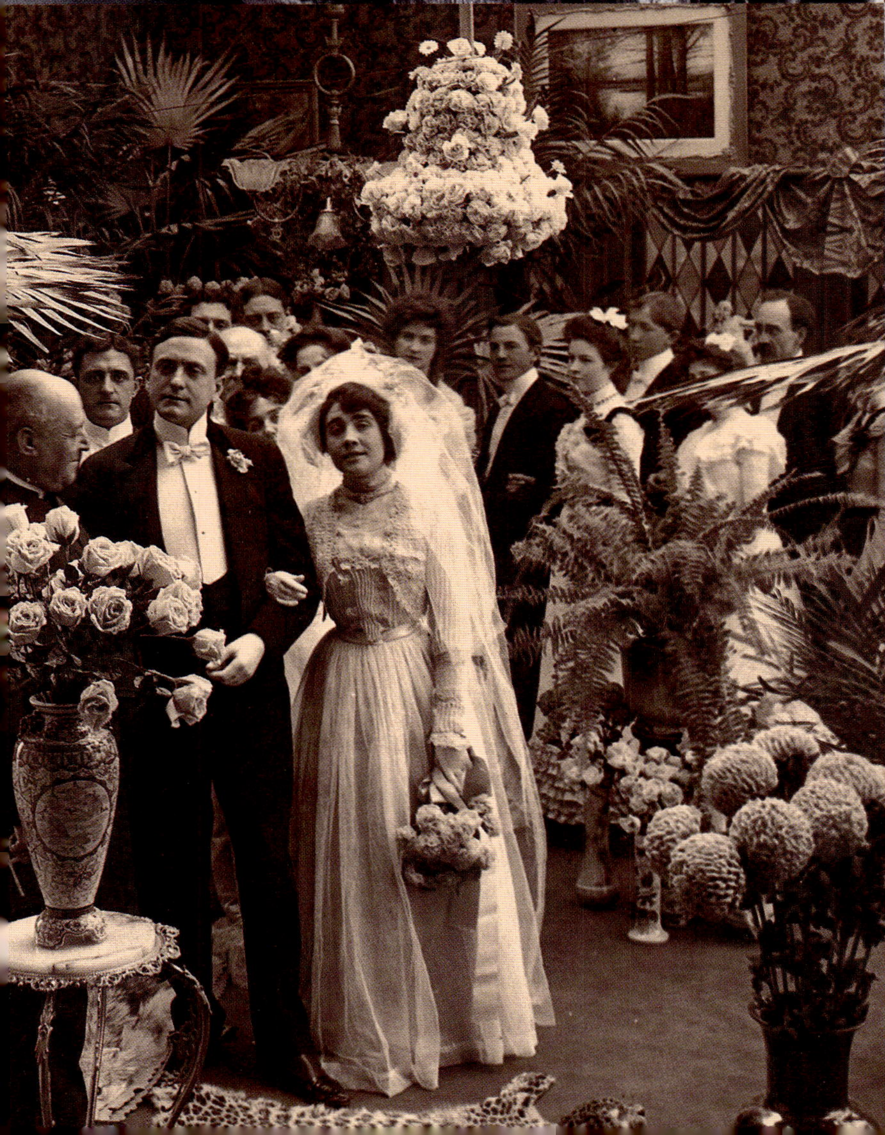

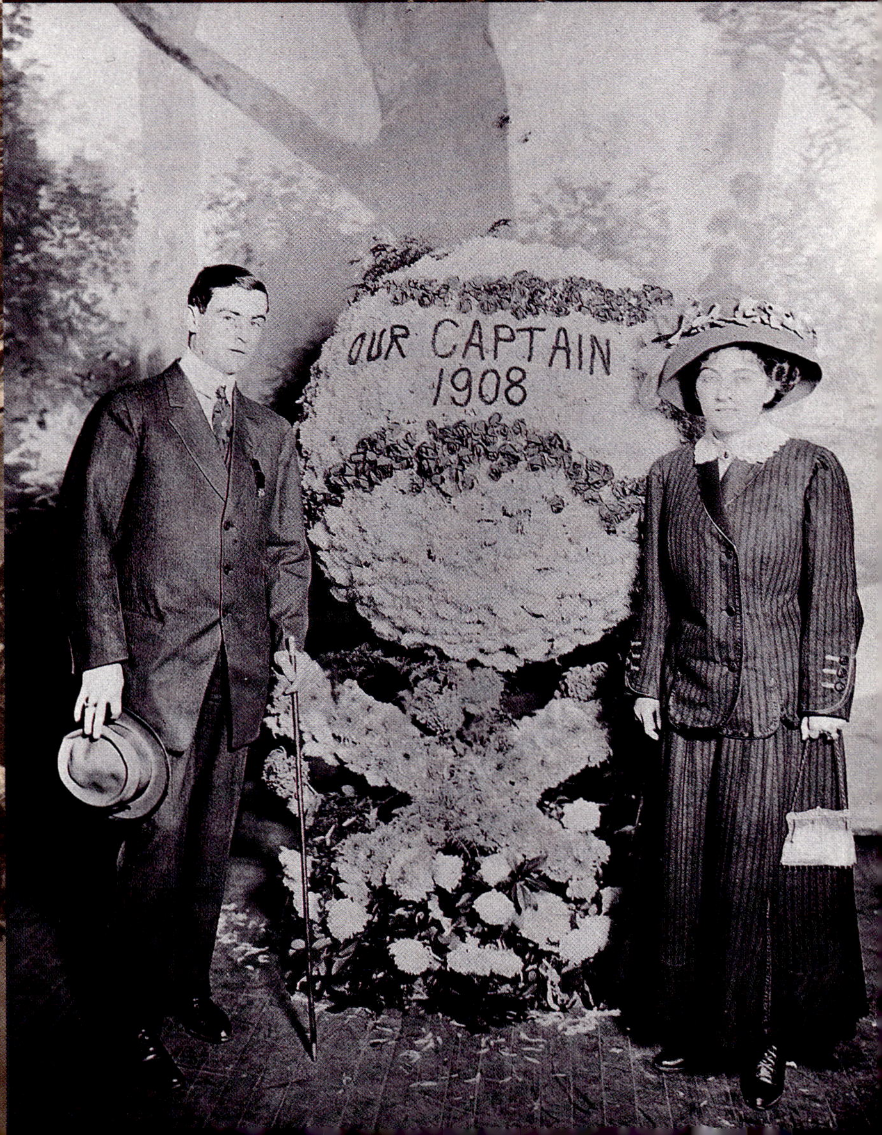
OUR CAPTAIN
1908

Der Einfluss der japanischen Floristik

Den Floristen standen nun zum einen große Mengen an Blumen zur Verfügung, und zum anderen waren sie jetzt angesehene Leute. Die besten der Zunft konnten sich durch ihre Arbeit wie Künstler verwirklichen, selbst außerhalb ihres Geschäftes. Seit den 1890er Jahren stellten sie ihre Kreationen aus und konkurrierten in Wettbewerben miteinander, an denen sich auch Clubs von Amateurblumenbindern beteiligen konnten. Meistens handelte es sich dabei um wohlhabende Damen, die genügend Muße hatten. Der erste, noch inoffizielle Floristenwettbewerb fand 1861 in England statt und wurde von der Royal Horticultural Society organisiert. Vor allem Damen nahmen daran teil. Die Jury setzte sich aus Ladies zusammen, und auch die Endrunde wurde von Frauen bestimmt, doch den Sieg trug ein Mann davon, ein gewisser Thomas D. March, der in Lord Chamberlains Diensten stand.

Weitere Wettbewerbe folgten, und gegen Ende des Jahrhunderts waren sie ein fester Bestandteil nahezu jeder Blumenausstellung in Europa. Die Amateure beteiligten sich weiter daran, allerdings in einer eigenen Klasse; mit den professionellen Floristen konnten sie nicht mehr mithalten. Diese zeigten die gewagtesten Kompositionen: idyllische Landschaften mit Strohhütten oder Mühlen unter einer Flut von Klematis sowie prächtige Salondekorationen mit Kandelabern und gedeckten Tafeln. Das war zwar spektakulär, aber nicht neu. Denn die Belgier waren schon einen Schritt weiter: Als 1897 die Gartenbauschule in Gent ihren ersten Floristikkurs anbot, gab es in Frankreich noch nichts Vergleichbares. Deutschland dagegen befand sich geradezu in einem kreativen Fieber. Die deutschen Floristen hatten eine eigene Zeitung – einzigartig in Europa –, an die sie dreimal monatlich Fotografien ihrer neuesten Kompositionen schicken und in der sie Meinungen austauschen konnten. In einem solchen Wettbewerbsklima entwickelten die Deutschen ihre noch heute bemerkenswerten technischen Qualitäten und wagten sich an ungewöhnliche Arrangements. Sie waren die ersten, die die Möglichkeiten der Kaktusdahlie, der Chrysantheme und der Iris erforschten, die als schwierige Blumen galten. Um das Jahr 1890 waren diese plötzlich begehrt.

Die Ästhetik des europäischen Straußes war revolutioniert worden: Man hatte die japanische Floristikkunst entdeckt. Die bis dahin im Westen üblichen zusammengepreßten, üppigen Kompositionen hielten dem Vergleich ganz offensichtlich nicht stand. In Frankreich pries Pierre Loti in seinem Roman *Madame Chrysanthème* (1888) die Blumen, die seine japanische Ehefrau so zierlich arrangierte, und »denkt mit gewisser Ironie an die dicken runden Buketts in Blumenkohlform, in Spitzen oder weißes Papier gehüllt, zurück, die unsere Blumenhändler in Frankreich anbieten«. Dieser Trend erreicht auch England. Isabella Bird fällt in ihren Reiseerinne-

Die schönen Arrangements von Émile Gallé, den man hier auf einem Porträt (1892) von Victor Prouvé bei der Arbeit sieht, hatten ihre direkten Vorbilder in der Natur selbst. Gallé unterhielt enge Beziehungen zu Gärtnern, besonders zu Victor Lemoine, der als einer der ersten große Gladiolenhybriden in leuchtenden Farben zog und weißen Flieder mit gefüllten Blüten »erfand«.

Laßt Blumen sprechen

»Bei uns sieht es aus wie auf einem japanischen Bild: kleine Paravents, exotische Tischchen mit blumengefüllten Vasen und im Hintergrund, in einer Nische, die als Altar dient, ein großer vergoldeter Buddha, auf einem Lotos thronend.« Solche japanischen Impressionen, wie Pierre Loti sie in *Madame Chrysanthème* beschrieb und an deren Verbreitung er maßgeblich beteiligt war, beeinflußten die europäische Ästhetik und veränderten unsere Sträuße. Ein großer Strauß Pfingstrosen von William Merritt Chase, um 1895.

rungen von 1881 *(Unbetretene Pfade in Japan)* ein hartes Urteil: »Gibt es wohl etwas Seltsameres und Barbarischeres als unsere Blumenmacher-Bouquets, ein Bündel konzentrischer Blumenkreise von verschiedener Farbe, von Moos und einem Stück Papier umhüllt, so daß Stengel, Blätter, sogar die Blüten wüst zusammengedrückt und die Grazie und Eigentümlichkeit der einzelnen Blumen fast absichtlich zerstört wird?« Die großen Floristen zogen daraus ihre Konsequenzen. Nach und nach nahmen sie Abstand davon, die Blüten auf künstlichen steifen Stengeln zu befestigen, und komponierten nun statt dessen natürlich fallende, lockere Gebinde, deren Stengel erhalten blieben und in durchsichtigen Kristallvasen einen eigenen ästhetischen Wert bekamen. Ebenso gebrauchte man fortan Blattwerk nicht mehr nur dazu, Mängel oder leere Stellen eines Gebindes zu kaschieren, sondern um die Arrangements aufzulockern, etwa durch zarte Asparaguszweige. Neu waren auch die großen Rosensträuße, die zu einem Klassiker werden sollten. Die Rosen hatten sich inzwischen verändert. Mit der Einführung und Hybridisierung der nach Tee duftenden chinesischen Rosen – daher der spätere Name »Teerosen« – kamen in den 1860er Jahren »moderne« Sorten mit langen spitzen Knospen auf. Man war zwar noch nicht bei den überzüchteten, sich nur widerwillig öffnenden Baccarat-Rosen des 20. Jahrhunderts angelangt, doch die Ansätze neuartiger Blumen- und Kompositionstypen waren bereits erkennbar. Sie sollten für Jahrzehnte den Geschmack der Kunden grundlegend prägen.

Die durch den japanischen Einfluß bedingte Tendenz zur Mäßigung wirkte sich auch auf die Gestaltung der Innenräume aus. In seinem Roman *Im Schatten junger Mädchenblüte* stellt Marcel Proust Überlegungen an, wie der Salon der Odette

*I*m Jahr 1867 kam die Rose 'La France' auf, die erste einer langen Reihe moderner Rosen, die mit ihren langgestreckten, spitzen Knospen die Sträuße veränderten, in denen man bis dahin ausschließlich runde Rosen gesehen hatte. Diese Blumen waren das Ergebnis von Kreuzungen mit chinesischen Arten, den sogenannten »Teerosen«, deren Name sich aus ihrem Duft erklärt. Heute läßt sich nicht mehr genau sagen, ob dieser Duft natürlich war oder von den Teekörben stammte, in denen die ersten chinesischen Rosen importiert wurden. Jan Voerman malte gegen Ende des 19. Jahrhunderts zwei Gläser mit weißen Rosen.

Swann in den 1880er Jahren vermutlich ausgesehen hätte und wie er sich zehn Jahre später tatsächlich präsentierte. In der ersten Version ähnelt der Salon einem Wintergarten, unübersichtlich und vollgestellt. 1890 dagegen weist er nur noch spärlichen Blumenschmuck auf, »eine Rose oder Iris in langhalsiger Kristallvase, die keine weitere Blume fassen könnte«. Allerdings gehörte Odette zu einer Gesellschaftsschicht, die über die neuesten Moden genau informiert war. Bei anderen, selbst feinen Leuten sahen die Buketts noch ziemlich streng aus, und viele Floristen – darunter auch sehr gute – waren noch nicht von der Notwendigkeit einer Geschmackswende überzeugt. Harfen, Lyren, Malerstaffeleien und große Eier ganz aus Blüten; Tauben aus echten Federn in Blumenkörben, Tüllwolken rund um Korbflechtarbeiten und überall Bänder: auch solche Arrangements waren typisch für die Floristikkunst des Fin de siècle. In dieser Form waren Blumen am beliebtesten und am weitesten verbreitet. Vom japanischen Vorbild scheint man nur die technischen Qualitäten übernommen, das Wichtigste aber vergessen zu haben: die Natürlichkeit.

Es waren hauptsächlich Künstler und Schriftsteller, die den Japan-Trend jener Zeit aufbrachten und die vorgefertigte Ideen ebensosehr ablehnten wie vorgefertigte Sträuße. Einige von ihnen beschäftigten sich nicht nur theoretisch mit einer neuen Blumenästhetik, sondern fertigten auch selbst Gebinde an, darunter Hans Christian Andersen, der wilde Blumen liebte. Was mögen sich die dänischen Damen, die in den 1860er Jahren an exquisite Arrangements aus Treibhausblumen gewöhnt waren, gedacht haben, wenn sie die Buketts erhielten, die Andersen ihnen schickte? Diese waren ganz schlicht und unkonventionell, ja, manchmal sogar schon etwas welk. Andersen mochte verwelkte Blumen. In England war es Oscar Wilde, der sich wenig darum scherte, was üblich war und was nicht. Er bewies einen geradezu anachronistischen Geschmack, als er um 1875 sein Studentenzimmer in Oxford mit blau-weißen chinesischen Porzellanvasen dekorierte (die daraufhin wieder in Mode kamen). Von solchen »Porzellanvasen mit Papageitulpen«, die »auf dem Kaminsims« standen, ist auch im *Bildnis des Dorian Gray* die Rede.

Solche Tulpenbuketts waren relativ neu; Tulpen wurden seit langem überwiegend als Topfpflanzen betrachtet, da sie als zu lang und zu extravagant galten. Deshalb sieht man sie selten in Vasen, auch nicht auf den überaus zahlreichen Gemälden, die im 19. Jahrhundert Blumen zum Gegenstand hatten. In den 1860er Jahren bevorzugte man konventionelle Kompositionen, die nicht sehr originell, aber beliebt waren und sich bei einem breiten Publikum gut verkauften. Und doch sollten ein weiteres Mal die gemalten Sträuße dazu beitragen, Blumen zu größerer Lebendigkeit und Frische zu verhelfen. Van Gogh machte sich frei von den traditionellen Darstellungen und schuf Bilder in leuchtenden Farben, wie z.B. die berühm-

Manet war viel zu sehr Dandy, um sich mit Gartenarbeit zu beschäftigen. Die Blumen der Floristen kannte er besser als die in Beeten. Die Buketts, die er in den drei Jahren vor seinem Tod malte, ähnelten den modischen Korsagensträußchen. Es waren kleine Kompositionen, die Freundinnen für ihn arrangierten oder die von den Floristen stammten, bei denen sich Manets elegante Besucher eindeckten. In den letzten Wochen vor seinem Tod waren die Blumen dann bar jeden mondänen Schicks, nur noch schlicht und rührend (Nelken und Klematis in einer Kristallvase, Édouard Manet, um 1882).

ten *Sonnenblumen*. Eine einzige Blumenart zum Thema zu machen war ebenso wie die einfarbige Komposition der Gipfel der Modernität. Nichts Gekünsteltes lag mehr im Strahlenkranz der goldenen Blüten, nichts Konventionelles in den 16 Blumenbildern, die Manet von 1881 bis zu seinem Tod 1883 schuf. Er war krank und konnte sein Atelier nicht mehr verlassen. Freunde brachten ihm zum Trost ein paar Blumenpräsente, einen Fliederzweig, zwei oder drei Pfingstrosen, ein kleines Rosenbukett. Es waren Zeichen der Zuneigung, die ein wenig Frische und Leben ans Krankenbett bringen sollten. Und Manet malte seine Blumen genauso, wie sie in Wirklichkeit waren, in einem Wasserglas oder einer einfachen Kristallvase. Die Arrangements des Malers Fantin-Latour sind weniger anrührend, aber auch sie verkörpern ein tiefes Bedürfnis nach Authentizität, nach Wahrheit, Ehrlichkeit und Einfachheit. Die Künstler entdeckten den Charme der kleinen wilden Sträuße des ausgehenden 18. Jahrhunderts wieder, die billig waren und frisch aus dem Garten kamen. Zu spät allerdings. Die Kritiker interessierten sich nicht mehr für Blumen in der Malerei. Man hatte genug davon, und bei den Innendekorateuren war es nicht anders.

In Edith Whartons Buch zum Thema (*The Decoration of Houses*, New York, 1897) spielen Blumen überhaupt keine Rolle mehr. Sie fordert die Frauen auf, sich aller Dinge zu entledigen, die sie nicht unbedingt brauchen. Sie sollten ihren ganzen überflüssigen Kram auf den Speicher stellen, insbesondere die Vasen. Weg mit den geblümten Tapeten und dem Chintz, alles Staubfänger! Weg mit den Pflanzen in den Dielen, weg mit den Sträußen auf dem Tisch! Blumen im Haushalt überlebten nur als Einzelexemplare in röhrenförmigen engen Vasen. Am Ende des 19. Jahrhunderts aufgekommen, wurden in den 1920er Jahren Tausende solcher einzelnen Blumen verkauft, ein Phänomen, das in der Geschichte des europäischen Straußes beispiellos ist. Noch nie hatte man eine einzige Blüte als Dekor betrachtet.

Dies führte immerhin dazu, daß die Blume an sich in ihrer natürlichen Schönheit wieder zu Ehren kam. Es währte aber nicht lange, und der Überfluß kehrte zurück. Als die Hauptfigur Gatsby in Scott Fitzgeralds Roman *Der große Gatsby* die Dekoration für sein Treffen mit Daisy organisiert, schickt er »ein ganzes Gewächshaus nebst zahllosen Behältnissen und Vasen herüber«. Zur selben Zeit lancierten die amerikanischen Floristen den Slogan »Laßt Blumen sprechen«. Und in Europa bereiteten die Holländer eine regelrechte Revolution vor. Die niederländischen Tulpenzüchter hatten nämlich beschlossen, sich nicht mehr einzeln den Launen der Kunden auszusetzen. Ab 1912 veranstalteten sie die ersten Blumenauktionen – der Auftakt einer neuen Ära in der Geschichte des europäischen Straußes. Aalsmeer wurde zum neuen Zentrum des Blumenhandels, des bedeutendsten auf der ganzen Welt.

Oben: In der Kunst und der Dekoration der 1920er Jahre wurden bunte Blumen auf neue, stilisierte Art dargestellt. Ein Aquarell (1925) des schottischen Designers Charles Rennie Mackintosh zeigt verschiedene Blumen. Zwischen den Vergißmeinnicht, Kornblumen, Geranien und Glockenblumen erkennt man oben links Blüten, die sich in Vögel verwandelt haben. Rechts: Die echten Anemonen harmonieren mit den stilisierten Blüten des Kleides (Gemälde von Catherine B. Gulley, 1924).

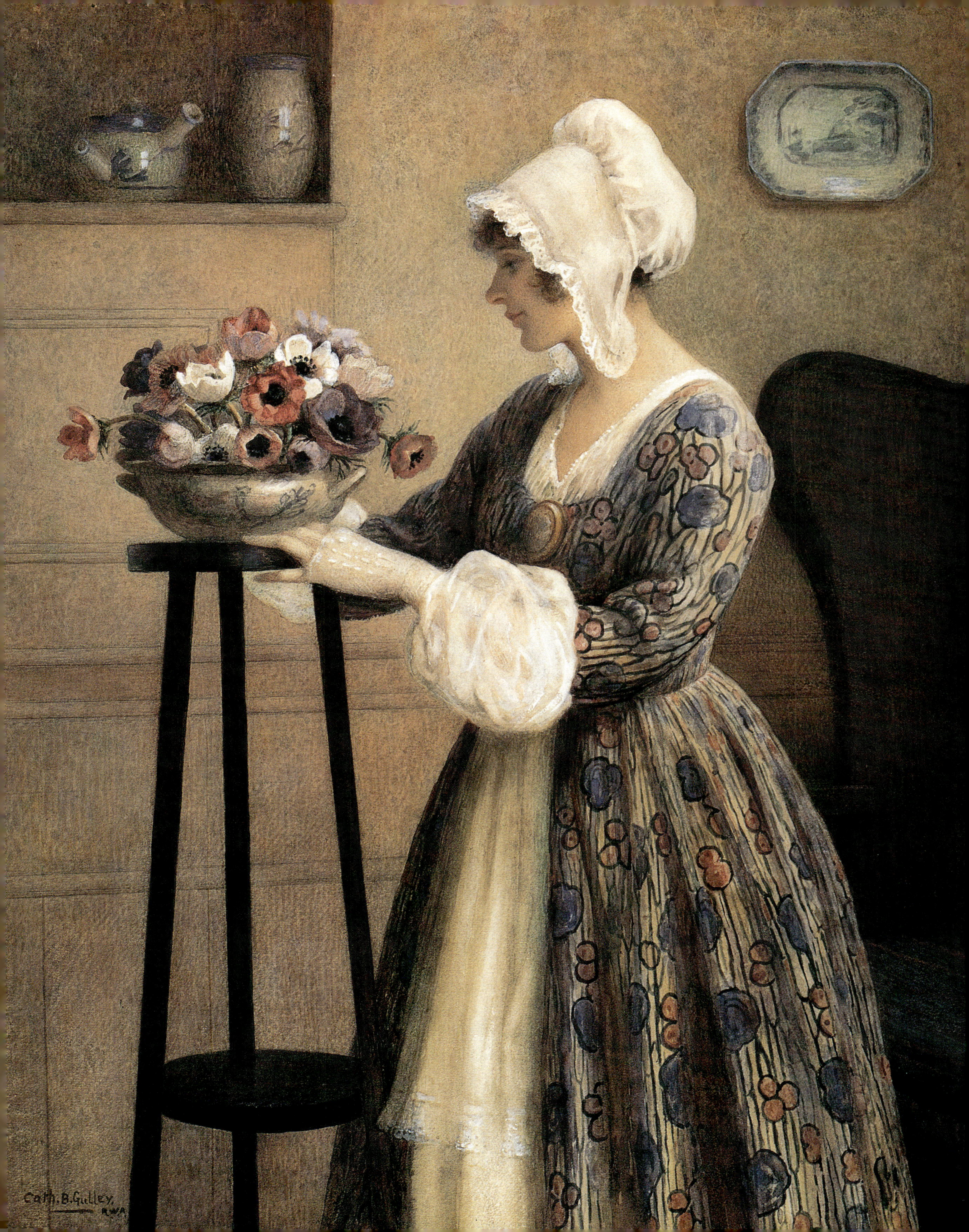
Cath. B. Gulley.
RWA

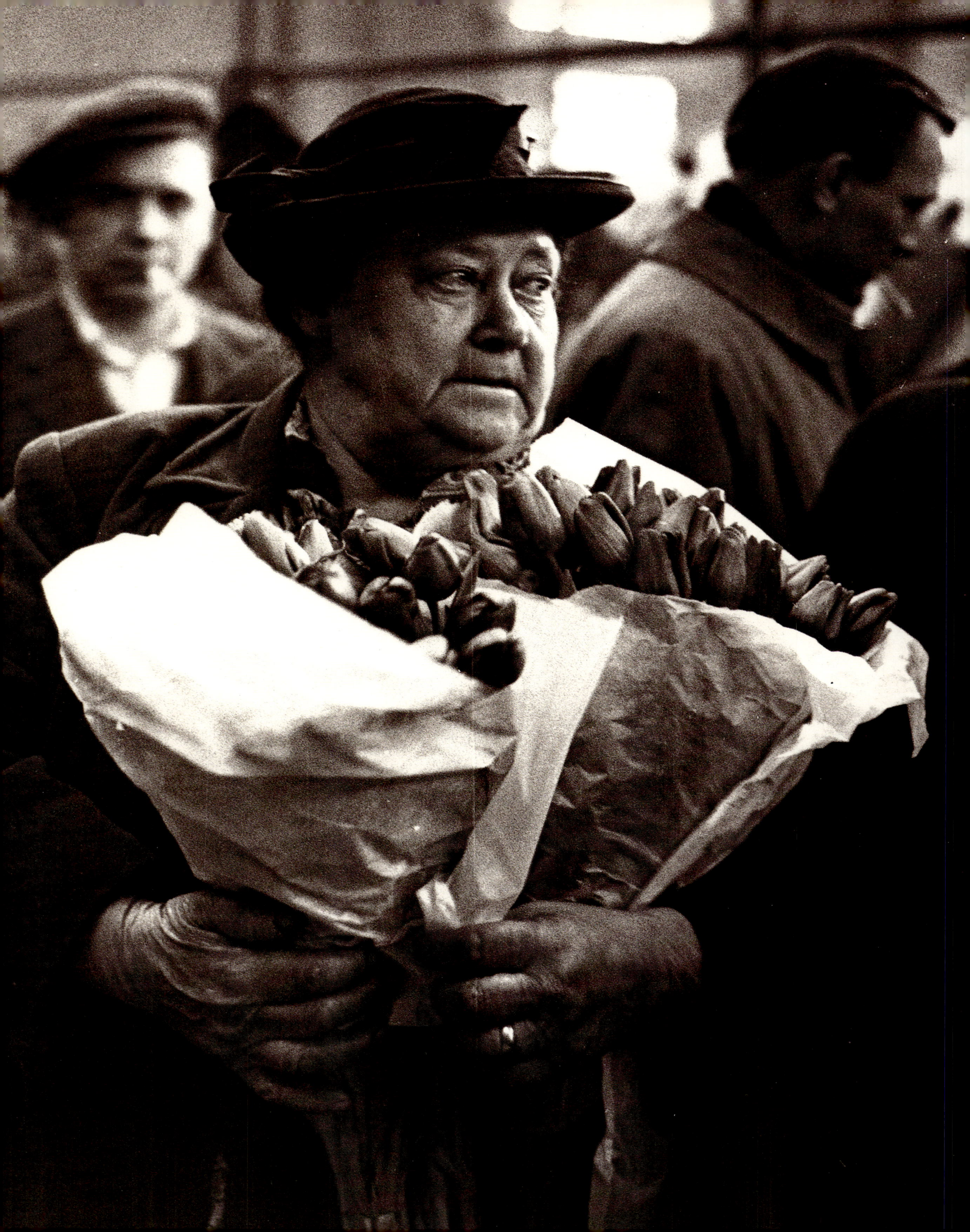

Blumenmärkte

Wenn es etwas gibt, was die ganze Geschichte der Blumenbräuche hindurch nahezu gleich geblieben ist, dann sind es die Blumenmärkte. Heute sind sie zwar vielseitiger als im 19. Jahrhundert, doch an den Ständen mit ihren eng aneinandergereihten Bunden in großen Eimern mit frischem Wasser hat sich kaum etwas geändert. Blumenmärkte gehören zum Schönsten, was unsere Städte zu bieten haben, auch wenn ein Trend zur Gleichförmigkeit festzustellen ist, etwa in Form der holländischen Einheitssträuße mit einem Zweig Schleierkraut und vier verschiedenfarbigen Blüten in einer bedruckten Papier- oder transparenten Plastikhülle. Andererseits sind die Niederländer die einzigen, die auf ihren Märkten auch besondere Sorten anbieten, Blumen, die man anderswo vergeblich sucht. Der Blumenmarkt am Singel in Amsterdam gehört zu den sehenswertesten Märkten in ganz Europa. Läßt man die typische Touristenware außer acht, kann man dort ganz besondere Arten entdecken, noch dazu zu günstigen Preisen, vor allem in der Zwiebelsaison von März bis Mai. Hier kann man einen Tuberosenstrauß erstehen oder Kaiserkronen, die sonst kaum als Schnittblumen verwendet werden. Außerdem bietet der Markt am Singel Amaryllisbunde und Hyazinthen in Weiß, Rosa oder Blau. Früher gab es Hyazinthen fast ausschließlich in Töpfen, heute werden sie auch als Schnittblume benutzt. In Amsterdam sind sie erschwinglich, auf den Pariser Blumenmärkten dagegen gehören sie noch zu den Luxusartikeln.

Überhaupt, die Pariser Blumenmärkte ... Von den traditionellen Märkten sind leider nur wenige übriggeblieben. Zu Beginn des 20. Jahrhunderts gab es elf, von denen das Gros 1870 begründet worden war. Sie waren damals etwas Einzigartiges in Europa und trugen entscheidend zum Image von Paris als romantischer Stadt der Boheme bei. Vor allem bei amerikanischen Touristen gelten sie als exotische Attraktion, da es in den Städten der Vereinigten Staaten sonderbarerweise keine Blumenmärkte gibt. Heute finden in Paris nur noch drei solcher traditionsreichen Märkte statt. Es gibt den am Quai aux Fleurs, den ältesten von allen, dessen Stahlarchitektur seit dem 19. Jahrhundert unverändert geblieben ist. Hier werden Topfpflanzen und Setzlinge angeboten, jedoch kaum Schnittblumen. Der im Jahre 1834 entstandene Marché de la Madeleine präsentiert sich leider anders. Es gab einmal eine Zeit, als alle eleganten Damen von Paris dort ihre Blumen erstanden. Heute ist er kaum wiederzuerkennen, er wird von Straßenbauarbeiten verschandelt. Bleibt noch der Marché des Ternes auf dem gleichnamigen Platz zu erwähnen, der jüngeren Datums ist. Er ist schön bunt, doch man sollte nicht erwarten, hier ein »Schnäppchen« machen zu können oder etwas Besonderes zu entdecken.

In Paris dienen Blumenmärkte hauptsächlich der lokalen Folklore. In anderen französischen

Seite 144: Eine Händlerin in Covent Garden, 1950. Seite 145: Londoner Großmarkt, 1925. Oben: *Covent Garden*, englische Schule, 1930. Rechts: Es gibt viele Blumenmarkttypen. Die meisten Blumenmärkte sind solche unter freiem Himmel, wie etwa der am Singel in Amsterdam (Bild), auf dem Iris, Rosen, Efeu und blauer Rittersporn, Narzissen, Gerbera und Wicken, verschiedene Ranunkelsorten und Freesiensträuße angeboten werden. Großmärkte hingegen verkaufen nur an Fachpublikum, mit Ausnahme der Blumenmarkthallen von Covent Garden, die immer schon jedem offenstanden.

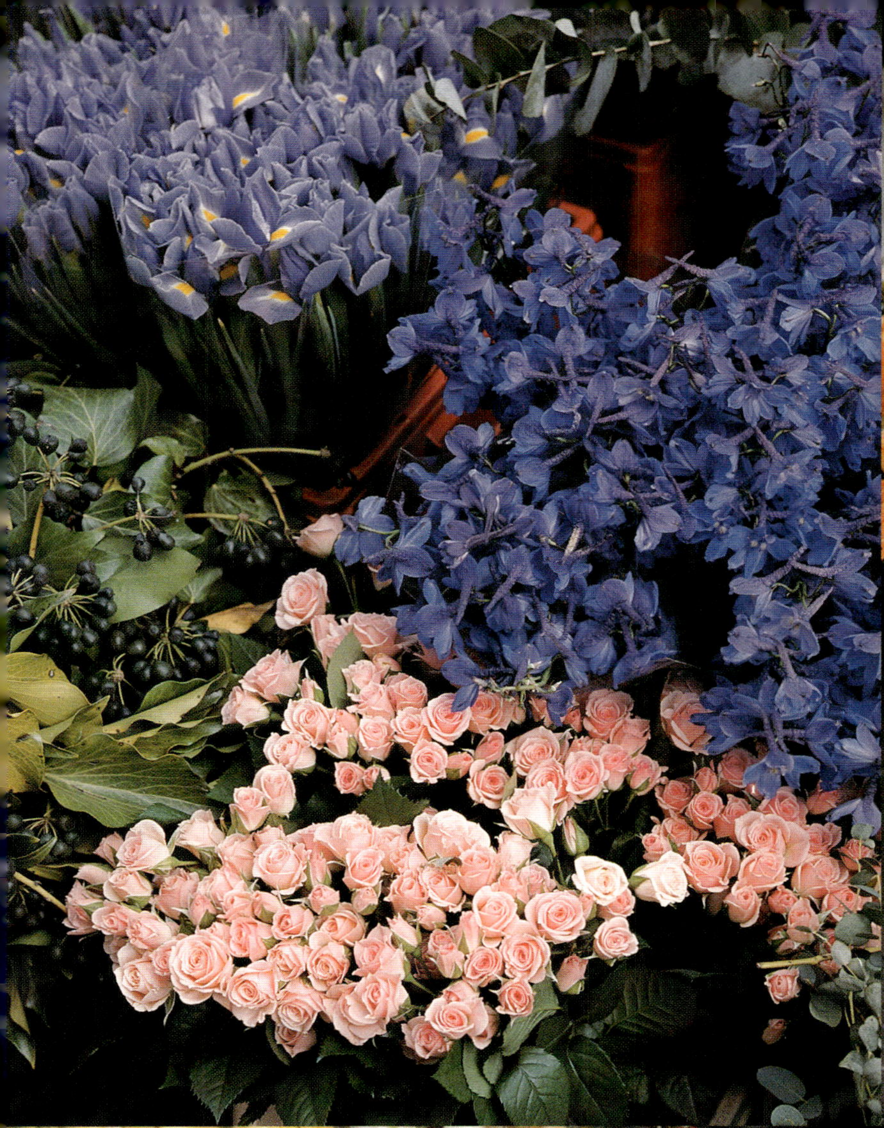

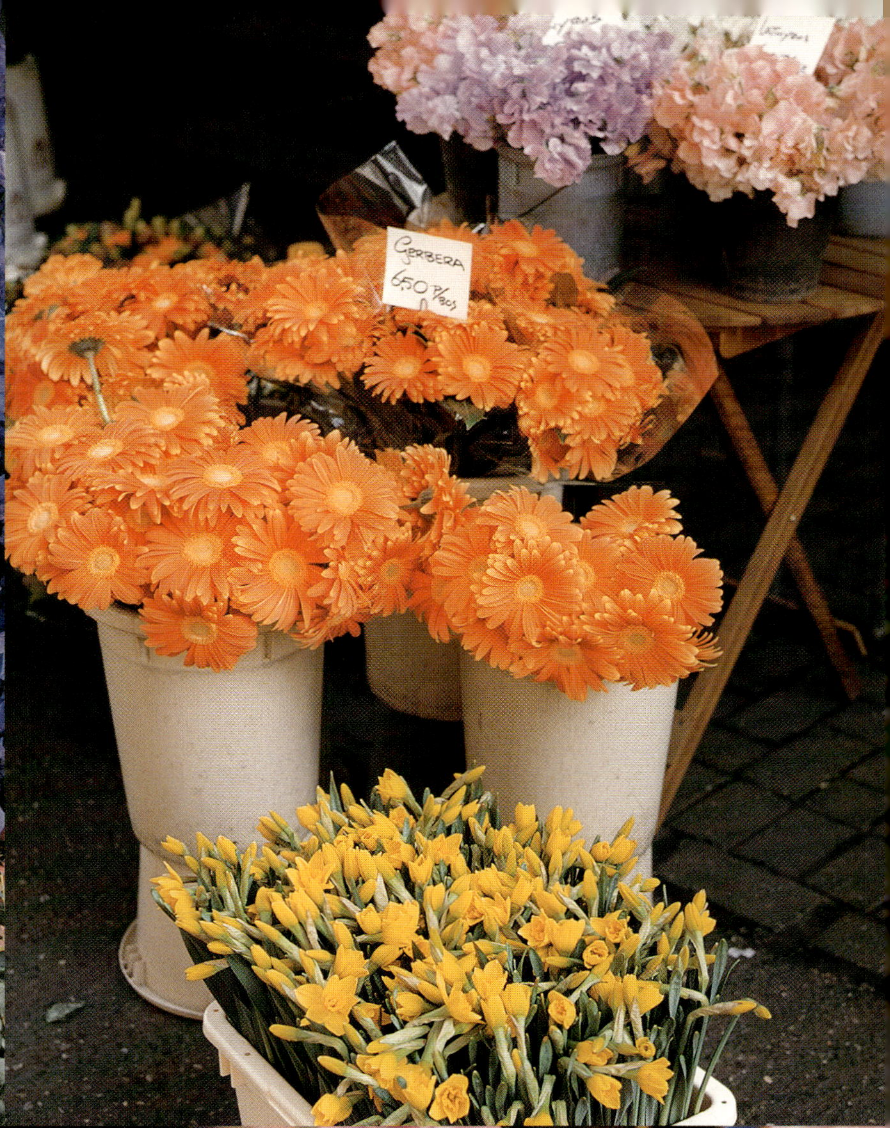
GERBERA
6,50

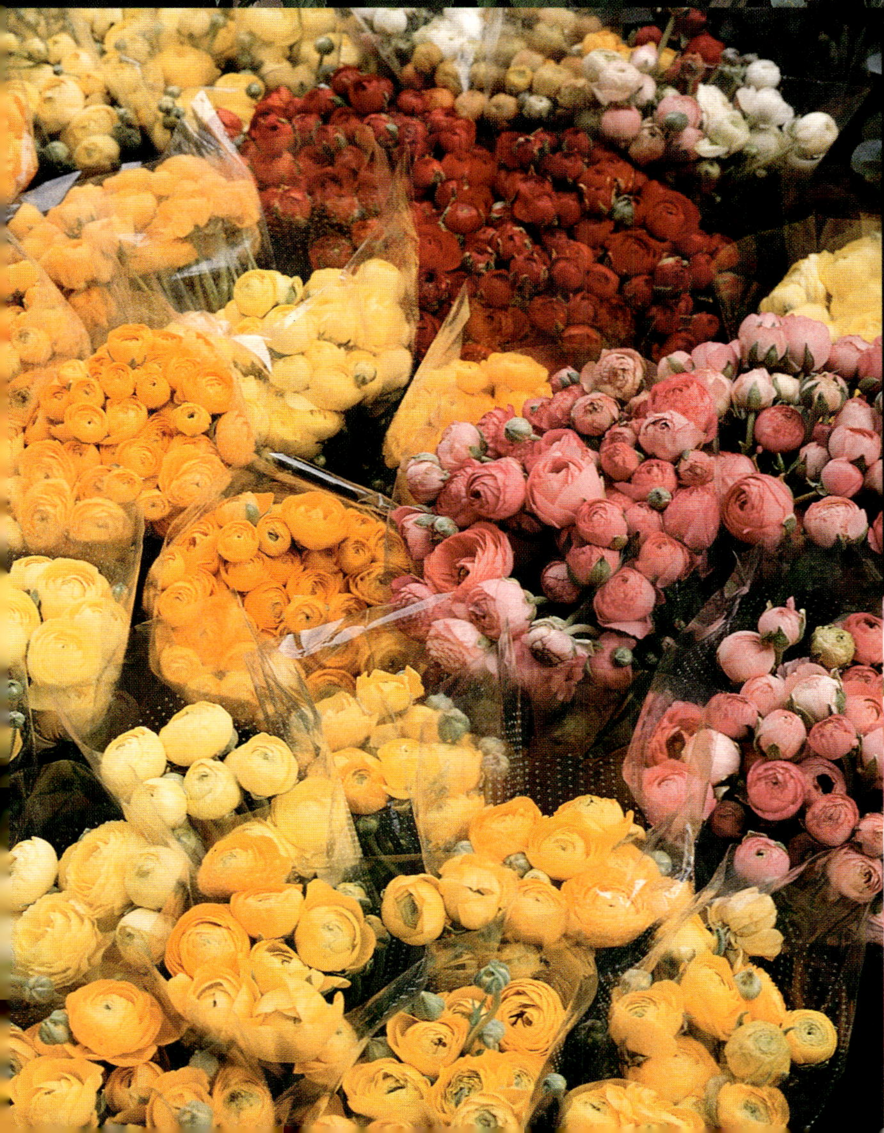

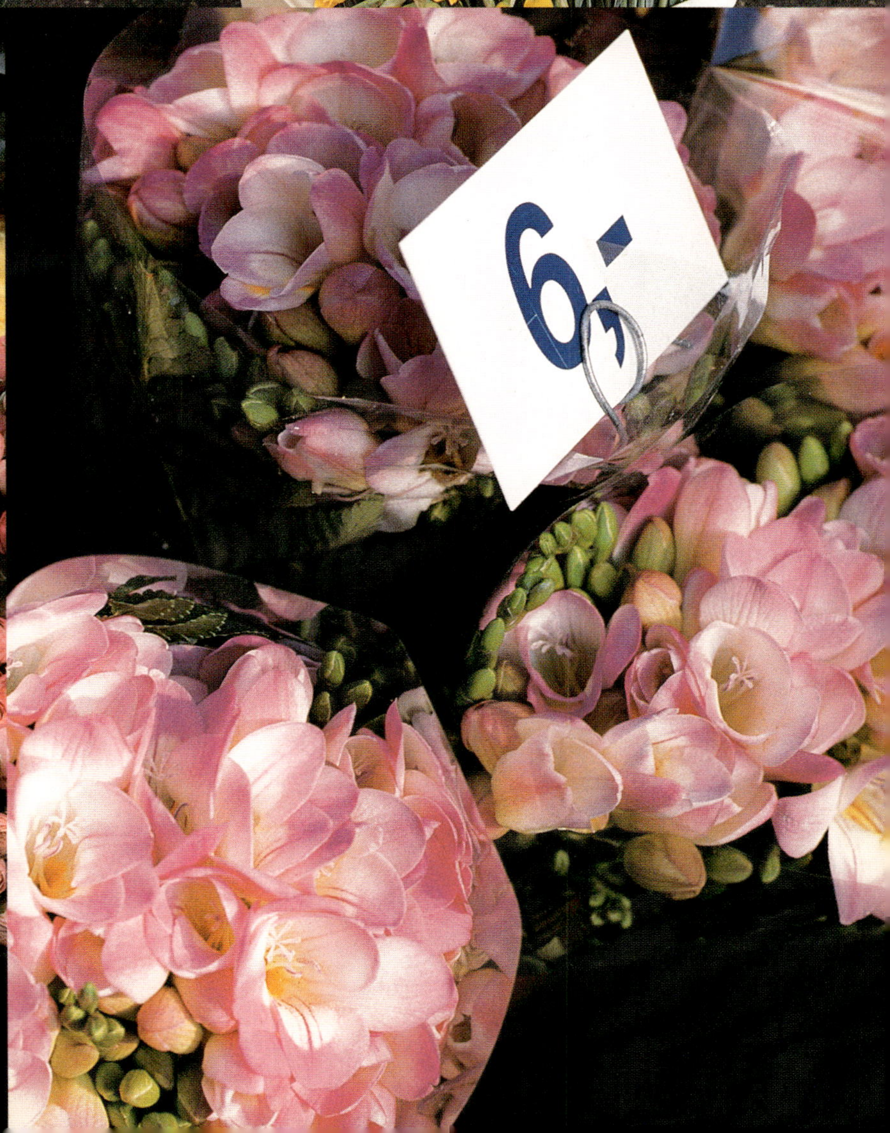
6,-

Blumenmärkte

Städten kann man von richtigen Blumenmärkten kaum sprechen: Zur Hauptblütezeit werden einfach Stände aufgeschlagen. Sie machen den Charme vieler provenzalischer Orte aus, die die Nähe der Treibhäuser und Gärten des Departement Var nutzen, von wo 35 Prozent der französischen Blumen stammen. Seit einigen Jahren hat sich Hyères zum Blumenzentrum in der Region entwickelt. In einem großen neuen Gebäudekomplex wird die lokale Produktion an die Großhändler weiterverkauft. Seltsamerweise gibt es in Hyères selbst nur einen einzigen Blumenmarkt, der an einem Sonntag im Monat stattfindet. In Aix-en-Provence dagegen gehört der Blumenmarkt zum Alltag. Er findet dreimal pro Woche vor dem Rathaus statt, dessen Fassade aus dem 18. Jahrhundert mit Blumen, Früchten, Voluten und Barockblüten dekoriert ist. In Nizza erfüllen jeden Tag (außer montags) Tausende von Blumen den Cours Saleya mit ihrem Duft. Nizza war lange Zeit das Zentrum der Gartenbaukultur am Mittelmeer, bevor Hyères diese Rolle übernahm, was seinem Image jedoch nicht geschadet hat: Auf dem Blumenmarkt in Nizza sind u.a. alle Arten vertreten, die noch vor kurzem zu den Raritäten zählten, z.B. Mimosen, die 1880 in Cannes zum ersten Mal blühten. Gärtner aus Ollioules brachten im 19. Jahrhundert die gelbe Immortelle *(Helichrisum)* mit Honigduft auf den Markt. Sie bescherte so manchem ein Vermögen, genau wie die dicken Büschel Veilchen, die in Tourette-sur-Loup zwischen Olivenbäumen angepflanzt werden. Ein üppiger Blumenstrauß gehört auf jeden Fall zu den schönsten Souvenirs, die man vom Cours Saleya in Nizza mit nach Hause nehmen kann. Vorausgesetzt, man gehört nicht zu den Menschen, die Blumen grundsätzlich lieber in der Natur sehen wie die Heldin in Charlotte Brontës Roman *Villette:* »Ich sehe Blumen gerne heranwachsen, doch einmal gepflückt, verlieren sie ihren Reiz. Ich betrachte sie dann als wurzellose und vergängliche Dinge; ihre Ähnlichkeit mit dem Leben stimmt mich traurig. Ich schenke denen, die ich liebe, niemals Blumen; ich nehme sie nicht gerne von mir lieben Händen in Empfang.«

Oben: Professioneller Schnitt von Löwenmäulchen und Strelitzien in den Treibhäusern von Antibes. Rechts: Audrey Hepburn im Musical *Funny Face* (1956). Später spielte sie das Blumenmädchen Eliza Doolittle in *My Fair Lady* (1964).

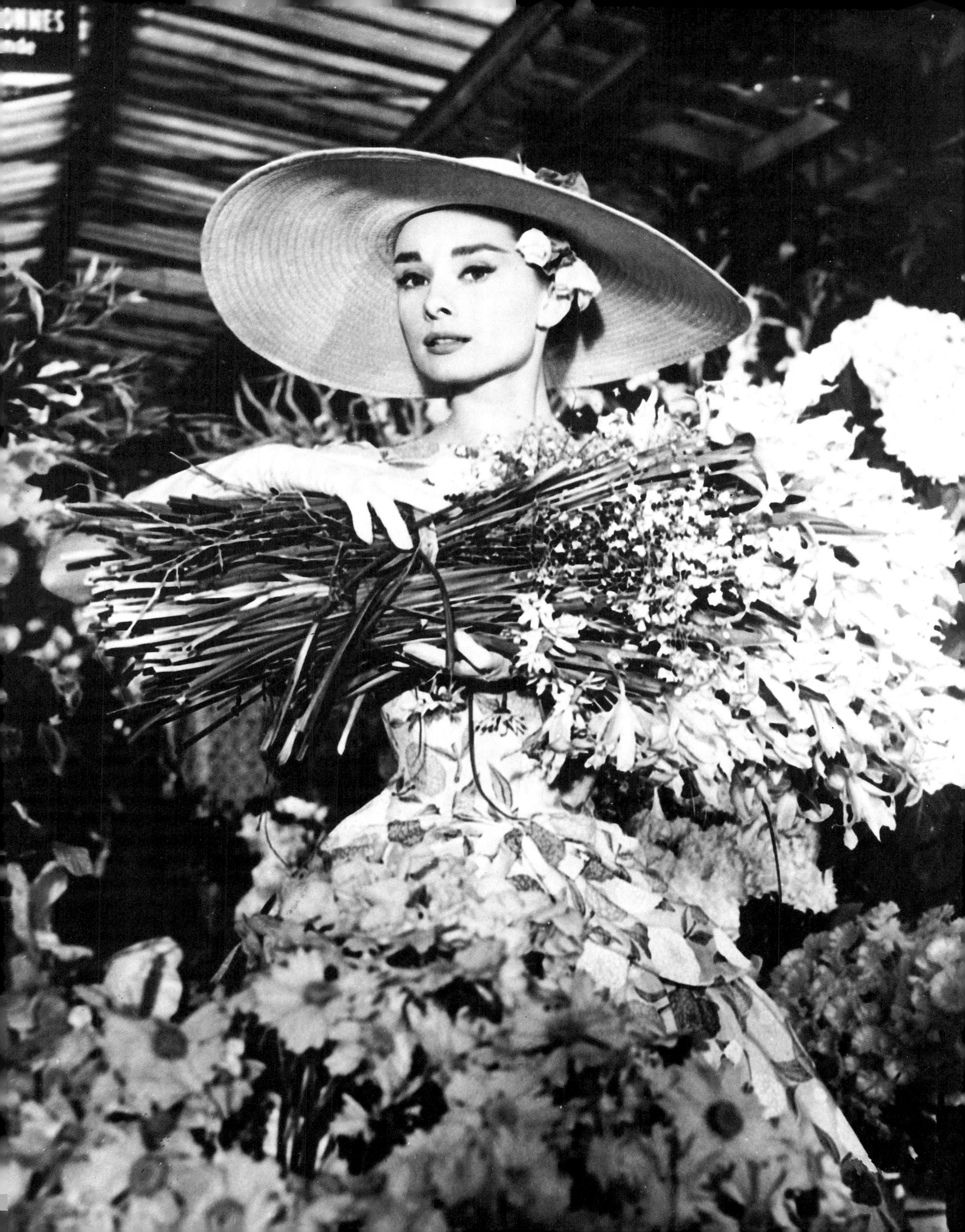

Blumenmärkte

Handelswege der Blumen

So schön und bunt die speziellen Blumenmärkte auch sein mögen, so fällt andererseits auf, daß dort Quantität oft vor Qualität geht. Es empfiehlt sich jedenfalls, auch die normalen Wochenmärkte zu besuchen: Zwischen frischen Eiern und Kräutern sind auf ihnen immer auch Blumenstände vertreten, an denen man seltene und besondere Arten entdecken kann. In Paris z.B. präsentiert im Juni immer eine freundliche alte Dame ihr Angebot auf dem Markt, der am Place d'Aligre stattfindet. Ihre Auslage ist zwar bescheiden, aber die Sträuße, die sie auf Zeitungspapier ausbreitet, sind ungewöhnlich: nur echte Gartenrosen, vielblättrig, rund und duftend. Auch auf dem Markt am Cours de Vincennes sollte man genauer hinschauen. An einem kleinen, unscheinbaren Stand bekommt man im Sommer Margeriten, Löwenmäulchen, Kornblumen, kurz, eine große Auswahl an Feldblumen, die ein Gärtner aus Noisy-le-Grand hier persönlich verkauft. Eine Ausnahme, denn nur selten stellen sich die Produzenten heute noch selbst auf den Markt, um ihre Ware eigenhändig zu verkaufen. Die Blumenverkäufer an den Wochenmarktständen unterscheiden sich kaum mehr von den echten Floristen, denn auch sie bieten oft sehr schöne und kunstvolle Sträuße an. Ansonsten werden in Frankreich wie auch in Deutschland die Blumen auf den Märkten meist in Bunden präsentiert, aus denen man sich die gewünschte Stückzahl heraussuchen kann. Die Buketts stellt man dann zu Hause selbst zusammen.

Ähnlich wie beim Obst werden die Blumen auf dem Markt nach ihrer Frische und der angebotenen Vielfalt beurteilt. Wo ein Blick nicht genügt, fühlt man kurz mit Daumen und Zeigefinger, ob eine Rosenknospe auch wirklich fest ist. Sehr eng zusammengepreßte Pflanzen können gelbe Blätter verbergen, die vorzeitiges Verwelken vermuten lassen. Man sollte sich nicht scheuen, immer genau hinzusehen. Rund um den Blumenhandel herrscht nämlich eine gewisse Lässigkeit. So sollte man sich nicht darüber wundern, daß die Herkunft der Ware nie angegeben wird. Alle anderen Produkte auf dem Markt sind sorgfältig etikettiert, ob Orangen aus Israel oder grüne Prinzeßbohnen aus Kenia. Bei Blumen dagegen hat man nur dann eine Chance, das Herkunftsland zu erfahren, wenn der Händler auskunftsfreudig ist. Dabei ist dies eine sehr wichtige Information: Sie sagt etwas über die Länge der Reise aus, die die Blumen zurücklegen mußten, und erlaubt Rückschlüsse auf den Erntezeitpunkt. Außerdem gibt es je nach Herkunft Qualitätsunterschiede. Eine Rose aus Ecuador ähnelt einer Rose aus dem Brie so wenig wie eine holländische Treibhaustomate einer Freilandtomate aus Italien.

Seit ungefähr zwanzig Jahren existiert ein weltumspannender Blumenhandel. Den Anfang dieser Entwicklung markiert eine plötzlich auftretende internationale Begeisterung für Sträuße, vor allem in den 1980er Jahren, als ein bedeutender Anstieg von Angebot und Nachfrage zu beobachten war. Das jährliche Wachstum in der Blumenproduktion betrug damals ungefähr zehn Prozent. Der Auf-

Die Blumenstände auf den großen Wochenmärkten bilden die älteste Form des Blumenhandels. Sie sehen heute fast genauso aus wie vor hundert Jahren. Veränderungen gibt es hinsichtlich Qualität und Menge der angebotenen Blumen und Grünpflanzen. Noch vor kurzem war man allgemein davon überzeugt, daß sich die Wochenmarkthändler mit der Ware eindecken, die am späten Vormittag in den Großmarkthallen übrigblieb. Doch inzwischen sind die Marktverkäufer oft genauso gut sortiert wie Blumengeschäfte: Sie bieten Pflaumenzweige an, Muschelblumen und Gräser, außerdem hochgezüchtete Rosen, Hortensien und Amarantbunde.

schwung der Blumen war nun nicht mehr zu bremsen, und heute gehen viele Arten auf inzwischen fest etablierten Handelswegen täglich auf Reisen.

Im ewigen Sommer des Südens werden jeden Tag unzählige Blumenladungen auf den Weg nach Norden geschickt. Die Länder des Nordens konsumieren wesentlich mehr Blumen, als sie selbst produzieren, und importieren daher große Mengen. Die blumenproduzierenden Länder des Südens exportieren dagegen fast ihren gesamten Ertrag, da sie vor Ort nur wenig absetzen, mit wenigen Ausnahmen: In Mexiko z.B., wo Gladiolen sehr beliebt sind, werden neunzig Prozent der nationalen Ernte im Land selbst verkauft, und in Argentinien sind es sogar hundert Prozent. Außerdem gibt es Länder, besonders in Afrika, die erst seit kurzem Blumen anpflanzen und davor überhaupt keine floralen Traditionen kannten.

Zu Beginn der 1970er Jahre hätte niemand eine solche Entwicklung vorausgeahnt. Die Länder der nördlichen Halbkugel begnügten sich im großen und ganzen mit dem, was sie selbst anpflanzten. In den USA etwa reichte die Ernte völlig aus, um den nationalen Bedarf zu decken, und zwar hauptsächlich mit Rosen, Nelken und Chrysanthemen. (Diese drei klassischen Arten machen generell den Großteil der angebauten und verkauften Blumen auf der ganzen Welt aus.) Kalifornien hat durch seine geographische Lage ein besonders günstiges Klima für den Gartenbau. Von dort stammt etwa die Hälfte aller in den Vereinigten Staaten produzierten Blumen, und zwar alle möglichen Arten, von den schlichtesten bis zu den ausgefallensten. Im Sonoma Valley beispielsweise wachsen zwischen Weinbergen englische Rosen wie die 'Abraham Darby' mit großen mohnähnlichen Blüten und zartem Duft. Im ebenfalls vom Klima begünstigten Florida werden das ganze Jahr über Blumen geerntet, in Colorado wachsen sie nur in Höhenlagen, und in den Staaten Pennsylvania und New York kompensiert man die Kälte der langen Winter durch jahrhundertealtes Wissen, das einst die ersten holländischen Einwanderer mitgebracht haben. Schließlich sei noch Hawaii erwähnt mit seinen leuchtend blühenden *Anthurium*-Büschen und den am Fuß der Vulkane an Spalieren wachsenden Orchideen.

Von New York bis nach Polynesien gibt es ein großes, in seiner Vielfalt vielleicht einzigartiges Reservoir an Blumen, das allerdings keineswegs ausreichend ist. 1993 haben die USA eine Milliarde Schnittblumen produziert, doch im selben Jahr mußten sie zusätzlich 1,6 Milliarden Nelken, 260 Millionen Chrysanthemen und fünfhundert Millionen Rosen importieren, alles mit dem Flugzeug aus Kolumbien über Miami, wo der Import und die Weiterbeförderung organisiert werden. Von allen Ländern Südamerikas hat Kolumbien die erstaunlichste Entwicklung in der Blumenproduktion hinter sich. Sie begann zunächst ganz bescheiden in den 1960er Jahren, doch bereits 1965 konnten die Kolumbianer in den Export einsteigen. Heute bringt der Blumenanbau Kolumbien Hunderte Millionen Dollar ein. Es versorgt den schier unersättlichen amerikanischen Markt, der heute in puncto Schnittblumen mit das

Im kolumbianischen Medellín wird jedes Jahr Anfang August das Fest der Silleteros gefeiert, eines der größten Feste des Landes. Früher pflegten die Gärtner aus den nahegelegenen Dörfern ihre Blumen auf einem Stuhl (spanisch *silla*) in die Stadt zu tragen, den sie auf dem Rücken festschnallten; auf ihm sitzend verkauften sie dann ihre Ware. Seit 1957 wird ein Wettbewerb veranstaltet, bei dem am Ende eines etwa zwei Kilometer langen Marsches die schönsten oder aufsehenerregendsten »Blumenstühle« *(silletas)* ausgezeichnet werden. Blumen können schwer wiegen: Der Stuhl des Bauern, der 1996 den Preis für die größte *silleta* bekam, wog immerhin 120 kg.

größte Importvolumen der Welt hat. Vor allem die großen Nelken tragen zum Erfolg Kolumbiens bei, aber auch die Miniaturnelken in leuchtendem Erdbeer- oder Kirschrot, Schneeweiß und Bonbonrosa sowie Rosen und Pomponchrysanthemen. Dank des milden, sonnigen Klimas, das Treibhäuser überflüssig macht, und billiger Arbeitskräfte können die Kolumbianer ihre Blumen zu einem konkurrenzlos günstigen Preis anbieten – zum großen Leidwesen der kalifornischen und New Yorker Gärtner. Fünfmal in zehn Jahren wurden Kolumbien von den USA Sanktionen wegen unerlaubten Konkurrenzgebarens auferlegt, weil es seine Blumen weit unter dem amerikanischen Marktpreis verkaufte. Nach einer kurzen Periode der Panik, als einige Gärtner in Bogotá schon ihre Pflanzen auszureißen begannen, wandten sich die Kolumbianer dem europäischen Markt zu, dessen Bedarf an Blumen ebenfalls sehr groß ist, besonders im Winter. Und die Geschäfte der Kolumbianer begannen im Nu wieder zu florieren, insbesondere seit 1993, als die Europäische Union beschlossen hatte, keine Steuern mehr auf die Andenpflanzen zu erheben, um die Umstellung der Kokabauern auf Blumenanbau zu fördern. Die Drogenbekämpfungsstrategie trug auf diese Weise dazu bei, daß Kolumbien zum zweitgrößten Blumenexporteur der Welt aufstieg; der größte sind die Niederlande, die noch immer unangefochten an der Spitze liegen.

Der größte Teil der in Kolumbien produzierten Blumen stammt von europäischen Pflanzen ab. Deshalb gedeihen alle Arten, besonders Rosen, am besten in der gemäßigten Zone um Bogotá. Auf dieser Hochebene ist das Klima das ganze Jahr über sehr mild, mit Temperaturen zwischen 14 und zwanzig Grad am Tag und vier bis acht Grad bei Nacht. Mittlerweile werden auch einheimische Arten gezüchtet, da sie als Schnittblumen beliebt geworden sind, wie z.B. die Anthurie, die in den tropischen Regenwäldern Kolumbiens wild wächst. Anthurienpflanzung in einem kleinen Dorf in der Sierra Nevada de Santa Marta, nicht weit von der Karibikküste.

Andere südamerikanische Länder, die gleichermaßen von der Steuerbefreiung profitierten, machten sich nun ebenfalls daran, den europäischen Markt zu erobern, so z. B. Ecuador, das, in etwas bescheidenerem Maße als Kolumbien, auch sehr gute Resultate erzielt. Die ecuadorianische Spezialität sind Rosen, die ab dem ersten Frost in unsere Blumenläden kommen, wenn einheimische Arten zu teuer und zu selten werden. Verwundert kann man feststellen, daß Rosensorten wie 'Maya', 'Nicole' oder 'First Red' ganz unterschiedlich wirken, je nachdem, ob sie aus französischen Treibhäusern oder aus der Sonne Ecuadors stammen. Das Andenklima scheint ihnen ausgezeichnet zu bekommen, ja etwas zu sehr, wie manche meinen:

Die ecuadorianischen Rosen haben kräftige Stengel, auf denen große dicke Blüten sitzen; diese Robustheit gefällt nicht jedem.

Auch die Afrikaner, Neulinge in der Welt der Blumen, haben damit begonnen, Rosen anzupflanzen, und zwar fast ausschließlich für Europa. Rosen sind *die* Spezialität des afrikanischen Kontinents geworden. Nur zwei oder drei Länder bilden eine Ausnahme: Simbabwe setzt auf Proteas, die sowohl in frischen als auch in Trockenblumensträußen beliebt sind, und Kamerun und die Elfenbeinküste produzieren tropische Pflanzenarten. In allen anderen afrikanischen Ländern setzt die Rose ihren rasanten Aufstieg fort: in Tansania, Sambia und besonders in Kenia, wo der Anbau ständig zu-

Der Blumenanbau geht in Kolumbien auf landestypische Gebräuche zurück, die z.T. aus der Zeit der Spanier stammen oder noch älter sind. Fest- oder Trauerkompositionen erinnern an die Blütenmosaike, die mitteleuropäische Autoren schon im 17. Jahrhundert beschrieben. Links: Arrangement mit Rosen und Farn von Don Eloy Rosas, einem der bekanntesten und besten Floristen in Bogotá. Oben: Kleiner Blumenverkäufer am Eingang des Zentralfriedhofs von Bogotá. An seinem Stand bekommt man sowohl große Friedhofsarrangements (*cascada* genannt) als auch gewöhnliche Sträuße. Die Bewohner der Stadt pflegen ihre Blumen am Friedhof zu kaufen, wo sie preiswerter sind als in den Blumenläden.

nimmt. Zu den Stammlieferanten Europas gehören schon seit langer Zeit die Mittelmeerländer, Israel und Marokko z.B., die zwar etwas unter der Konkurrenz der ecuadorianischen Rosen zu leiden haben, aber die nördlichen Märkte trotzdem weiterhin mit ihrer duftenden Ware versorgen.

Die Nord-Süd-Achse ist jedoch nicht mehr der einzige Handelsweg, den die Blumen nehmen. Manche kommen über die alte Karawanenroute – auf dem Luftweg, versteht sich – aus fernöstlichen Ländern. So exportiert z.B. Thailand Orchideen, insbesondere nach Frankreich, obwohl der asiatische Kontinent ansonsten mit Schnittblumen geizt. Aus China kommen überhaupt keine und auch nicht aus Japan, wo die nationale Produktion nur knapp den Eigenbedarf deckt. Denn der ist enorm, wobei die Japaner einem ausgeprägten Schönheitsideal huldigen. Die Inkalilie etwa mußte erst dem japanischen Geschmack angepaßt werden. Zwar gefielen ihre Blütenblätter, aber nicht ihre Streifen und Farbmuster. In Tokio liebt man eher einfarbige Blüten, weswegen der Züchter Isamu Miyake eine Inkalilie nach Maß entwickelte, ganz ohne Streifen, wofür 14 Jahre Forschung und hohe Investionen nötig waren. Aber in Japan ist man gerne bereit, entsprechende Preise zu zahlen. So sind denn auch weltweit viele Produzenten erpicht darauf, den japanischen Markt zu erobern, doch bisher ist es nur wenigen gelungen. Die Japaner haben sehr strenge Hygieneauflagen für Pflanzen und vertrauen bisher eigentlich nur den Niederländern, und auch ihnen nicht bedingungslos.

AALSMEER: UNUMGÄNGLICHE REISEETAPPE DER BLUMEN

Jeden Monat begibt sich ein japanischer Prüfer, der *quality master* aus Tokio, auf die Blumenauktion in Aalsmeer. Nicht um zu kaufen, sondern um die Qualität der Produkte zu testen, die möglicherweise nach Japan verschickt werden. Wohl keine andere Kundschaft legt soviel Mißtrauen an den Tag. Da man nie vorsichtig genug sein kann, wird der *quality master* alle drei Monate ausgetauscht, um Korruption vorzubeugen.

In Aalsmeer findet ein intensiver Handel statt. Man arbeitet in ständiger Anspannung, während man auf die Ankunft neuer Blumen wartet, die aus aller Herren Länder in großen Frachtflugzeugen auf dem Amsterdamer Flughafen eintreffen. Seit der Zeit, als sich die Blumenzwiebelproduzenten in diesem Teil Hollands zusammenschlossen, um bessere Profite zu erzielen, ist vieles grundlegend anders geworden. Heute gibt es fünftausend Blumenzwiebelproduzenten, doch eines hat sich seit damals nicht verändert: die *bloemenveiling* von Aalsmeer, die noch immer als Kooperative arbeitet. Die kleinen Cafés, in denen man sich früher traf, wurden allerdings durch einen großen Gebäudekomplex ersetzt, der 1972 eingeweiht wurde und nach wie vor die größte Blumenmarkthalle der Welt ist: 755 Hektar Hallenfläche, was 150 Fußballfeldern entspricht. Ob man eine Blume in London, Berlin, Paris, Rom oder sogar bei einem Floristen in Tokio erwirbt: Höchstwahrscheinlich ist sie über Aalsmeer dorthin gelangt.

Ein kolumbianischer Produzent aus der Region um Antioquia präsentiert Bunde seiner versandfertigen Inkalilien. Die Einfuhrländer machen zuweilen bestimmte Auflagen hinsichtlich der Verpackung der Blumen. Nach Europa werden kolumbianische Rosen häufig in spitzen Papiertüten geliefert. Für den Versand in die Vereinigten Staaten und nach England werden sie in geschlossene Schachteln gelegt.

Gleichviel, ob sie in Kolumbien, Afrika, Israel oder in den niederländischen Treibhäusern geschnitten wurde – der Weg über Aalsmeer ist fast obligatorisch. Die Niederländer, die größten Produzenten Europas und größten Blumenexporteure der Welt, kontrollieren, prüfen und verschicken so gut wie alles, was auf der Welt in Vasen blüht. Und sie organisieren nicht nur den Transport der Blumen, sondern legen auch die Preise fest. Wenn Sie einen Strauß kaufen, und sei es in der entlegensten Ecke des Landes, wird er Ihnen meist zum aktuellen Tageskurs angeboten, der in den frühen Morgenstunden in einer der fünf Aalsmeerer Auktionshallen festgesetzt wurde.

Die Geschäfte beginnen um Punkt 6 Uhr 30. Das Wichtigste ist, einen kühlen Kopf zu bewahren und genaue Vorstellungen zu haben, denn das niederländische Auktionssystem verlangt hohe Konzentration. Das Ganze findet in für fachfremdes Publikum unzugänglichen Hallen mit aufsteigenden Sitzreihen statt, in denen man einen Blick auf Bildschirme hat, die unter der Aufsicht eines Oberauktionators stehen. Die Käufer – Großhändler, Exporteure oder Kommissionäre – nehmen an dem numerierten Pult in den Sitzreihen Platz, das ihnen zugewiesen wurde. Die Sitzung kann beginnen. Unzählige Wagen ziehen einer nach dem anderen vorbei, beladen mit Tulpen, Schneeballzweigen, Hyazinthen oder Freesien, so daß man sie begutachten kann, während auf der Anzeigetafel alle notwendigen Informationen erscheinen: der Name des Produzenten, die Sorte, die Stückzahl und das

Es waren die Holländer, die die Logistik der weltweiten Reisen der Schnittblumen austüftelten. Der Transport der verderblichen Ware ist ein Wettlauf gegen die Zeit. Nach der Auktion in Aalsmeer sind die Blumen schon unterwegs, kaum daß sie verkauft sind, entweder in Wasserbehältern, die sie bis zur Ankunft an ihrem Endziel nicht mehr verlassen werden, oder auf Wagen, die sie direkt zum Flugzeug bringen. In den riesigen Hallen sind kleine blumenbeladene Wagen ständig in Bewegung, bis LKWs oder Frachtflugzeuge die Ware übernehmen. Bereits in den 1930er Jahren wurden von Aalsmeer aus Blumen mit dem Flugzeug verschickt.

Minimum der verkauften Exemplare. Bei jedem Wechsel der Posten flackern die Bildschirme, und die Versteigerung geht weiter. Am wichtigsten ist dabei ein kleines rotes Licht, das auf den Bildschirmen über Zahlen von hundert bis eins wandert, die den Preis der angebotenen Blumen angeben. Die Käufer können diese Lichtmarkierung jederzeit anhalten und damit den Posten erwerben, indem sie einen Knopf auf ihrem Pult drücken. Doch Vorsicht, drückt man den Knopf zu früh, zahlt man zuviel für die Ware, was u.U. Tausende von Blumen betrifft. Zögert man dagegen nur den Bruchteil einer Sekunde zu lange, bekommt ein anderer Großhändler die begehrte Ware. Man muß gut aufpassen, auch wenn der Auktionator Verständnis dafür hat, daß man hin und wieder aus Versehen auf den Knopf drückt. Das nennt man in Aalsmeer »das Recht auf ein kleines Nickerchen«. Ist der Fehler so offensichtlich, daß er allgemeines Gelächter auslöst, wird der Verkauf annulliert, und die Versteigerung beginnt von neuem. Wieder fangen die Bildschirme an zu blinken, wieder defilieren die Wagen, gibt die Kontrollampe den Countdown an, wird der Knopf gedrückt und ist der Handel perfekt. Den Rest erledigt der zentrale Großrechner. Fast im selben Moment werden irgendwo anders in dem großen Gebäudekomplex die Drucker gestartet, die die Rechnung für den Käufer ausdrucken. Mehr noch: Der Betrag wird gleich vom Konto abgebucht. In Aalsmeer wird kein Kredit gewährt. Die Devise heißt: Was du heute kaufst, bezahlst du auch heute. Darüber gibt es keine Diskussionen, da die *veiling* ihren Vertrag ihrerseits buchstabengetreu erfüllt und jeden Tag aufs neue die goldene Regel befolgt, daß eine am Vorabend geschnittene Blume am nächsten Morgen zur Versteigerung kommen und in der folgenden Nacht ausgeliefert werden muß, ganz gleich wo, ob in Europa oder in Übersee. So vergehen maximal drei Tage, die sie vom Treibhaus bis zum Floristen unterwegs ist. Wenn man bedenkt, daß ein normaler Strauß eine Woche halten sollte und eine Schnittblume im allgemeinen zehn Tage überlebt, geht die Rechnung auf.

Das System funktioniert ausgezeichnet, solange die Blumen aus den niederländischen Betrieben oder denen angrenzender Länder stammen. Wenn sie von weiter her kommen, kann man bestenfalls damit rechnen, daß die Blume vier Tage auf der Reise war, bevor sie beim Blumenhändler ankam. Schlimmstenfalls sind es wesentlich mehr. Das genaue Schnittdatum läßt sich schlecht zurückverfolgen, da man Zwischenfälle beim Transport und mehr oder weniger lange Aufenthalte im Kühlhaus des Herkunftsortes ins Kalkül ziehen muß. Bei drei oder vier Grad können sich Blumen bis zu einen Monat lang halten. Doch es kann ein böses Erwachen aus diesem Kälteschlaf geben. Wenn solche Dornröschen durch die Kälteeinwirkung noch frisch auf den Markt kommen, machen sie zunächst einen guten Eindruck. Kaum sind sie aber in unseren beheizten Wohnungen, lassen sie erschöpft die Köpfe hängen. Vor den großen Festen, an denen traditionell viele Blumen verschenkt werden, also Valentinstag oder Muttertag, schrecken

Oben: Schnittblumen werden schon lange, bevor sie aufgeblüht sind, geerntet. Man schneidet sie, wenn sich die Knospen noch nicht geöffnet haben, so daß sie beim Kauf noch geschlossen sind. Auslage der Amsterdamer Floristin Thera de Groot. Rechts: Die traditionelle Vorstellung von holländischen Blumen wird von den Tulpenfeldern geprägt, die sich bis zum Horizont erstrecken. Die Tulpen, die hier wachsen, werden nicht zu Schnittblumensträußen gebunden, sondern dienen allein der Zwiebelproduktion.

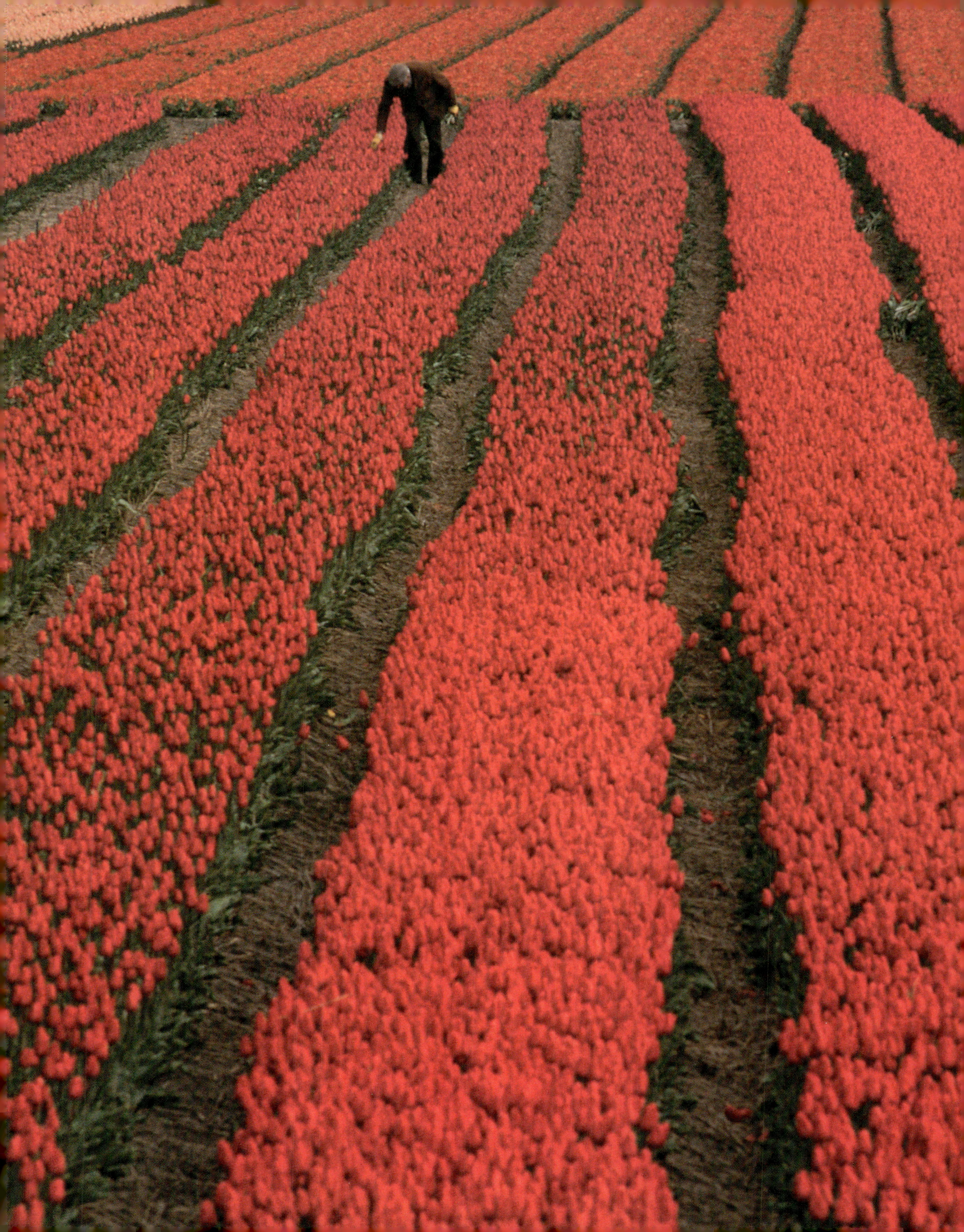

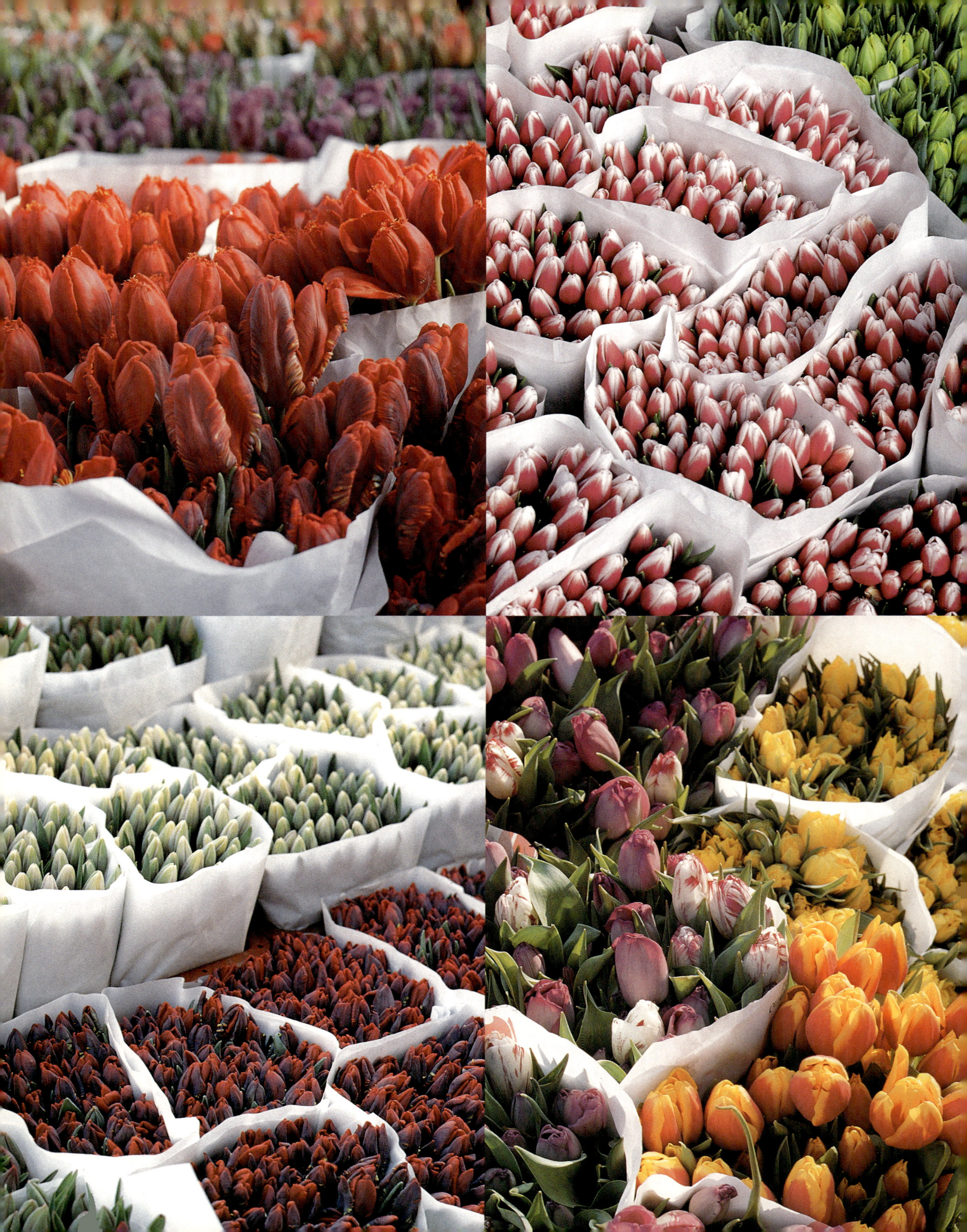

auch europäische Gärtner vor solchen Methoden nicht zurück. Die beliebtesten Arten verschwinden urplötzlich für ein oder zwei Wochen vom Markt, verbannt in die Dunkelheit der Kühlhäuser, um dann am betreffenden Tag wieder aufzutauchen, und zwar zu entsprechenden Preisen.

Es ist kein Geheimnis, daß die Frische von Blumen eine Frage von Tagen, ja von Stunden ist. In Aalsmeer herrscht ein ständiger Wettlauf gegen die Zeit. Kaum haben die Wagen die Auktionshalle verlassen, rollen sie schon in andere Gebäude, wo die Blumen für die Reise vorbereitet werden. Gegen Mittag ist die Versteigerung vorbei, die Hallen sind fast leer, und auf dem Amsterdamer Flughafen starten die ersten Frachtflugzeuge, vollbeladen mit Blumenpaletten. Hunderte von Lastwagen stehen mit laufenden Motoren zur Abfahrt bereit, in Erwartung der letzten Steige. Sie werden quer durch ganz Europa rollen, manchmal die ganze Nacht lang, um rechtzeitig die Großmarkthallen der Städte zu erreichen. Viele Floristen werden auch mehrmals pro Woche direkt beliefert. In entlegenen Orten, in deren Nähe es keine Markthallen gibt, ist man auf Mehrfachlieferungen angewiesen. Der holländische LKW-Fahrer wird dort jedesmal mit Spannung erwartet. Mancherorts übergibt man ihm sogar die Schlüssel zum Geschäft, da im Morgengrauen noch niemand da ist, um die Ware in Empfang zu nehmen. Die Niederländer beherrschen den Blumenhandel unangefochten. Aber wie lange noch? Denn unmerklich wird diese Vorherrschaft von neuen aufstrebenden Ländern unterhöhlt. Dabei haben die Niederländer ihre Konkurrenten selbst herangebildet. Sie waren es, die in den Anden und in Afrika die ersten Blumen pflanzten. Durch gute Ernten sollten diese die holländische Position festigen. Doch sie wurden von den Ereignissen überrollt. Schon reisen Blumen aus Afrika und Kolumbien nicht mehr selbstverständlich über Aalsmeer. Sie haben ihre eigenen Verbindungswege und ihre eigene Kundschaft. Wenn in Prag oder Moskau am 8. März der Internationale Frauentag gefeiert wird, ist man in Bogotá inzwischen gut genug organisiert, um diese Länder direkt mit Tausenden roter Blumen zu beliefern. Die Länder des ehemaligen Ostblocks sind die bevorzugten Märkte der neuen Produzenten: Die floralen Traditionen sind dort in all den Jahren nie ganz in Vergessenheit geraten und haben nach dem Fall der Berliner Mauer einen rasanten Aufschwung erlebt.

Die Großzügigkeit, mit der die Niederländer ihr Wissen weitergegeben haben, ist jedoch nicht die einzige Ursache für den Angriff auf ihre Vormachtstellung. Sie haben außerdem für die Verbreitung von nur etwa zehn Einheitsblumen gesorgt, darunter Nelken und Gerbera. Sie sind alle makellos, robust und dafür gezüchtet, die langen Reisen gut zu überstehen; ihre Maße sind den Abmessungen der Container angepaßt. Die Einheitsblumen bedeuteten das Ende für viele der kleinen Produzenten, die ungewöhnliche Blumen anpflanzten, Blumen, die außerhalb der Saison nicht blühen.

Links: In den Niederlanden hat man so lange exotische Blumen heimisch gemacht, bis sie zum Wahrzeichen des Landes wurden. In den Fachkatalogen von Aalsmeer bieten die Schnittblumenproduzenten über vierzig Sorten der ursprünglich orientalischen Tulpen an, die in die ganze Welt verkauft werden. Ob die runde 'Don Quichotte', die 'Estella Rijnveld' mit gefransten Blütenblättern oder die spitz zulaufende 'Aladdin', sie alle und noch viele andere Sorten findet man auf dem Blumenmarkt am Singel in Amsterdam. Oben: Die tropischen Anthurien gibt es noch nicht in so vielen Formen. Sie existieren aber auch schon in Weiß mit purpurrotem Saum, Rosa mit grüner Zeichnung und in Jadegrün. Anthurienstrauß im Amsterdamer Blumenladen Gerda's.

Die Grossmärkte von Paris und London

Zolas Roman *Der Bauch von Paris* und die Fotos des französischen Fotografen Robert Doisneau vermitteln einen Eindruck davon, wie sich die Markthallen immer weiter ausbreiteten, und zwar ohne Rücksicht auf die Blumenabteilung, die schon im 19. Jahrhundert völlig unzureichend war. Bis 1960 mußten die Floristen ihre Einkäufe in einem chaotischen Durcheinander und Gedränge tätigen. Ähnliche Probleme gab es in Covent Garden, bevor 1974 der Blumenmarkt, der dort seit dreihundert Jahren ansässig war, nach Nine Elms ausgelagert wurde. Um die Londoner nicht unnötig zu verwirren, behielt man die wunderbaren Strukturen des ursprünglichen Marktes im wesentlichen bei.

In Paris boten die alten Räumlichkeiten dem Blumenhandel keinerlei Perspektive mehr. Es war unmöglich, dort noch einen Standplatz zu bekommen, so daß Neuankömmlinge sich mit dem Eckchen eines Standes begnügen mußten, die ihnen Kollegen gnädigerweise zur Verfügung stellten. Am 3. März 1969, als die neuen Hallen in Rungis eröffnet wurden, hatte endlich jeder einen eigenen Stand. Andererseits stellte das größere Raumangebot die einzige einschneidende Veränderung dar. Ansonsten hatten die Blumenhändler ihre Pariser

Zwar leben alle Markthallen Europas heute im wesentlichen von holländischen Blumen, doch es gibt auch noch typische lokale Arten. Wenn der Frühling kommt, sieht man in den Hallen von New Covent Garden in London eine Fülle von einfachen, typisch englischen Gartenblumen, darunter Narzissen. Oben: Diskussion um einen Bund Narzissen in der alten Blumenmarkthalle von Covent Garden, 1950. Rechts: Blumenmarkthalle in Paris, 1950er Jahre (Foto: Doisneau). Selbst als der neue Markt in Rungis eröffnet wurde, blieb vieles beim alten, vor allem das Gedränge und das Durcheinander der Stände.

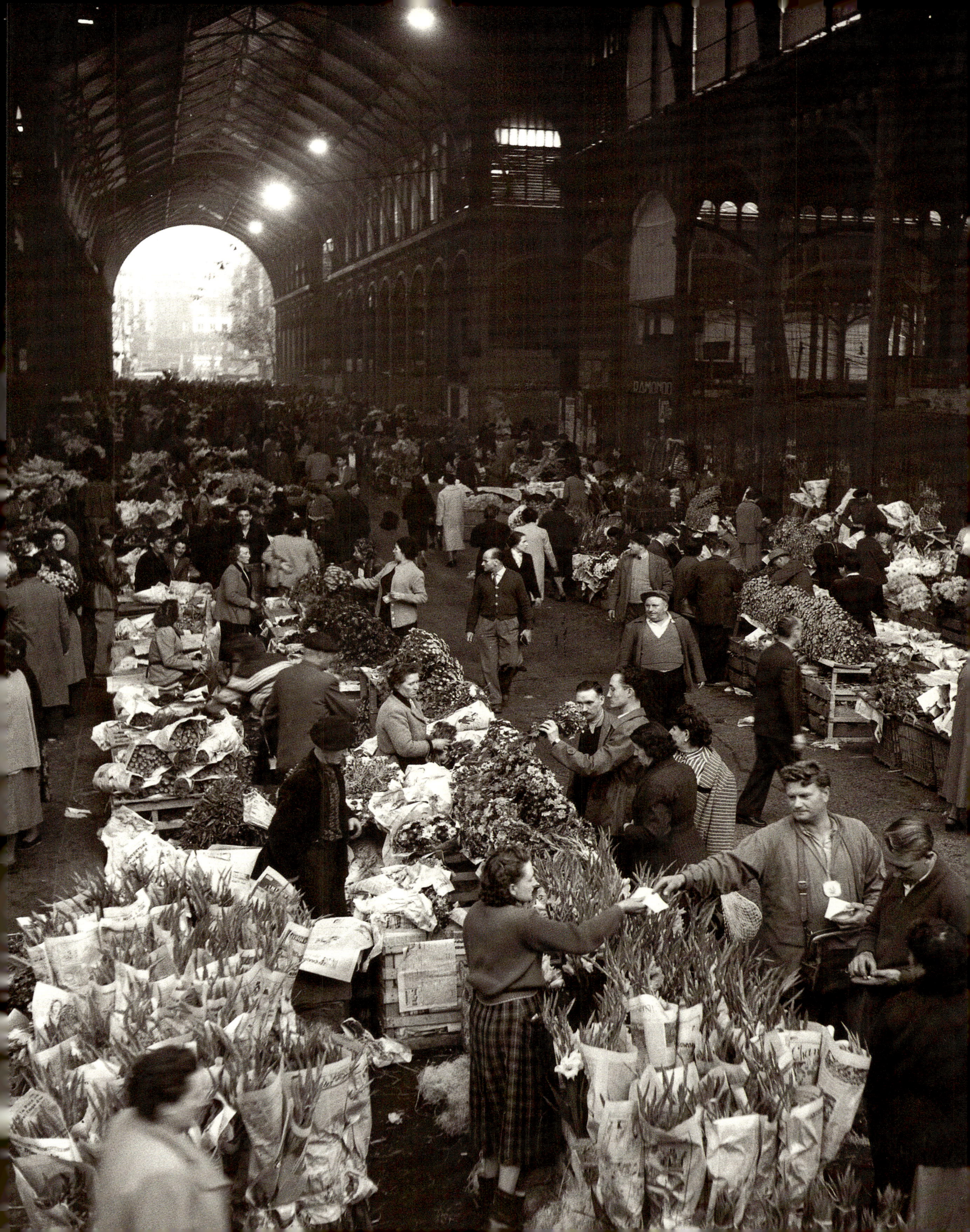

Blumenmärkte

Gewohnheiten beibehalten: die Stände, die Angebotspalette und das sorglose Durcheinander. Kurz, das genaue Gegenteil von Aalsmeer. Einige Angehörige der Branche bedauern dies und würden gerne den folkloristischen Reiz gegen eine bessere Organisation eintauschen. Und die Käufer hätten bestimmt nichts dagegen einzuwenden. Wenn man sich jedoch von der mürrischen Atmosphäre in Rungis nicht abschrecken läßt, kann ein Besuch sehr amüsant sein – nur zum Schauen allerdings, denn der Verkauf an Einzelkunden ist verboten. Die beiden New Yorker Floristen Tom Pritchard und Billy Jarecki, die alle wichtigen Markthallen der Welt besuchten, bevor sie 1994 ihr Buch *Mädderlake's Trade Secrets* herausbrachten, waren von Rungis begeistert: »Die Vielfalt, die man dort findet, ist erstaunlich, und die Händler haben ein besonderes Geschick in der Präsentation der Blumen. Als wären sie, die doch an ihre Ware gewöhnt sein müßten, noch immer von ihr bezaubert.« Das sind sie wahrscheinlich wirklich, wenn man bedenkt, daß auf vielen Großmärkten die Ware nicht einmal ausgepackt wird.

In Rungis steht man, wie anderswo auch, unter dem Einfluß der Niederländer: Man sieht überall die für die internationalen Reisen der Blumen unerläßlichen Container mit dem Zeichen von Aalsmeer darauf. Andererseits halten die französischen Blumen, besonders die bis zur ersten großen Hitzewelle allgegenwärtigen aus Südfrankreich, tapfer die Stellung: Mimosen, Veilchen, Ranunkeln, großblütige Nelken und die begehrten Tulpen aus dem Var, die in die Schweiz und sogar bis in die USA exportiert werden. Auch die Anemonensorte 'Tetra' gehört dazu, die die südfranzösischen Gärtner vor Weihnachten in Rot produzieren und von September bis April in Weiß, am häufigsten jedoch in Blau für frische Frühlingssträuße. Sogar die Niederländer importieren diese Anemonen wegen ihrer besonderen Schönheit. Das Anpflanzen dieser Blume ist eine schwierige Kunst, die man in Südfrankreich und Italien besonders gut beherrscht. In Deutschland haben die aus Italien kommenden Anemonen den größten Erfolg.

In den Gängen von Rungis sind alle Arten und Sorten aus Holland und Südfrankreich vertreten. Die Floristen besuchen schon im Morgengrauen ihre Stammlieferanten und entscheiden routiniert und schnell, was sie kaufen. Teilweise lassen sie sich die Ware schon bei ihrer Ankunft auf dem Markt reservieren. Die Kunst eines Floristen liegt ja nicht nur in seinen Gebinden, sondern auch in der geschickten Wahl seiner Ware, eine Aufgabe, die er niemals anderen überläßt. Eine besonders schöne Lieferung oder eine außergewöhnliche Farbvariante bleibt nicht lange an den Ständen liegen, und man muß in diesen Fällen schneller sein als die Konkurrenz. Für die kreativsten unter ihnen bedeutet dies eine tägliche Jagd nach dem Besonderen, die sie in Rungis in jedem Fall durch den Veilchen-, den Flieder-, den Tulpen- und den Irisgang führt, also die Gänge, die den Blumen aus der Umgebung von Paris vorbehalten sind. Hier verkaufen keine Großhändler, sondern die Gärtner selbst ihre Ware, die sie entweder am selben Morgen oder am Abend zuvor geschnitten haben. Die

Wenn eine Blume erst einmal abgeschnitten ist, muß sie gleich versorgt werden. Denn innerhalb weniger Minuten können sich die feinen Gefäße des Stengels verschließen, wodurch die Pflanze kein Wasser mehr aufnehmen kann. Deswegen stellen die Produzenten die Blumen sofort in Eimer mit frischem Wasser, dem pilztötende Mittel zugesetzt sind. So werden die empfindlichsten Arten, wie diese Wicken (oben), zu den Endverkäufern transportiert. Für einige Arten gilt diese Regel nicht. Veilchen z.B. werden in Kartons verkauft. Man muß sie nur befeuchten, da sie Feuchtigkeit nicht durch die Stengel, sondern über die Blüten aufnehmen. Das gleiche gilt für Gerbera (links ein Gerberastand in Rungis).

Blumen sind frisch und individuell verschieden wie in einem Gartenstrauß. Dieses Schauspiel ist allerdings saisonabhängig. Ab dem 20. November liegt keine einzige Blume mehr auf diesen Ständen, statt dessen sind sie mit Tannenzweigen bedeckt. So nutzen die Gärtner den Winter, bevor sie die Hallen bis zum nächsten Frühling verlassen. Leider ist die Zukunft dieser kleinen Produzenten ungewiß, obwohl die Pariser Floristen die Blumen aus der Umgebung vermissen würden, die ihnen individuelle Vielfalt, genau die richtigen Farben und den gewünschten Öffnungsgrad der Blüten bieten.

Die Gärtnereien, die überleben konnten, haben sich seit Generationen auf außergewöhnliche Pflanzen spezialisiert, wie etwa die Firma Brossard et fils. Vater Brossard überraschte einst Paris mit seinen Pompongänseblümchen, die er heimlich züchtete und die seinen Ruf begründeten. Seitdem haben die Brossards immer neue Innovationen hervorgebracht, beispielsweise Amarantblüten in Feuerrot und Goldgelb, die im Zwielicht der Brossardschen Gewächshäuser in Ollainville gedeihen. Um bei der Mode der grünen Blüten mithalten zu können, züchtete Monsieur Brossard sogar eine jadegrüne Variante, das Resultat fünfjähriger geduldiger Bemühungen. Solche Züchtungen bergen immer ein Risiko, da man den Erfolg eines Farbtons und die Dauer seiner Beliebtheit nicht vorhersagen kann. Bei den Wicken, einer weiteren Spezialität dieser Firma, die sie bis nach Hongkong verkauft, ist es einfacher. Sobald sie anfangen zu blühen, färbt Brossard sie den Wünschen der Floristen entsprechend gelb oder orange ein. Es genügt, die Blumen nach dem Schnitt ein wenig dürsten zu lassen, damit sie sich danach mit dem gefärbten Saft vollsaugen, den Brossard selbst mischt. Innerhalb weniger Stunden nehmen so die rosa Wicken eine schöne Lachsfarbe an und werden die weißen Blüten gelb.

Die sorgfältig vorbereiteten Blumen gehen jeden Morgen um 5 Uhr 30 auf die Reise. Auch die Rosenzüchter machen sich um diese Zeit auf den Weg nach Rungis, unter ihnen Madame Coquelin, die sich um die Vermarktung der Rosen kümmert, die ihr Mann anpflanzt. Ihr Sortiment umfaßt 35 Sorten, davon zehn duftende. Die Blumen wachsen eine halbe Stunde von Paris entfernt auf einem kleinen Stück Land bei Mandres-les-Roses. Die Coquelins sind ständig mit der Züchtung neuer Varianten beschäftigt, um mit den Modeströmungen Schritt zu halten. Ein Rosenstock kann acht bis zehn Jahre lang Blüten treiben, doch sie reißen die Pflanzen meist schon vorher aus und pflanzen neue. In den großen Glashäusern strecken die Rosensträucher, die kurz vor der Ernte stehen, ihre

Oben: Palette der natürlichen Farben von Wicken, wie sie in der Gärtnerei Brossard bei Paris gezogen werden. Gelb und Orange fehlen, doch diese Farbtöne kann man künstlich erzielen, indem man die Blumen in Farblösungen stellt. Man könnte sie mit der gleichen Technik auch blau färben, doch Brossard sieht davon ab, weil Blau sich in den Blütenblättern nur schlecht verteilt. Blau ist die seltenste und zugleich begehrteste Blumenfarbe. Die Züchter kündigen schon lange blaue Rosen an, was ein wahres Wunder wäre. Bis jetzt gibt es sie jedenfalls nicht. Rechts: Nur wenige Blumen sind von Natur aus blau, wie dieser Rittersporn in den Treibhäusern von Brossard.

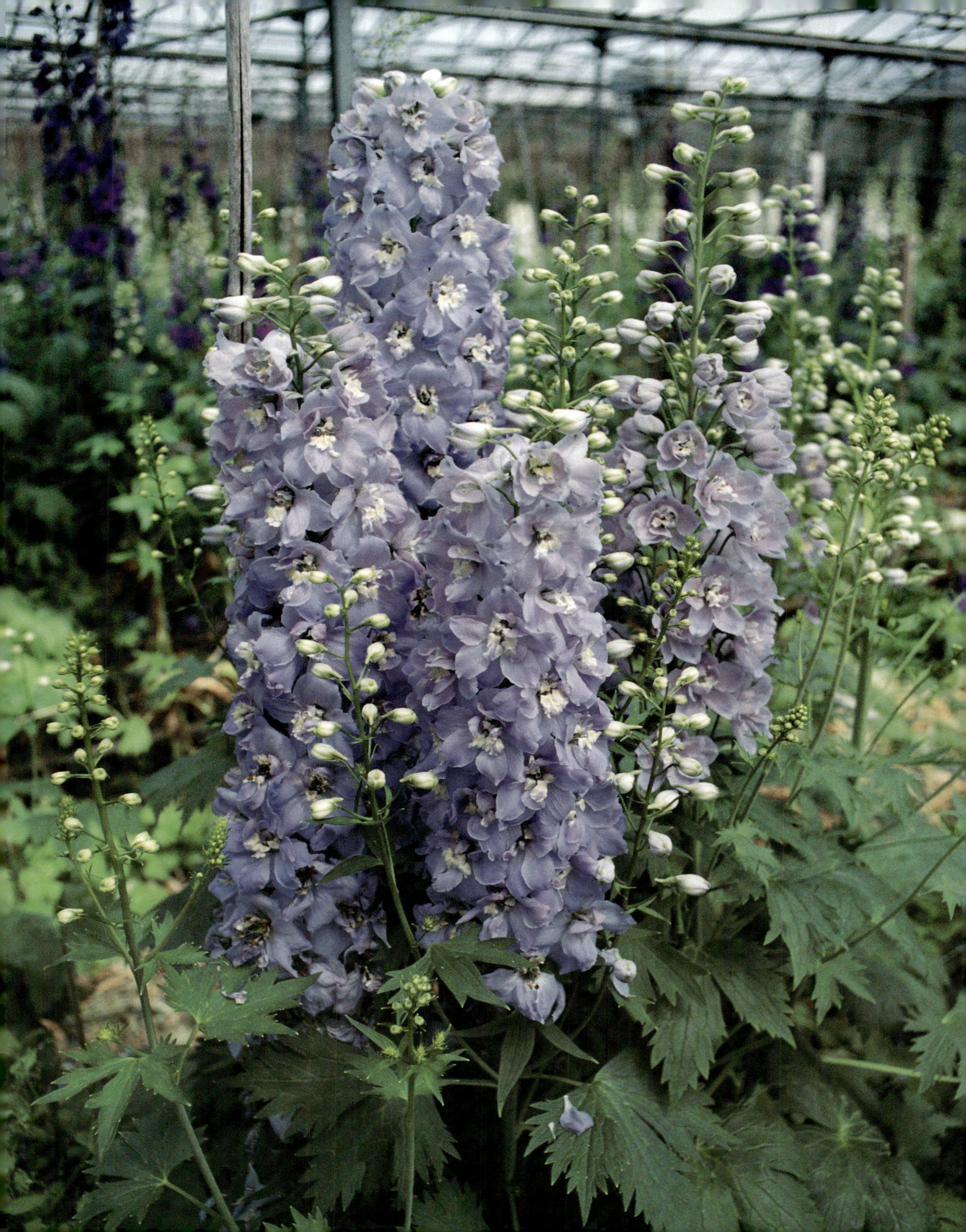

Blumenmärkte

knospenden Triebe dem Licht entgegen. Sie werden geschnitten, sobald sich die ersten Blütenblätter zu entfalten beginnen, was noch vor zehn Jahren als später Schnitt gegolten hätte. Damals wurden noch Rosensträuße mit fest geschlossen bleibenden Knospen verkauft, die heute keine Abnehmer mehr finden würden. Über solche und ähnliche Veränderungen des Geschmacks sinniert Madame Coquelin gerne, wenn sie die Reihen ihres Gewächshauses abschreitet. Sie ist sehr zufrieden mit ihrer 'Maya', perlmuttweiß mit rosafarbenen Rändern, die zu den meistverkauften Sorten gehört und sicher auch in Zukunft Erfolg haben wird. Ebenfalls beliebt sind die schokoladenfarbene 'Leonidas', die 'Nicole' mit ihren violetten Rändern oder auch die 'Tango', die sich schon vor zwanzig Jahren gut verkauft und die Madame Coquelin mit Erfolg wieder eingeführt hat. Auch um die 'Papa Meilland', die 'Pierre de Ronsard' und die 'Felicia' muß sie sich nicht sorgen: Alle drei sind duftende Sorten, und Duft verkauft sich immer gut. Das gleiche gilt für die grünen Rosen, die noch immer für Überraschung sorgen. Vor den Reihen der Sorte 'Kaina' zögert Madame Coquelin: Ihr Fuchsiaton war nie sehr begehrt, obwohl er sparsam eingesetzt in Sträußen sehr gut wirkt. Über die Sorten 'Mascara', 'Pavarotti' und 'Ravel' ist das Urteil schon gefällt: Sie sind völlig unmodern. Noch im selben Jahr wird man sie entfernen. Dasselbe gilt für die 'Noblesse', die der Florist Tortu ihr nicht mehr abnimmt; ständig fragt er, wann sie endlich diese »Barbie-Rose« aus dem Sortiment nehmen wird.

Für solche Sorten müssen die Versuchsgewächshäuser der Züchter Ersatz schaffen. Dort werden Varianten erprobt, die erst in fünf oder sechs Jahren in den Handel kommen werden. Mit etwas Glück und viel Intuition wird Madame Coquelin die richtigen aussuchen.

Die Suche nach kleinen, sorgfältig arbeitenden und einfallsreichen Produzenten ist zu einem Hauptanliegen der Floristen in ganz Europa geworden. An den Marktständen in Covent Garden liegen neben holländischen Blumen typisch englische Sorten: Kornblumen, Pfingstrosen, Rosen aus Guernsey, Narzissen aus Lincolnshire. Für solche lokalen Produkte interessierten sich bis vor kurzem nur wenige Floristen, und die Kunden verlangten sie fast nie. Jetzt ist man dabei, sie wiederzuentdecken, ein Trend, der sich bis in die Weiten Amerikas bemerkbar macht.

Ein gutes Beispiel dafür ist die Geschichte der Familie Garibaldi. Seit vier Generationen pflanzt sie in den grünen Hügeln südlich von San Francisco Veilchen der Sorte 'Blue Giant' an nach dem Vorbild des aus Italien stammenden Großvaters, der schon vor fast hundert Jahren damit begann. Seine Nachfahren hielten auch dann daran fest, als sich niemand mehr für Veilchen interessierte und andere Gärtnereien die Pflanzen ausrissen – bis sich eines Tages ein Florist aus San Francisco an die Familie Garibaldi wandte und Sträußchen mit seidenen Schleifen sowie kleine Kränze aus Veilchen bestellte. Seitdem sorgen sie bei den Kunden, die den Duft von Veilchen schon vergessen hatten, immer wieder für Aufsehen.

Die Rosen aus der Region um Paris haben international einen guten Ruf. Ein Besuch in den Gewächshäusern, aus denen sie stammen, läßt jedoch nur wenig von ihrer späteren Pracht ahnen. Denn an den Rosensträuchern sieht man nur geschlossene Knospen. Obwohl sie heute schon später geerntet werden als in früheren Jahren, schneidet man sie ab, sobald ein winziger farbiger Streifen das Öffnen der Blütenblätter ankündigt. Man läßt die Blüten nur aufgehen, wenn es sich um unmoderne oder fehlerhafte Rosensorten handelt, die es nicht wert sind, geschnitten zu werden. Links oben: Rosen im Geschäft von Didier-Pierre, der seine Ware während der Saison aus der Pariser Gegend bezieht. Links unten: 'Leonidas'-Rosen mit hellem Schokoladen-Farbton. Oben: Eine unmodern gewordene Rose in einem verlassenen Gewächshaus. Sie blüht zum letzten Mal.

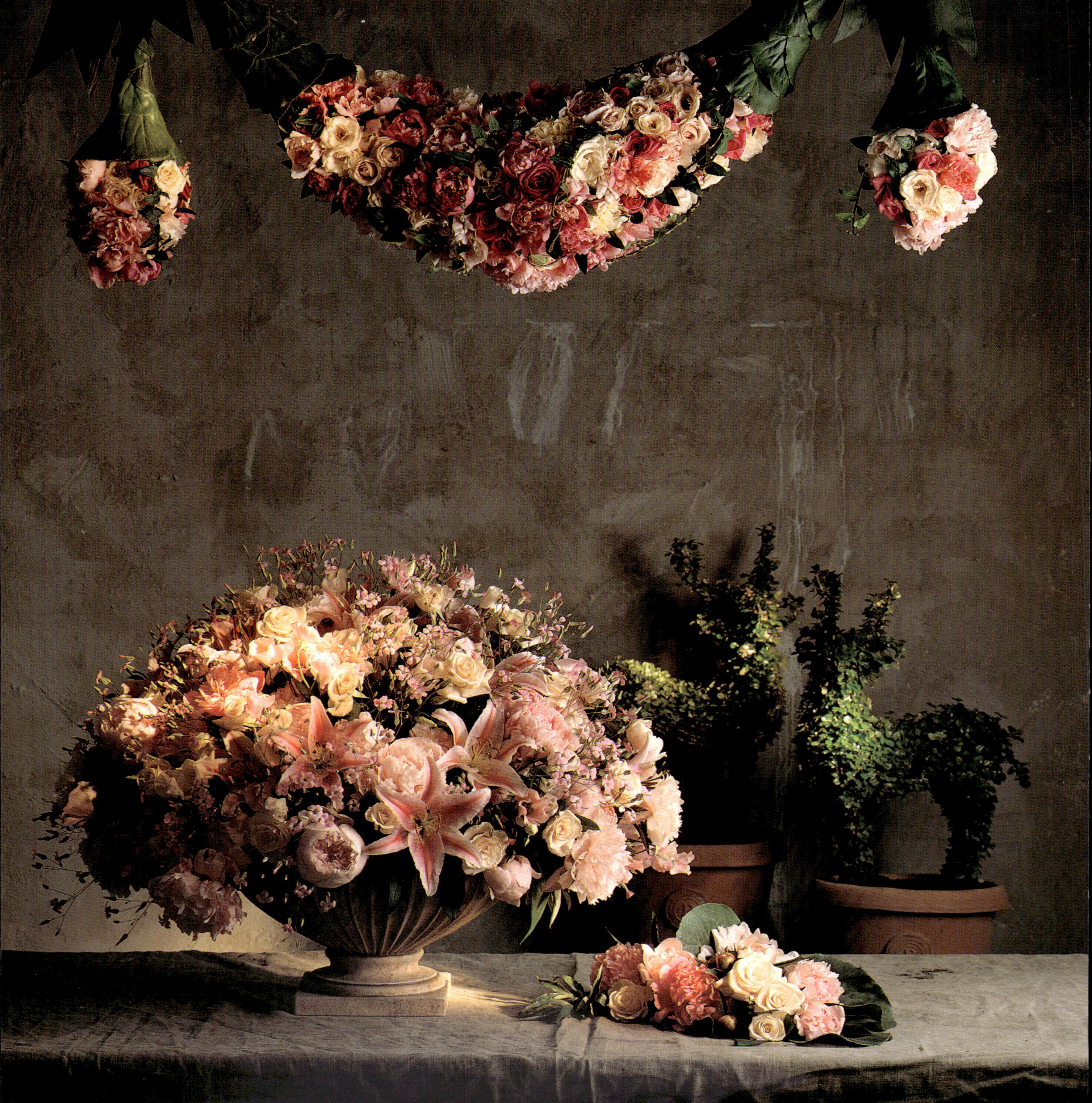

Blumenkünstler

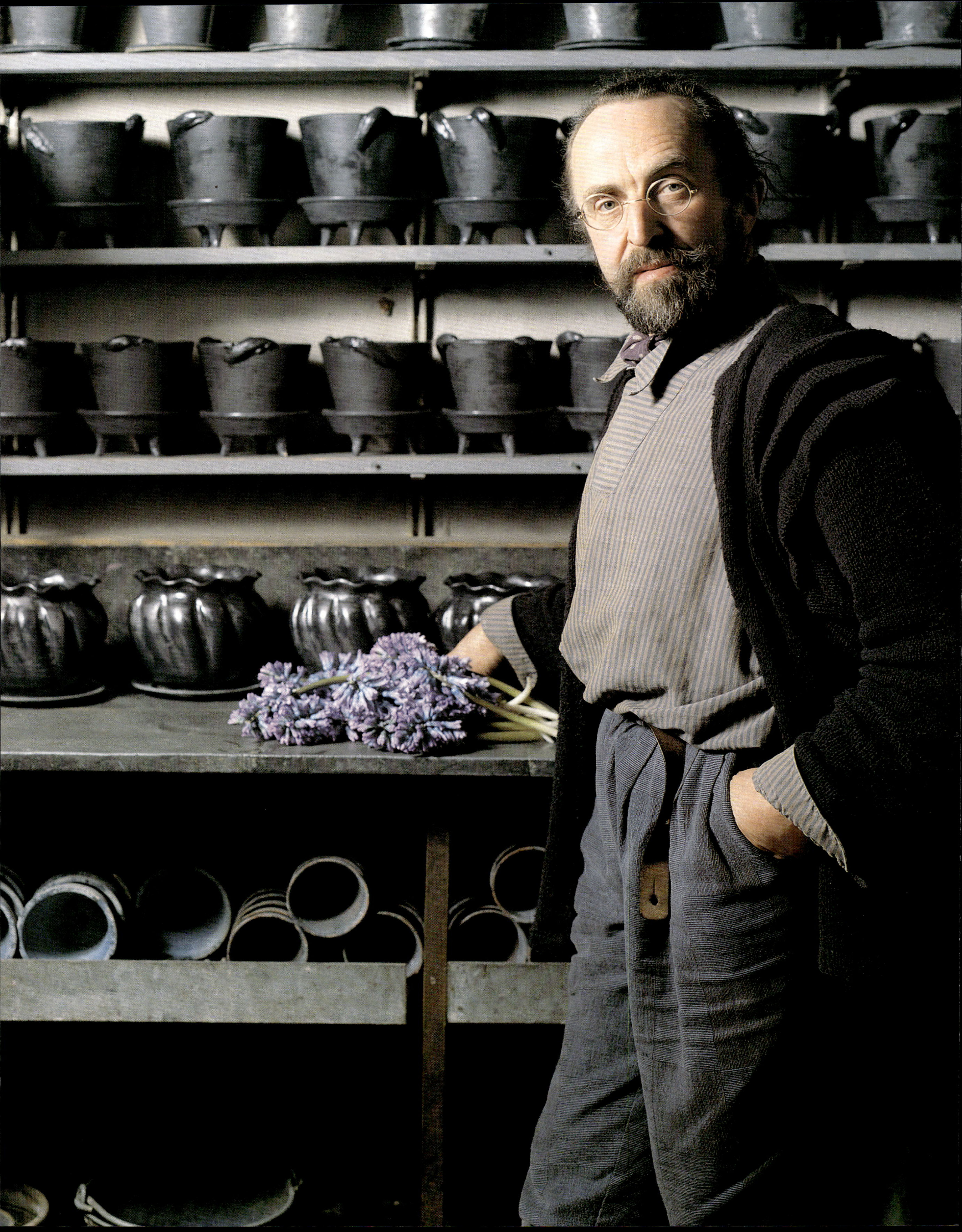

Floristen werden heutzutage als Künstler anerkannt, und einige sind in den entsprechenden Kreisen genauso berühmt und gefragt wie große Couturiers. Wer etwas auf sich hält, kauft bei dem Floristen, der gerade en vogue ist, und als besonders schick gilt es, den Meister persönlich zu kennen. Meist kann er es an Bekanntheit mit seinen besten Kunden durchaus aufnehmen. Da gute Floristen überaus begehrt sind, haben sie alle Hände voll zu tun. Ihr Tag beginnt im Morgengrauen mit dem Besuch des Großmarkts und endet vielleicht erst spät in der Nacht mit den letzten Vorbereitungen für eine große Hochzeit oder den Arrangements für eine Modenschau. Solche Aufträge führen sie teilweise um die ganze Welt, ihr Terminkalender liest sich wie der eines vielbeschäftigten Politikers. Der Londoner Florist Kenneth Turner wird einmal nach Venedig bestellt, um ein fürstliches Bankett zu dekorieren, dann wieder nach New York, um die Thanksgiving-Tafel einer reichen Amerikanerin zu schmücken. Manche Floristen legen auch weite Strecken zurück, um an Fachtagungen teilzunehmen, wie der Belgier Daniël Ost oder der Deutsche Gregor Lersch, die, besonders in Japan, internationale Stars sind. Wieder andere exportieren ihren Stil und gründen Filialen in aller Herren Länder. Christian Tortu z.B. pendelt zwischen seinem Pariser Geschäft und den Filialen in New York (auf der Fifth Avenue), Singapur und Jakarta hin und her. Solche Künstler sind außerdem oft Theoretiker der vergänglichen Blumenkunst und greifen zur Feder, wie es auch große Köche tun. Sie verfassen Lehrwerke, in denen sie ein paar ihrer Tricks verraten, poetische Alben, in denen Sträuße von philosophischer Warte aus betrachtet werden, oder auch Bildbände, die Sträuße als Kunstobjekte präsentieren. Besonders die Deutschen und die Engländer betätigen sich gerne auf diesem Gebiet, ihre besten Floristen haben im Laufe ihrer Karriere je mindestens ein Buch veröffentlicht.

Während man von einfachen Blumenhändlern noch vor dreißig Jahren kaum Notiz nahm, sind einige von ihnen heute zu Medienstars geworden, besonders die Männer. 1997 waren allerdings drei Frauen unter den fünf »Besten Floristen Frankreichs«. Ebenfalls im Trend liegen die Engländerinnen Paula Pryke und Jane Packer. Das Interesse, das Männer heute an Floristik haben, ist charakteristisch für unsere Epoche. Wegbereiterin dieser neuen Kunst war allerdings eine Frau: Constance Spry.

CONSTANCE SPRY UND DIE ERFINDUNG DES MODERNEN BUKETTS

Constance Spry, die bei ihren Landsleuten hohes Ansehen genießt, war in den 1930er Jahren eine der besten Floristinnen Englands. Sie war zufällig an diesen Beruf geraten, ohne besondere Ausbildung, einfach, weil sie Blumen liebte. Und sie begann nicht etwa als Blumenhändlerin, sondern als Hobby-Innendekorateurin. Ihre geniale Idee bestand darin, Haushaltssträuße möglichst schlicht zu gestalten, mit wenigen Mitteln, kurz, als lebendige Gebinde, die selbstverständlicher Teil des Alltagslebens werden sollten. Damit propagierte sie das Gegenteil

Große Floristen sind heute international anerkannte Persönlichkeiten. Der Engländer Kenneth Turner dekoriert Schlösser auf der ganzen Welt, und der Däne Tage Andersen, der seit dreißig Jahren zur floristischen Avantgarde zählt, ist weit über die Grenzen Kopenhagens hinaus bekannt. Kunst kennt weder Grenzen noch Beschränkungen: Der Niederländer Marcel Wolterinck läßt seine Kompositionen sogar musikalisch untermalen. Seite 168: Rosenarrangements von Erik Bering. Seite 169: Rosen der Sorte 'Black Magic' in einem Zinngefäß von Marcel Wolterinck. Links: Tage Andersen in seinem Geschäft. Oben: Kenneth Turner und sein Team dekorieren eine seiner Londoner Schaufensterfronten.

von dem, was in England zu der Zeit Mode war. Die Blumenläden priesen damals, kurz vor dem Ersten Weltkrieg, noch Treibhausblumen an, Trauergebinde und das viktorianische *posy*-Sträußchen, das in der Hand gehalten wurde. Constance Spry zog schlichte Blumen vor, wilde Kräuter, ein wenig zerzauste Rosen, und verband sie zu verschlungenen, bewußt asymmetrischen Kompositionen. Sie verschenkte ihre extravaganten Gebinde an Freunde und dekorierte deren Wohnungen und Abendgesellschaften, und zwar um so ungezwungener, als sie mehrere Jahre lang ihr Talent nur auf privater Ebene ausübte – bis sie 1928 unter dem Namen Flower Decorations in London ihr erstes Geschäft eröffnete.

Mit ihren Dekorationen für die Parfümerie Atkinsons in der Old Bond Street erlangte sie gleich öffentliches Aufsehen, denn nie zuvor hatte man etwas Ähnliches zu Gesicht bekommen. Sie hatte große Blattranken, Wild- und Kulturblumen zu Kompositionen zusammengestellt und sie in Urnen aus Speckstein und in Füllhörner aus schwarzem Marmor gesteckt, die von hölzernen Engeln gehalten wurden. Ihre Schaufensterdekorationen wurden so berühmt, daß ihr Geschäft bald zahlreiche Londoner Persönlichkeiten anzog. Es kamen der Prinz von Wales und Mrs. Simpson sowie Somerset Maughams Frau Syrie Maugham (selbst eine sehr populäre Dekorateurin), die Constance Spry von ihrer Vorliebe für Weiß in Weiß überzeugen konnte. Große Sträuße weißer Blumen in ausschließlich weißen Appartements: dies galt zwei Jahrzehnte lang als das Nonplusultra der Eleganz. Die Kunst der Constance Spry erstreckte sich nämlich nicht nur auf Buketts, sondern auch auf den Gesamteindruck, den sie mit ihnen erzielte. Die Blumen sollten den Charakter des Zimmers unterstreichen, für das sie bestimmt waren. Die Vision einer Blume, die genau an dem für sie richtigen Ort erblüht, war ein absolut neuer Gedanke, der heute zu den Grundregeln der Blumendekoration gehört. Bei dem Streben nach Harmonie war die Wahl der Vase von so großer Bedeutung, daß Constance Spry ihre Vasen selbst zu entwerfen begann. Sie hatte eine Vorliebe für Medici-Vasen, steinerne Urnen und breite Schalen, benutzte aber auch die verschiedensten, bunt zusammengewürfelten Gegenstände, von der Teetasse über Muscheln bis zu Bambusstangen. Die verfremdete Nutzung bestimmter Objekte, in manchen Fällen weit von den Vorstellungen entfernt, die man sich von einer Vase macht, ist ein Spiel, dessen die modernen Floristen nicht müde werden und das für uns heute nichts Besonderes mehr ist. Doch als Constance Spry dieses Konzept einführte, galt es als unerhört gewagt. Das gilt auch für ihre Tischgestecke, die uns heute vertraut vorkommen, damals aber noch Überraschung auslösten: kleine feuerrote Paprikaschoten und eine Handvoll grüner Bohnen oder Weidenröschen zu Füßen eines großen Lorbeertuffs, blühende Minze, Rosmarin und die Dolden wilder Möhren. Vielleicht auch eine Schale mit violetten Artischocken, die im samtigen Grau ihrer Blätter hockten. Constance hatte nämlich auch die Schönheit der Gemüsearten entdeckt

Oben: Constance Spry. Rechts: Der Herzog und die Herzogin von Windsor gehörten zu Mrs. Sprys treuesten Kunden. Sie vertrauten ihr auch den Blumenschmuck für ihre Hochzeit an, die 1937 in Frankreich stattfand. Die Arbeit von Constance Spry wurde hochgeschätzt, wie die Widmung auf dem Porträt der Herzogin beweist: »Für Mrs. Spry, dank der meine Hochzeit so schön war. Wallis.« (Fotografie von Cecil Beaton)

Cecil Beaton

To Mrs Spry
who made my
wedding so lovely
Wallis
June 3rd — 1937

und stellte damit althergebrachte Vorstellungen völlig auf den Kopf.

Ihre Ideen gab sie gerne weiter: Sie publizierte 13 Werke und gründete eine Schule, in der sie die Prinzipien verbreitete, mit denen sie die florale Ästhetik in Europa und Amerika so sehr verändern sollte. Diese Entwicklung brauchte jedoch ihre Zeit. Als Constance Spry die Blumenarrangements für die Krönung Königin Elisabeths organisierte, waren die Floristensträuße im allgemeinen noch steif und zeugten von wenig Phantasie.

In den 1950er Jahren steckten sich amerikanische Frauen Gardenienblüten an, wenn sie am Samstagabend ins Theater oder ins Kino gingen. Waren sie wieder zu Hause, deponierten sie die schneeigen, in Zellophan gehüllten Sträußchen dann nicht etwa auf dem Wohnzimmer- oder Küchentisch, sondern im Kühlschrank, wo sie sonntags morgens wie mit Rauhreif überzogen wirkten.

In Frankreich schenkten junge Väter ihren Ehefrauen gerne rote Baccarat-Rosen zum Beweis ihrer Liebe. Typisch für jene Zeit waren außerdem große Gladiolensträuße, ein fast obligatorischer Schmuck für Wohnräume. Manche hatten diese Blumen in ihrer Kindheit irgendwann so satt, daß es Jahre dauerte, bis sie sie wieder zu schätzen wußten. Die geraden, ordentlich in Vasen gesteckten Gladiolen sahen schmuck und sauber aus und paßten damit in den idealen Haushalt der 1950er Jahre und auch zur klischeehaften Vorstellung vom Leben der Hausfrauen jener Zeit: Nun, da elektrische Haushaltsgeräte ihnen viel Arbeit abnahmen, sollten sie sich ganz der schönen Gestaltung ihres Heims widmen können. Dazu gehörte selbstverständlich auch der Blumenschmuck. Da sie diese Aufgabe nicht, wie im 19. Jahrhundert, an Hausangestellte delegieren konnten, mußten sie sich selbst um das Arrangieren der Gebinde und das Wechseln des Wassers kümmern. So kamen Floristikkurse in Mode, und im Laufe des Jahrzehnts konnte man eine zunehmende Nachfrage nach Blumen beobachten, die nun nicht mehr allein den Begüterten vorbehalten waren. Der Blumenhandel war auf diese Entwicklung nicht vorbereitet. Zwischen dem teuren Floristenstrauß und den losen Blumen auf dem Markt gab es praktisch nichts. Auf der einen Seite standen die vornehmen Blumenboutiquen, die Stars, Regierung und gekrönte Häupter belieferten: In London wurden diese feinen Geschäfte z.B. angeführt von der Firma Moyses Stevens (gegründet 1876) sowie dem Floristen Edward Goodyear, Lieferant des Königshauses seit der Regierungszeit von Königin Viktoria. In Paris gehörte nach wie vor Lachaume dazu, der bekannt war für seine ungewöhnlichen Orchideen und atemberaubenden Blumenkörbe in einem Dekor aus Marmor, Springbrunnen und kleinen Grotten. Nach und nach eröffneten auch weniger exklusive und teure Geschäfte.

Oben: In den 1930er Jahren gehörte Constance Spry zu den bekanntesten Persönlichkeiten unter den Londoner Künstlern. Sie war mit Louis Théodore Eugène Glück befreundet, einem Maler, der in den 20er Jahren besonders für seine Blumenbilder bekannt wurde, die den Einfluß der berühmten Floristin erkennen lassen. Dies gilt z.B. für den Strauß, den Glück für die Residenz Lord Vernons malte. Diese Vasenform liebte sie am meisten: eine nüchterne Schale, die perfekt mit den Kallas harmoniert. Rechts: Solche Sträuße mit langen Stengeln und nur einer Blumenart waren bis in die 1950er Jahre hinein modern. Hier bringt der Gladiolenstrauß ein Ballkleid von Balmain zur Geltung (Fotografie von Cecil Beaton, 1951).

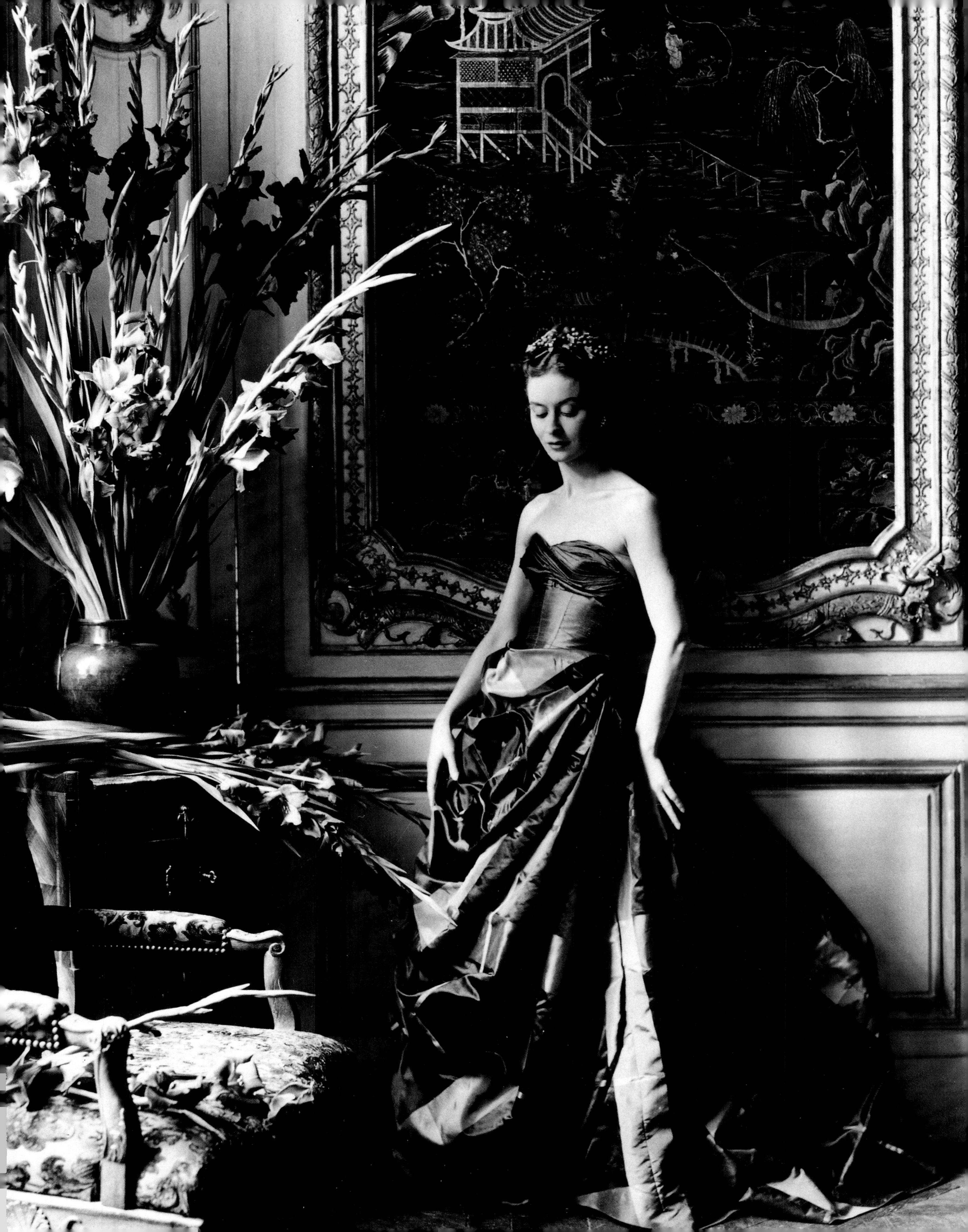

In Paris hatte es jedoch schon zuvor einen Floristen gegeben, bei dem man zu erschwinglichen Preisen Blumen bekam, das 1937 von André Baumann im Montparnasse-Viertel gegründete Maison des Fleurs, ein sehr ungewöhnliches Unternehmen. Die Schaufenster waren insgesamt zwölf Meter breit, und die weitläufigen Geschäftsräume hatte man ansprechend gestaltet. Das Besondere am Maison des Fleurs war, daß darin eine geradezu gastliche Atmosphäre herrschte, mit Sesseln, die zum entspannten Betrachten der Blumendekoration einluden. Zudem hatte es auch nachts geöffnet. Einige Jahre lang war es das meistbesuchte Blumengeschäft in ganz Paris. Baumann war einerseits ein elegantes Haus, andererseits war dem Besitzer aber klar, daß er auch Blumen anbieten mußte, die für ein breites Publikum erschwinglich waren. Daher verkaufte er u.a. Blumen »auf amerikanische Art«, d.h. lose in Kartons, so daß die Kundinnen sie zu Hause selbst arrangieren konnten, ein Wunsch, der jetzt immer öfter geäußert wurde. Und Baumann führte eine weitere Neuerung ein: Er versah seine Ware mit Preisschildern, was bei den eleganten Floristen ein Ding der Unmöglichkeit gewesen wäre. Andere Blumenhändler folgten Baumanns Beispiel und lockten damit auch Kunden in ihre Läden, die bis dahin gezögert hatten, solche schönen Geschäfte zu betreten.

Baumann verschickte auch Sträuße auf Bestellung, sowohl innerhalb Frankreichs als auch ins Ausland. Das Verschicken von Buketts wurde in den 1950er Jahren allgemein üblich. Das System bestand darin, daß der Florist, bei dem die Bestellung einging, sie per Telefon an einen Floristen am Zielort weitergab. Schon 1946 hatten sich Floristen in den Vereinigten Staaten und Europa zu Interflora Inc. zusammengeschlossen. Diese weltweit operierende Organisation entstand aus der Kooperation zwischen europäischen Floristen und der FTD (Florist Telegraph Delivery Association), die bis in die 1990er Jahre hinein auf dem gesamten amerikanischen Kontinent eine Monopolstellung für die Verschickung von Blumen innehatte. »Laßt Blumen sprechen« wurde zu einem internationalen Slogan. In Deutschland ist die Fleurop GmbH eine bekannte Institution. Der Name entstand aus einer Kombination von *flores Europae* (Blumen Europas). Dabei handelt es sich um eine schon 1908 in Berlin gegründete Organisation von Blumenhändlern zur überregionalen Vermittlung von Blumenpräsenten in ganz Deutschland.

FLOWER-POWER

Was den Sträußen zu Beginn der 1960er Jahre noch fehlte, war ein Hauch von Jugendlichkeit. Sie mußten sich von den Drähten befreien, mit denen man ihre Stengel umwickelte, und die vielen Schleifen sowie das obligatorische Asparagusgrün loswerden. Das Mannequin Twiggy war 17 Jahre alt, als es 1967 auf dem Cover der Zeitschrift *Vogue* mit einer großen gemalten Blume im Gesicht und einem Pelzmantel mit floralen Motiven abgebildet wurde. Im selben Jahr schwappte von Amerika die Hippie-Bewegung nach Europa über und brachte ein ganzes Meer von Blüten mit. »Flower-power« stand für vieles: für den Drang zurück

Oben: Nach dem Zweiten Weltkrieg waren Blumen für elegante Frauen ein unerläßliches Accessoire. Die Starlets des Filmfestivals in Cannes ließen sich beim Blumenkauf fotografieren (1956). Rechte Seite, von links oben nach rechts unten: Bei Lachaume in Paris wurden Blütenträume wahr; in seinem kleinen Büro empfing Lachaume berühmte Persönlichkeiten aus aller Welt. – Floristikkurse hatten großen Zulauf. – Auf der Rennbahn von Ascot schmückten junge Damen ihr Dekolleté mit Rosen. – Lauren Bacall trug bei ihrer Hochzeit mit Humphrey Bogart einen großen Orchideenstrauß am Kostüm.

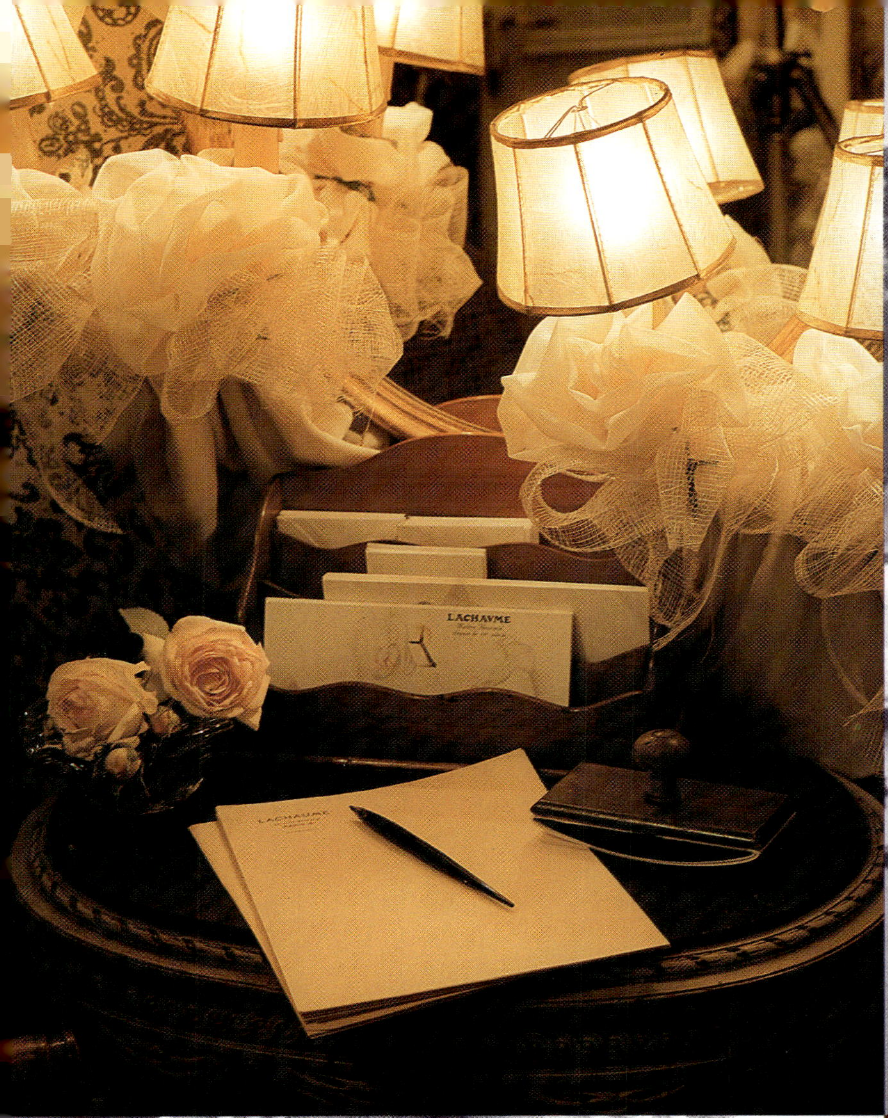
LACHAUME
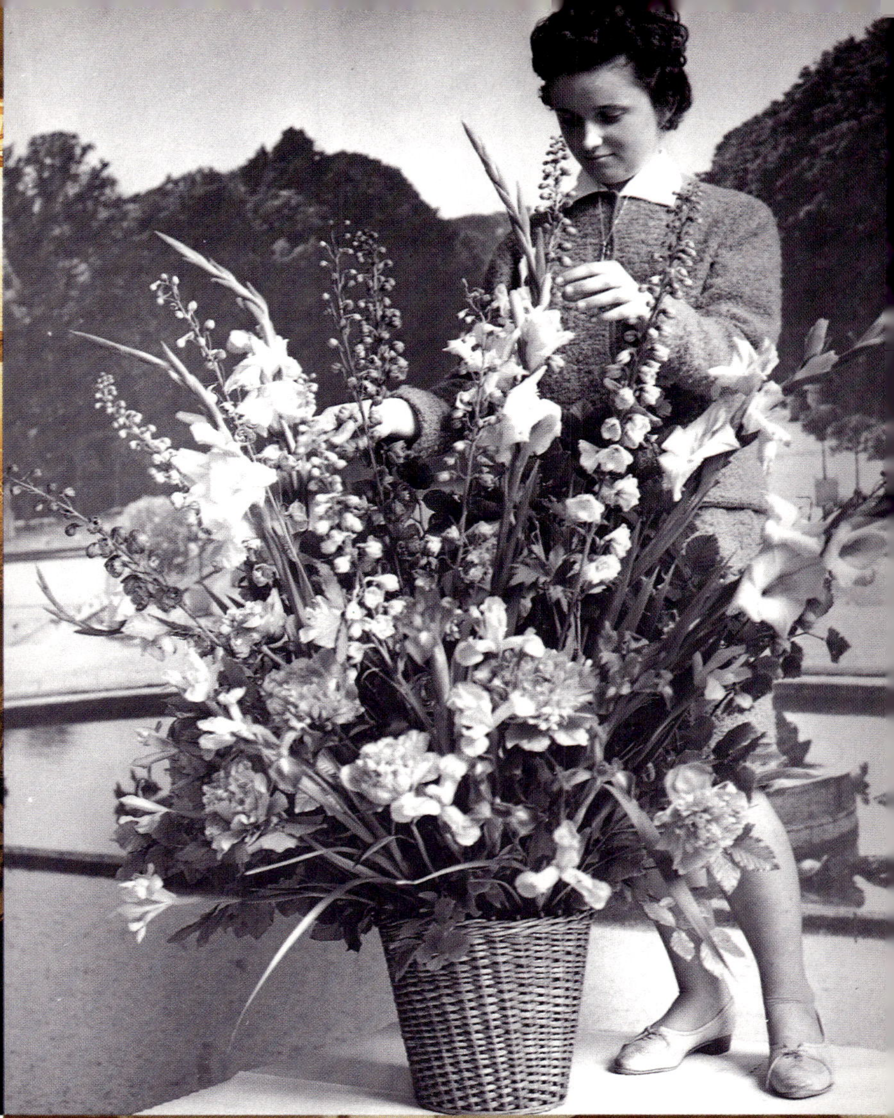
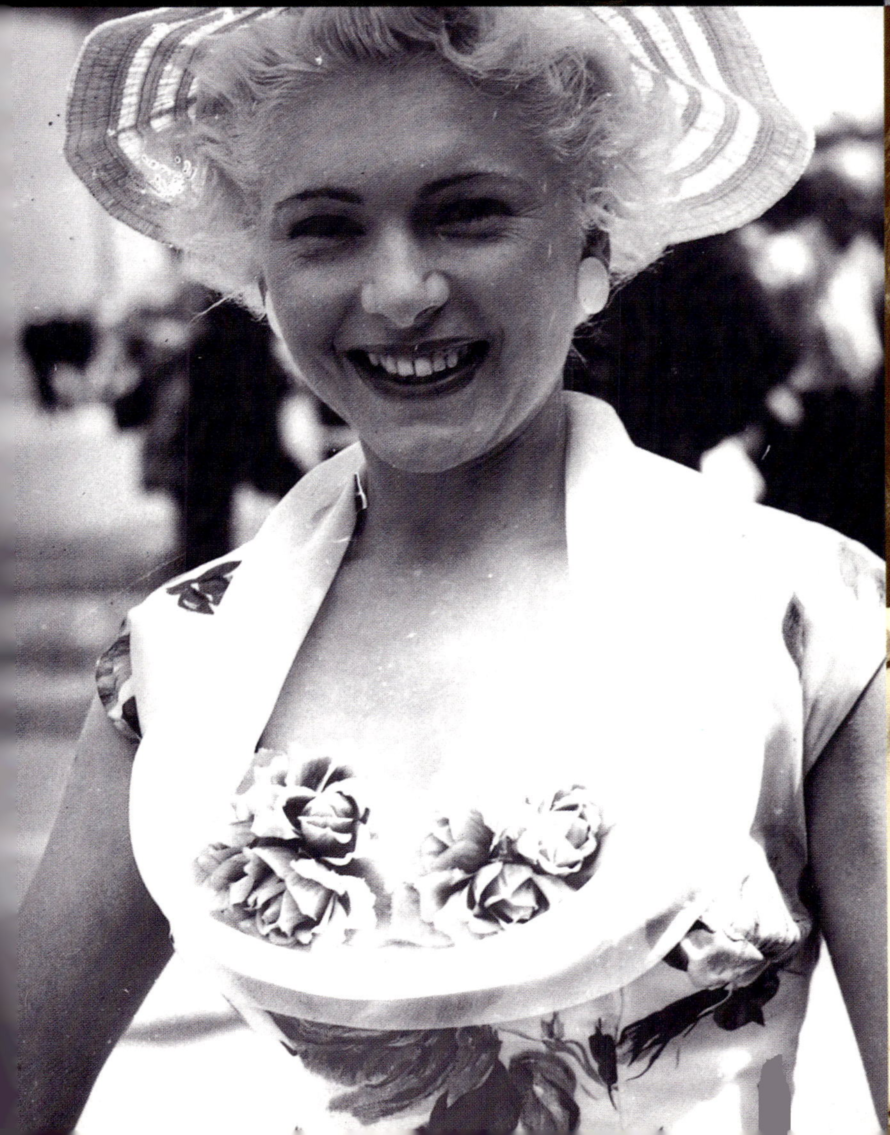
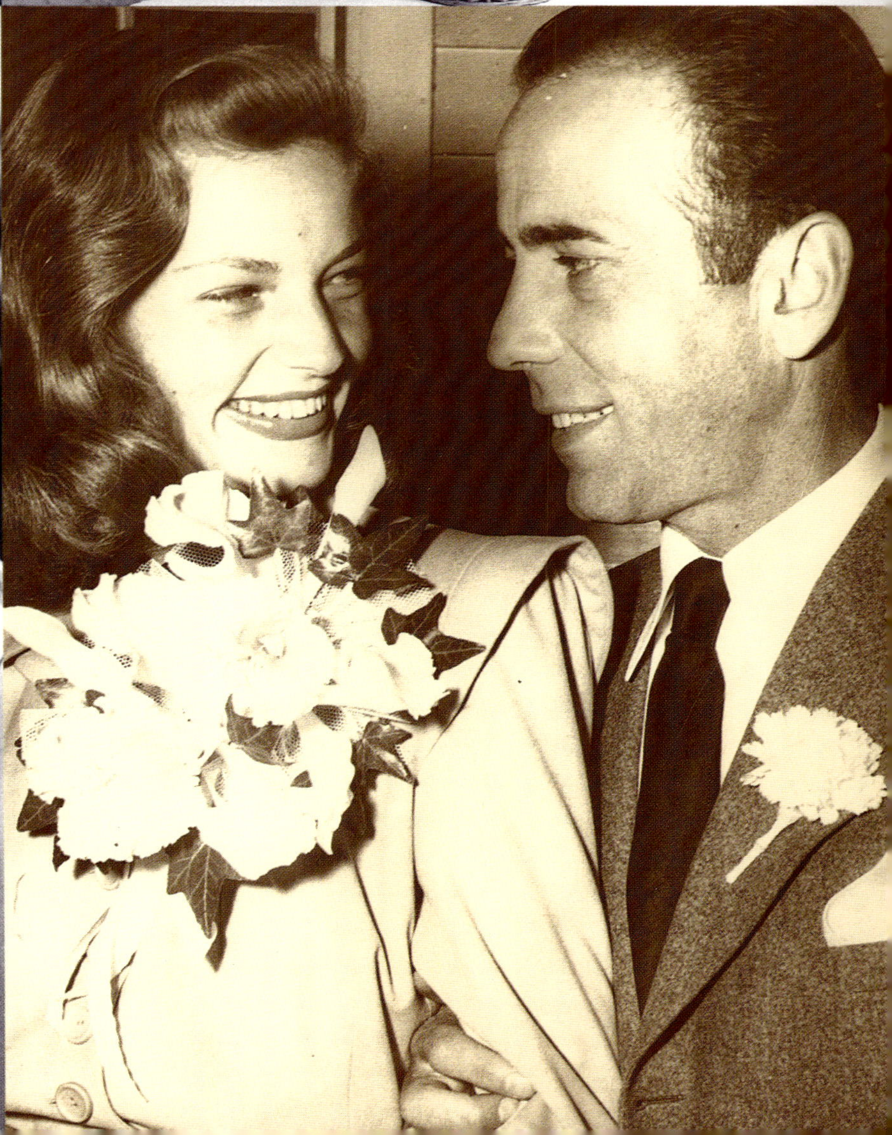

zur Natur und zur Unschuld, für Phantasie und allumfassende Liebe. Und für die Gleichheit der Geschlechter. Blumenkränze, von Reisen nach Indien inspiriert, wurden sowohl von langhaarigen Mädchen als auch von langhaarigen jungen Männern getragen. Letztere konnten nun ohne Scheu ihrer Liebe zu Blumen Ausdruck geben und sich sogar mit ihnen schmücken; Blumen zu mögen galt nun nicht mehr als unmännlich.

Die revolutionäre Bewegung griff auch auf die Blumenläden über, ohne daß man sich dessen zunächst bewußt wurde. Die griesgrämige, steife Atmosphäre früherer Jahre verflog, und in den Geschäftsstraßen taten sich außerordentliche Dinge.

Als Beispiel dafür mag das Erstaunen gelten, das 1970 das Pariser Geschäft La Grange à Buci mit seiner Schaufensterdekoration bei den Passanten auslöste. Sie wurde zu einer regelrechten Attraktion; derartiges hatte man noch nie gesehen. In jener Zeit des allgemeinen Wohlstands befreiten sich die Blumen, wie so vieles andere, von alten Konventionen, und das wurde im Fenster von La Grange à Buci für alle sichtbar: Wandbehänge aus Blüten, Samtteppiche aus Blüten in den erstaunlichsten Farbkombinationen. Für diese Dekorationen brauchte ein Team von 15 Floristen täglich sieben Stunden Vorbereitungszeit.

Das Berufsbild des Floristen befand sich in einer Phase der Veränderung, die von Spontaneität und Fröhlichkeit geprägt war. Aber während diese Entwicklung in Frankreich weitgehend unbemerkt vonstatten ging, weckte sie in Amerika öffentliches Interesse. Die amerikanische Presse hatte sich des Phänomens schnell angenommen; so waren, als

Floristen sind nicht die einzigen, die neue florale Trends schaffen. Bekannte Persönlichkeiten, vor allem Frauen, tragen ebenfalls dazu bei. So z.B. Jackie Kennedy, die bei ihrem Einzug ins Weiße Haus über die strengen Buketts entsetzt war. Sie führte mit Gartenblumen gefüllte Weidenkörbe voller Anemonen, Freesien, blühender Apfelbaumzweige und Margeriten ein, die zu den Modeblumen der 1960er Jahre wurden. Jackie Kennedy und Madame de Gaulle mit Sträußen bei einem Empfang im Élysée-Palast, 1961.

der berühmte New Yorker Florist Ronaldo Maia 1978 sein erstes Buch herausgab, seine Kreationen schon längst in einschlägigen Wohnmagazinen zu bewundern. Sogar die *New York Times* bescheinigte ihm Originalität. Auffällig an Maias Buch ist die offensichtliche Freude, die er bei seiner Arbeit mit Blumen empfand. Weniger Technik und mehr Vergnügen, so lautete fortan die Devise der Floristen. Natürlich mußte man dabei einige elementare Regeln beachten, die Maia seinen Lesern erklärte – übrigens fast dieselben Prinzipien, die schon Constance Spry empfohlen hatte. Erstens sollte man keine vorgefaßten Meinungen haben: Alle Blumen sind gleich wertvoll, ob kleine weiße Zinnien, Gartenblumen, Phlox oder auch Arten, die eigentlich als unmodern gelten. Maia hatte sich z.B. vorgenommen, die steifen Gladiolen zu rehabilitieren: Er schnitt sie ganz kurz ab, gab ihnen dadurch mehr Dichte, bog die »Reststengel« zurecht und faßte große Mengen von Blüten zusammen. Dadurch sahen die Gladiolen auf einmal ganz anders aus und entwickelten ihren eigenen Charme. Auch Gemüse verhalf Maia zu neuen Ehren. Er zeigte, daß Radieschenbunde schön sein können, band Tomaten zu Buketts und faltete Wirsingköpfe auf, zwischen deren Blätter er Rosenknospen steckte. Zudem strebte er nach Harmonie, suchte für jede Umgebung die passende Blumendekoration und für jedes Bukett die richtige Vase. Bei den Vasen allerdings ging er noch weiter als Constance Spry: Er benutzte Wein- und Likörflaschen, Steigen vom Lebensmittelhändler, Kuchenformen, Reagenzgläser und sogar Goldfischgläser, in die er seine Blüten wie Seeanemonen einsperrte.

In den folgenden zwei Jahrzehnten sollte sich die Kunst der Floristik grundlegend verändern. Zu der Zeit, als Maia sein Buch veröffentlichte, war die Farbpalette noch eingeschränkt und bestanden Gebinde hauptsächlich aus »richtigen« Blumen; Maia steckte zwar schon einmal die krausen Blätter des Bronzeblatts (eine kleine Waldpflanze) dazwischen, aber nur sehr wenige andere Grünpflanzen. Blattwerk – gestreift, gewellt, fächerförmig, duftend, vom Feld oder exotisch – kam erst später auf.

BLUMENMODEN UND MODEBLUMEN

Die Revolution in der Welt der Frischblumen machte sich auch bei den Seidenblumen bemerkbar. Zu Beginn der 1970er Jahre fanden in den Berufen rund um die Kunstblumenherstellung ein-

Ganz oben: In den 1970er Jahren begann man mit der weltweiten Verschickung von Blumenpräsenten. Werbung von Interflora.

Oben: 1967 verstreute der französische Couturier Courrèges seine Margeritenblüten überall. Junge Frauen, ob in Paris oder London, schmückten sich mit dieser Wiesenblume, deren Blütenblätter Mädchen seit jeher abzupfen und dabei »Er liebt mich, er liebt mich nicht« murmeln. In Frankreich gibt es sogar mehrere Möglichkeiten: »Er liebt mich ein bißchen, sehr, leidenschaftlich, wie verrückt, überhaupt nicht.«

schneidende Veränderungen statt. Da sie traditionell mit der Hutindustrie verbunden waren, hatten sie unter dem schrittweisen Verschwinden der Hüte zu leiden. Vor 1930 trugen alle Frauen mindestens dreimal im Jahr einen Hut: eine üppig mit Blumen geschmückte »Kreissäge« zu Ostern, eine etwas strengere Kreation zu Allerheiligen und eine aufwendigere Kopfbedeckung mit Federn und Blumen zu besonderen Gelegenheiten. Das war genug, um viele Modisten-Ateliers zu beschäftigen. Dann allerdings wurde es nach und nach üblich, auf den Hut als modisches Accessoire zu verzichten. Es blieben das Schmucksträußchen oder Blumen für Konfektschachteln, auf die sich einige Firmen spezialisiert hatten. 1970 brach in Form Tausender Blüten made in Hongkong eine regelrechte Katastrophe über den Markt herein. Diese Blüten waren zwar viel weniger kunstvoll als die Pariser Ware, kosteten aber auch nur ein Zehntel. 1946 gab es in Paris 277 Hersteller von Federn und Blumen, heute nur noch drei: Lemarié, 1880 von einer einfachen Putzmacherin gegründet; Légeron, eine Firma, die im selben Jahr eröffnet wurde und anfangs nur Blätter und Stempel herstellte; und schließlich die Ateliers Guillet, die 1996 ihr hundertjähriges Jubiläum feierten. Diesen drei Firmen gelang es, den künstlichen Blumen ein neues Image zu verleihen.

Während die »richtigen« Floristen ihre Sträuße mit allem ausstatteten, was sie in Treibhäusern und auf Feldern und Wiesen auftreiben konnten, hielten sich die Künstler der unechten Blumen an ihr eigenes, traditionelles Repertoire. Und dabei konnten sie aus dem vollen schöpfen. Mit ihren umfangreichen Sammlungen von Stanzen – darunter sehr alte Stücke – waren sie in der Lage, aus Popeline, Organza oder Samt nahezu alle Blütenblätter auszuschneiden, die die Natur zu bieten hat, von den großen, spitz zulaufenden der Kalla über die zarten, schmetterlingsartigen der Glyzinie bis zu Geißblattknospen und gefiederten Gänseblümchen. Bei Lemarié und Légeron sind die Formen in Regalen gestapelt und wie in einem Herbarium sorgfältig mit den Namen der Blumen etikettiert. Bei Guillet füllen die gußeisernen Blütennegative das ganze Haus, vom Keller bis zum Dach.

Neben den Stanzen gibt es die wertvollen waffeleisenartigen Werkzeuge, mit denen zarte Linien auf Blätter und Blütenblätter gedruckt werden – die feinen Netze der Blattäderungen auf Nußbaum-, Efeu-, Erdbeer- oder Seerosenblättern. Die Firmen verfügen also über einen Schatz an Formen und Motiven, den sie ererbt und durch Aufkäufe dazuerworben haben. Wenn eine Stanze abhanden kommt oder unbrauchbar geworden ist, ist eine bestimmte Blüte für immer verloren, denn diese traditionellen Werkzeuge sind heute unersetzlich. Die Kunstblumenhersteller waren jedoch in den letzten Jahren nicht untätig und haben – wie die Blumenhändler – neue Formen geschaffen und die Vorbilder der Natur eifrig kopiert. Wie das funktioniert, ist ebenso ein Berufsgeheimnis wie das Geschäft der Färber, die nicht verraten, wie sie die Abstufungen

Oben: Vom großen Erfolg der Margeriten einmal abgesehen, waren künstliche Blumen in den 1960er Jahren nicht besonders populär. Man assoziierte sie zu sehr mit den blumengeschmückten Hüten früherer Zeiten, die völlig aus der Mode gekommen waren. Außerdem entsprachen sie einem sehr traditionellen Frauenbild (Foto, um 1950). Rechts: Heute entdeckt man Seidenblumen neu. Man begann, zu Hochzeiten goldene Blumen und Champagnertöne zu tragen. Die Blumen auf diesem Brautkleid (1993) von Jean-Paul Mattera sind aus Calais-Spitze und plissiertem Tüll und stammen von der Firma Légeron.

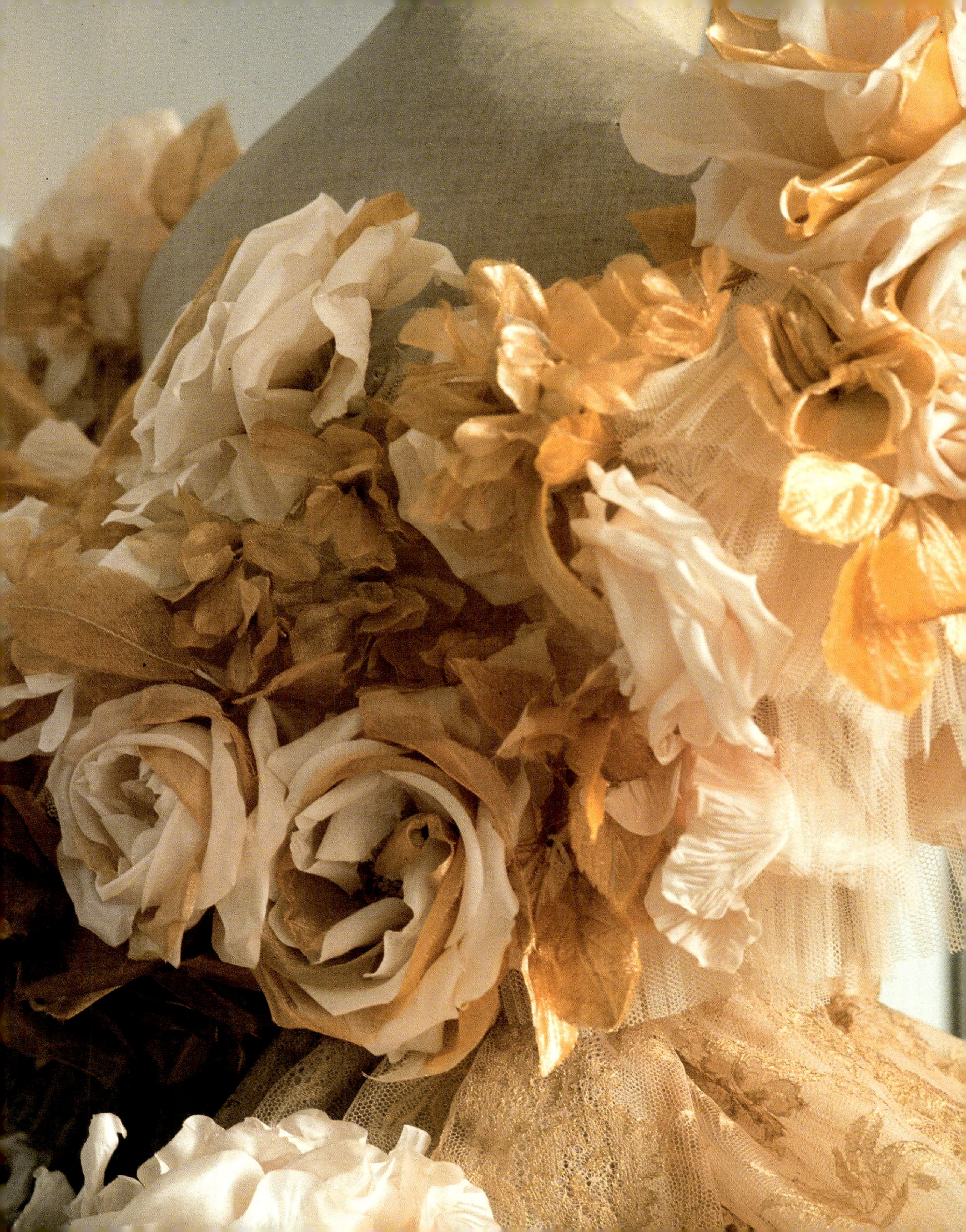

im Farbton einer Rose so exakt nachahmen können. Man weiß nur, daß sie mehrere Blütenblätter gleichzeitig in sorgfältig zusammengestellte und gemischte Farblösungen tauchen. Die Rezepte sind Firmeneigentum und variieren von Atelier zu Atelier. Auch die Tricks bei der Fertigung werden nicht preisgegeben: Jedes Blütenblatt ist handgemacht, durch Erhitzen geprägt, mit einem ganzen Arsenal verschiedener kugelförmiger Werkzeuge und Pinzetten gewellt, gebogen, bauchig gestaltet und gerundet. Dann erst setzt man die Blüte zusammen und befestigt sie auf dem Stengel. So werden ein paar Zentimeter Musselin oder Perkal in eine blühende Ranunkel oder Orchidee verwandelt. Derartige Kunstwerke sind mit den Hongkong-Modellen nicht zu vergleichen, denn ihre Schönheit, die mit Geld nicht zu bezahlen ist, beruht nicht zuletzt auf der Perfektion der Illusion.

Das ist etwas, was die großen Couturiers schon immer zu schätzen wußten. In der Haute Couture haben Blumen seit jeher eine wichtige Rolle gespielt, sogar bei den trapezförmigen Kleidern der 1960er Jahre, die man mit Margeriten schmückte. Einige Couturiers glauben an bestimmte Blumen als ihre persönlichen Glücksbringer, wie etwa Christian Dior, dessen Lieblingsblume das Maiglöckchen ist. Als das Haus Dior 1997 im New Yorker Metropolitan Museum of Art sein fünfzigjähriges Jubiläum feierte, waren die Tische mit maiglöckchenbestickten Organdy-Tüchern gedeckt und mit zehntausend duftenden Maiglöckchen dekoriert. Bei Balmain hat man schon seit jeher eine Vorliebe für Veilchen, während Yves Saint Laurent der Liliensorte 'Casablanca' und vor allem Rosen den Vorzug gibt (sein Parfum »Paris« gilt als Hommage an letztere). Coco Chanel zog Jasminduft vor, der in ihrem Parfum »N° 5« dominiert, wählte als Firmenemblem aber eine Blume ohne Duft, die Kamelie.

Die Chanel-Kamelie ist eine Spezialität von Monsieur Lemarié, der ursprünglich keine Blumen herstellte, sondern mit Federn arbeitete, die allerdings auch zur Herstellung phantasievoller Sträuße benutzt wurden. Nachdem Lemarié 1970 interessante Sammlungen von Prägeformen und Stanzen aufgekauft hatte, wandte er sich den Modeblumen zu. Er variierte die Chanel-Kamelie auf die verschiedensten Arten. Es gibt Kamelien aus schwarzem Seidenmusselin, Kamelien aus Rhodonit – makellos und sehr schick – und sogar Kamelien mit goldenen Blättern.

Auch Monsieur Légeron gab die Produktion von Ziersträußen – die durch die Einfuhr asiatischer Blumen stark im Wert sanken – auf, um nur noch für die Haute Couture zu arbeiten. Sein Atelier in der Pariser Rue des Petits-Champs mit den Stapeln von Kartons und den großen Holztheken hat den Charme eines alten Modewarenladens. Alles quillt über von samtigen Kränzen und bunten Anstecksträußchen, schon fertig in Seidenpapier gewickelt, mit denen sich später die Pariserinnen schmücken werden. Die Blumen werden für die Modekonfektion an Kämmen, Hüten und Halsbändern befestigt und manchmal auch an festlichen Abendkleidern.

Oben und rechts: Rosen mit seidenen Blütenblättern und Blättern aus Samt, hergestellt für das Haus Dior. Die Anfertigung solcher Modelle ist kompliziert: Jede Rose besteht aus Dutzenden von Blütenblättern verschiedener Größe und Form; die Farben müssen von innen nach außen aufeinander abgestimmt sein. Auch für die Blätter benötigt man verschiedene Stanzen.

Bei Marcelle Lubrano-Guillet, der Enkelin des Firmengründers, sieht es schon wieder anders aus, da dieses Haus in erster Linie Blumendekorationen anfertigt. Der Erfindungsreichtum, den es dabei entwickelte, half Guillet, die Rückschläge des Gewerbes zu verkraften. Zwei Generationen lang sorgte die Firma bei großen Anlässen für Blumenschmuck – in Schlössern, bei Abendgesellschaften in der Opéra Garnier oder bei den Ballettaufführungen des Marquis de Cuevas. Außerdem dekorierte sie die Schaufenster von Guerlain, Lancôme und Cartier. Bei Guillet fertigte man neuntausend Margeriten mit schwarzer Mitte für Vuitton und dreitausend Iris für die Galeries Lafayette. Marcelle Lubrano-Guillet arbeitet auch als Haute-Couture-Floristin für Christian Lacroix, Thierry Mugler, Sonia Rykiel und Louis Féraud.

Blumen in der Mode haben wenig mit biederer Alltagskleidung zu tun, wie die vielen gewagten Kreationen bei den Pariser Modeschauen für die Frühling-Sommer-Saison 1997 bewiesen haben. Bei Dior konnte man Buketts mit Orchideen aus Organza bewundern, die mit Tiger- oder Panthermuster bedruckt waren, sowie andere exotische Blüten, bei Givenchy gab es weiße Stretchstiefel zu sehen, auf denen sich Blumen bis zu den Oberschenkeln rankten, während bei Gaultier die Braut in Netzstrümpfen ein klassisches Lilien-Anstecksträußchen trug – allerdings unten am Rücken. Bei Modeblumen ist alles erlaubt, sogar schrille Töne und grelle Farben. Für die Kollektion der Londoner Stylistin Basia Zarzycka verwendete Marcelle Lubrano-Guillet schockrosa und flammende Violettöne. Anis und Zitrone sind die Farben der Kenzo-Margeriten, die bei Légeron gefertigt werden. Gegen Ende des 20. Jahrhunderts bestimmen gewagte Farben die Sträuße, die falschen ebenso wie die echten.

Kleiner Blumenpantoffel von Basia Zarzycka, einer Londoner Stylistin, für die Farben sehr wichtig sind. Marcelle Lubrano aus dem Hause Guillet studiert und interpretiert die Töne, die sich Basia für ihre Kollektion ausgesucht hat. Wenn die Farben festgelegt sind, taucht der Färber bei Guillet die Blütenblätter in Lösungen, deren Zusammensetzung nur er kennt. Für eine perfekte Blume werden die Blütenblätter Stück für Stück mit der Pinzette zur Blüte zusammengesetzt.

Trends: neue Farbtöne und Rosenfachgeschäfte

In früheren Jahren interessierten sich die Floristen und ihre Kunden oft mehr für die Blüte an sich als für ihre Farbe. Ein typischer Strauß der 1960er Jahre konnte z.B. aus zwei Iris, drei Gerbera und einer Kalla bestehen. Für ein elegantes Bukett genügte es, wenn die gewählten Blumenarten aus dem Treibhaus stammten. Am bunten Effekt, den wir heute eher unschön finden, störte man sich nicht. Die gegenwärtigen Trends weisen in eine genau entgegengesetzte Richtung. In modernen Blumengeschäften sind die Bunde in großen Gruppen nach Farben geordnet. Dasselbe gilt für die Sträuße, in denen die Pflanzen nach Farbtönen zusammengestellt werden, mit einer Vorliebe für starke Kontraste. Pastellfarbene Ton-in-Ton-Kompositionen sind out, sie gelten als gekünstelt. Man bevorzugt derzeit lebendige, ungewöhnliche Farben, besonders Grün, dessen Erfolg ziemlich unerwartet kam. Es ist eher eine typische Gemüse- als eine Blumenfarbe, wirkt aber schön frisch. Grüne Rosen und Tulpen sind ebenso beliebt wie jadefarbene Anthurien und smaragdgrün gemusterte Kallas. Häufig werden auch Blumen verwendet, deren Blüte noch nicht ganz durchgefärbt ist, etwa Schneeballzweige, deren Blütenblätter kurz vor der eigentlichen Blüte zartgrün sind. Dazu kommen die Blütenstände, die von Natur aus eine blattgrüne Farbe haben, wie Wolfsmilchgewächse oder die Muschelblume. Die Grenze zwischen Blume und Blatt ist fast völlig verwischt. Die Blumenhändler bieten bundweise Grünes an und wissen Waldgewächse wie den Schachtelhalm, Himbeerstrauch- oder Eichenzweige genauso zu schätzen wie die Schönheit der Rosen. Einige Strauchgewächse verströmen sogar zarten Duft. In Paris läßt Henri Moulié von der gleichnamigen Firma in der Strauchheide Südfrankreichs Mastixstrauch, Buchsbaum, Lavendel, Rosmarin, Myrte und Feldthymian schneiden, um seine »Maquis-Sträuße« zusammenzustellen, die nur aus Grünpflanzen bestehen und tagelang duften.

Während die Liebe zu Grünpflanzen und Blättern noch vor zehn Jahren als exzentrisch galt, kam der Erfolg der Farbe Gelb weniger überraschend. Gelb ist die natürliche Farbe vieler Frühlingsblumen, und gelbe Sträuße waren an den ersten schönen Tagen des Jahres schon immer besonders gefragt. Das ganze Spektrum der Farbe Gelb, von Zitrone bis Ocker, ist derzeit sehr beliebt, wobei von allen Nuancen Orange am meisten geschätzt wird. Orangefarbene Blüten beleben rosagrüne Buketts und bilden leuchtende Farbtupfer neben dunklem Violett. Möglicherweise hängt die Beliebtheit von Orange mit der Rückkehr zur Mode der 1970er Jahre zusammen. Es wurden nämlich auch für die damalige Zeit typische Blumenarten wieder populär, wie z.B. Gerbera, die ein wenig in Vergessenheit geraten waren. Als das Kaufhaus Grands Magasins du Printemps 1996 die Ausstellung »Printemps des Parisiennes« (Frühling der Pariserinnen) organisierte, kreierte der Florist

Es ist noch nicht lange her, daß die Farbe von Sträußen strengen Regeln unterlag: Pastellfarben und Ton in Ton sollten sie sein. Heute fertigt man Kompositionen in bunten kontrastierenden Farben an. Oben: Tulpen, Rosen und Anemonen in Rot, Koralle und Fuchsia im Geschäft von Harpers & Tom's in London. Seite 185 links oben: Heute werden die Blumen nicht mehr nach Sorten, sondern nach Farben zusammengestellt (Cattleya, Brüssel). Seite 185 oben rechts und unten links: Gelb mit erfrischendem Grün ist derzeit eine der begehrtesten Farbkombinationen (Cattleya, Brüssel, und Atmosphère, Paris). Seite 185 unten rechts: Die passende Vase ist ein wichtiges Element im Spiel der Farben (Marianne Robic, Paris).

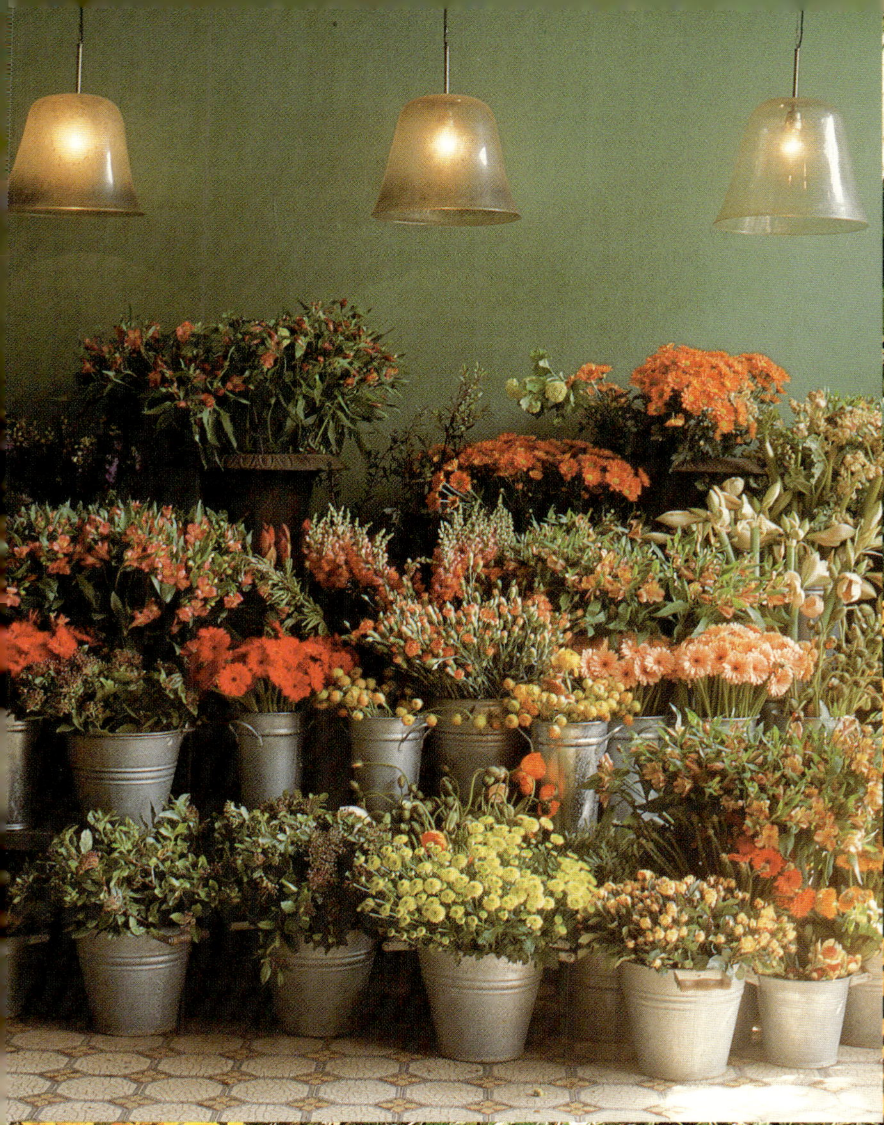
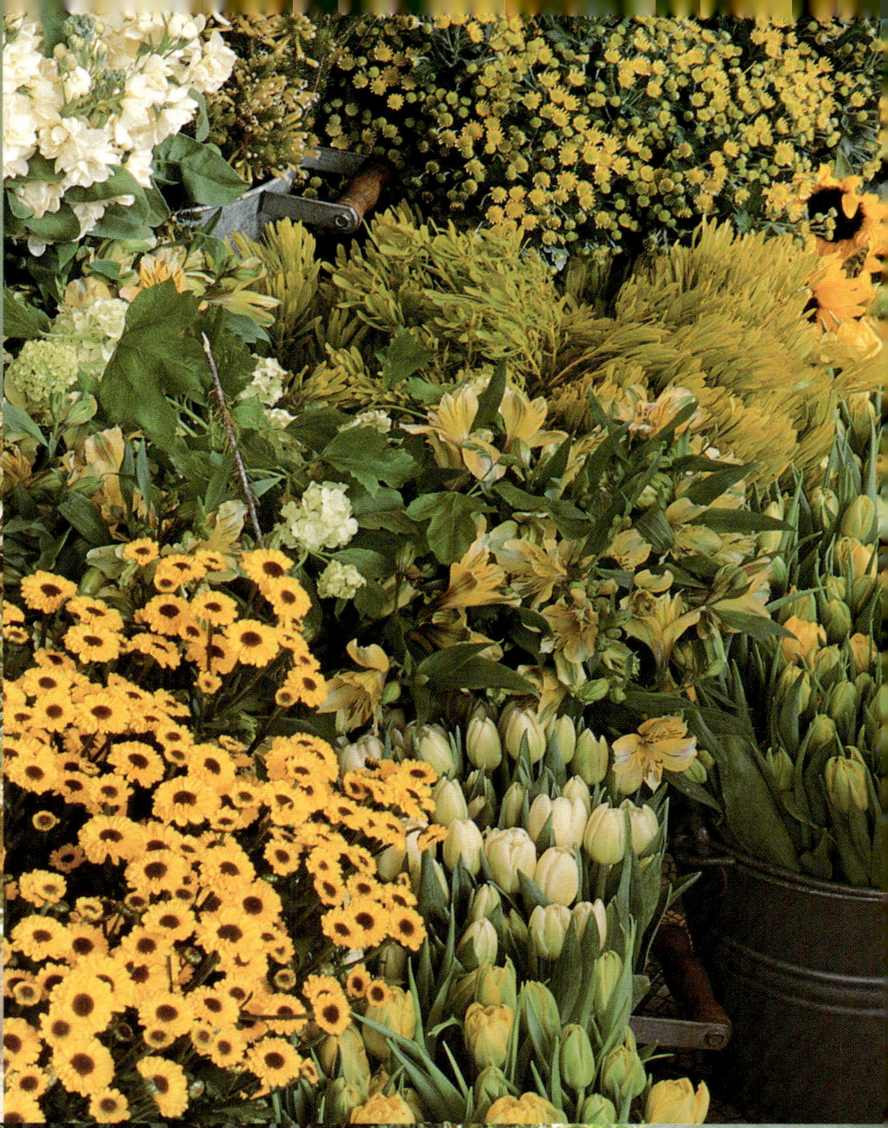
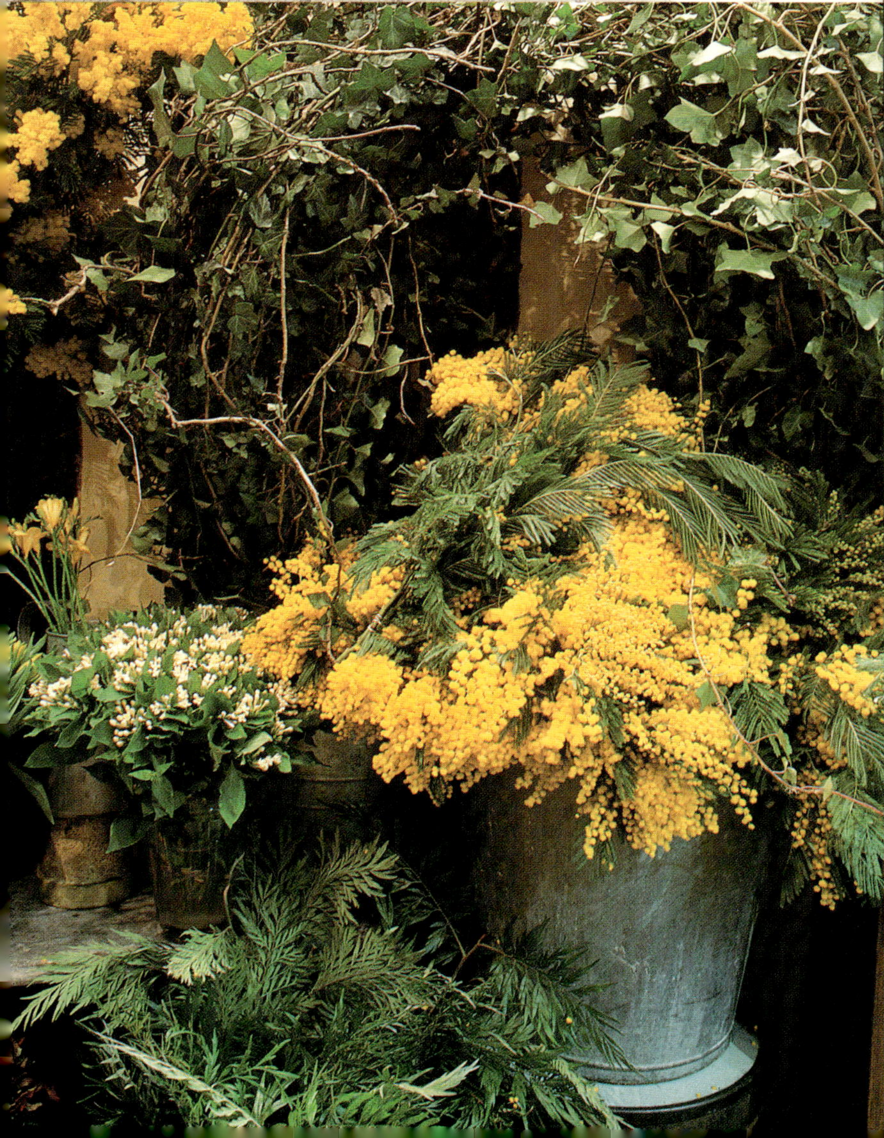
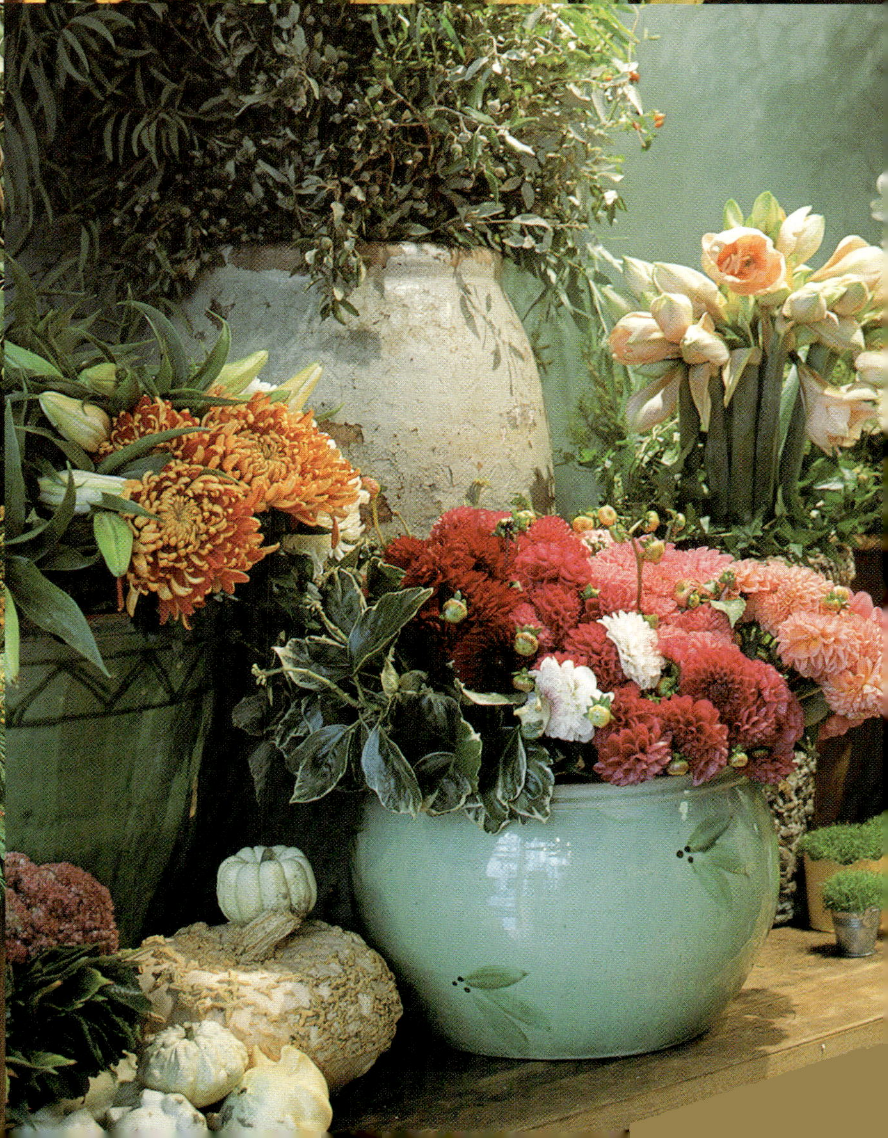

Baptiste, der die Gestaltung übernahm, u.a. eine Allee von weißen und orangefarbenen Gerbera. Seine gesamte Dekoration stellte eine Wiedereinführung unmodern gewordener Blumen dar: Es gab üppige Kallakompositionen auf veronagrünen Sockeln und lange Reihen hellrosa-, fuchsia- und orangefarbener Gladiolen zu sehen.

Vom allgemeinen Wandel des Farbgeschmacks haben die Rosen stark profitiert. Es gibt grüne Varianten, die vor allem durch ihre Außergewöhnlichkeit wirken, doch am weitesten verbreitet sind mittlerweile warme Töne. Wie bei den Sorten 'Texas', der rotgelben 'Ambiance', der goldgelben, duftenden 'Marella' oder der bekannten 'Leonidas' mit ihrem Schokoladenton. Rosen müssen nicht mehr rot sein und Rosensträuße nicht mehr einfarbig. Derzeit geht man mehr und mehr dazu über, verschiedene Farbtöne zu kombinieren.

Seit 1990 kann man von einem internationalen Rosen-Boom sprechen. »Alle sind verrückt nach Rosen. Eines Tages wird man noch anfangen, sie zu essen!« meint Marlo Phillips, eine Floristin aus Manhattan, die als eine der ersten die Mode der großen kugelförmigen Rosenarrangements einführte. Mittlerweile gibt es sogar Geschäfte, die ausschließlich Rosen führen. So z.B. die Firma Rosa Rosa in New York, die viermal pro Woche mehr als achthundert Dutzend Rosen geliefert bekommt. Bevor der Nachmittag vorüber ist, sind sie alle verkauft. Manche Kunden rufen täglich an, um sicherzugehen, daß ihre Lieblingssorte für sie reserviert wird. Roses Only, eine weitere New Yorker Firma, hat vier Filialen und führt ausschließlich Rosen aus Ecuador, die vorzugsweise schon ganz aufgeblüht verkauft werden. So, wenn sie am Zenit ihrer Schönheit angelangt sind, liebt man sie heute am meisten. Auch in Frankreich ist ein Run auf Rosen festzustellen. 1991 eröffnete die Firma Au Nom de la Rose (Im Namen der Rose) ihre erste Filiale unter dem Motto »Rosen, Rosen, nichts als Rosen«. Seitdem wurden zwölf weitere Geschäfte mit diesem Leitsatz gegründet, die meisten in Paris, einige in anderen Städten. Sie bieten über vierzig Sorten an, die entweder aus dem Var stammen oder, in der kalten Jahreszeit, aus Ecuador importiert werden. Pagen in Livree liefern die Arrangements auf Wunsch ins Haus: einfache, in weißes Papier eingeschlagene Buketts oder auch Rosenkissen in Herzform für Verliebte.

Sehr beliebt sind auch Herzen aus getrockneten Rosenblüten. Überhaupt scheinen die Trockenblumen ein Comeback zu erleben. Die Trockenblumensträuße aus Immortellen und blauem Strandflieder sahen lange Zeit alle gleich aus. Mittlerweile hat man sie um neue zarte Blumen bereichert, z.B. Päonien sowie alle erdenklichen Rosensorten in den verschiedensten Farben. Aber damit nicht genug: Es gibt nun auch unsterb-

Oben: Manche Floristen behaupten, sie hätten den runden Strauß erfunden, wieder andere sagen, sie hätten die Gartenrose wiederentdeckt – dabei handelt es sich in beiden Fällen nur um Neuinterpretationen älterer Bräuche. Für dieses doppelt zusammengebundene Rosenbukett verwendet der niederländische Florist Marcel Wolterinck eine traditionelle Technik, die von den Brüsseler Gärtnern stammt: Sie binden ihre empfindlichen Freesienbunde zweifach zusammen, um sie besser zu stützen. Rechts: Unsere Liebe zu Rosen ist Ausdruck einer Rückbesinnung auf die Romantik. Blumengeschmückter Tisch in der Pariser Wohnung, die George Sand und Frédéric Chopin bewohnten. Beide liebten Rosen sehr.

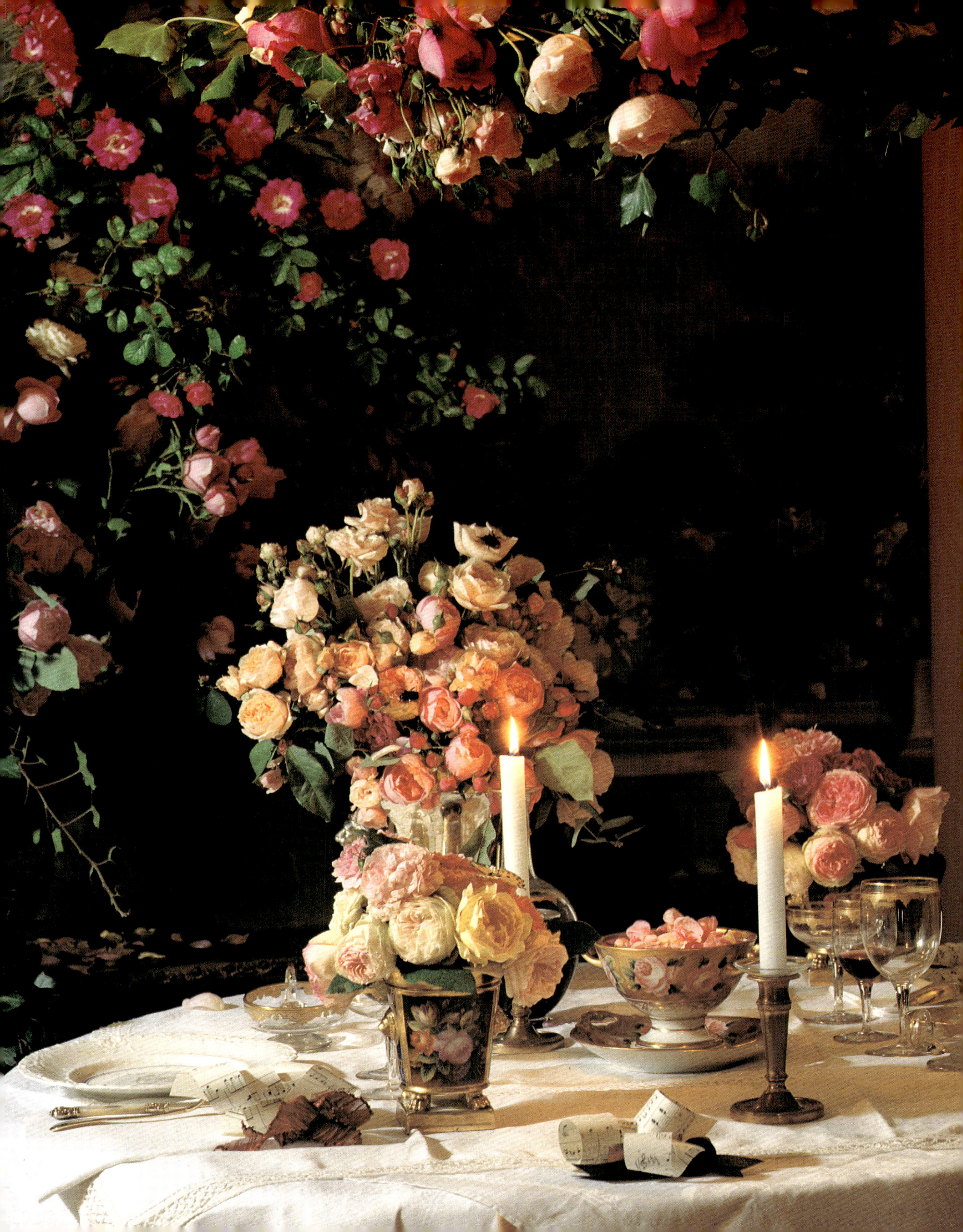

Blumenkünstler

liche Blumen, wie man sie sich für den Schwur ewiger Liebe schon immer gewünscht hat. Durch die Weiterentwicklung alter Hausrezepte ist man zu erstaunlichen Resultaten gelangt. Das von dem provenzalischen Atelier Verdissimo entwickelte Prinzip beruht darauf, daß der pflanzeneigene Saft durch eine künstliche, gefärbte Lösung ersetzt wird. Dieser Austausch vollzieht sich auf fast natürliche Weise: Man taucht die Blume am selben Tag, an dem sie geschnitten wurde, in das von der Firma entwickelte Elixier, und da sie direkt nach dem Schnitt sehr durstig ist, saugt sie sich bis obenhin damit voll. Leider funktioniert die Methode bisher nur bei wenigen Arten, nämlich bei Hortensien und Rosen.

Der Florist Christian Tortu wurde von ihnen zu seinen Lichtkreationen inspiriert – kleinen Lampenschirmen oder vielarmigen Leuchtern, die er mit den zarten Blütenblättern besetzte; so schuf er in den Räumen ein weiches Licht. Auch Martin Robinson in London hat sich ganz dieser Art von Blumen verschrieben. Er entwirft seine Vasen aus Ton oder bemalter Leinwand selbst und plaziert darin Büschel »ewiger« Rosen in kurzen einfachen Sträußen. Die Sträuße haben sich nämlich inzwischen weiter in Richtung Schlichtheit entwickelt, hin zu kürzeren Stengeln und geringerem Umfang. Seit zehn Jahren sind runde Buketts populär. Neben dieser universellen Form gibt es aber auch nationale Besonderheiten.

Haltbar gemachte Rosen sind eine Erfindung der letzten Jahre. Die Firma Verdissimo bezieht ihre Exemplare aus Ecuador, wo das Klima recht robuste Blüten hervorbringt. In der Gärtnerei, in der sie gezogen werden, werden sie auch präpariert, da man für den Haltbarkeitsprozeß frischgeschnittene Blumen braucht. Vollgesogen mit dem Zaubersaft und scheinbar strahlend frisch, werden diese Rosen als ganze Blüten oder einzelne Blütenblätter an Floristen und Dekorateure verkauft. Die Methode der Haltbarmachung kann man auch bei Palmen, Efeu, Asparagus, Eichen- und Buchenzweigen anwenden, die man dann gerne mit getrockneten oder seidenen Blumen kombiniert.

Blumenschmuck in Amerika

»Wird die Sonnenblume dieses Jahr noch in Mode sein?« Diese Frage stellen sich die amerikanischen Floristen seit Anfang der 1990er Jahre immer wieder aufs neue. Das letzte Jahrzehnt des 20. Jahrhunderts ist in der Tat das der Sonnenblumen. Die amerikanische Kundschaft war plötzlich geradezu verrückt nach ihnen. Dasselbe Phänomen war auch in Europa zu beobachten, wo alle möglichen Arten von Sonnenblumen die Sträuße eroberten. Was kein Zufall ist, kommen doch viele internationale Trends aus den Vereinigten Staaten. So stammt auch die Vorliebe für *Lisianthus*, eine weitere amerikanische Blume, mit ziemlicher Sicherheit von dort. In den USA war sie schon lange populär, bevor sie seit 1994 in Europa als Schnittblume Verwendung findet. Einige Moden und Gebräuche bleiben jedoch innerhalb nationaler Grenzen. In der Alten Welt schenkt man z.B. dem Hartriegel keinerlei Beachtung, der im Süden der USA in Form von Bögen, Kronen und Girlanden als Hochzeitsschmuck verwendet wird. Auch die dort weitverbreitete Gewohnheit, Geranien, Begonien und andere Blumen, die wir eher als Topfpflanzen kennen, als Schnittblumen zu verwenden, findet man bei europäischen Floristen selten. Mit Argwohn betrachten diese auch die vielfältigen bunten Gebinde, wie sie die Amerikaner Tom Pritchard und Billy Jarecki seit zwanzig Jahren für die Firma Mädderlake arrangieren. Den typisch amerikanischen Strauß könnte man etwa folgendermaßen beschreiben: locker, ohne erkennbare Struktur und komponiert aus den verschiedensten Blumen – einer gelben Rose, zwei oder drei bräunlichen Rosen, einer lachsfarbenen Mohnblüte, einem blühenden Apfelbaumzweig, einer Skabiose, einem Büschel fuchsiafarbener Primeln und einem kleinen Zweig Schwarzkümmel. Das Binden solcher Buketts ist eine viel schwierigere Übung, als man denken mag, und das Resultat erinnert an die Sträuße des 17. Jahrhunderts. In den Vereinigten Staaten ist die Tendenz zu beobachten, die Blume nicht als Teil eines üppigen Gebindes zu betrachten, sondern jede Blüte für sich.

Doch nicht Sträuße sind die Spezialität der amerikanischen Floristen, sondern vielmehr Innendekorationen und Arrangements für Empfänge und Hochzeiten. In den amerikanischen Städten ist es nicht üblich, bei einem Stadtbummel einer Laune nachzugeben und ein Blumengeschäft zu betreten, nicht zuletzt deshalb, weil man ohnehin nicht viel zu Fuß geht. Sollte einen plötzlich die Lust auf einen Strauß überkommen, fährt man

Ganz oben: Die Amerikaner entfalten ihre Talente bei umfangreichen Dekorationen, etwa bei Hochzeiten. Kapelle mit einem Bogen aus Forsythien und Mimosen, ein Werk der Dekorateurin Valorie Hart. Oben: Die Engländer und Amerikaner haben, beeinflußt von Constance Spry, schon früh zur Erneuerung der Straußformen beigetragen. In den 1970er Jahren wirkte diese Komposition des New Yorkers Ronaldo Maia sehr modern: Kurz abgeschnittene Gladiolen galten als gewagt und gaben dieser Blume ein neues Gesicht.

eher in den Supermarkt. An Floristen – die sich in den USA oft als *floral designer* bezeichnen – wendet man sich meist nur zu besonderen Anlässen, für die kostspieligere Arrangements nötig sind. Man begibt sich in ihr Büro, denn die berühmteren unter ihnen haben keinen eigenen Laden. Die großen Stars der New Yorker Blumenwelt wie Philip Baloun oder Robert Isabell empfangen Kunden in ihren Stylistikstudios nur nach Terminvereinbarung. Dasselbe gilt für Dorothy Wako: Sie ist nur am Telefon zu sprechen, und auch dafür sollten Sie gute Gründe haben. Wako dekoriert ausschließlich Feiern, elegante Partys oder Eröffnungsveranstaltungen des Museum of Modern Art mit kunstvollen Arrangements.

Blumen sind in Amerika ein so fester Bestandteil der Dekoration, daß die Designer und Dekorateure die floralen Moden diktieren. Das geht so weit, daß jede Region ihren eigenen Blumenstil hat. Um diesem seltsamen Phänomen auf die Spur zu kommen, hat die Fachzeitschrift *Flowers* im Frühjahr 1997 eine interessante Umfrage gestartet.

Komposition aus Anemonen, rosa Kallas, Hyazinthen, Mohn und Freesien. Solche Arrangements stellen die New Yorker Floristen Tom Pritchard und Billy Jarecki (Firma Mädderlake) zusammen. Bevor sie ihr Geschäft zum Wochenende schließen, nehmen sie sie mit nach Hause. Seite 191 oben links: Schon amerikanische Fotos aus dem 19. Jahrhundert zeigen spontane Arrangements, die aus einer Zusammenstellung verschiedener Gefäße und Blumen bestehen. Blumenarrangement bei Celia Thaxter, Maine, um 1890.

Die Extravaganz der englischen Floristen

Auch europäische Floristen betätigen sich als Blumendekorateure, als Regisseure, die sich um das gesamte Konzept von Empfängen und Abendgesellschaften kümmern und die Blumenkompositionen auf Tischwäsche und Porzellan abstimmen. Sie entscheiden über die Intensität der Beleuchtung und kreieren Innenhöfe und Glorietten, bis zur völligen Umstrukturierung der Räume, die man ihnen anvertraut hat. Diese Auffassung vom Beruf des Floristen scheint sich allmählich überall zu verbreiten. Im Gegensatz zu den Vereinigten Staaten bleiben die europäischen Floristen jedoch einer alten Tradition ihres Gewerbes treu und führen weiterhin ihre Läden.

Einige sind berühmt für ihre Schaufensterdekorationen, so daß Stadtrundgänge wie an einer Sehenswürdigkeit an ihnen vorbeiführen. In Paris kommen Japaner auf der Durchreise eigens zu Lachaume, um die berühmten Auslagen zu bewundern. Zu Tage Andersen in Kopenhagen pilgern so viele Touristen, daß der bekannte Florist vierzig Kronen Eintritt verlangt. Wenn man einen

Daraus geht u.a. hervor, daß die mit Leinen, Pflanzenfasern und Sisal gestalteten Salons und die Schlafzimmer mit den großen weißen Moskitonetzen in Florida fast ausschließlich mit Tulpen, Pfingstrosen, *Lisianthus* und Rittersporn geschmückt sind (und natürlich mit Sonnenblumen). In Texas bleibt man den regionalen Traditionen treu: Brokat in Türkis- und Malventönen. In den so gestalteten Innenräumen haben Texaner gerne duftende Blumen um sich – Lilien, Freesien oder Rosen. Wieder anders ist es in Indiana. Die Blumenart spielt dort keine Rolle, sondern einzig und allein die Farbe des Straußes, am liebsten Jadegrün, Zinnoberrot oder Salbeigrün. Die Gebinde bringen Farbe in die Wohnungen, die seit einigen Jahren ganz in neutralem Weiß und Beige gehalten werden. Das Gegenteil ist in Neuengland der Fall, wo Damast, broschierte Seide, Teppiche und viktorianische Möbel wieder im Kommen sind: alles *pretty and traditional*. Die Buketts dort sind von Cottage-Gärten inspiriert, sie enthalten viele Hortensien und Lilien. Das sieht ein wenig englisch und ein wenig holländisch aus, jedenfalls europäisch.

Oben rechts: Lady Pulbrook – herausragende Figur der Firma Pulbrook & Gould in London – entschied sich in den 1950er Jahren, nach dem Tod ihres Mannes Sir Eustace Pulbrook, fortan von der Floristik zu leben. Als Frau hatte sie es jedoch in diesem Gewerbe nicht leicht. Jeden Tag mußte sie im Morgengrauen aufstehen, um auf dem Markt in Covent Garden ihre Ware zu besorgen. Ihr Hausdiener versuchte sie davon abzubringen: »Wenn Madam ein Geschäft aufmachen wollen, warum dann nicht eins für Hüte? Keine Dame kauft Hüte vor zehn Uhr morgens.« Lady Pulbrook hielt durch und ist noch heute das Vorbild einer ganzen Floristengeneration, darunter Kenneth Turner, der lange mit ihr zusammengearbeitet hat.

Strauß ersteht, wird der Betrag zurückerstattet. Bei Kenneth Turner in London ist der Eintritt frei. Seine Schaufenster sind etwas ganz Besonderes, ebenso die Dekorationen, die er kreiert und die ihm internationales Renommee eingebracht haben. Er verzaubert venezianische Kostümbälle, verwandelt Ballsäle in Kirschgärten und Hörsäle in hängende Gärten. Das luxuriöse Claridge-Hotel konnte er sogar dafür gewinnen, sich für einen Abend in einen Dschungel verwandeln zu lassen. In der Eingangshalle, wo man die dicken Teppiche und die feinen Möbel weggeräumt hatte, baute Turner Grotten und Springbrunnen auf, über die Wasser rieselte. Man sah nur noch ein Gewirr von Lianen und Gebüsch, vom Licht Tausender Kerzen geheimnisvoll erleuchtet. Noch ungewöhnlicher sah der Ballsaal aus: Im Halbdunkel standen mit Strelitzien dekorierte Bambusbüsche. Die Londoner Hotels sind an die Launen der Floristen gewöhnt. Das Erdgeschoß des ehrwürdigen Dorchester wurde eines Tages in einen Garten am Meeresgrund verwandelt, mit Seegras, Fischen und anderem, was dazugehört – eine Idee von Lady Pulbrook, die vor ungefähr vierzig Jahren die Firma Pulbrook & Gould gründete, wo sich Kenneth Turner seine ersten Sporen verdiente.

Pulbrook & Gould trug viel zur Erneuerung des typisch englischen Stils bei. Rosamund Gould, Mitinhaberin der Firma, war bei Constance Spry in die Lehre gegangen, und Lady Pulbrook trug zur kreativen Zusammenarbeit ihren ganz eigenen Geschmack bei. So konnte sie etwa Chrysanthemen, die sie für abgeschmackt hielt, ebensowenig leiden wie die viel zu geradlinige Floristeniris. Außerdem mochte sie kein Schleierkraut, das sie »zum Davonlaufen« fand, und die Farbe Orange war ihr gleichfalls zuwider. Die Lady, die kürzlich ihren achtzigsten Geburtstag gefeiert hat, versorgte früher ganz London mit Blumenschmuck, vom Buckingham-Palast bis zum englischen Regierungssitz in Downing Street No. 10. Sie hat einen sicheren Geschmack und einen unfehlbaren Sinn für die natürliche Grazie eines Buketts. Viele Blumen, die in Vergessenheit geraten waren und die man auf dem Markt von Covent Garden in den 1960er Jahren vergeblich suchte, wurden von Rosamund Gould und Lady Pulbrook wieder eingeführt. In Parks und Gärten pflückten sie Rokoko-Tulpen, Nieswurz, Wolfsmilch und alte Rosen. Auch Karottenblüten brachten sie wieder zu Ehren, die in England *Queen Anne's Lace* (»Königin Annes Spitzen«) genannt werden. Ihre zarten Dolden sind in gewisser Weise symbolisch für den Stil der englischen Floristik: zarte Arrangements, in denen jede Blüte frei atmen kann und die manchmal an Feldblumensträuße erinnern. Ganz anders als französische Buketts, in denen sich Blüte an Blüte drängt.

Heute arbeiten Floristen sogar für die Filmindustrie. Simon Lycett, einem jungen englischen Floristen, wurden die Arrangements für den Film *Vier Hochzeiten und ein Todesfall* anvertraut. Er brauchte dazu sechs Wochen mit täglich zwanzig Stunden Arbeitszeit. Ganz oben: Ein Kranz aus Anemonen, Rosen und Amaryllis schmückt die Tür der Hochzeitskirche. Oben: Mit Freesien, cremefarbenen Rosen und Orchideen dekorierter Stuhl. Rechts: Andere Dekorationen erfordern längere Vorbereitungszeiten, manchmal Monate, und bis sie fertig sind, vergehen Tage: Saal eines venezianischen Palazzos, anläßlich eines Maskenballs dekoriert von Kenneth Turner.

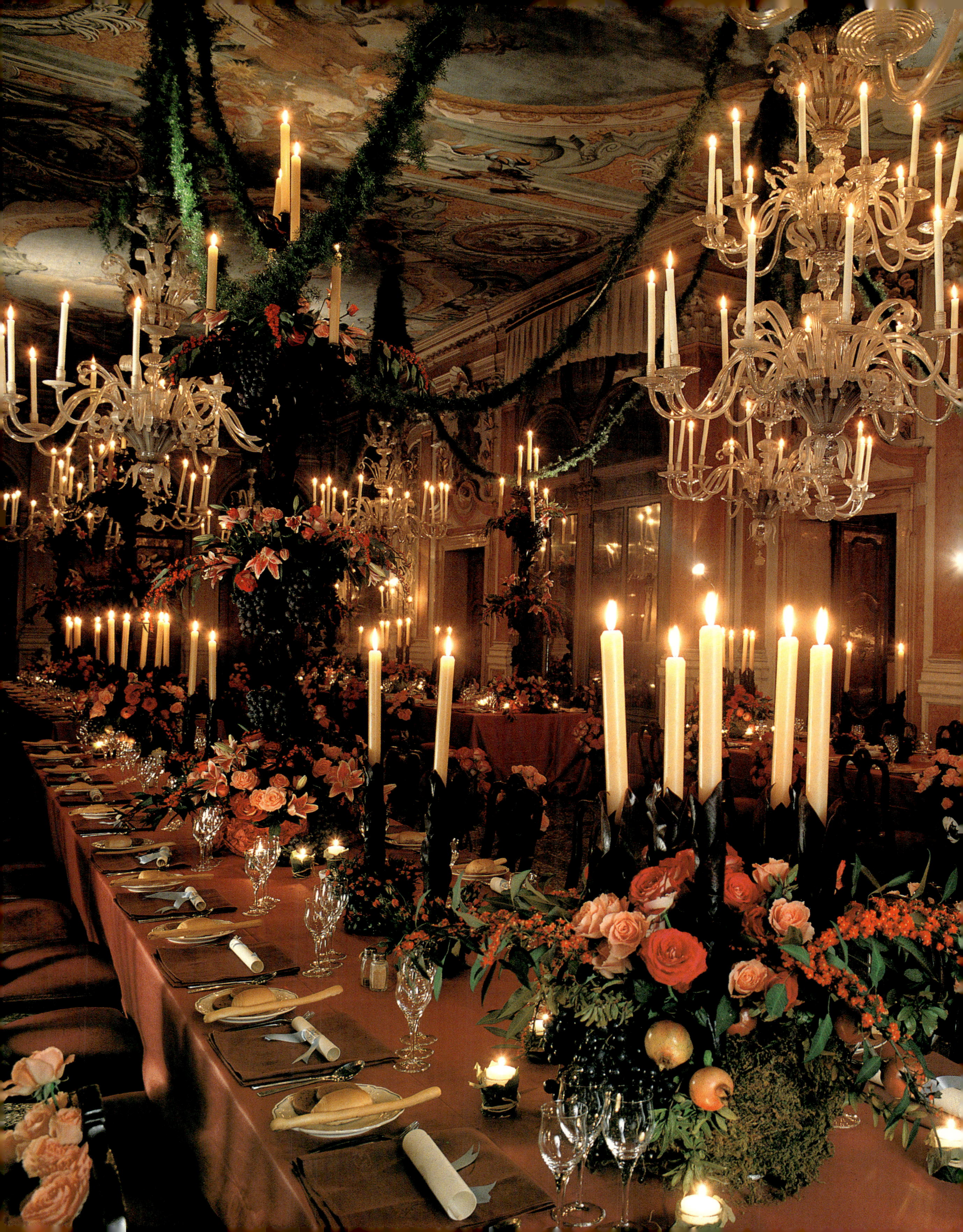

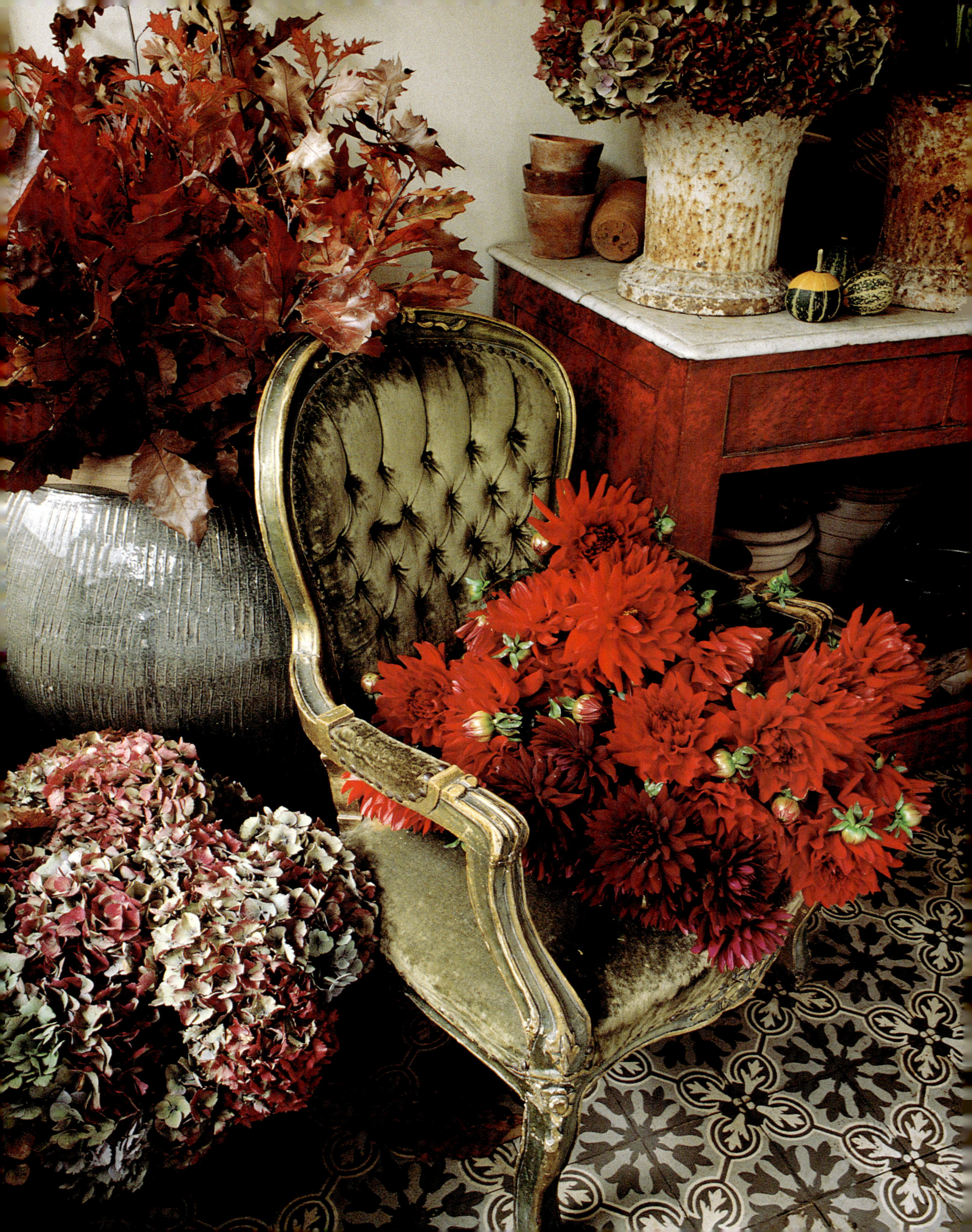

Die modischen Sträusse von Paris

In Paris hat man schon seit jeher Buketts bevorzugt, in denen die Blüten teppichartig aneinandergedrängt sind. Sie erinnern an die textile Üppigkeit von Samt und das Rauschen schöner Seidenstoffe. In Paris gibt eben die Haute Couture den Ton an. Für die Talentiertesten unter den Floristen gelten Stammkunden mit einem großen Namen in der Mode als höchste Referenz. Baptiste wurde in dem Moment bekannt, als Pierre Berger zu seiner Tür hereinkam. Und will man Didier-Pierres Stil mit seiner Vorliebe für grelle, barocke Töne definieren, fällt einem als Pendant Christian Lacroix ein.

Im Umfeld der Kollektionen werden die saisonabhängigen Blüten und Farben bestimmt, an denen sich die Floristen orientieren. Lacroix hat unlängst für eine floristische Neuheit gesorgt, indem er sich nach Süden orientierte: Die Safran- und Purpurtöne sommerlicher Kleidung gingen einher mit großen Nelkenbunden. Nelken waren vorher aus unerfindlichen Gründen unbeliebt, aber damit war es plötzlich vorbei. Und das nur, weil Lacroix, dessen Defilees floristisch stets von Moulié gestaltet werden, es sich zur Gewohnheit gemacht hat, auf die Besucherstühle Nelken zu legen und seine Kollektionen mit Nelken zu dekorieren. Anläßlich des zehnjährigen Jubiläums ließ Lacroix zusätzlich Beete mit Kamelien anlegen. Keine weißen Kamelien allerdings, da Moulié diese exklusiv für Chanel reserviert hat. Er pflanzt sie sogar selbst an, um sicherzugehen, daß er immer genügend in Reserve hat.

Außer der Mode haben die französischen Floristen eine weitere Quelle der Inspiration: die Blumenmärkte. Lässige Auslagen und dicke ungekünstelte Gebinde sind typisch für Frankreich. Die jungen Floristen haben sich diesen Wunsch nach fröhlicher Fülle zu eigen gemacht. Großzügigkeit, Gefühl, etwas, das den Anblick lohnt und das Herz erfreut: das sind die Ingredienzen. Dazu gemütliche Geschäfte, in denen der Blumenkauf Spaß macht.

Geschäfte mit aufwendiger Dekoration sind mittlerweile eher die Ausnahme. Monumentale und spektakuläre Szenen aber sind nach wie vor die Spezialität von Pierre Declercq. Declercq hat nahezu alle Pariser Denkmäler und Regierungsbauten schon einmal mit Blumen geschmückt, wobei seine Vorliebe für Inszenierungen auffällt, wie sie exemplarisch in seinen Schaufenstern zu sehen sind: grandiose Kompositionen, riesige Körbe und regelrechte Blumenskulpturen. Überall sonst werden die Geschäfte mit Möbeln eingerichtet, damit sich die Kunden wie zu Hause fühlen. So liebt man es in Paris, Blumen zu kaufen, doch das trifft nicht auf ganz Frankreich zu.

Schon zwischen den einzelnen Pariser Stadtvierteln kann man feine Unterschiede bemerken. Lange kamen die Buketts des rechten Seineufers eher üppig und förmlich und die des linken Seineufers eher struppig und spärlich daher. Solche Nuancen haben sich heute ein wenig verwischt. Zwischen Paris und der Provinz liegen jedoch Welten. In Straßburg arbeitet beispielsweise die Firma Gestes Passion, geführt von den Eheleuten Blumstein, die beide einst als »Beste Floristen Frankreichs« ausgezeichnet wurden und stets die dortigen Traditionen berücksichtigt haben. Die dicht gepreßten Pariser Sträuße sind hier ganz und gar nicht en vogue. Im Elsaß und anderswo in der Provinz findet man diese Buketts zu dicht, zu verschwenderisch und zu kostspielig. Einige wenige Blumen mit viel auflockerndem Grün dazwischen müssen genügen. Madame Blumstein schmückt ihre Gebinde mit Rhabarber- oder Irisblättern und, wenn Weihnachten vor der Tür steht, mit Fichten- oder Sicheltannenzweigen. Deutschland ist nicht weit, und dort hat man schon seit jeher eine Vorliebe für Grün.

Kleine, wie Wohnungen eingerichtete Geschäfte, gemütlich und mit Blumen vollgestellt, sind typisch für die Pariser Floristik und bezaubern die ausländischen Besucher: Findet man bei Marianne Robic ländliches 18. Jahrhundert, bei Gérard Hillion Sessel und Gardinen und bei dem Lädchen Atmosphère einen kleinen Garten vor, ähnelt Mille Feuilles einem Haus mit alten Möbeln, Konsolen, Bildern und einer Bibliothek. Unser Bild zeigt einen Strauß roter Dahlien auf einem Samtsessel bei Gérard Hillion.

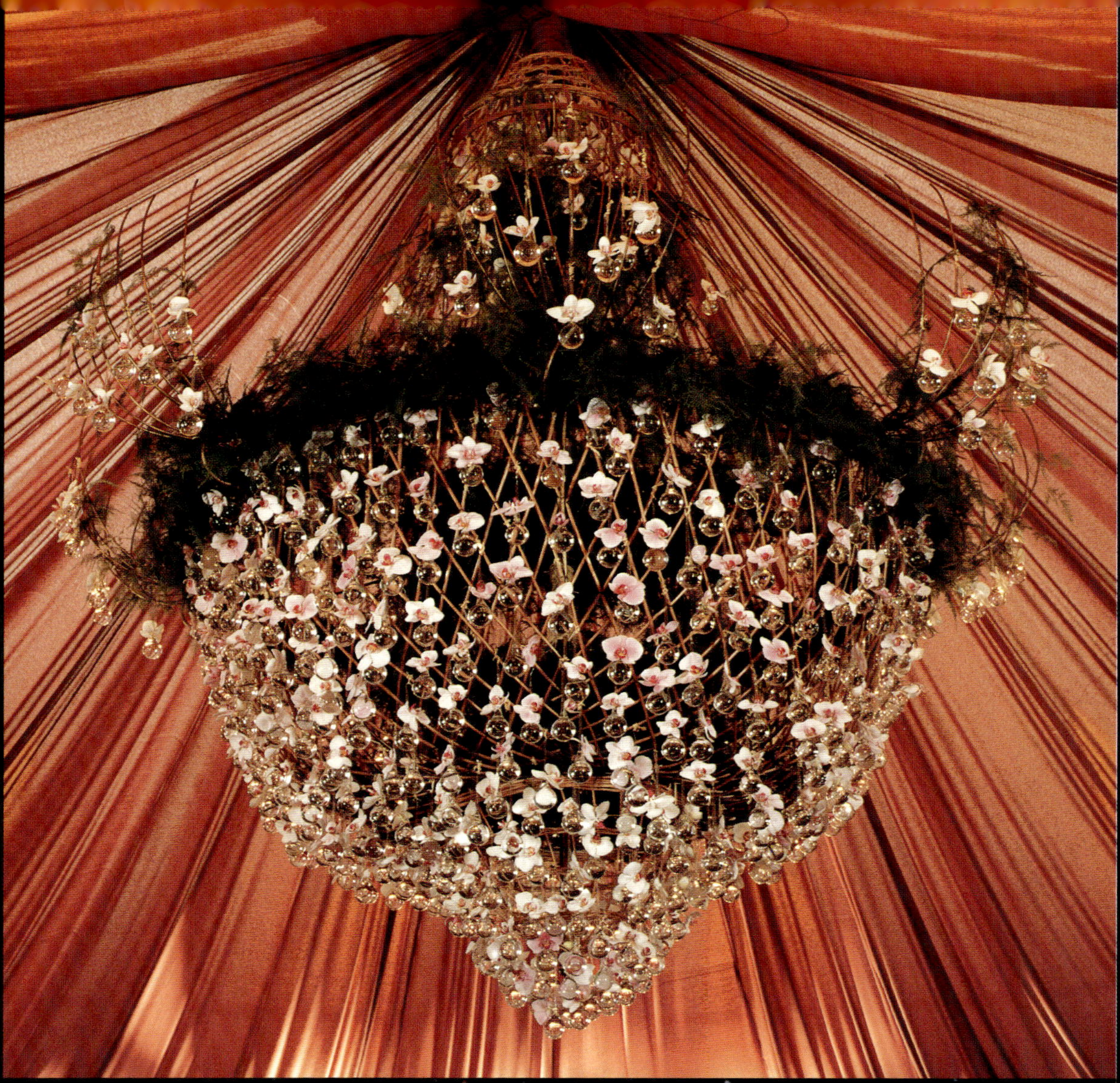

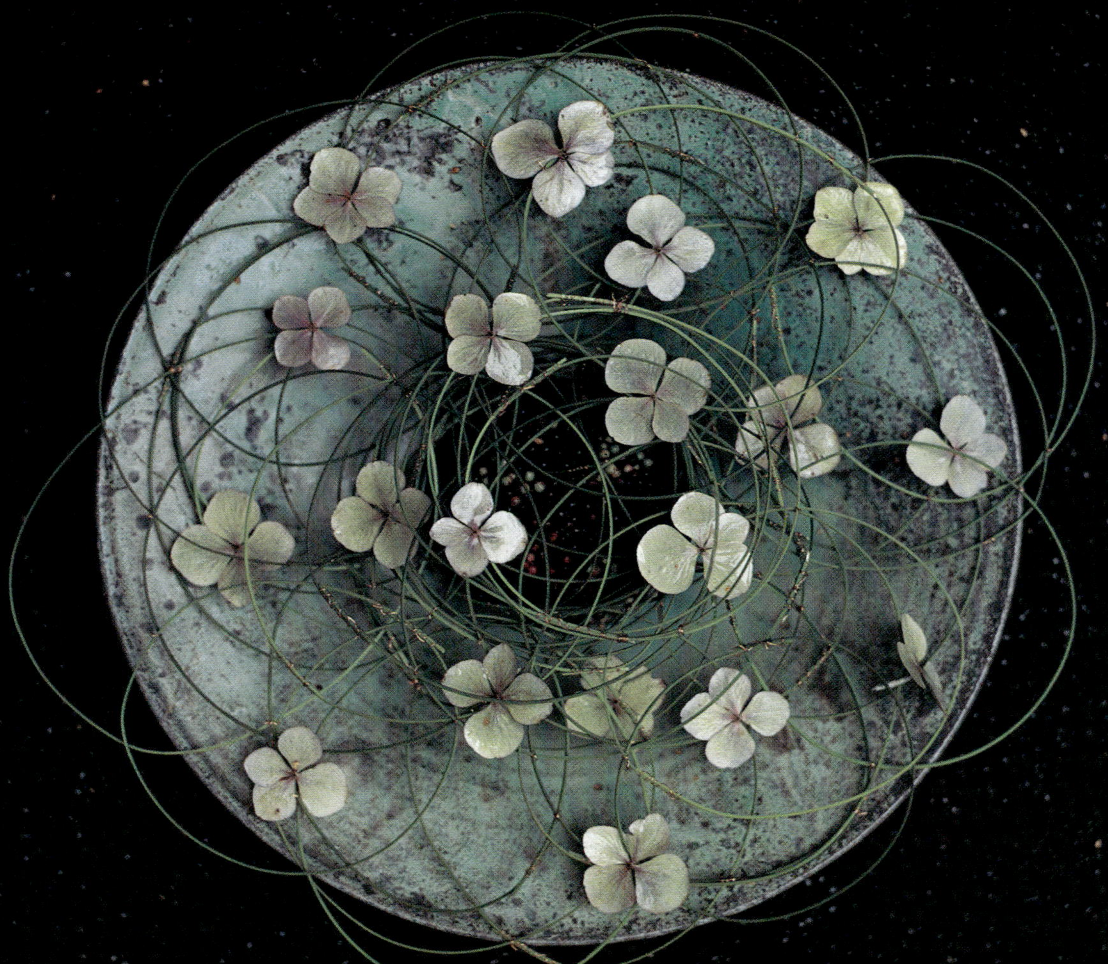

Die skulpturalen Buketts der deutschen Floristen

Die deutschen Floristen sind gut ausgebildet und haben einen Abschluß vorzuweisen. Im Gegensatz zu Frankreich, England oder den Vereinigten Staaten kann man in Deutschland kein Geschäft ohne Nachweis der fachlichen Kompetenz eröffnen. Die Kompositionen sind nicht einfach nach Lust und Laune zusammengestellt, sondern wohlüberlegt. Man bekommt sie geschenkt, wie sie sind, ohne Papier, und man verändert nichts an ihnen. Wer würde auch daran denken, etwas umzuarrangieren, was als eine Art Kunstwerk gilt! In puncto künstlerische Kreativität sind die Deutschen nicht zu bremsen. Thomas Starz kreiert ineinander verschlungene Kränze, umwunden mit Golddraht und mit Perlen geschmückt, und stellt das Ganze schließlich wie zufällig auf einen rostigen alten Benzinkanister. Franz-Josef Wein experimentiert ebenfalls mit Kränzen – eine sehr beliebte Form –, aber mehr im Barockstil: Er kombiniert frische Rosen und Klematis und schmückt sie mit Applikationen aus getrockneten, gepreßten Stiefmütterchen, die wirken, als hätte er sie soeben einem Herbarium entnommen. Dazu kommen Filigranarbeiten aus Gold und Objekte aus Perlmutt oder auch Parmaveilchen, Malven und violette Beeren, die, um die Kompositionen dramatischer zu machen, mit weißem Reif überzogen wurden. Alles steckt voller Symbole, ist allegorisch und kryptisch, mit offensichtlichen Anspielungen auf die Vergänglichkeit des Lebens.

Die typische Eigenart, Blumen intellektuell zu überhöhen, geht mit großen technischen Leistungen einher. Auf diesem Gebiet ist Gregor Lersch, ein Vertreter der Avantgarde unter den deutschen Floristen, unübertroffen. Er geht bis an die Grenzen des Möglichen, bis zum Arrangement, das sich selbst trägt, ohne Unterstützung, ohne Vase. Wie er es anstellt, bleibt sein Geheimnis. Es ist seine neueste Erfindung, das Revolutionärste, was es augenblicklich gibt. Und Gregor Lersch beweist, daß das Besondere, das Andersartige und die Suche nach dem Ungewöhnlichen auch bei Brautsträußen Anwendung finden kann. Bei ihm bekommt man erstaunliche Kompositionen: gebogene »Bumerang«-Sträuße, die man mit den Fingerspitzen festhält; Buketts aus Ginkgoblättern mit einem Rock aus Kokosfasern; oder ein königliches Zepter, das wie ein Schmuckstück mit glänzenden Beeren und exotischen Blumen besetzt ist.

Links: Manche Floristen sind große Individualisten, die sich von wechselnden Moden nicht beeindrucken lassen. So z.B. der Belgier Daniël Ost, der es haßt, wenn man ihm gegenüber von floralen »Trends« spricht, weil ihm der Begriff zu kommerziell und zu wenig künstlerisch geprägt sei. Ost ist ein wahrer Meister der Floristik, in Europa ebenso geachtet wie in Japan, wo man ihm das Verdienst zuerkennt, einen Kompromiß zwischen der fernöstlichen und der europäischen Blumenkunst gefunden zu haben. Blumen waren Osts Schicksal: In seiner Kindheit fiel er, als er einmal wilde Rosen pflücken wollte, in eine Grube. Wie durch ein Wunder wurde er gerettet, und seine Liebe zu Blumen hat seitdem nie nachgelassen. Zwei seiner Werke, ein Lüster aus Orchideen, Asparagus und Raffia und eine Komposition aus Hortensien, Kräutern und kleinen Beeren. Diese Seite: Freistehende Gebinde von Gregor Lersch.

BRAUTSTRÄUSSE

Hochzeiten sind für Floristen ein gutes Geschäft, bei dem sie ihre Fähigkeiten frei entfalten können. In der Hochzeitszeremonie spiegeln sich alte florale Sitten und Gebräuche wider, die im Alltag längst verschwunden sind, so z.B. der Kranz und das Sträußchen zum In-der-Hand-Halten, die Blüte im Knopfloch der Herren und das Anstecksträußchen am Ausschnitt der Damen. Oder noch ältere Gebräuche wie Girlanden, die man über das Kirchenportal hängt oder auf die Tischdecke legt, Blumenbögen, durch die das Brautpaar schreitet, oder das Streuen von Blütenblättern, das schon Rom begeisterte und für das man sich heute bei Firmen eindecken kann, die Blütenblätter in Säckchen verkaufen.

Auch die Symbolik der Blumen, die im täglichen Leben so gut wie keine Rolle mehr spielt, kommt am Hochzeitstag wieder zum Tragen, besonders im Brautstrauß. So war z.B. der Brautstrauß, den Alexandra Manley bei ihrer Hochzeit mit Prinz Joachim von Dänemark trug, sehr vielsagend. Der Kopenhagener Florist Erik Bering hatte dafür genaue Anweisungen bekommen. Die Komposition sollte die Verbindung zweier Welten symbolisieren, da der dänische Prinz eine junge Dame aus Hongkong heiratete. Er arbeitete also zwischen die Lilien, Jasminblüten, Bouvardien, Mohnblüten und Rosen eine Bauhininie ein, die offizielle Blume Hongkongs. Und auch die königliche Familie trug das Ihre zum Bukett bei. Die Königin hatte im Garten ihres Schlosses Fredensborg Myrten gepflückt, die als Symbol der Unschuld und der Freude gelten. Ingrid, die Königinmutter, hatte Rosmarin dazugegeben, das Symbol ewiger Liebe. Von Schloß Schackenborg, dem zukünftigen Wohnsitz der Eheleute, hatte man einige Lindenblätter geschickt. Als der Strauß schließlich fertig war, versteckte man darin noch zwei goldene Gewichte, die in China als Glücksbringer gelten.

Mancher jungen Ehefrau ist es wichtig, ihren Brautstrauß zur Erinnerung aufzubewahren. Die Floristen raten zuweilen, sich zwei identische Sträuße anfertigen zu lassen. Den einen trägt die Braut an ihrem großen Tag, den er aufgrund der Hitze und der vielen Umarmungen vermutlich nicht überleben wird. Den anderen, intakten kann sie nach allen Regeln der Kunst trocknen, um ihn unter einer Glasglocke aufzubewahren, wie man es früher tat. Den Brautstrauß aufzuheben ist eine so verbreitete Gewohnheit, daß die Engländerin Karen Young diese Sitte zu ihrem Beruf gemacht hat. Ihre Kundinnen aus der ganzen Welt schicken ihr ihre Hochzeitssträuße zu. Drei bis fünf Monate später sendet Karen sie zurück, hübsch eingerahmt und unter Glas gepreßt. Und für die Knopflochblüte des frischgebackenen Ehemannes stellt sie kleine Rähmchen her. Das alles kann man dann zu Hause aufhängen, damit noch die Kinder und Enkel es bewundern und feststellen können, daß ihre Vorfahren einmal genauso jung und genauso verliebt gewesen sind wie sie selbst. Blumen gehören zum vergänglichsten Vergnügen, das es gibt, und sind doch seit undenklichen Zeiten die Boten des Glücks.

Oben: Hochzeitskuchen mit einer Kaskade aus Zuckerrosen, eine Kreation der Amerikanerin Ann Amernick. Rechts: Eines der phantastischsten Ereignisse der letzten Jahre in puncto Blumenschmuck war die Hochzeit des Prinzen Pavlos von Griechenland mit Marie-Chantal Miller, einer reichen amerikanischen Erbin, im Jahre 1995. Für die Dekoration, die der Däne Erik Bering kreierte, wurden dreißigtausend Blumen, darunter 21 000 Rosen (acht Sorten), direkt aus Holland angeliefert. Das Schiff der orthodoxen Kathedrale St. Sophie im Londoner Westen wurde prächtig mit Blumen geschmückt. Die Komposition des Brautstraußes blieb bis zum letzten Moment geheim: Es war eine große, aus Tausenden von Blütenblättern zusammengesetzte Rose. Seite 200: Solche Rosenkugeln tragen Bräute am Arm (Au Nom de la Rose, Paris).

Ο ΤΡΩΓΩΝ ΜΟΥ ΤΗΝ CΑΡΚΑ ΚΑΙ ΠΙΝΩΝ ΜΟΥ ΤΟ ΑΙΜΑ ΕΧΕΙ ΖΩΗΝ ΑΙΩΝΙΟΝ
ΤΩΝ ΑΠΑΝΤΩΝ ΘΕΟΥ
ΣΟΦΙΑ ΚΑΙ

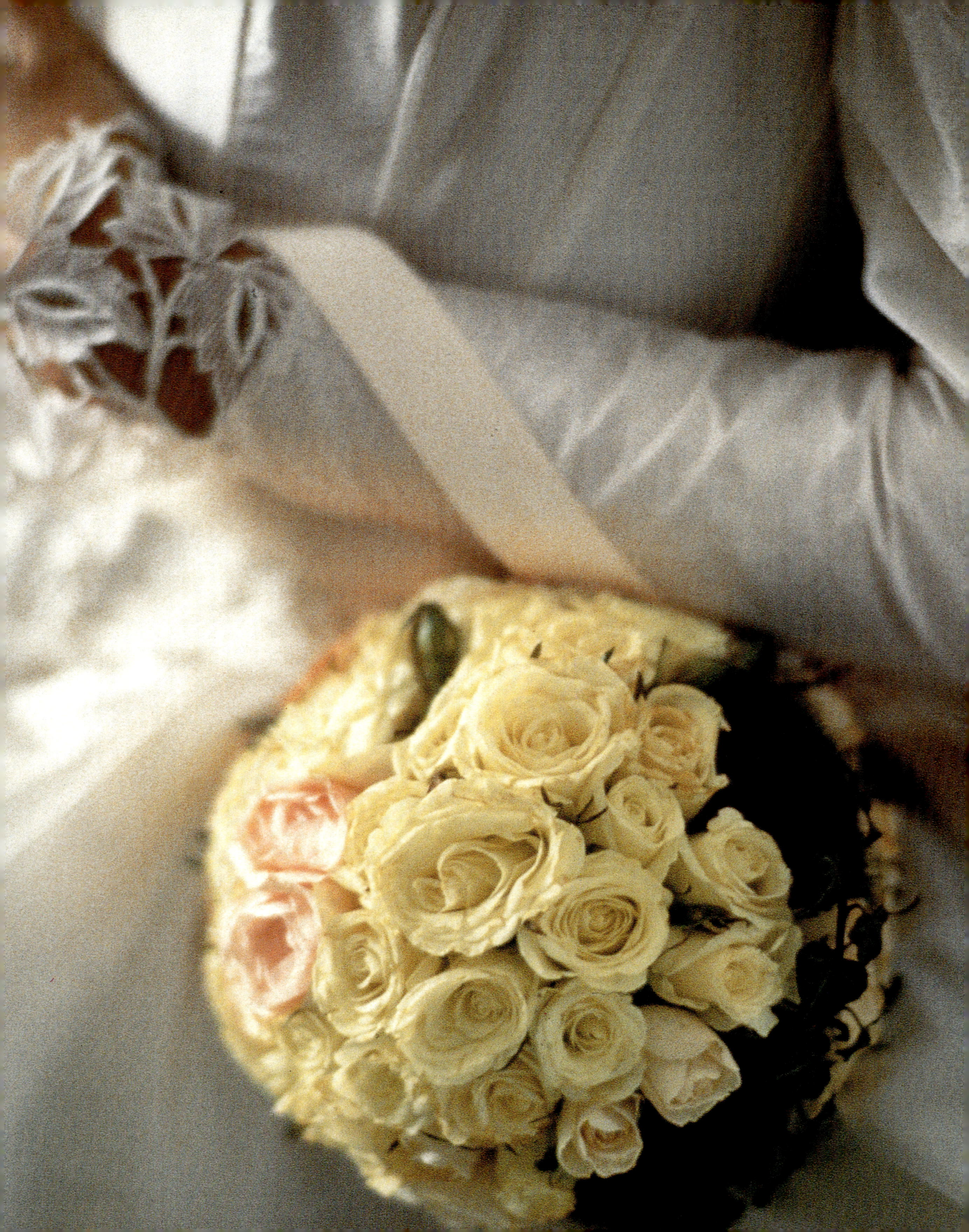

Anhang

Adressen 202 · **Floristische Besonderheiten** 212
Blumenfeste 214 · **Blumenschauen** 214 · **Die Symbolik
der Blumen** 216 · **Sitten und Gebräuche rund um die
Blume** 218 · **Wie man Sträuße frisch hält** 219
Bibliographie 220 · **Bildnachweis** 221 · **Register** 222
Danksagung 224

Adressen

Es ist nicht ganz leicht herauszufinden, wo man in Europa und den Vereinigten Staaten schöne Sträuße kaufen oder sich Anregungen für Blumenpräsente verschaffen kann. Wir haben uns daher auf die bekanntesten Geschäfte sowie auf die, die wir persönlich am meisten schätzen, beschränkt und diese Angaben um die Adressen der Firmen ergänzt, die im Buch zitiert oder durch Abbildungen vertreten sind (mit der jeweiligen Seitenangabe). Die Liste ist zwangsläufig unvollständig, denn viele gute Geschäfte mußten wir bedauerlicherweise unberücksichtigt lassen. Wir hoffen, daß dieser Anhang Ihnen dennoch ein wenig hilft, sich in der bunten und vielfältigen Welt der Blumen zu orientieren, und Sie dazu anregt, selbst auf Entdeckungsreise zu gehen.

FLORISTEN

In dieser wie gesagt keineswegs vollständigen Liste europäischer und amerikanischer Floristen finden Sie neben berühmten Namen auch kleinere, eher unbekannte Geschäfte. Wir haben sie ganz bewußt berücksichtigt, da sie zu den hervorragenden Vertretern ihrer Zunft gehören, auch wenn sie bisher bei Preisverleihungen leer ausgegangen sind.

Belgien

DANIËL OST
O. L.-Vrouweplein 26, 9100 St. Niklaas
Tel. 0 37 / 76 17 15
Daniël Osts Kunst ist zeitlos. Er haßt es, wenn man ihm etwas von »floristischen Trends« erzählt, das klingt für seinen Geschmack viel zu kommerziell und viel zu wenig künstlerisch. Ost ist ein wahrer Meister der Floristik, anerkannt sowohl in Europa als auch in Japan, wo er dafür gelobt wird, einen Kompromiß zwischen der fernöstlichen und der westlichen Kunst des Blumenarrangierens gefunden zu haben. Sein Leitsatz ist, aus den geringsten Mitteln soviel wie möglich zu machen. Für seine Kompositionen verwendet er nie etwas anderes als Blumen und natürliche Materialien. (Siehe Seite *171*, *197*)

Dänemark

TAGE ANDERSEN
Adelgade 12, 1104 Kopenhagen
Tel. 0 33 / 93 09 13
Tage Andersen gehört seit dreißig Jahren zu den berühmtesten Vertretern der zeitgenössischen Floristik in Dänemark und ist weit über die Landesgrenzen hinaus bekannt. Seine einzigartigen Kompositionen sind ein Mittelding zwischen Bukett und pflanzlicher Skulptur. Sein Geschäft gehört zu den meistbesuchten Kopenhagens. Um neugierige Touristen fernzuhalten, verlangt der Künstler vierzig Kronen Eintritt, die beim Kauf eines Straußes erstattet werden. (Siehe Seite *171*, *191*)

ERIK BERING
Kobmagergade 7, 1150 Kopenhagen
Tel. 0 33 / 15 26 33 und 15 26 11
Erik Bering ist der offizielle Florist Ihrer Majestät der Königin von Dänemark und einer der beliebtesten Lieferanten der europäischen Aristokratie. Ende der 1960er Jahre hat er bei Lachaume in Paris sein Handwerk erlernt. Danach ging er nach England, wo er mit einem romantischen und großzügigen Stil vertraut wurde, den er zu dem für ihn typischen weiterentwickelte. Seine viktorianischen Arrangements, besonders seine dicken Rosengirlanden, sind etwas Einmaliges. Das trifft auch auf die Geschäftsräume zu, die er 1972 bezog: ein früheres Handschuhgeschäft mit handbemalter Glasdecke und schmiedeeiserner Wendeltreppe. (Siehe Seite *171*, *198*)

Deutschland

BLUMEN-KOCH
Westfälische Straße 38, 10711 Berlin
Tel. 0 30 / 8 96 69 00
Seit vier Generationen bürgt dieses Berliner Traditionsgeschäft für ein hochwertiges und vielfältiges floristisches Sortiment. Die Blumen und Grünpflanzen kommen im Sommer aus regionalen Gartenbaubetrieben, im Winter aus kleinen Gärtnereien in Italien. Oftmals werden sie auch persönlich vom Blumen-Koch-Team bei einem kleinen Familienbetrieb in Hildesheim (Niedersachsen) geholt. Finden kann man hier ausschließlich Blumen der jeweiligen Jahreszeit; die Werkstücke sind immer individuell handgefertigte Unikate. Außer Blumen gibt es vier weitere Geschäftsbereiche: In Blumen-Kochs Garten stehen Pflanzen, Bäume und ausgewählte Gefäße; nach Kundenwunsch übernimmt man auch gern die Balkon-, Terrassen- und Gartengestaltung. Im Buchladen kann man Bücher zu den Themen Garten, Architektur, Design und Reisen kaufen. Über seinen Long-distance-Service liefert das Geschäft Blumengeschenke von heute auf morgen direkt und überallhin. Und als besondere Leistung kann man die »Winterfrische« in Anspruch nehmen und seine Kübelpflanzen hier überwintern lassen.

URSULA UND PAUL WEGENER
Schaperstraße 19, 10719 Berlin
Tel. 0 30 / 79 51 52 58
Ursula und Paul Wegener gehören zu den bekanntesten Floristen Deutschlands und sind Vorbilder für viele Berufsanfänger. Seitdem Paul Wegener verstorben ist, führt Ursula Wegener ihre Floristikschule unter ihrer beider Namen weiter. In Seminaren, bei Lehrgängen und internationalen Fachdemonstrationen vermittelt sie ihr floristisches Wissen. Im Mittelpunkt ihrer pädagogischen und floristischen Arbeit steht ihre Philosophie, nach der die Natur die beste Inspirationsquelle ist, aus der sich jedwede Art der Gestaltung ergibt. Die Wegeners haben mehrere Bücher zu floristischen Themen verfaßt und sind auch als Fotografen hervorgetreten.

FLORISTIKFACHGESCHÄFT MAUERBLÜMCHEN
Faule Straße 9, 18055 Rostock
Tel. 03 81 / 4 92 28 73
Seinem Namen zum Trotz ist dieses Geschäft keinesfalls unauffällig, sondern zeichnet sich durch ein Angebot ausgesuchter Blumen aus. Rosen, Mohn, Lilien, Kallas, Ranunkeln und besondere Zweige mit einer außerordentlichen Auswahl an natürlichem Beiwerk können hier erworben werden. Floristisch verarbeitet werden sie immer den Farben und der Jahreszeit entsprechend, von natürlich-schlicht bis zu avantgardistisch-provokant. Daneben bietet der Inhaber Clemens Thiele exklusive Hochzeits- und Trauerfloristik sowie die Ausführung von Innenbegrünungen an. Trockenblumen, die im Geschäft verkauft werden, stammen ausschließlich aus eigener Trocknung. Darüber hinaus können die Kunden natürlich die Sträuße auch selbst trocknen. Zum Kundenservice gehören außerdem Beratung in puncto Gartengestaltung, botanische Fragen und biologischer Pflanzenschutz. Der ökologische Aspekt wird bei Mauerblümchen insofern mitbedacht, als weder Folien noch andere Plastikprodukte oder gefärbte Ware verwendet werden.

BLUMEN & GESCHENKE »AM MARKT«
Am Markt 6, 18209 Bad Doberan
Tel. 03 82 03 / 6 21 44
Eine große Auswahl an Blumen und Pflanzen kann man im Geschäft von Ingrid Bade in der mecklenburgischen Stadt finden. Von romantisch bis experimentell, von Exoten bis zu einheimischen Saisonblumen reicht das Angebot in den zwei Geschäftsräumen. Die Blumen und die Geschenke sind übrigens in zwei separaten Räumen untergebracht. Außer feierlichen oder farbenfrohen Sträußen findet man hier Gestecke, Stoff- und Trockenblumengebinde sowie Bilderrahmen aus Porzellanblumen.

BLUMENHAUS PRIMEL AM GRINDEL
Beim Schlump 5, 20144 Hamburg
Tel. 0 40 / 4 10 41 56
Gleichzeitig den Kundenwünschen und den eigenen floristischen Ansprüchen gerecht zu werden ist das Ziel von Inhaberin Dorle Nielsen. Mit extravaganter Hochzeitsfloristik und innovativer Event-Ausstattung versorgt das Geschäft Hotels, Restaurants oder stattet Feste in Werbeagenturen aus. Die Arbeiten werden beeinflußt von Modetrends im Bekleidungs- und im Wohnbereich; so werden zu den wieder in Mode gekommenen romantischen Hochzeiten lockere, weiche Sträuße gefertigt. Künstliche oder gefärbte Materialien haben keine Chance, gearbeitet wird nur mit Trockenmaterial oder gefriergetrockneten Blumen.

BLUMEN LUNDT
Grindelhof 68, 20146 Hamburg
Tel. 0 40 / 44 84 96
Christa Lundt legt Wert darauf, daß jeder Strauß individuell für jeden Kunden gebunden wird; »vorproduzierte Fertigsträuße« sind in diesem kleinen, aber feinen Laden nicht zu finden. Frische und Natürlichkeit stehen dabei im Mittelpunkt; so kann man dicke Rosensträuße »pur«, aber auch Orchideen und Amaryllis in alten patinierten Töpfen kaufen. Gearbeitet

wird nur mit natürlichen Blumen und Pflanzen, die die Inhaberin vor allem im Sommer hauptsächlich aus dem Hamburger Blumenanbaugebiet Vier- und Marschlande bezieht.

SAXIFRAGA
Carola Wineberger
Glashüttenstraße 100, 20357 Hamburg
Tel. 0 40 / 43 73 55

Saxifraga, zu deutsch Steinbrech, ist eine Gebirgspflanze mit weißen, roten oder gelben Blüten, die in Steingärten wächst. Als genauso vielseitig wie diese Pflanze mit ihrem ungewöhnlichen Lebensraum erweist sich dieser etwas andere Blumenladen. Mitten in einem Hamburger Szeneviertel gelegen, zählt er mittlerweile die umliegenden Werbeagenturen und Restaurants zu seinen Kunden, die die ausgefallenen Objekte direkt kaufen oder in Auftrag geben.

Ihren Stil nennt die Inhaberin romantisch bis spröde-intellektuell; dabei greift sie in ihren Kreationen Themen aus Wirtschaft, Literatur und bildender Kunst auf, die sie mit Feiertagen wie Weihnachten und Ostern verknüpft. Hochzeiten, Talk-Shows und Filmausstattungen zählen genauso zu den Auftragsarbeiten wie der einfache »Ich-liebe-dich«-Strauß. Den offiziellen Trends verweigert sie sich und erarbeitet sich eigene, konträre Themen. Kombiniert wird dabei in außergewöhnlicher Art jegliches Material.

BLUMENHOF KEHR
Reinbeker Redder 51, 21031 Hamburg
Tel. 0 40 / 7 39 97 32

Im modernen Landhausstil, wie Inhaber Harald Kehr es selbst beschreibt, präsentiert dieses noch junge Geschäft Schnittblumen und Topfpflanzen aus aller Welt, aber auch Wohn- und Dekorationsobjekte sowie Gefäße zu ausgesuchten Pflanzen einschließlich individueller Beratung. Textile Pflanzen und Blüten werden immer ergänzt durch Trockenblumen oder präparierte Pflanzenteile.

BLUMEN GRAAF
Kanzleistraße 25, 22609 Hamburg
Tel. 0 40 / 82 74 28

Ob eine Primel für 2,50 DM oder eine komplette Abenddekoration der *MS Europa*: Michael Graaf erfüllt jeden Blumenwunsch. Er gestaltet Hochzeiten und Bälle und schmückt Restaurants und Hotels aus. Dabei gilt das Motto, natürlich zu arbeiten und auf alles Überflüssige zu verzichten – allerdings nicht auf natürliches Beiwerk; zusammen mit frischen Blumen verarbeitet er gefriergetrocknete Rosen ebenso wie Lavendel oder Kräuter zu floralen Werkstücken.

BLUMENBOUTIQUE MÖLLER
An der Kastanienallee, 23936 Grevesmühlen
Tel. 0 38 81 / 27 18

Manfred Möller führt in Grevesmühlen zwei Geschäfte; in diesem bietet er den Jahreszeiten entsprechende Blumen aus der Region an. Natürliche Blüten, kombiniert mit einheimischen Gräsern und Blättern, prägen den ländlich-verspielten Stil, bei dem immer die Blume selbst den Mittelpunkt bilden soll. Deshalb werden Trocken- und Seidenblumen auch nur begrenzt angeboten. Außerdem gibt es hier thailändische Holzfiguren (nicht aus Tropenhölzern), Keramik und Glaswaren.

GÄNSEBLÜMCHEN
Fischerreihe 6, 23966 Wismar
Tel. 0 38 41 / 21 12 26

Die Inhaberin Bärbel Hottendorff kam Anfang der 1990er Jahre aus Cuxhaven nach Wismar. Sie hatte bereits in Hamburg floristische Erfahrungen gesammelt und gewann an ihrer neuen Wirkungsstätte als erste Vertreterin Mecklenburg-Vorpommerns die »Silberne Rose«. In natürlich-verspieltem oder auch ländlich-rustikalem Stil bietet das Geschäft Frischblumensträuße, die nach Wunsch auch mit Trockenblumen kombiniert werden. Dabei werden alle Trends in allen Variationen mitgemacht.

BLUMENFACHGESCHÄFT FIRMA SOMMER
Schweriner Straße 25, 23970 Wismar
Tel. 0 38 41 / 70 30 53

In der Nähe des Friedhofs liegt ein wenig versteckt das Geschäft von Doris Sommer, die darin eine Verbindung von gärtnerischen und floristischen Fähigkeiten herzustellen versucht. So wird hier neben dem Blumen- und Grünpflanzensortiment auch Beratung zu Fragen der Garten- und Grabgestaltung angeboten. Zusätzlich wartet man damit auf, daß von den Kunden mitgebrachte oder im Laden erworbene Geschenke floral verpackt werden. Für Doris Sommer bleiben in den floristischen Kompositionen die Blumen und Pflanzen die Solisten, die sie am liebsten elegant und schlicht verarbeitet. Aber auch auf Zeitgeist und Kundenwünsche wird eingegangen, sei es kurzes oder mit Stäben verlängertes Binden. Und das »Wer schenkt wem?« bedenkt man natürlich immer mit.

Den Mitarbeitern im Geschäft und in den beiden Filialen läßt die Inhaberin beim Arbeiten kreative Freiräume. Den allgemeinen Trends steht man gelassen gegenüber, denn wie in der Mode war alles schon mal da und kommt irgendwann wieder.

BLUMEN-STUDIO KOLBERGER
Brunswiker Straße 53, 24103 Kiel
Tel. 04 31 / 55 44 29

Frische Blumen (nie solche aus dem Kühlhaus), florale Collagen (z.B. mit Holz, Eisen und Stein), Wand- und Raumarbeiten sowie spezielle Ausstattungen von Feiern und Festen bietet das Blumen-Studio der Familie Kolberger. Im Zentrum steht naturverbundenes Arbeiten mit dem Anspruch perfekter Technik, von klassisch bis modern. Für besondere Werkstücke werden auch einmal Tulpen aus Nizza oder Freilandrosen aus Italien direkt importiert. Für Unterglasarbeiten, Sträuße, Gestecke und Bilder werden auch Trocken-, Stoff- und Seidenblumen verwendet.

BLÜTEZEIT
Kieler Straße 86, 25474 Bönningstedt
Tel. 0 40 / 5 56 78 43

Die Besonderheit des Geschäfts der beiden Schwestern Peters sind die in Wachs getauchten Rosen, die anschließend in Pastelltönen gefärbt und mit Früchten, Bändern, Moos und Trockenmaterial zu aufwendigen Sträußen zusammengestellt werden. Außerdem bietet das Geschäft Trockenblumen- und Seidenblumenarrange-

---

BLUMENVERSENDER

Es gibt verschiedene Möglichkeiten, Blumenpräsente zu verschicken. Meist, vor allem, wenn man auf Nummer Sicher gehen will, wendet man sich an einen Floristen. Wählen Sie die Blumen und die Form des Straußes aus, und überlassen Sie ihm den Rest. Wenn er über einen Lieferservice verfügt, können Sie sicher sein, daß der Empfänger das Bukett bekommt, das Sie sich vorgestellt haben.

Die zweite Möglichkeit besteht darin, die Dienste von Organisationen von Blumenhändlern zur überregionalen Vermittlung von Blumenpräsenten in Deutschland in Anspruch zu nehmen:

FLEUROP GMBH
Lindenstraße 3–4, 12207 Berlin, Tel. 0 30 / 71 37 10

Anfang des 20. Jahrhunderts verwirklichte der Berliner Florist Max Hübner seine Idee, um frische Blumen schnell und zuverlässig in die verschiedensten Orte zu verschicken, statt der Blumen selbst Bestellungen zu versenden. Zu diesem Zweck gründete er 1908 die deutsche Blumenvermittlungs-Vereinigung (BVV), die seit 1927 auf europäischer Ebene als Fleurop-Interflora mit Sitz in Zürich und seit 1946 als Interflora Inc. mit nunmehr 50 000 Mitgliedern in über 140 Ländern weltweit arbeitet. Die Vertragspartner sorgen dafür, daß die Blumengrüße termingerecht, zum vereinbarten Preis und in bester Qualität die richtige Adresse erreichen. Der Kunde geht zu einem Fleurop-Floristen und gibt seine Bestellung auf, wenn gewünscht, auch mit Grußkarte.

TELEFLOR-WELT-BLUMENDIENST GMBH
Gasstraße 2, 24211 Preetz

Die weniger bekannte Blumengrußvermittlung mit Sitz in Schleswig-Holstein wurde 1954 als »Helios-Welt-Blumendienst« gegründet. Heute sind ihr rund 2500 Floristen in Deutschland und zweihundert in Österreich angeschlossen. Im internationalen Dachverband Teleflor International (seit 1971) arbeiten etwa 40 000 Firmen aus aller Welt zusammen. Das wichtigste Anliegen der Vereinigung ist es, den bürokratischen und somit auch finanziellen Aufwand so gering wie möglich zu halten und den Floristen ein hohes Maß an Eigeninitiative zu überlassen, ohne dabei die korrekte Auftragsvermittlung zu gefährden.

ments, und wer Frischblumen kaufen möchte, findet auch sie hier.

DIE BLUME
Claudia Lange
Leher Heerstraße 139, 28357 Bremen
Tel. 04 21 / 23 91 40
Individuelle Werkstücke, die dem Wunsch des Kunden und dem Anlaß angepaßt sind, stehen auf dem floristischen Programm dieses Geschäfts. Zum besonderen Angebot gehören kurze, asymmetrische Sträuße oder mediterrane Fruchtsträuße, d.h. mit Lavendel, Hölzern und Früchten kombinierte Blumen. Es wird im romantischen bis extravaganten Stil gearbeitet, aber nur mit natürlichen, der Jahreszeit entsprechenden Materialien.

MARTIN BODE BLUMEN
Alt-Vinnhorst 6, 30419 Hannover
Tel. 05 11 / 74 88 66
Eine individuelle Ladeneinrichtung mit selbstgeschweißten Metallgestellen erwartet die Kunden bei Martin Bode. Blumen der jeweiligen Jahreszeit und alle Rosensorten, vor allem die klassischen englischen, bestimmen das breite Schnittblumenangebot. In der Farbigkeit der Kompositionen läßt man sich von des Jahreszeiten und von der Textilbranche beeinflussen. Trockenblumen findet man hier nur in Arrangements oder Raumobjekten; auf Wunsch der Kunden fertigt man sie nach Beratung auch in Auftragsarbeit.

ZOBEL BLUMEN
Am Lehmanger 14, 38120 Braunschweig
Tel. 05 31 / 84 14 20
Blumen, Indoor- und Outdoor-Pflanzen, aber auch Baumschulpflanzen. Bevorzugt wird dabei in einem klaren, geradlinigen Stil gearbeitet, der sich durch viel Grün als Beiwerk, wie z.B. große Blätter und schwingende Gräser, auszeichnet. In dekorative Holzklötze gesteckte Papierblumen und zu floralen Objekten verarbeitete Trockenblumen ergänzen das Frischblumenangebot. Dazu bietet der Laden den Kunden oft wechselnde Dekorationsvorschläge und Ideen zur Gestaltung der Wohnräume mit Grünpflanzen, Blumen, Gefäßen und anderen Accessoires.

BLUMENREICH
Heinrich-Heine-Allee 51, 40213 Düsseldorf
Tel. 02 11 / 32 64 70
»Nichts ist unmöglich« und »Natur pur« sind die Schlagwörter, mit denen Inhaber Albert Steigenberger den Charakter seines Geschäftes in der Düsseldorfer Innenstadt beschreibt. Palmen für den Swimmingpool, tropische Bananenstauden, burgunderfarbene Kallas oder auch zweitausend Tulpen für den Vorgarten gehören genauso zum bemerkenswerten Angebot wie aufwendige Dekorationen für Messen, Hochzeiten, Gärten und Terrassen. Und für ganz anspruchsvolle Kunden kann auch der Weihnachtsbaum dekoriert werden. Besonderen Wert legt man auf die Präsentation der Waren, denn sie soll die Kunden zu Ideen für den individuellen Strauß inspirieren.

Seiden- und Trockenblumen gehören nicht mit zum Angebot dieses Blumenladens, dafür aber exklusive Accessoires wie Lampen, italienische Terrakotta, Tischwäsche, Kerzen und Weihnachtsschmuck.

BLUMEN NASKRET
Rethelstraße 115, 40237 Düsseldorf
Tel. 02 11 / 66 69 26
Als eine »Stadtoase« wird das aufwendig renovierte Geschäft bezeichnet. Auf einer Verkaufsterrasse und in einem romantischen Stadtgärtchen von über hundert Quadratmetern bieten die beiden Inhaberinnen Ute Naskret und Annegret-Michaela Pryla Floralobjekte, Wohnaccessoires, Kerzen, Bänder und Papier. Zu den Favoriten floristischen Arbeitens gehören die Hochzeiten. Dabei zählen nicht nur der Stil der Brautpaare und seine Vorlieben für Farben und Formen, sondern auch die Jahreszeit, der Ort und das Fahrzeug. Höhepunkte des Jahres sind die Festlichkeiten in den Ladenräumen, zu denen den Gästen auch einmal Blüten- und Früchtebowlen gereicht werden. Dann präsentiert man nicht nur floristische Objekte und anlaßbezogene Arbeiten; auch Künstler haben die Möglichkeit, ihre Werke zur Schau zu stellen. Einen Schwerpunkt bildet neben dem künstlerischen floristischen Arbeiten die Förderung von Nachwuchs. Materiell und ideell vom NASKRET-Team unterstützt, konnten bereits einige talentierte Mitarbeiterinnen und Mitarbeiter an wichtigen Wettbewerben teilnehmen.

A LA CASA DEL FIORE
Heyestraße 142, 40625 Düsseldorf
Tel. 02 11 / 28 30 30
Die Inhaber Manfred und Andrea Hoffmann führen das Geschäft in dritter Generation. Für sie sind Blumen mit ihrer friedlichen Ausstrahlung die verbindende Kraft zwischen Mensch und Natur. Die Arbeit mit Blumen, Früchten, Beeren und Gewürzen soll in Anlehnung an die Entwicklung von Grün, Blüte und Frucht den Lebenslauf symbolisieren. Großgeschrieben wird die Vielfalt im Angebot an Schnittblumen, Topf- und Kübelpflanzen. Zu den Höhepunkten zählen die jährlichen Ausstellungen in den Geschäftsräumen oder in der Gärtnerei, deren Themen sich um Blumen, Literatur, Musik und allgemein Lebensfreude ranken. Zwischen Lesungen, philosophischen Gesprächen, musikalischen Darbietungen und Bildern werden ausgefallene florale Objekte präsentiert: aus Blättern, Blüten, Leder und Seide gewebte, geflochtene, gestickte und geknotete Teppiche; Blumen als integraler Bestandteil großer Gefäßskulpturen; mit Blattgold und Metallen gestaltete florale Collagen und Bilder; handgeschöpfte Papiergefäße mit Blumenfüllungen. Dekorationen von Messen und ähnlichen Großveranstaltungen sowie privaten Festen im In- und Ausland sind ein weiteres Betätigungsfeld der Hoffmanns. Zum Geschäft gehört ein viertausend Quadratmeter großer Gärtnereibetrieb, der sich auf Schnittgrün und Duftgeranien spezialisiert hat.

BLUMEN GELS
Erlenweg 2, 49744 Geeste
Tel. 0 59 37 / 71 07
Außer Schnitt- und Topfblumen bietet dieses Geschäft auch eine große Zahl floraler Collagen, jeweils im dekorativen bis verspielten Stil.

Die Blumenarrangements enthalten manchmal auch Seidenblumen. Dabei gilt aber immer: nur in Verbindung mit Trockenblumen, also natürlichen Materialien.

BLUMEN KLAUS PITSCHAK GMBH
Im Hauptbahnhof Köln, 50667 Köln
Tel. 02 21 / 15 43 41
Obwohl sich dieses Geschäft im Kölner Hauptbahnhof direkt in der Kölner City befindet, ist es kein typischer Bahnhofsblumenladen. Außer dem großen Schnittblumensortiment kann man hier besondere Exoten und Raritäten wie seltene Orchideen täglich von 7.00 bis 22.00 Uhr kaufen. Bei der anspruchsvollen Verarbeitung von verschiedensten Materialien wie Moos und Ranken, Holz und Metall wird auf die jeweiligen Kundenwünsche eingegangen. Wer will, kann auch floristische Accessoires wie Vasen, Töpfe und Kerzen kaufen. Die Mitinhaberin Marika Pitschak setzt ihr Können als Floraldesignerin nicht nur im Geschäft, sondern auch auf Messen, für Hotel-Events und Bankette, in Galerien, Museen und bei der Prominenz aus Kunst und Kultur ein. Zusätzlich zu Arrangements aus echten Blumen gibt es auch solche aus exklusiven Seidenblumen.

BLUMEN MÜLLER
Weyerstraße 77, 50676 Köln
Tel. 02 21 / 23 12 63
Eines der größten Sortimente an Rhipsaliden bietet der Laden von Berthold Müller. Und auch Freunde von Sukkulenten und Kakteen sind hier an der richtigen Adresse. Auf ausgesprochene Modefarben und Trends will man sich nicht festlegen.

GREGOR LERSCH
Telegrafenstraße 9, 53474 Bad Neuenahr
Tel. 0 26 41 / 70 47
Gregor Lersch kann als Florist auf eine lange Familientradition zurückblicken, er gehört zur nunmehr fünften Generation, die sich diesem Beruf widmet. Sein Laden ist kein reines Verkaufsgeschäft, es hat Werkstattcharakter; die Werkstücke werden an großen Tischen mitten in den Verkaufsräumen hergestellt. Damit soll der Entstehungsprozeß jedes einzelnen floristischen »Kunstwerks« für die Kunden transparent werden, die so gleichzeitig die Möglichkeit haben, ihre Wünsche direkt einzubringen. Besondere Blätter und Zweige sowie alte Rosen aus der geschäftseigenen Gärtnerei bereichern das Angebot im Laden, das sich durch Hochwertigkeit und Saisonangemessenheit auszeichnet.

Für diesen renommierten Floristen ist die Floristik nicht nur ein Beruf, sondern eine Berufung. Um seine Auffassungen zu verbreiten, führt er in den geschäftseigenen Seminarräumen Schulungen für Floristen aus aller Welt durch und hat nach eigener Aussage in über dreißig Ländern »wie ein Missionar« gearbeitet. Nach wie vor ist er viel auf Reisen und verkündet seine »florale Philosophie« in der ganzen Welt, bis hin zu Japan. Für ihn sind Blumen lebendige, sprechende Wesen, und seine Sträuße haben jeweils eine bestimmte Bedeutung. Er ist davon überzeugt, daß die Menschen besonders in der heutigen Zeit wieder Symbole brauchen. Gregor Lersch zeichnet sich außer durch seinen intellektuellen Ansatz durch höchste technische

Perfektion aus. So gelingt es ihm, sich selbst tragende Arrangements, die völlig ohne Gefäß auskommen, zu kreieren. Außergewöhnlich sind auch seine Brautstraußkompositionen, etwa Buketts aus Ginkgoblättern und einer Krause aus Kokosfasern. (Siehe Seite 171, 197)

AGENTUR MICHAEL REUSCHENBACH
Saarstraße 1, 55291 Saulheim
Tel. 0 67 32 / 6 26 03
Nachdem Michael Reuschenbach seinen Laden in Mainz aufgegeben hat, widmet er sich in seiner Agentur der Aus- und Weiterbildung von Floristen in der ganzen Welt, arbeitet an Buchprojekten und für Zeitschriften und dekoriert Großveranstaltungen im Gastronomiebereich. Dem Gewinner zahlreicher floristischer Wettbewerbe und Autor von floristischen Fach- und Kunstbüchern geht es vor allem darum, Blätter und Blüten in ihrer natürlichen Beschaffenheit und die Poesie natürlicher Werkstoffe darzustellen. Dabei liegt ihm daran, die Formen und Linien zu betonen und die Eigenarten der Blumen und Blätter herauszuarbeiten. Seine Philosophie ist durch das Bestreben gekennzeichnet, mittels Blumen eine Nähe zwischen Natur und Mensch zu erzeugen.

BLUMEN BEUCHERT
Rathenauplatz 2–8, 60313 Frankfurt a. M.
Tel. 0 69 / 28 26 63
Dieses traditionsreiche Frankfurter Geschäft existiert seit 1873. Seither zählen der gute Service und der bewußt auf das saisonale Blumenangebot abgestellte Verkauf zu den wichtigsten Prinzipien. Mit den floristischen Arbeiten will man vor allem Emotionen bei den Kunden hervorrufen, denn die Blume gilt bei Beuchert als Meditationsobjekt. Als Spezialitäten werden die bunten Sträuße und die vielen Rosen genannt. Auf gefärbte und gespritzte Blumen verzichtet man ebenso wie auf Seidenblumen. Dagegen sind Trockenblumen und gewachste Rosen kein Tabu, vor allem zur Weihnachtszeit. Besondere Blüten- und Duftgehölze wie blühende Zweige einer hängenden Zierkirsche, Zieräpfel und Magnolien kommen vom eigenen Grundstück direkt in das Geschäft. Zu den Kunden zählen Adlige aus der Region und deutsche Großbanken.

BLUMEN KAMANN
Am Schwalbenschwanz 60,
60431 Frankfurt a. M.
Tel. 0 69 / 52 28 38
Eine der Jahreszeit gemäße Auswahl an frischen Blumen und natürliches Beiwerk wie Provencegrün findet man in diesem Geschäft. Konsequent verzichtet wird dagegen auf Kunst- und Seidenblumen sowie gefärbte Blumen. Die Blumen kommen überwiegend aus deutschen Gärtnereien, ergänzt wird das Angebot durch ausgewählte Trockenblumen. Von Trends läßt man sich nur sehr wenig beeinflussen.

FLEUR IN
Schulstraße 10, 64283 Darmstadt
Tel. 0 61 51 / 2 05 53
Neben frischen Blumen, Zweigen, Gestrüpp und Provencekräutern präsentiert das Geschäft als floristische Besonderheit Geflechte aus Weide und anderen Zweigen in freien Formen für den Garten oder die Wohnung. Ein extravagantes Angebot sind die mit Papier und Blütenblättern beklebten Herzen, Dosen und Schachteln. Für die Inhaberin Kunigunde Klein zählt in ihrer Arbeit, die Natürlichkeit und die Fröhlichkeit zu beachten, die Blumen ausstrahlen. Für Sträuße, Kränze und größere florale Objekte werden nur getrocknete und nichtgefärbte Blumen verarbeitet. Als weitere Spezialitäten sind die frischen, in Wachs getauchten Blüten zu erwähnen.

ERHARD PRIEWE
Mühlgasse 17, 65183 Wiesbaden
Tel. 06 11 / 3 96 44
Eine alte Apothekeneinrichtung im Laden und ein großer Natursteinkamin im Salon verleihen dem Geschäft das passende Ambiente. Seinen Stil bezeichnet der Inhaber als »modernen Barock«; so werden beispielsweise einmal im Jahr auf einer großen Frankfurter Modenschau Roben aus Seidenstoffen und Blüten aus dem Hause Priewe vorgeführt. Spezialisiert hat man sich auf die Dekoration großer Events und die Innenausstattung von Villen (auch des einen oder anderen Schlosses) und Restaurants. Zum kreativen Arbeiten gehört dabei, die Tische mit edlen Stoffen zu bedecken und mit Blumenarrangements zu dekorieren oder auch die Wände mit Blattgold zu beschichten; mitunter wird sogar die Beleuchtung miteinbezogen. Kleine Attraktionen sind die Vernissagen, die bisweilen in den Geschäftsräumen stattfinden. Auf Lehrgänge und Schulungen verzichtet der gelernte Florist, er verläßt sich auf die eigene Erfahrung und Kreativität.

BLUMEN-STUDIO THUROW
An den Quellen 4, 65183 Wiesbaden
Tel. 06 11 / 30 60 37
Hier wird ausschließlich mit natürlichen, frischen Blumen gearbeitet. Das Geschäft will natürliche, hochwertige Floristik für jeden Anlaß bieten. Zu den Besonderheiten zählen Blumen in Kombination mit Keramik- und Glaskunst sowie aufwendige Weihnachtsdekorationen.

BLUMEN KETTENBACH
Scheidertalstraße 14, 65326 Aarbergen
Tel. 0 61 20 / 9 25 80
Solides floristisches Handwerk – individuell für den Kunden zusammengestellte Blumen – bieten die Brüder Axel und Klaus Kettenbach in ihrem Geschäft, gern in den Trendfarben Rotorange und Champagnerweiß. Die Inhaber legen auf Natürlichkeit statt künstlicher Konstruktionen Wert.

FIRMA WEIN GMBH
Feldstraße 49, 66740 Saarlouis-Lisdorf
Tel. 0 68 31 / 4 94 25
Josef Wein stammt aus einer Gärtnerfamilie und wuchs zwischen Blumen auf. Seine solide floristische Ausbildung wurde um Kenntnisse über Musik, Kunst und Architektur bereichert. Was ihn seiner Meinung nach am stärksten geprägt hat, sind historische Dekorationen vom Alten Ägypten bis ins 20. Jahrhundert hinein. Ausschlaggebend dafür waren seine schweizerischen und österreichischen Lehrmeister. In seinem Geschäft, das er gemeinsam mit seiner Schwester Margret Hirtz führt, kann man neben »einfachen Frischblumen« auch aufwendig hergestellte Extravaganzen wie kandierte Blüten und zur Präparierung bzw. Stabilisierung in Salz oder Glyzerin eingelegte Rosen erwerben. Darüber hinaus sind hier in Wachs getauchte Blumen, handgearbeitete Stoffblumen aus Paris und andere Interieurdekorationen zu finden. In einem Garten im italienischen Stil mit Pflanzen aus der Toskana stehen winterharte Gefäße aus dem italienischen Impruneta, aus China und England. (Siehe Seite 197)

BLUMEN HARTMANN
Marienstraße 17, 70178 Stuttgart
Tel. 07 11 / 60 43 28
»Barocke« Floristik bietet dieses schwäbische Traditionsgeschäft. Bekannt ist der Laden vor allem für seine Großraumdekorationen; Privatkunden können z.B. Sträuße mit eingebundenen Accessoires wie Bändern und Stoffen erwerben. Und zu besonderen privaten Anlässen können Kunden auch eigene Gegenstände mitbringen und im Geschäft professionell floristisch einarbeiten lassen. Zu den Besonderheiten gehören mit beschrifteten Seidenbändern dekorierte Herzen aus Rosen in jeder Größe und allen Farben, in Wachs getauchte Rosen und ausgewählte Glasgefäße als Einzelstücke. Die Pflanzen bezieht der Inhaber Klaus Hartmann vor allem aus der württembergischen Umgebung, aber auch aus Italien und Übersee.

DER BLUMENLADEN
Karin Engel
Olgastraße 44, 70182 Stuttgart
Tel. 07 11 / 24 14 66
Purismus und wilde Natur kennzeichnen die Arbeiten im »Blumenladen«. Bei zwei Ausstellungen pro Jahr werden besondere Werkstücke gezeigt. Die floralen Objekte sind immer nur pflanzlich, ohne jegliche Fremdkörper zusammengestellt. Als bevorzugtes Ergänzungsmaterial gilt einfaches »Gestrüpp«.

BLUMEN BEILHARZ
Karl-Pfaff-Straße 65, 70597 Stuttgart
Tel. 07 11 / 76 26 66
Die floristischen Kompositionen aus diesem Familienbetrieb sollen die »Beilharzsche Handschrift« tragen, die darin besteht, daß man klassisches Handwerk mit modernen Ideen verbindet. Bambus oder Bast, Papier, Metall, Glas und Holz stehen mal im Zentrum der Arrangements, mal sollen sie die Wirkung der Blumen nur unterstützen. Bei großen Dekorationen für Messen und Festveranstaltungen wird schon einmal eine Turnhalle in einen Westernsaloon verwandelt oder der Strand von Bahia ins Schwäbische versetzt. Die Blumen bezieht das Geschäft überwiegend aus Anbaugebieten in und um Stuttgart; das Frühjahrsangebot stammt ausschließlich aus heimischem Anbau.

FLORALES AMBIENTE
Annette Kamping
Goetzstraße 29, 70599 Stuttgart
Tel. 07 11 / 4 56 94 64
Den Trend bestimmt Florales Ambiente selbst. Bekannt ist das Geschäft vor allem für Dekorationen im Innenbereich, für Hochzeiten und für größere Bepflanzungen. Blumen und Dekoration werden dabei mit individueller Beratung vor Ort, in Wohnungen oder Büros auf die Umgebung abgestimmt. Zu den Besonderheiten

zählen Blütenbilder aus Metall oder objekthaft gestaltete Trockenblumen, wie z.B. Bilder aus dreitausend getrockneten Rosen.

HEINZ JOSENHANS MEISTERFLORIST
Echterdinger Straße 8,
70771 Leinfelden-Echterdingen
Tel. 07 11 / 75 36 87
Auffällig ist in diesem Geschäft neben dem umfangreichen Schnittblumensortiment der florale Raumschmuck. Große Skulpturen aus Palmschoten oder Nußblüten und in quadratische Formen geschnittene Gestrüppteile gehören zu den Spezialitäten. Privathaushalte, Firmen, Hotels und Schwimmbäder nehmen die Kompetenz der Mitarbeiter im Bereich der Landschaftsgestaltung ebenso in Anspruch wie die Verwaltungen von Burgen und Schlössern, z.B. des Neuen Schlosses Stuttgart. Seit einem halben Jahrhundert gibt es dieses Geschäft, nunmehr in der dritten Generation.

BECK BLUMEN & AMBIENTE
Oststraße 47, 71638 Ludwigsburg
Tel. 0 71 41 / 87 97 49
Auf zwei Etagen am Stadtrand und in einer Filiale in der Fußgängerzone bietet der mit zahlreichen internationalen Preisen ausgezeichnete Inhaber Eberhard Beck Sträuße, Gestecke, Pflanzschalen, aber auch Hydrokulturen und Trockenblumen. »Blumiges« Arbeiten und modische Floristiktrends in Farbe und Form kennzeichnen nach den Worten des Inhabers die Firmenphilosophie. Neben den einfachen Sträußen, für die der Laden bekannt ist, steht die Innenbegrünung von Firmengebäuden auf dem Programm. Blumendekorationen für Film und Fernsehen führen Eberhard Beck und seine Mitarbeiterinnen und Mitarbeiter bis nach Moskau und in die USA. Zudem schult der Inhaber Floristen aus aller Welt und unterrichtet sich in Holland, wo er an der Entwicklung neuer Produkte beteiligt ist, über die neuesten Trends.

BLUMENHAUS BADER
Friedhelm Raffel
Trailfinger Straße 3, 72525 Münsingen
Tel. 0 73 81 / 27 91
Dieses Geschäft gilt als Vorreiter im Bereich der Floralcollagen, die es als Originale nur hier gibt. Gestaltet wird mit natürlich-unverfälschten Materialien; dabei sollen zusammen mit wildwachsendem Beiwerk verarbeitete Kulturblüten den Arrangements einen natürlichen, romantischen Charme verleihen. Kompositionen aus präparierten Edelrosen mit schmückenden Ergänzungen kann man als Sträuße, Gefäßfüllungen, Tisch- oder Wandkränze finden. Außerdem werden edle Gefäße, Kleinmöbel und Accessoires verkauft.

THOMAS STARZ
Im Haal 12, 74523 Schwäbisch Hall
Tel. 07 91 / 7 16 43
Thomas Starz arbeitet in seinem Geschäft ausschließlich auf Bestellung, so daß jedes seiner Werkstücke eine individuelle Note hat. Rosen sind und bleiben seine Lieblingsblumen, und sein besonderer Ehrgeiz besteht darin, das ganze Jahr über die schönsten Exemplare zu beschaffen. Er verarbeitet Blumen aus den unterschiedlichsten Herkunftsgebieten: Tulpen aus Holland, Rosen vom Neckar, Grün aus der Provence, Efeu und Moos aus dem eigenen Garten. Beim Zusammenstellen werden keine Kompromisse eingegangen. Seinen Stil charakterisiert der Inhaber als romantisch über »krautig-würzig« bis zu extravagant: ein Füllhorn voller Blumen unter einem Schleier aus goldenem Tüll, mit Rosen gefüllte Vogelnester oder eine zarte Girlande mit goldenen Ringen auf einem rostigen Stück Blech. Starz mag auch die Arbeit mit Trockenblumen, die er selbst im Laden trocknet. Ein Tip für Besucher: Die Adventsausstellungen in den Geschäftsräumen immer am Sonntag vor dem 1. Advent. (Siehe Seite 197)

DER BLUMENLADEN
Christiane Fretter
Salzstraße 47, 79098 Freiburg
Tel. 07 61 / 2 48 44
Am liebsten sind der Inhaberin schlichte Gartenblumen wie Veilchen und Fritillarien. Sie werden mit heimischem oder provenzalischem Beiwerk kombiniert. Gern arbeitet sie aber auch mit selbstgetrockneten Blumen oder Werkstoffen wie Papier, Keramik und Glas. Spaß hat Christiane Fretter an floristischen Herzen in allen Varianten. Antike Gartenmöbel und -accessoires runden das Sortiment ab.

GÄRTNEREI BRANDL
Ungerer Straße 141, 80805 München
Tel. 0 89 / 36 70 37
Für sein Engagement in ökologischen Fragen erhielt dieses traditionelle Familienunternehmen 1996 den Umweltpreis der Stadt München. Zwar kann man hier auch in bunten Plastikeimern ausgestellte Tulpen finden, doch sonst wird auf alles Umweltschädliche wie bestimmte Verpackungsmaterialien und Pflanzenschutzmittel verzichtet. Außer größeren Gefäßen und bepflanzten Kübeln sieht man hier von Accessoires ab und bietet hauptsächlich Saisonblumen, die aus der eigenen Gärtnerei stammen. Eine spezielle Auswahl an Rosen und ungewöhnlichen Dekorationen, bei denen Blumen auf antiken Stühlen oder in Fenstern präsentiert werden, geben dem Geschäft eine individuelle Note. Als etwas Besonderes gelten auch die Abschiedsgaben für Trauerfeiern und Beerdigungen.

FLORALI, DIE BLUMENWERKSTATT
Herterichstraße 57, 81479 München
Tel. 0 89 / 7 91 11 55
Für den Inhaber Heinz Fehnker gilt: Nur das Beste ist gut genug. Anspruchsvolle Kunden, die für innovative und kreative Floristik offen sind, finden hier Einzelstücke, Arrangements und Werkstücke. Für letztere werden ausschließlich natürliche Materialien wie Glas, Keramik, Eisen, Stein und Holz verwendet.

AIRPORT FLOWER GMBH
Postfach 24 11 03, 85333 München-Flughafen
Tel. 0 89 / 97 59 09 42
Wie der Name vermuten läßt, befindet sich dieses Geschäft im Münchner Flughafen. Doch trotz dieser eher ungewöhnlichen Lage reicht das Angebot von hochwertiger natürlicher Floristik über floristische Geschenkartikel zum Aufhängen, Hinstellen und -legen bis zu Wohnaccessoires. Außer extravaganten floristischen Kunstwerken kann man hier auch Stoff- und Trockenblumen kaufen.

BLUMENHAUS UND GÄRTNEREI WEISSHAUPT
Ettenkircher Straße 55, 88074 Meckenbeuren
Tel. 0 75 42 / 16 77
Blumiges in Szene zu setzen und neue Raumstimmungen zu schaffen gehört zu den Schwerpunkten dieses Geschäfts. Die Pflanzen kommen vor allem im Sommer zu über neunzig Prozent aus eigenem Anbau bzw. aus benachbarten Gärtnereien. Und weil nach Meinung der Inhaber die Blume ihrer natürlichen Schönheit treu bleiben und ihre »Persönlichkeit« bestmöglich zur Geltung kommen soll, wird nicht mit gefärbten Blumen gearbeitet. Jedes floristische Werkstück, das den Laden verläßt, wurde mit dem Kunden vorher individuell abgesprochen. Sollten dabei auch einmal Seidenblumen verwendet werden, geschieht dies nur in Kombination mit natürlichen Materialien.

EVERS FLORALES DESIGN
Bischof-Meiser-Straße 3, 90403 Nürnberg
Tel. 09 11 / 22 16 72
Inhaberin Marion Evers möchte in ihrem Geschäft das »Erleben« der Blume vermitteln. So wird in den floralen Arbeiten auf alle künstlichen Accessoires verzichtet, nur natürliches Beiwerk kommt zum Tragen. Äste, Gräser und Ranken dominieren. Die »Modeblumen« im Geschäft werden von der jeweiligen Jahreszeit bestimmt. Mit oftmals selbst gesuchten und selbst präparierten Trockenblumen – heimischen, aber auch exotischen Pflanzen – werden Stilleben und Objekte gestaltet.

BLUMEN UND FLORISTIK
Renate Hauke, Anger 1–3, 99084 Erfurt
Tel. 03 61 / 6 43 73 65
Blumen der Saison, aber auch Exoten und ausgefallene Pflanzenarten bietet dieses Geschäft im Zentrum der thüringischen Landeshauptstadt. Die Inhaberin verkauft ihre Schnittblumen und Topfpflanzen an Privatleute und vor allem an Firmen. Die Modefarben beeinflussen die floristischen Trends im Geschäft; gearbeitet wird viel mit Zweigen und Ranken. Ihre Blumen bezieht die Inhaberin von ortsansässigen Händlern und Gärtnern.

Frankreich

GESTES PASSION
26, avenue de la Marseillaise, 67000 Strasbourg, Tel. 0 88 / 35 21 28
Diese renommierte Firma wird von Monsieur und Madame Blumstein geführt, die 1976 und 1994 gemeinsam die Auszeichnung »Beste Floristen Frankreichs« erhielten. Sie lieben Blumen mit großen Blüten wie die Pfingstrose sowie duftende Sorten, mit denen sie aromatische Sträuße komponieren: eine Handvoll Lavendel, etwas Minze, Verbenen und Zitronenmelisse. Madame Blumstein umhüllt ihre Buketts gerne mit großen Rhabarber- oder Irisblättern. (Siehe Seite 195)

LES MILLE FEUILLES
2, rue Rambuteau, 75003 Paris
Tel. 01 / 42 78 32 93
Für Pierre Brinon und Philippe Landri sind Blumen ein Stück Lebenskunst, weswegen sie in ihrem Geschäft neben Blumen auch Tischwäsche, Geschirr, Antiquitäten und Möbel

Adressen

führen. Man kann dort passend zum Bukett Vasen und andere Dekorationsobjekte auswählen.

ATMOSPHÈRE
38, rue St-Antoine, 75004 Paris
Tel. 01 / 42 76 08 08
Der Florist Christophe ist bekannt für seine gewagten Dekors. Einmal hat er zu Weihnachten sein Geschäft am Boulevard Beaumarchais mit Hilfe von feinem Sand und Muscheln in einen Strand verwandelt. Aber auch französisch gestaltete Gärten mag er, und mit Hilfe von *Asparagus* kreiert er elegante Pflanzenskulpturen. In seinem kleinen Geschäft sind Blumen und Pflanzen streng nach Farbtönen geordnet. Dennoch läßt Christophe genug Platz für Phantasie. Sträuße werden nie fertig gebunden angeboten, sondern nur auf Bestellung verkauft. (Siehe Seite *184, 195*)

GÉRARD HILLION
36, rue Gay-Lussac, 75005 Paris
Tel. 01 / 43 54 13 26
Gérard Hillion, der bei Tortu gelernt hat, schätzt zugleich Luxus und Natürlichkeit. Samtvorhänge, Wohnzimmermöbel und steinerne Urnen schmücken dieses Geschäft aus der Zeit um 1900, dessen Originalschaufenster mit Rankenornamenten und kleinen Säulen erhalten geblieben ist. Die üppigen Buketts sind in Medici-Vasen ausgestellt, die Gérard Hillion besonders schätzt und die ein Markenzeichen von ihm geworden sind. (Siehe Seite *195*)

TORTU
6, carrefour de l'Odéon, 75006 Paris
Tel. 01 / 43 26 02 56
Als Christian Tortu 1985 sein Geschäft eröffnete, machte er in Paris einen ländlichen Stil populär: üppige Mengen von Pfingstrosen, Flieder, Geißblatt, Vergißmeinnicht, aber auch Zweige, Moose und diverse Gemüsesorten, die er wie Blumen arrangiert. Er brachte bekannte Kollegen dazu, Gemüse neben Blumen als gleichwertiges Dekorationsmaterial anzuerkennen. Tortus Liebe zur Natur äußert sich auch in Kunstgegenständen: Vasensammlungen, Keramiken und mit Rosenblütenblättern besetzten Leuchtobjekten. Er war es auch, der die schön dekorierten Schaufenster in Mode brachte, die heute in ganz Paris zu sehen sind, wobei seines noch immer zu den schönsten gehört. Jedes Jahr am Valentinstag erregen seine Dekorationen besonderes Aufsehen. Will man einen Blick darauf erhaschen, ist Eile geboten, denn sie sind so unwiderstehlich, daß innerhalb weniger Stunden alles ausverkauft ist. (Siehe Seite *167, 171, 188*)

BAPTISTE
85, rue Vaneau, 75007 Paris
Tel. 01 / 42 22 82 31
Bei Baptiste findet man seit jeher eine üppige Menge an Blumen. Seine Markenzeichen sind das Firmenschild und ein kleiner Stoffhase, sein Glücksbringer und gewissermaßen das Wappentier des Geschäfts. Die scheinbar spontane Art seiner Dekorationen ist das Ergebnis großer Professionalität. Baptiste ist mit Blumen aufgewachsen, sie gehörten schon immer zu seiner Umgebung. Seit fünf Jahren bezaubert er Paris mit seinen Sträußen und beliefert eine erlesene Kundschaft, darunter z.B. Pierre Berger. (Siehe Seite *186*)

MOULIÉ
8, place du Palais-Bourbon, 75007 Paris
Tel. 01 / 45 51 78 43
Henri Moulié gehört zur älteren Generation der französischen Floristen und hat viele junge Pariser Kollegen ausgebildet. Er stammt aus einer Familie von Winzern in Gers und ist sehr natur- und erdverbunden. Henri Moulié betätigt sich nicht nur als Florist, sondern auch als Gärtner und produziert als einziger in Paris einen großen Teil seiner Ware selbst: Gartenrosen (die er, wenn es seine Zeit erlaubt, auch gerne selber pflegt), alle möglichen Hortensien, deren nachtblaue Varianten er besonders liebt, sowie Kamelien, mit denen er die Chanel-Modenschauen dekoriert. Monsieur Moulié beliefert auch einige andere Vertreter der Haute Couture, etwa Lacroix, der seine Nelken bei ihm kauft. Daneben stattet er den Élysée-Palast und offizielle Veranstaltungen aus. Bei alledem ist Moulié ein bescheidener Mann ohne Allüren geblieben. (Siehe Seite *1, 6, 184, 195*)

POUR UN FLEURISTE
26, rue de l'Université, 75007 Paris
Tel. 01 / 42 60 11 68
Von duftenden Rosen bis zu den Dolden der Karottenblüte sieht man hier die verschiedensten Blumen in großen Vasen vor einem außergewöhnlichen Dekor: freskengeschmückte Wände, riesige Dachfenster mit grauen Zinkrahmen, aus Kurzwarengeschäften stammende Theken, Theaterkonsolen. Veilchen und Stiefmütterchen sind die Spezialität dieses erstklassigen Geschäfts.

MARIANNE ROBIC
41, rue de Bourgogne, 75007 Paris
Tel. 01 / 44 18 03 47
Marianne Robic liebt Blumen mit kurzen Stengeln – Primeln, Minijasmin, Stiefmütterchen oder Alpenveilchen – und fertigt besonders hübsche Miniatursträuße an. Die kleinen Arrangements passen gut in Bade- und Gästezimmer, eignen sich aber auch als Tischdekoration: als Geschenk für die Gäste eines an jedem Platz. (Siehe Seite *184, 195*)

LACHAUME
10, rue Royale, 75008 Paris
Tel. 01 / 42 60 59 74
In einer Umgebung aus rosa Marmor, Muscheleinlegearbeiten, Springbrunnen und Putten befindet sich das 1845 gegründete Floristikhaus Lachaume. Giuseppina Callegari, die das Geschäft zusammen mit ihren Kindern führt, sorgt dafür, daß der Mythos Lachaume nicht verlorengeht. Nicht jeder hat hier Zutritt. Amateurfotografen, Sonntagsspaziergänger und Touristen, die sich ständig vor den Schaufenstern drängen, werden systematisch ferngehalten. Madame Callegari ist nämlich sehr auf den guten Ruf ihres Geschäfts bedacht und achtet daher auf Diskretion. Das goldene Gästebuch weist große Namen der Politik, Theaterwelt und Kunst auf. Die illustren Kunden werden gewöhnlich im kleinen Büro empfangen, das hinter Samtvorhängen verborgen ist und wo sie vom Publikum unbemerkt ihre Blumenpräsente in Auftrag geben können, die schon manches Zerwürfnis oder sogar eine drohende Scheidung verhindert haben. Bei Lachaume werden die Buketts mit viel Einfühlung für die jeweilige Situation kompo-

niert, wobei auch der Humor nicht zu kurz kommt: Am Valentinstag versteckt Madame Callegari in den Rosenherzen schon einmal ein lustiges symbolisches Geschenk. Ein dicker Veilchenstrauß von Lachaume ist etwas ganz Besonderes. (Siehe Seite *15*, 112, 113, *176*, 191)

PIERRE DECLERCQ
83, avenue Kléber, 75016 Paris
Tel. 01 / 45 53 79 21 und 45 53 45 56
Pierre Declercq gehört nicht zu den Floristen, die kleine runde Sträuße komponieren, wie es derzeit Mode ist: Bei ihm muß alles groß sein. Seit dreißig Jahren kultiviert er in der Avenue Kléber seine Leidenschaft für das Überdimensionale und seine Liebe zu großen Auftritten. Place Vendôme, Eiffelturm, Conciergerie, Louvre – alle bedeutenden Sehenswürdigkeiten von Paris hat er schon einmal in exotische Paläste oder futuristische Gärten verwandelt. Viele Moden und Trends hatten bei ihm ihren Ursprung, etwa die Collage aus Blütenblättern und Blättern oder die strukturalen Buketts, die Pierre Declercq während des Golfkriegs entwarf, als Blumen plötzlich knapp wurden. Sie bestanden nur aus ein paar Blüten, Zweigen und Bambus. Declercq – auch er wurde mit dem Titel »Bester Florist Frankreichs« ausgezeichnet – mangelt es nie an neuen Ideen. Ähnlich wie die großen Couturiers entwirft er jedes Jahr eine Kollektion mit unterschiedlichen Farben und Materialien zu einem bestimmten Thema. Jeweils im August stellt er in seinem Schaufenster die Trends der kommenden Monate vor. Für die Saison 1997/98 kündigte er an, daß er anläßlich der Marslandung seine Blumen zwischen Autoreifen und Kautschuk in Szene setzen werde. (Siehe Seite *195*)

Großbritannien

LONGMAN'S
Bath House, Holborn Viaduct,
London EC1A 2FD
Tel. 01 71 / 2 48 28 28
Longman's, gegründet 1896 von Martin Longman, gehört zu den ältesten Geschäften Londons. Seit jeher ist es einer der meistbesuchten Blumenläden der Innenstadt. Ein ganzes Team von Floristen steht zur Verfügung, um die Bestellungen von Banken und anderen in der »Square Mile« angesiedelten Firmen entgegenzunehmen. Seit 1947 beliefert Longman's auch die königliche Familie. Von hier stammte z.B. der berühmte Brautstrauß Lady Dianas, eine Blumenkaskade von über einem Meter Länge.

PAULA PRYKE
20 Penton Street, London N1 9PF
Tel. 01 71 / 8 37 73 36
Paula Pryke kombiniert leuchtende Farben in einer typisch englischen, exotischen und zugleich romantischen Mischung: Bananenbaumblätter und Kamelien neben großen Mengen von Rosen, ein Stil, der ihr besonders Architekten und Designer als Kundschaft einbrachte. Sie beliefert u.a. die Restaurants von Terence Conran. (Siehe Seite *171*)

PULBROOK & GOULD
Liscartan House, 127 Sloane Street,
London SW1
Tel. 01 71 / 7 30 00 30

Diese Firma wurde vor vierzig Jahren von der berühmten Lady Pulbrook gegründet, die mittlerweile ihren achtzigsten Geburtstag feierte. In den 1960er Jahren revolutionierte Pulbrook & Gould die englische Floristik, indem die Firma, ganz im Sinne von Constance Spry, einheimische Pflanzen, Feld- und Gartenblumen wieder salonfähig machte. Auch heute noch bietet das Geschäft im viktorianischen Chelsea-Viertel seltene Gartenblumen entsprechend der Jahreszeit an. Zahlreiche Floristen waren dort in der Lehre, darunter Kenneth Turner. Pulbrook & Gould hat eine eigene Floristikschule gegründet. (Siehe Seite *191*, 192)

MOYSES STEVENS
157-158 Sloane St, London SW1X 9BT
Tel. 01 71 / 2 59 93 03
Dieses Geschäft, 1876 vom Ehepaar Lady Moyses und Mister Stevens gegründet, befindet sich in einem Haus mit eleganter schwarz-goldener Fassade und fällt immer wieder durch außergewöhnlich dekorierte Schaufenster auf. Rosen, Anemonen, Ranunkeln und Rittersporn werden hier zu romantischen Gebinden und Gestecken komponiert. Auch Moyses Stevens gehört zu den traditionellen Lieferanten der königlichen Familie. (Siehe Seite *174*)

THE FLOWER VAN
The Michelin Building, 81 Fulham Road, London SW3 6RD
Tel. 01 71 / 5 89 18 52
Einen kleinen Lieferwagen aufstellen, von ihm aus Blumen verkaufen und darauf hoffen, daß er zu einer der schicksten Adressen Londons wird – das tat Julia Hodgkin (siehe The Flower Shop), als sie vor dem Conran Shop den Flower Van aufstellte. Für die Blumenarrangements verantwortlich zeichnet John Carter. Sie reichen vom einfachen Bukett bis zu den aufwendigsten Dekorationen. Vor kurzem kreierte John Carter die Blumendekoration zur Hochzeit von Lady Helen Windsor. Zu seinen Kunden zählen auch zahlreiche Amerikaner.

SIMON LYCETT
London SW18
Tel. 01 81 / 8 74 10 40
Simon Lycett wollte schon mit sieben Jahren Florist werden. Heute gehört er zu den bekanntesten Londoner Floristikkünstlern, besonders seit er die Sträuße und Blumendekorationen für den Film *Vier Hochzeiten und ein Todesfall* kreierte. (Siehe Seite *192*)

EDWARD GOODYEAR
45 Brook Street, London W1A 2JQ
Tel. 01 71 / 6 29 15 08
Das Geschäft Edward Goodyear, Lieferant des Claridge Hotel, besteht seit den 1880er Jahren. Unter Königin Viktoria wurde es zum königlichen Lieferanten ernannt. Hier bekommt man vor allem Lilien, Rosen, Tulpen, Wicken sowie alle typisch englischen Blumenarten. (Siehe Seite *174*)

JANE PACKER FLOWER STORE
56 James Street, London W1M 5HS
Tel. 01 71 / 4 86 50 97
Jane Packer hat sich durch die Blumendekorationen für die Hochzeit der Herzogin von York einen Namen gemacht. Sie liebt schlichte, natürliche Arrangements. »Ich behalte die Sträuße immer, bis es nicht mehr geht«, erzählt sie. »Nichts ist romantischer als eine verwelkende Blüte.« Jane Packer führt nicht nur mehrere Geschäfte in London, sondern hat auch eine Floristikschule eröffnet und mehrere Bücher über die Kunst des Blumenbindens verfaßt. (Siehe Seite *171*)

THE FLOWER SHOP
The Heal's Building, 196 Tottenham Court Road, London W1P 9LD
Tel. 01 71 / 6 36 16 66
Julia Hodgkin gehört zu den populärsten Floristinnen Londons. Außer dem Flower Shop gründete sie auch The Flower Van (siehe oben). Für beide Geschäfte tätigt sie den Einkauf selbst: Bei ihr bekommt man Blumen aus Holland und englische Arten.

KENNETH TURNER
125 Mount Street, London W1Y 5HA
Tel. 01 71 / 3 55 38 80
Aufsehenerregende, von Simon Brown dekorierte Schaufenster zeichnen das Geschäft von Kenneth Turner aus, der derzeit zu den international berühmtesten Floristen gehört und für seine geradezu märchenhaften Dekorationen bekannt ist. Er verwandelt Hotelrezeptionen in blühende Mandelbaumwälder, hängende Gärten oder exotische Parks. Zu seinen Bestsellern gehören Buketts aus haltbar gemachten Rosen. (Siehe Seite *171, 171, 191,* 192, *192*)

HARPER & TOM'S
13 Elgin Crescent, London W11
Tel. 01 71 / 7 92 85 10
Der Floristikkünstler dieses Hauses ist Thomas Vach, ein in Mailand geborener Deutscher. Die Art, wie er sein Geschäft dekoriert, sowie die üppigen Mengen von Blumen, die er verwendet, gefallen den Engländern, und so wurde das Geschäft in den Kreis der königlichen Lieferanten aufgenommen. (Siehe Seite *184*)

Niederlande

MARCEL WOLTERINCK
Naarderstraat 13, 1251 AW Laren
Tel. 0 35 / 5 38 39 09
Marcel Wolterinck ist inzwischen die Nummer eins unter den niederländischen Floristen. Sein Geschäft in der kleinen Stadt Laren versetzt mit seinem schattigen Innenhof und den Dachterrassen in Ferienstimmung. Im Innern laden kleine Plauderecken mit Sofas und Sesseln zwischen Palmen, *Asparagus* und blühenden Zitrusgewächsen die Kunden zu einer Ruhepause ein. Marcel Wolterinck hat für alles Sinn, was das Leben verschönert. Seine üppigen, natürlich wirkenden Kompositionen sind dabei nur ein Aspekt. Er dekoriert die elegantesten Feste, organisiert ländliche Vergnügungen und zeichnet bis ins kleinste Detail für alles verantwortlich. Um seine Welt der Blumen musikalisch zu untermalen, hat er sogar Orchesterwerke komponiert. (Siehe Seite *54, 171, 186*)

Österreich

LORENZ PRIDT
FLORALES HANDWERK
Josefstädterstrasse 17, 1080 Wien
Tel. 01 / 4 05 71 94
Der Wiener Florist Lorenz Pridt verkauft nur frische oder getrocknete Naturblumen, und zwar als schlichte duftende Sträuße oder auch extravaganter mit selbstgefertigten floralen Accessoires wie Blumenherzen zum Valentinstag. Die Blumen werden, ihrem Charakter und Wuchs entsprechend, manchmal bescheidener und manchmal auch üppiger verarbeitet. Mal sind es kurze, runde Gebinde, mal lange, ausgefallene Sträuße. Die Pflanzen kommen überwiegend aus heimischen Gärtnereien.

BLUMEN-RESI
Unterer Stadtplatz 35, 3340 Waidhofen (Ybbs)
Tel. 0 74 42 / 5 45 22
Als »Blumenbinderin aus Leidenschaft« bezeichnet sich Inhaberin Theresia Streisselberger. Für sie ist das Gestalten mit der Natur ein wichtiger Lebensinhalt. So kombiniert sie am liebsten einfache Blütenformen in Hülle und Fülle. Die Kombination natürlicher Materialien aus der Region mit einheimischen und exotischen Blumen gibt dem Geschäft seinen persönlichen Stil. Selbstverständlich wird zu jedem Anlaß floristisch individuell gestaltet.

BLUMEN HELGA GLATZ
Stadtplatz 34, 3400 Klosterneuburg
Tel. 0 22 43 / 2 51 82
Die Hochzeitsfloristik ist das »Lieblingskind« dieses Familienbetriebes. Die komplette floristische Gestaltung der Kirche, der Brautschmuck und die Dekoration des Wagens bei großen und kleinen Hochzeitsfesten gehören zur floristischen Palette des Geschäftes. Außer fertigen oder individuell zusammengestellten Schnittblumensträußen kann man in der Gärtnerei mediterrane Pflanzen und hochwertige Terrakottagegenstände kaufen. Edle Gefäße, die mit Frisch-, Trocken- oder Seidenblumenarrangements dekoriert sind, ergänzen das Sortiment. Bei der Gestaltung wird immer darauf geachtet, daß Strauß und Gefäß eine Einheit bilden.

BLUMEN ELISABETH SPRINGER
Spittelwiese 6, 4020 Linz
Tel. 07 32 / 77 47 52
Das Wort »polarisieren« beschreibt vielleicht am besten das floristische Arbeiten von Elisabeth Springer. Dekoriert ist das Geschäft innen und außen immer in nur zwei Farben: ob Gelb und Blau oder Grün und Orange – Hauptsache, der Kontrast stimmt. So gibt es hier zu jeder Zeit ausschließlich Blumen, die nach dem floristischen Verständnis der Besitzerin kombinierbar sind, so daß mancher Kunde den Laden auch einmal ohne die gewünschte Blumenart verlassen muß. Aber einseitig wird es nie, denn das Angebot wechselt ebenso wie die Dekoration regelmäßig. Die Inhaberin arbeitet nur mit handgefertigten Dingen. Dabei greift sie phantasievoll auf unkonventionelle Gestaltungsmittel zurück. Statt Moos setzt man hier getrocknete Erbsen oder Senfkörner ein, den Weihnachtsschnee ersetzt nicht der übliche Sand, sondern ganz normaler Zucker, und den Duft der Adventskränze verstärken Gewürznelken. Extreme liebt Elisabeth

Adressen

Springer auch bei aufwendigen floristischen Dekorationen, die entweder schlicht bis minimalistisch-reduziert oder aufwendig und verspielt sein können. Geflochtene Füllhörner und Gefäße mit und ohne Blumen, mit großen Blättern befestigte und in Aludosen gepflanzte Nelken oder im ganzen Geschäft verkehrt herum aufgehängte Amaryllis kann man bewundern und kaufen.

BLUMENHAUS KARL SCHWEIGHOFER
Brucker Bundesstrasse 8, 5700 Zell am See
Tel. 0 65 42 / 74 22 20

Blumen pur, erlesene Interieurs und die Gestaltung von Wintergärten und Veranden bietet das Geschäft seinen Kunden. Zu den Spezialitäten zählt die Kombination von floralem und nichtfloralem Material, etwa edler Keramik und ausgefallenen Orchideen, in der Innenraumgestaltung. Die floristischen Trends spiegelt das jeweilige Farbspektrum der Blumen wider. Gern läßt man sich von Wald- und Wiesensträußen inspirieren.

FLORA SALON
ATELIER FÜR FEINE
BLUMENBINDEKUNST
Glacisstrasse 67, 8010 Graz
Tel. 03 16 / 82 91 33

Die Kreativität der Mitarbeiter und der Wunsch, die floristische Nase immer ein Stück weiter vorn zu haben als andere, bestimmt hier den Stil. Inhaber Rudolf Hajek präsentiert seinen Kunden ein großes Angebot an Schnittblumen, viele unterschiedliche Gefäße, Accessoires und eine ständig wechselnde Geschäftsdekoration.

FLORIST BUCHSBAUM
Herrengasse 10, 8230 Hartberg
Tel. 0 33 32 / 6 24 45

Mit der Liebe zum Natürlichen und Traditionellen und der ständigen Suche nach neuen Ausdrucksmöglichkeiten in puncto Form, Farbe und Gestaltung versucht Inhaberin Maria Buchsbaum in ihren Arbeiten, Altes auf neue Art zu interpretieren. Sie schafft Gebinde, die frisch oder trocken zur jeweiligen Jahreszeit passen, florale Bilder, Gefäße und Füllungen. Die Farben sollen ganz natürlich von den Jahreszeiten bestimmt werden. Schoten, Fruchtstände und Kräuter (z.B. Lavendel) verwendet sie mit Frischblumen oder gestaltet daraus Verpackungsmaterial. Als kleine Besonderheit gelten die gezuckerten Blüten für Torten- oder Tischdekorationen.

Schweiz

BELLFLEUR
Jürgen Birchler
Kolinplatz 17, 6300 Zug
Tel. 0 41 / 7 11 19 40

Schlichte, in Farbe und Form expressive Blumen sind die Lieblinge von Inhaber Jürgen Birchler, etwa die heimischen Alpenblumen, die für den Schweizer Verträumtheit und Melancholie ausstrahlen. Davon läßt er sich bei seinen Arbeiten gern beeinflussen, er mag aber auch barock-üppige und surreale Kompositionen. Besonders achtet er darauf, die Schlichtheit und Harmonie der Blüten und Pflanzenteile situations- und anlaßgerecht floristisch zu gestalten. Am liebsten sind dem Floristen die einheimischen Pflanzen, und so nimmt er immer auf die jahreszeitlichen Farben Rücksicht. Um das Organische der Blumen und Pflanzen hervorzuheben, setzt er sie in spezielle Behältnisse. So findet man Blumen in Weidenkörben oder Gefäßen aus Eisen, Zink, Kupfer und Ton. Blüten werden mit Sand oder Schellack stabilisiert, Blätter gepreßt und getrocknet, wobei so manches Geheimrezept zum Einsatz kommt.

KARL ZUBER
BLUMEN UND FLORISTIK
Grabenstrasse 43, 7000 Chur
Tel. 0 81 / 2 52 16 09

Das alte Haus, das die Geschäftsräume beherbergt, strahlt eine besondere Atmosphäre aus. Seit mehr als einem halben Jahrhundert kann man hier überwiegend saisonale, natürliche und ungefärbte Grünpflanzen und Schnittblumen kaufen; zusätzlich gehören Trockenblumen und Gebinde, die auf Kundenwunsch auch mit Kunstblumen kombiniert werden, zum Sortiment. Diese Arrangements sind immer kurzfristig und individuell. Keramiken, besondere Glasvasen und andere floristische Accessoires kann man außerdem finden. In den Nebenräumen des Hauses präsentiert der Inhaber saisonale Ausstellungen. Außerdem übernimmt der Betrieb Großdekorationen.

CHRISTIAN FELIX
FLORIST
Nüschelerstrasse 1/Ecke St. Petersgasse,
8001 Zürich
Tel. 01 / 2 12 11 80

Frische Blumen und erstklassige Verarbeitung, ausgesuchte Gefäße, ein breites Sortiment an Accessoires und persönliche Beratung findet man im Geschäft des bekannten Schweizer Floristen. In den floristischen Arbeiten will man die Blume leben lassen und nicht nur als Hilfsmittel benutzen. So werden ausschließlich frische oder getrocknete Blumen angeboten. Im Laden wechseln immer wieder die Farben, wobei es jeweils eine große Auswahl an Blumen und Pflanzen zum Kombinieren gibt. Auch sucht das Team um Christian Felix ständig nach neuen Ideen und kreierte so beispielsweise ein aus Blumen geformtes Herzblatt.

MARTIN GROSSENBACHER
BLUMEN AN DER DUFOURSTRASSE
Dufourstrasse 85, 8008 Zürich
Tel. 01 / 4 20 11 71

Eine saisongerechte Auswahl an Blumen, die in einem natürlich-klassischen Stil gebunden werden, präsentiert das noch junge Geschäft von Martin Grossenbacher. An Kunden verkauft werden soll immer nur das, was den Mitarbeitern selbst auch Freude macht. Am liebsten arbeitet man mit heimischen Schweizer Blumen, deren Farben der jeweiligen Jahreszeit entsprechen. Großen Wert legt man auf eine persönliche Atmosphäre in den Verkaufsräumen und auf perfekten Kundenservice.

REGULA GUHL
BLUMENOBJEKTE
Dufourstrasse 132, 8008 Zürich
Tel. 01 / 3 83 38 34

Nicht in einem normalen Blumenladen, sondern in einem Atelier gestaltet Regula Guhl konzeptionelle Raumdekorationen. Hier arbeitet sie nur auf Bestellung für Galerien, Museen, Firmen und Privatleute. Dabei läßt sie sich inspirieren von Raum, Anlaß und Person. Die Jahreszeiten beeinflussen sie in der Wahl und der Kombination der Farben. Verwendet werden nur frische, natürliche Blumen, mit denen abstrakt und »wild«, aber immer naturnah gestaltet und dekoriert wird.

Vereinigte Staaten
(ausnahmsweise nach dem Alphabet der Firmennamen sortiert)
*Die mit Sternchen gekennzeichneten Floristen führen ein eigenes Geschäft. Die übrigen haben Büros für florale Dekorationen, in denen sie nur nach Terminvereinbarung zu sprechen sind.

PHILIP BALOUN
340 West 55, New York
Tel. 02 12 / 3 07 16 75

Das Floristikbüro Philip Balouns ist auf die Dekoration von Bällen und Empfängen spezialisiert. Es gehört zu den renommiertesten New Yorks. (Siehe Seite 190)

ROBERT ISABELL
410 West 13, New York
Tel. 0 2 12 / 6 45 77 67

Der Floristikdekorateur Robert Isabell hat sich in den 1970er Jahren in New York niedergelassen und übernimmt Blumenarrangements für Hochzeiten und Empfänge. Er bevorzugt duftende Blumen, die er geschickt einsetzt, um eine ganz besondere Atmosphäre zu schaffen. Darüber hinaus hat er eigene Parfums mit Lilien- und Frühlingsblumenduftnoten kreiert. (Siehe Seite 190)

MÄDDERLAKE
143 West 21st Street, New York, NY 10011
Tel. 02 12 / 8 07 93 45

Billy Jarecki und Tom Pritchard, die die Firma Mädderlake vor über zwanzig Jahren gegründet haben, leiten heute wie viele andere amerikanische Floristen ein Büro für Dekorationen und florale Konzepte, d.h., sie haben bedauerlicherweise kein Geschäft mehr. Mit den schönen Filialen ihres Geschäfts versetzten sie in den 1970er Jahren die New Yorker in Staunen. Die in Greenwich Village z.B. war eine Art tropisches Paradies mit kleinen Wassergärten und Grünpflanzen, in dem die Blüte des Löwenzahns mit ebenso viel Respekt behandelt wurde wie duftender Jasmin oder langstielige Kallas. In den Dekorationen, die sie fürs Fernsehen oder für Veranstaltungen kreieren, sowie in den Büchern, die sie veröffentlichen, verbreiten Jarecki und Pritchard auch heute noch ihre florale Philosophie: Der ganze Charme eines Buketts liegt in der Wahl der Blumen, und der Liebreiz einer Komposition liegt darin, daß sie gerade nicht komponiert wirkt. (Siehe Seite 163, 189, *190*)

RONALDO MAIA*
27 East 67, New York
Tel. 02 12 / 2 88 10 49

Ronaldo Maia stammt aus Brasilien und war einer der Pioniere der amerikanischen Floristik. Bereits in den 1970er Jahren hatte er es zum Star unter den Floristen gebracht, und die *New York Times* lobte ihn als den originellsten aller Blumendekorateure. Zu einer Zeit, in der die europäischen Floristen noch den traditionellen

Strauß und wertvolle Blumen in den Mittelpunkt stellten, machte Ronaldo Maia natürliche Kompositionen populär und hob den Charme von Feld- und Gartenblumen hervor. (Siehe Seite 179, *189*)

MARLO FLOWERS*
428 A E 75, 10021 New York
Tel. 02 12 / 6 28 22 46
Marlo Phillips, Floristin in Manhattan, ist besonders für ihre Rosenarrangements bekannt, die üppig und zugleich schlicht sind. Sie hat in New York große Rosenkugeln in Mode gebracht. (Siehe Seite 186)

DOROTHY WAKO
Tel. 02 12 / 6 86 55 69
Dorothy Wako ist seit etwa zehn Jahren eine der meistgeschätzten Floristikdekorateurinnen New Yorks. Sie arbeitet in sehr unterschiedlichen Bereichen: So stellt sie individuelle Kompositionen zusammen – z.B. Rosenkörbe –, kreiert festliche Dekorationen für New Yorker Abendgesellschaften und sorgt im Museum of Modern Art für Blumenschmuck. Termin nur nach Vereinbarung. (Siehe Seite 190)

ROSEN

Die Rose zählt wohl zu den Lieblingsblumen der meisten Floristinnen und Floristen, und so ist diese Blume natürlich nicht nur in den in dieser Rubrik genannten Läden zu finden, sondern in fast allen in der Rubrik »Floristen« aufgeführten Blumengeschäften.

Deutschland

DIE ROSE
Eppendorfer Stieg 10, 22299 Hamburg
Tel. 0 40 / 47 95 70
Dies ist unseres Wissens der einzige Laden in Deutschland, der sich auf die »Königin der Blumen« spezialisiert hat. Der Liebhaber dieser Blume findet hier alles, von Schnitt- und Topfrosen über Trocken- und Seidenrosen bis hin zu Wohnaccessoires mit Rosendekor, wobei neben dem klassischen Rot Champagner und Apricot die Trendfarben sind. Außer Seiden- und Trockenblumen werden auch Rosen aus Porzellan »floristisch« verarbeitet; mit echtem konserviertem Grün kombiniert, sollen sie ein natürliches Aussehen erhalten. Zusätzlich zum Verkauf an Privatkunden im Geschäft gestaltet man hier auch floristische Dekorationen in Geschäften und Privathaushalten.

BLUMEN-STUDIO KOLBERGER
Brunswiker Straße 53, 24103 Kiel
Tel. 04 31 / 55 44 29
Wenngleich dieser Laden nicht ausschließlich Rosen verkauft, bietet er doch ein besonders breites Angebot an diesen Blumen. Bis zu dreißig Sorten pro Woche können Liebhaber hier erwerben. (Siehe Seite 203)

BLUMEN KLAUS PITSCHAK GMBH
Im Hauptbahnhof, 50667 Köln
Tel. 02 21 / 15 43 41
Als gelerntem Gärtner und Rosenkultivateur gehört die besondere Liebe von Klaus Pitschak den Rosen. So finden interessierte Kunden in diesem Geschäft zusätzlich zum enormen Schnittblumensortiment eine ungewöhnlich große Auswahl an Rosensorten. (Siehe auch Seite 204)

BLUMEN SCHNIEDERS
Heumarkt 69, 50667 Köln
Tel. 02 21 / 2 58 11 80
Das Besondere dieses Geschäfts sind die Rosen. Wie die Inhaberin Renate Elisabeth Schnieders sagt, gehört ihre große Liebe den historischen Duftrosen, die man hier auch als Rosenstock erwerben kann. Floristische Kreationen aus Rosen mit den verschiedensten natürlichen Beigaben wie Efeu, Myrte und Früchten oder auch Kräutern wie Thymian und Rosmarin. Die Natur liefert die Inspirationen. Die Rosen stammen von einheimischen Gärtnern; in der kalten Jahreszeit werden sie von der italienischen Riviera, aus Bordighera, importiert. Mit anderen Materialien als mit frischen, ungefärbten, unbearbeiteten Pflanzen wird hier nicht gearbeitet.

BLUMENLADEN INGE HOPFENSITZ
Spitalstraße 19, 73430 Aalen
Tel. 0 73 / 6 13 10
Die Inhaberin verkauft vor allem Rosen in allen Farben, aber auch andere frische Blumen der jeweiligen Saison. Ihr Bestreben ist es, für Kunden, die das Einfache, Schlichte lieben, mit wenigen ausgesuchten floristischen Mitteln viel zu erreichen. Modefarben und -trends bleiben hier unbeachtet. Zu den Besonderheiten, die Blumenliebhaber bei Inge Hopfensitz erwerben können, zählen natürlich wirkende Stoffrosen.

Frankreich

AU NOM DE LA ROSE
4, rue de Tournon, 75006 Paris
Tel. 01 / 46 34 10 64
Die erste Filiale von Au Nom de la Rose wurde 1992 in der Rue de Tournon eröffnet. Hier gibt es nur Rosen. Der Erfolg dieser Idee ließ nicht lange auf sich warten. Bald wurden sieben weitere Filialen in Paris gegründet sowie Geschäfte in Angers, Nantes, Lyon und Montpellier. Der Erfolg von Au Nom de la Rose läßt sich in Zahlen ausdrücken: 350 000 Rosen vierzig verschiedener (meist duftender) Sorten werden pro Jahr verkauft, und mehrere Hektar Rosenplantagen im Var gehören der Firma. In der Rue de Tournon findet man Sträuße aus verschiedenen Rosenarten (in drei Preiskategorien, je nach Länge der Stengel), Herzen aus Rosen für Verliebte und Rosenblütenblätter für Tischdekorationen oder Hochzeiten. Die Arrangements werden elegant in weißes Papier mit Raffiaband und manchmal einer zusätzlichen Rose verpackt. Eine weitere Besonderheit ist, daß die Lieferanten eine Livrée tragen. (Siehe Seite 186, *198*)

Österreich

DER ROSENKAVALIER
Kärntner Strasse 9–13, 1010 Wien
Tel. 01 / 5 12 61 90
Das Geschäft mit diesem Namen hält, was es verspricht, denn Rosen sind hier neben den blühenden und nichtblühenden Exoten, neben Schnittblumen, korsischem Grün und Gewürzen die Hauptattraktion. Für den privaten Gebrauch, für Dekorationen bei Messen, Festen und Bällen wie dem Wiener Opernball greift das Geschäft auf diese Blumen zurück, die so vieles symbolisieren. Außerdem präsentiert Inhaber Peter Feichtinger Amphoren aus Metall, Terrakotten, Vasen und Körbe.

Die Rose, ewige Botin der Liebe, gehörte schon immer zu den am meisten geschätzten Blumenarten. Seit etwa zehn Jahren kennt die Begeisterung für Rosen kaum noch Grenzen, so daß sogar Geschäfte eröffnet wurden, die ausschließlich Rosen führen – ein Phänomen, das in der Geschichte der Floristik einzigartig ist.

Vereinigte Staaten

ROSES ONLY
803 Lexington Av, New York
Tel. 02 12 / 7 51 76 73
Diese Firma, die drei Filialen in New York und eine weitere in Toronto besitzt, führt, wie der Name schon sagt, ausschließlich Rosen. Über fünfzig Sorten kommen direkt aus den Rosenplantagen Ecuadors und werden meist im Dutzend verkauft. (Siehe Seite 186)

FLORISTISCHE ACCESSOIRES

Gefäße und andere Blumenaccessoires führen mittlerweile fast alle größeren Blumengeschäfte. So haben wir an dieser Stelle nur die Läden aufgeführt, die entweder zusätzlich zu Blumen auch ein breites Sortiment an floristischem Zubehör anbieten oder als Einrichtungshäuser auch Accessoires für Blumen und Pflanzen verkaufen.

Deutschland

HOME FLOWERS
Hotel Atlantic, An der Alster 72,
20099 Hamburg
Tel. 0 40 / 24 34 84
Der Name deutet schon auf die zwei Schwerpunkte dieses Geschäftes hin: auf der einen Seite Dekoration und Ausstattung von öffentlichen und privaten Festen, Bällen und Großveranstaltungen, bei denen die Inhaber Thomas Niederste-Werbeck und Günther Haluszczak eng mit dem Hamburger Hotel Atlantic zusammenarbeiten. Und auf der anderen Seite Verkauf und Verleih künstlerischer Objekte, Kleinmöbel und Lampen. Die Kompositionen wechseln mit den Jahreszeiten und Trends. Zweimal im Jahr inszeniert man die neue Kollektion mit jeweils nur wenigen Klassikern als festen Bestandteilen. Hinzu kommen immer wieder neue Objekte von Designern und kleinen Manufakturen.

HOUSE AND GARDEN
Mittelweg 117a, 20149 Hamburg
Tel. 0 40 / 44 17 10
Als Inneneinrichterin und Pflanzenliebhaberin versucht Inhaberin Sigrid Gassmann, in ihrem Geschäft die Bereiche Haus und Garten zu verbinden. Hier werden Möbel und Einrichtungsgegenstände für den Garten, exklusive Pflanzen, Terrakotten, Vasen und mit Naturblumen dekorierte Windlichter verkauft. Schnittblumen, Formschnittbuchsbäume, Mimosen auf

Hochstämmen, Bambus und Mediterranes sollen pflanzliches Flair in der Stadt vermitteln. Zum Geschäft gehört ein Garten. Jedes Jahr im Herbst veranstaltet die Inhaberin eine Ausstellung, bei der mit Pflanzen dekorierte lebensgroße Betonfiguren vorgeführt werden. Eine Künstlerin entwirft, formt und bemalt die Skulpturen in Handarbeit zu den unterschiedlichsten Themen.

RAUM UND KUNST
Hanse-Viertel, Große Bleichen,
20354 Hamburg
Tel. 0 40 / 34 34 90
Dieses Hamburger Geschäft verteilt sich eigentlich auf die vier Galerien Burg Vossloch, Hanse-Viertel, Bleichenhofpassage und Hertz-Arkaden. Als ungewöhnliche Kombination aus Landschaftsbau, Gartengestaltung und Gartenkunst bietet es die unterschiedlichsten Dinge unter einem Dach. Seidenblumen kann man einzeln, als Gebinde und zu Kunstwerken gefertigt bzw. in Kunstwerke eingefügt erwerben. Außerdem gibt es ein breites Sortiment an ausgewählten Vasen, künstlerischen Gefäßen und Skulpturen, die man immer auch als Blumen- und Pflanzgefäße verwenden kann. Und wer etwas mehr Platz hat, findet Brunnenskulpturen, Liebeslauben und Gartentempel. Aber auch Kunstwerke und Gemälde mit Blumenmotiven und -themen gehören zum ausgefallenen Programm des Geschäftes. Die Galerie übernimmt räumliche und künstlerische Dekorationen für den privaten Lebensbereich und für Unternehmen, aber auch für öffentliche Gebäude wie den Flughafen Hamburg sowie Museen und Galerien.

HAPPY GARDENING
STEPHAN KIRCHNER GMBH
Munkmarscher Chaussee 37,
25980 Sylt-Ost (Keitum)
Tel. 0 46 61 / 22 33
In seinem »Garten« etwas anderer Art bietet der Inhaber Stephan Kirchner antike und Sylter Rosen, ausgewählte englische und amerikanische Gartengeräte und Zubehör, aber auch Repliken antiker nordischer Möbel. Botanische Besonderheiten kann man in seinem zweiten Geschäft in Berlin finden. Direkt im Botanischen Garten können Kunden dort ausgefallene Rosenarten, Stauden, Kleingehölze, Blumenzwiebeln und Sämereien aus England erwerben. Und natürlich gibt es auch Gartengeräte sowie eine breite Palette an Zubehör.

BLUMEN KAMANN
Am Schwalbenschwanz 60,
60431 Frankfurt a. M.
Tel. 0 69 / 52 28 38
Das Besondere dieses Blumenladens ist das ausgewählte Angebot an handwerklicher Keramik, an Luftbefeuchtern und Gartenbrunnen. Zudem kann man Terrakottagefäße aus eigener Produktion hier kaufen. Dieses Geschäft präsentiert außerdem in einer eigenen Metallwerkstatt individuell gefertigte Wohnaccessoires. (Siehe Seite 204–205)

MERZ + BENZING
GARTEN UND WOHNKULTUR
Markthalle, Dorotheenstraße 4,
70137 Stuttgart
Tel. 07 11 / 23 98 40
Hochwertige Wohnaccessoires und ein großes Sortiment an Schnittblumen kann man hier auf einer Fläche von 2500 Quadratmetern kaufen oder auch einfach nur – mit klassischer Musik im Hintergrund – betrachten.

Ungewöhnlich an diesem Einrichtungshaus ist der große Blumenbereich, in dem neun Top-Floristen für die Zusammenstellung auffälliger Sträuße zuständig sind. Die Blumen kommen überwiegend aus heimischen Gärtnereien, die nach den Vorgaben und Wünschen dieses Familienbetriebes anbauen. Festdekorationen und Hochzeitssträuße gehören zu den Besonderheiten.

HEINZ JOSENHANS
MEISTERFLORIST
Echterdinger Straße 8,
70771 Leinfelden-Echterdingen
Tel. 07 11 / 75 36 87
Als besondere floristische Accessoires kann man in diesem Geschäft ausgefallene Keramiken erwerben, die vom Inhaber, der nebenher malt und entwirft, konzipiert und in einer Töpferei hergestellt werden.

Vasen und einzelne Möbelstücke aus der Gunter-Lambert-Kollektion können außerdem erworben werden.

BELL'ARTE
TERRASSENKULTUR –
WOHNAMBIENTE
Thomas Gröner
Hessigheimer Straße 12, 74354 Besigheim
Tel. 0 71 43 / 8 06 80
Wie schon der Name dieses Geschäftes zeigt, hat man sich hier auf Blumen in Kombination mit Wohn- und Gartenaccessoires spezialisiert. Wichtig ist dem Inhaber Thomas Gröner dabei immer, eine Verbindung zwischen Natur, Mensch und Kultur herzustellen. Im Verarbeiten von floralen Materialien mit Keramik, Glas, Metall oder Holz sollen Handwerk und Kunst verknüpft werden – mal klassisch-traditionell, mal romantisch-verspielt, mal modern-abstrakt. Das breite floristische Angebot wird bereichert um die Gartengalerie, in der nicht nur ausgefallene Terrakottakollektionen und Glas-Metall-Gefäße zu finden sind, sondern auch südländische Flora, Deko- und Regalsysteme.

Hinzu kommen regelmäßige Ausstellungen, eine aufwendige Terrassengestaltung und floristische Fachvorträge.

FOCUS EINRICHTUNGEN
Leopoldstraße 87, 80802 München
Tel. 0 89 / 3 83 09 20
Seit 1958 präsentiert die Gründerin und Inhaberin Catja Wittman Möbel und andere Einrichtungsgegenstände im klassischen Landhausstil für den Innenbereich. Zum Sortiment gehört auch eine große Auswahl an Seidenblumen für Dekorationen, als Strauß oder einzeln. Ausgewählte Gefäße und Vasen aus Silber oder

---

VASEN

Die Wahl der Vase ist ein Problem, das den meisten Hausfrauen sattsam bekannt ist. Zu kurz, zu groß, zu eng: Nie findet man die Vase, die man braucht, wenn man einen gerade erhaltenen Strauß ins Wasser stellen will. Dabei können eigentlich alle möglichen Gefäße als Vasen dienen: Marmeladengläser, Eiskühler oder Saftkrüge. Mit der Zeit kann daraus eine ebenso amüsante wie nützliche Sammlung werden. Bei Floristen und in Haushaltsgeschäften findet man natürlich eine große Bandbreite verschiedener Blumenvasen aller Farben und Formen, darunter auch ungewöhnliche Designerobjekte. Hier listen wir ein paar Läden auf, die besondere Vasen führen.

Deutschland

GUNTHER LAMBERT
Uhlandstraße 181–183, 10623 Berlin
Tel. 0 30 / 8 81 30 36
Bekannt ist dieses exklusive Geschäft nicht nur wegen seiner Möbel, seines Küchenzubehörs, seiner Stoffe, Teppiche und Leuchten. Insider kennen außerdem schon lange die edlen Lambert-Vasen und anderen -Gefäße. Ob aus einfachem Glas oder Kristall, aus Silber, Altmessing, Zinn oder Porzellan – die hochwertigen Materialien sind immer auf eine besondere Art gefertigt. So knüpfen die Glasvasen, die mit einfachen Feldsträußen wie mit einzelnen floralen Kostbarkeiten harmonieren, an traditionelle europäische und asiatische Formen an. Glasbläser, Künstler und Floristen entwickeln gemeinsam Konzeptionen. Aus Asien hat Gunther Lambert das handwerkliche Wissen für die Schmiedearbeiten aus Altmessing. Zu den Prachtstücken gehören die Inka-Vasen aus Porzellan, die in China von Hand blattvergoldet und lackiert werden. Lambert-Geschäfte gibt es auch in Düsseldorf und in München.

HOUSE & GARDEN EINRICHTUNGEN
Buursod 4, 21271 Hanstedt-Nindorf
Tel. 0 41 84 / 89 21 01
Seine Einrichtungsgegenstände präsentiert das Geschäft in einer restaurierten Dorfschule. Obwohl man sich auf Möbel für den Innen- und Außenbereich spezialisiert hat, kann man hier neben hochwertigen Seidenblumen auch edle und ausgefallene Vasen kaufen. Für Liebhaber hält das Geschäft alte Amphoren, Terrakottatöpfe und Vasen aus dem italienischen Impruneta bereit. Etwas ganz Besonderes aber sind die »stumpfen« Eisglasvasen, -töpfe und -krüge, die man in einer kleinen mallorquinischen Glasbläserei speziell anfertigen läßt. Designerglas-, Eisen- und Edelrostvasen sowie Vasen aus echtem Sterlingsilber komplettieren das Angebot. Zur Freude der Besucher bepflanzt man die großen Eisenvasen außerhalb des Ladens der Jahreszeit entsprechend. Solche »Blumenaccessoires« werden bei der Einrichtungsberatung gezielt einbezogen.

Adressen

anderen edlen Materialen werden zusammen mit Seidenblumensträußen und -arrangements präsentiert.

BLUMENMÄRKTE

Schon lange, bevor die ersten Blumenläden aufkamen, gab es Blumen- und Wochenmärkte, auf denen immer auch einige Blumenstände zu finden waren. Blumen auf dem Markt zu kaufen gehört in vielen europäischen Städten zu den kleinen Freuden des Alltags. Da es unmöglich ist, alle derzeit regelmäßig stattfindenden Märkte aufzuführen, haben wir uns auf eine kleine Auswahl beschränkt. Darunter befinden sich sowohl berühmte als auch weniger berühmte, aber außergewöhnliche Märkte.

Frankreich

BLUMENMARKT AUF DEM COURS SALEYA
06300 NIZZA
Dieser Markt gehört zu den bekanntesten in Frankreich. Die Schriftstellerin Colette schwärmte von den Veilchen und Mimosen, den Zweigen mit wie gelackt aussehenden Blättern und den glänzenden Mandarinen. Der Markt findet ganzjährig täglich außer Sonntag nachmittags und montags statt. (Siehe Seite 148)

BLUMENMARKT AUF DER ÎLE DE LA CITÉ PLACE LOUIS-LÉPINE, 75004 PARIS
Dies ist der bekannteste und älteste Pariser Blumenmarkt. Seit 1809 findet er am selben Standort statt, dem Quai aux Fleurs, und seit jeher werden hier weniger Schnittblumen als Topfpflanzen und Sträucher verkauft. An einigen wenigen Ständen werden jedoch auch Sträuße angeboten. Allein wegen der schönen Eisenkonstruktionen der Pavillons, die Ende des 19. Jahrhunderts konstruiert wurden, lohnt es sich, über diesen Markt zu bummeln. (Siehe Seite 92, 146)

BLUMENMARKT AUF DEM PLACE DE LA MADELEINE 75008 PARIS
Als dieser Markt 1834 ins Leben gerufen wurde, war er der eleganteste in ganz Paris und stand im Ruf, unverschämt teuer zu sein. Die Gärtner boten hier selbst ihre Produkte an, und ihre Kundschaft bestand vorwiegend aus reichen Damen. Heute ist der malerische Charakter dieses Marktes, den Maler gern in ihren Gemälden einfingen, verlorengegangen. Man kann hier jedoch alles finden, von frischen Schnittblumen über Trockenblumen bis hin zu blühenden Topfpflanzen, Grünpflanzen und fertigen Sträußen. (Siehe Seite 146)

BLUMENMARKT AUF DEM PLACE DES TERNES 75017 PARIS
Dies ist der jüngste der Pariser Blumenmärkte, gegründet 1870. In den Pavillons – die leider nicht original und ziemlich gesichtslos sind – findet man Blumen in Bunden, Topfpflanzen und -blumen, fertige Sträuße, frische Schnittblumen und Trockenblumen. (Siehe Seite 146)

Großbritannien

COLUMBIA ROAD, LONDON
Der kleine Markt an der Columbia Road wird sonntags abgehalten. Hier werden die schönsten Blumen der ganzen Stadt angeboten. Er ist sehr pittoresk und immer belebt. Viele kleine Stände und Straßenverkäufer.

Niederlande

BLUMENMARKT AM SINGEL, AMSTERDAM
Dieser Markt findet montags bis samstags auf Booten entlang der Singelgracht statt. Um dort preisgünstige Tuberosen, Hyazinthen, Kaiserkronen und Tulpen zu kaufen, sollte man ihn zwischen dem 15. April und dem 15. Mai besuchen. Die interessanteste Auslage hat »Decorativa«, wo man sich schöne Buketts binden lassen kann. (Siehe Seite 146, *146*, 158)

Floristische Besonderheiten

Für leidenschaftliche Blumenliebhaber ist der Strauß vom Floristen oder vom Markt nur eine Möglichkeit von vielen, sich mit Blumen zu umgeben. Couturiers und Dekorateure haben Seidenblumen, Trockenblumen und haltbar gemachte Arten wieder in Mode gebracht. Es gibt sie in allen Farben des Regenbogens, und diese Blüten, die nahezu ewig halten, haben heute fast genauso viel Erfolg wie frische Blumen. Neben den haltbar gemachten oder getrockneten Blumen gibt es auch jene aus Stoff oder Papier, aus Porzellan, Keramik oder sogar aus Zucker.

BLUMEN AUS PORZELLAN ODER STEINGUT

Frankreich

BOUTIQUE DU MUSÉE DES ARTS DÉCORATIFS
107, rue de Rivoli, 75001 Paris
Tel. 01 / 42 61 04 02
Hier findet man wertvolle Porzellanblumen, wie sie im 18. Jahrhundert von den Manufakturen in Vincennes oder Sèvres hergestellt wurden. Der Künstler Didier Gardillou bildet sie originalgetreu und nach traditionellen Techniken nach. Allein für das Zusammensetzen der zahlreichen Blütenblätter einer einzigen Anemone braucht er fünf Stunden. Im obengenannten Kunstgewerbegeschäft finden Sie einige seiner zerbrechlichen Kreationen. Ob Pfingstrosenblüte oder Blumenschachtel – alle Werke von Didier Gardillou sind einzigartig. (Siehe Seite *78*)

GETROCKNETE UND HALTBAR GEMACHTE BLUMEN

Frankreich

VERDISSIMO
Tel. 04 / 42 54 92 00
Diese Firma mit Sitz in der Provence ist auf das Haltbarmachen von Blattwerk, Strauchpflanzen und Blumen spezialisiert. Von hier stammen jene ewig frischen Rosenblüten, die man heute bei vielen Floristen bekommt. Man bindet sie zu Sträußen, und ihre Blütenblätter werden zur Dekoration und Herstellung floraler Objekte verwendet. Ein Anruf genügt, und Verdissimo schickt Ihnen eine Liste der Geschäfte in Ihrer Nähe, die seine Produkte anbieten. (Siehe Seite 188)

Großbritannien

MARTIN ROBINSON FLOWERS
111 Walton Street, London SW3 2HP
Tel. 01 71 / 5 81 37 02
Hier gibt es nur Blumen, die für ewige Haltbarkeit präpariert wurden. Martin Robinson bezieht sie aus der Provence. Es sind vor allem Rosen in Form kugelförmiger Buketts; diese stehen in Holzvasen oder Vasen aus bemalter Leinwand, die speziell für das Geschäft angefertigt werden. Die englische Königin, aber auch der Sultan von Brunei zählen zu Robinsons Kunden. (Siehe Seite 188)

EVERGREEN DESIGNS
Fernside, Fernhill Drive, Whittington,
Shropshire SY11 4NF
Tel. 0 16 91 / 67 28 25
Karen Young bekommt Aufträge aus der ganzen Welt, insbesondere von jungverheirateten Frauen, die ihr ihre Brautsträuße anvertrauen, damit sie sie für immer und ewig konserviert. Am besten schickt man ihr die Blumen schon am Tag nach der Hochzeit. Karen Young behält sie dann für vier oder fünf Monate, um sie mit natürlichen Methoden zu trocknen, sie zu pressen und dann den Strauß originalgetreu unter Glas wieder zusammenzusetzen. Genauso kann sie auch mit der Blüte aus dem Knopfloch des Bräutigams verfahren, die sie in winzige Rahmen faßt.

BLUMEN AUS ZUCKER

Vereinigte Staaten

ANN AMERNICK PASTRY
20815 Washington DC
Tel. 03 01 / 7 18 04 34

Ann Amernick – während der Regierungszeit Jimmy Carters kreierte sie die Desserts des Weißen Hauses – arbeitet seit zwanzig Jahren an der Perfektion ihrer Zuckerblumen. Besonders gern hat sie pastellfarbene Rosen, ob als Knospen oder voll erblüht, deren Blütenblätter sie einzeln formt und bemalt. Danach läßt sie sie auf einem Tablett an der Luft trocknen und faßt sie dann zusammen, wie man es mit einem echten Blumenstrauß tun würde. Wenn man solche Blumen vorsichtig vom Kuchen nimmt, kann man sie lange Zeit aufbewahren. Den größten Teil ihrer Kundschaft stellen Brautleute. Sie fertigt aber auch Kreationen für den Valentinstag oder für Geburtstage. Manchmal gehen Bestellungen für ein Jahr im voraus bei ihr ein. (Siehe Seite *198*)

STOFFBLUMEN

Deutschland

ATELIER DORIS JAHNS
Bleichenbrücke 3, 20354 Hamburg
Tel. 0 40 / 36 36 43
Direkt in der Hamburger Innenstadt, in Alsternähe, befindet sich dieses ausgefallene Geschäft, dessen Inhaberin Doris Jahns, von Haus aus Maskenbildnerin und Friseurmeisterin, Seidenblumengestecke und Sträuße aus hochwertigen Materialien kreiert. Außer diesen kleinen Dingen für den privaten Gebrauch werden auch großflächige Dekorationen und Bürobegrünungen gestaltet – Aufträge, die die Inhaberin mitunter bis nach Übersee führen. Zusätzlich zu den künstlichen floralen Objekten bietet das Geschäft hochwertige Deko- und Möbelstoffe. Ausgefallen sind auch die Werke der Faßmalerei, einer alten Malkunst, bei der Möbel und Lampen mit einem farblichen Anstrich, mit Gold- und Silberfolien oder mit einem Firnis versehen werden.

FLOWER RENT AND BUY
Im Heidkamp 88, 30659 Hannover
Tel. 05 11 / 61 49 49
Seit 1988 kann man bei Karin Fischer-Ludolph und Walter Rogée hochwertigte textile Blumen mieten oder kaufen. Beide kommen aus der Floristik und brachten so die Idee mit, Seidenblumenwerkstücke so natürlich wie möglich zu gestalten. In einer Scheune mit einem vierhundert Quadratmeter großen Musterraum finden Besucher vom einfachen Veilchen bis zur stattlichen Palme alles, was es in dieser Sparte derzeit gibt. Die Blumen und Pflanzen werden in einem geschäftseigenen Atelier in Maßarbeit handgefertigt. Als Unterlage dienen ausschließlich Materialien aus der Natur wie Bambus oder Birkenstämme. Der Farn fürs private Badezimmer und nachgeahmte englische Rosensorten stehen ebenso auf dem Programm wie Objektbegrünungen, Brunnenelemente und Dekorationen für Messen oder Konzerte.

Frankreich

LÉGERON
20, rue des Petits-Champs, 75002 Paris
Tel. 01 / 42 96 94 89
Stapel von Kartons, Holztheken und zahlreiche Schubladen verleihen der Werkstatt die Atmosphäre eines alten Kurzwarenladens. Alles quillt über von zarten Girlanden und bunten Knopflochblüten, fertig in Seidenpapier eingeschlagen und bereit, die Pariser Modekollektionen zu verzieren. Sie werden an Kämmen, auf Hüten und an Halsbändern der Prêt-à-Porter-Garderobe auftauchen oder auf raffinierte Abendkleider genäht. Monsieur Légeron empfängt nach Absprache auch Brautpaare, die sich bei ihm Kronen oder Diademe aussuchen. Er fertigt sie nach Maß. Solche aus Orangenblüten sind sehr teuer, da für ein perfekt naturgetreues Aussehen jedes Blütenblatt einzeln angefertigt werden muß. (Siehe Seite *114*, 180, *180*, 182, 183)

GUILLET
99, avenue de la Bourdonnais, 75007 Paris
Tel. 01 / 45 51 32 98
43, boulevard Henri-IV, 75004 Paris
Tel. 01 / 42 72 21 94
1996 feierte die Firma Guillet ihren hundertsten Geburtstag. Wissen und Können wurden über vier Generationen hinweg bis zu Madame Lubrano-Guillet überliefert, der Enkelin des Firmengründers. Sie hütet die Familientradition und beliefert u.a. den letzten Kunden ihres Vaters, das Karmeliterkloster in Saigon, das alle zwei bis drei Jahre seine Blumendekoration erneuert. Dabei hat sie zugleich das Image der Firma weiter angehoben und im Modegeschäft Fuß gefaßt. Mit großem Erfolg: Sie beliefert inzwischen die Couturiers Christian Lacroix, Emanuel Ungaro und Nina Ricci. Auch in Japan fanden ihre Kreationen Anklang: Das Magazin *Nikkei* verschickt ihre Buketts auf Bestellung, und wenn Madame Lubrano-Guillet in Tokio ihre Kunst vorführt, pflegen ihre Fans sie darum zu bitten, Blütenblätter von Kamelien zu signieren. Die Produkte der Firma Guillet – Dekorations- sowie Modeblumen – sind in ihren beiden Pariser Geschäften erhältlich. (Siehe Seite 180, 183, *183*)

MAISON LEMARIÉ
103, rue du Fg Saint-Denis, 75010 Paris
Tel. 01 / 47 70 02 45
Dieses berühmte Haus wurde 1880 von einer einfachen Modistin gegründet, der Großmutter des heutigen Besitzers Monsieur Lemarié. Im Atelier fertigen dreißig Angestellte Federn und Blumen für Luxuskleidung an. Chanel gibt hier seine berühmten Kamelien in Auftrag, eine der Spezialitäten des Hauses. Es gibt sie in allen Variationen: aus schwarzem oder weißem Seidenmusselin, aus Rhodonit oder Goldblättchen. (Siehe Seite 180, 182)

Großbritannien

BASIA ZARZYCKA
135 Kings Road, Chelsea, London SW3 4PW
Tel. 01 71 / 3 51 72 76
Das Geschäft von Basia Zarzycka mit seiner Schaufensterfront aus buntem Glas ist sehr ungewöhnlich. Die Modedesignerin entwirft ausnahmslos blumenverzierte Accessoires: Pumps mit aufgenähten Seidenblüten, breitkrempige Damenhüte mit Blumen oder große Pfingstrosenblüten als extravaganten Knopflochschmuck, alles in außergewöhnlichen Farben wie Orange und Fuchsia, Violett und Safran. Die Pariser Firma Guillet liefert Basia Zarzycka einen Großteil der Blumen, die sie verarbeitet, und färbt sie speziell für sie. (Siehe Seite 183, *183*)

GEBLÜMTE STOFFE UND TAPETEN

Frankreich

COLEFAX & FOWLER
19, rue du Mail, 75002 Paris
Tel. 01 / 40 41 97 12
und 40 41 97 13
Eine heiße Tasse Tee vorm Kamin in einem Wohnzimmer, in dem geblümter Chintz vorherrscht – das ist der Inbegriff englischer Gemütlichkeit. Auf geblümten Chintz hat sich die Firma Colefax & Fowler nach dem Zweiten Weltkrieg spezialisiert. Der Firmengründer John Fowler ließ sich vom französischen Stil des 18. Jahrhunderts inspirieren und hatte eine Vorliebe für die Schlichtheit von Blumenmustern, die Innenräumen eine ländliche Atmosphäre verleihen. Colefax & Fowler bietet eine große Vielfalt an Stoffen und dazu passenden Tapeten.

ZUBER
5, boulevard des Filles-du-Calvaire,
75003 Paris
Tel. 01 / 42 77 95 91
Seit im 18. Jahrhundert Tapeten aufkamen, wurden Motive wie Streumuster, Rankenornamente und Girlanden unendlich variiert. Es wäre müßig, alle Firmen aufzuzählen, die sich auf Blumentapeten spezialisiert haben. Von stilisierten Blütenmustern bis zu großen Rankenornamenten gibt es für jeden Geschmack etwas.

Zuber ist jedoch in puncto Herstellung unvergleichlich. In dieser berühmten Manufaktur werden die Tapeten noch mit Druckmodeln nach alten Originalvorlagen bedruckt, und nur bei Zuber bekommen Sie Tapeten mit so großformatigen Motiven, daß Sie eine ganze Wand mit einem einzigen Strauß in einer Vase oder Schale, mit Karyatiden oder Putti schmücken können, so wie man es aus dem 19. Jahrhundert kennt.

Blumenfeste
(jahreszeitlich sortiert)

Deutschland

BADEN-BADEN (BADEN-WÜRTTEMBERG)
Als Stadt des Adels wurde dieser Kurort im 19. Jahrhundert bekannt. Das milde Klima bietet die besten Voraussetzungen für einzigartige Grünanlagen wie den riesigen Rosengarten. Rund um die Rosen finden hier in unregelmäßigen Abständen Feste statt. Der Rosenball im Kurhaus ist neben den Rosentagen mit ihren diversen kulturellen Aufführungen immer wieder ein Publikumsmagnet. Außerdem kommen Experten zu Rosenzüchterwettbewerben zusammen, bei denen die schönsten Rosenexemplare prämiert werden.

ROSENSTADT ZWEIBRÜCKEN (SAARLAND)
Im Juni, zur Zeit der schönsten Rosenblüte, führt die Rosenstadt Zweibrücken ihr jährliches Blumenfest, die »Rosentage«, durch. An vier Tagen können Gäste von morgens bis abends Kulturveranstaltungen im Kulturpark »Europas Rosengarten« besuchen. Im Wildrosengarten findet am Sonntag ein Waldgottesdienst statt. Die vielen Sorten blühender Rosen umrahmen das Fest.

DORNBURG (THÜRINGEN)
Am letzten Wochenende im Juni findet das Dornburger Rosenfest statt, ein Volksfest mit langer Tradition, das erstmals 1873 in den städtischen Chroniken erwähnt wird. Damals feierte Großherzog Carl Alexander von Sachsen-Weimar-Eisenach in den Dornburger Rokokoschlössern mit ihren üppigen Rosengärten seinen 55. Geburtstag und ließ sich von den Untertanen mit Musik, Trommelschlägen und Fahnenschwenken Lob und Ehre zollen. Ein junges Mädchen überreichte einen riesigen Blumenstrauß – ob es Rosen waren, bleibt allerdings unerwähnt. Dieses Mädchen war wohl die Vorgängerin der heutigen Rosenkönigin, die jährlich in geheimer Wahl vom Rosenfestverein gekürt wird. Tausende Besucher sehen beim Rosenfest dem Festumzug mit Reitergarde, Rokokokostümen, Pferden und blumengeschmückter königlicher Kutsche zu. Dazu spielen und singen Popmusikgruppen, Volksmusikensembles und bekannte Chöre wie der Leipziger Thomanerchor. Ein Markt, das Wartburg-Oldtimertreffen und die Dornburger Rosenbowle, deren Rezept ein wohlgehütetes Geheimnis bleibt, runden das Festprogramm ab. Höhepunkt der Veranstaltung ist neben dem Festumzug die Krönung der Rosenkönigin.

GENGENBACH (BADEN-WÜRTTEMBERG)
Jedes Jahr zu Mariä Himmelfahrt (15. August) findet in Gengenbach die »Kräuterweihe« statt. Dieses traditionelle Fest religiösen Ursprungs erfreut Einwohner und Touristen. Der katholische Feiertag ist auch Kräuterbüscheltag, an dem nach altem Brauch Kräuterbüschel zu Ehren der Mutter Gottes in die Kirche zur Weihe gebracht werden. Der würzige Duft der Heilkräuter wie Pfefferminze, Lavendel, Kamille, Johanniskraut, Weinraute und Tausendgüldenkraut, die mit Früchten wie Holunder und Hagebutten sowie Getreide zusammengebunden werden, verbreitet sich in der ganzen Stadt. Typisch für den Kräuterstrauß, dessen Durchmesser bis zu einem Meter betragen kann, ist seine klassische Biedermeierform. Frauen aus dem Dorf und den abgelegenen Talgemeinden bringen ihre kunstvollen Sträuße in die Stadtkirche St. Marien und lassen sie während des Festgottesdienstes segnen. Bei der anschließenden öffentlichen Prämierung auf dem Rathausplatz prüfen die Preisrichter die Verwendung der Heilkräuter und die Form der Sträuße.

BAD KÖSTRITZ (THÜRINGEN)
Diese kleine thüringische Stadt ist nicht nur für ihr Schwarzbier und die Sol- und Sandbäder bekannt, sondern auch für die Dahlienzüchtung. Die aus Mexiko eingeführte Dahlie fand von hier aus durch gärtnerische Veredelung im 19. Jahrhundert ihre Verbreitung. Hier wurde damals von Gärtnern die deutsche Dahlien- und Rosenzüchtung begründet. Seit 1979 findet jedes Jahr in den ersten Septembertagen, der Blütezeit der Dahlien, das Dahlienfest statt. Schon einige Wochen zuvor wird eine Dahlienkönigin gewählt, die die Stadt auf offiziellen Veranstaltungen repräsentiert. Auf einer goßen Dahlienschnittblumenschau, in den Dahlienschauanlagen und in besonderen Gärtnereien können die Besucher des Volksfestes die Vielfalt und Farbenpracht dieser Blume bewundern.

LICHTENHAIN (SACHSEN)
Nicht nur im Thüringischen, auch in der Sächsischen Schweiz hat die Dahlie ihr eigenes Fest. Man pflanzt die Blumen für diesen jährlichen Höhepunkt auf besonderen Feldern an; zusätzlich beliefern Dahlienzüchter aus der Umgebung die Stadt. Für das Lichtenhainer Blumenfest werden jedes Jahr am ersten Septemberwochenende Figuren aus Stroh, Holz, Plastik und an-

---

BLUMENSCHAUEN

Deutschland

BUNDESGARTENSCHAU
Zu den wichtigsten Veranstaltungen, die nicht nur der Fachwelt vorbehalten sind, gehören die Bundesgartenschauen. Die BUGAs finden alle zwei Jahre (und zwar in denen mit einer ungeraden Zahl) und immer in einer anderen Stadt statt. Auf zahlreichen Sonderschauen (»Floristen gestalten mit Blumen«), die zu den größten Attraktionen der BUGAs zählen, können Floristen ihrer Kreativität freien Lauf lassen und dem Publikum ihre handwerklichen und künstlerischen Fähigkeiten präsentieren. Eine fachkundige Jury prüft die floristischen Kunstwerke.

SILBERNE UND GOLDENE ROSE
Fachverband Deutscher Floristen
In zweijährigem Turnus organisiert der Fachverband auf Bundesebene die »Goldene Rose«. Auch dieser Wettbewerb findet in wechselnden Städten statt; an den Wettkampftagen bleibt er dem Fachpublikum vorbehalten. Allerdings werden die Exponate wie bei der »Silbernen Rose«, die die einzelnen Landesverbände auf Länderebene durchführen, einen Tag nach den Wettbewerben im Rahmen einer öffentlichen Ausstellung gezeigt. Dann können alle Blumenliebhaber die ausgefallenen Werkstücke bestaunen.

ega-CYRIAKSBURG
Erfurter Garten- und Ausstellungs-GmbH
Gothaer Straße 38, 99094 Erfurt
Tel. 03 61 / 2 23 22
In den 1960er Jahren nach den Regeln der Landschaftsarchitektur erbaut, ist diese Einrichtung wohl einmalig in Deutschland. Damals als IGA konzipiert, hatte sie die Funktion der Internationalen Gartenbauausstellung für die sozialistischen Länder. Das vierzig Hektar große Gelände mit seinen Volieren, Gehegen, Parks, Blumen- und Pflanzengärten, das den Beinamen »Der Garten Thüringens« trägt, hat Erfurt zu seinem Ansehen als Blumenstadt verholfen. Das Zentrum der ega bildet das »Große Blumenbeet« (sechstausend Quadratmeter), das in seiner Gestaltung einmalig im Land ist und den Besuchern vor allem im Frühling und Sommer eine außergewöhnliche Pracht an Blüten und Farben bietet. In den Pflanzenschauhäusern kann man das ganze Jahr über tropische Vegetation – Orchideen, Kakteen, Sukkulenten und vieles mehr – betrachten. Einzigartig im ega-Park ist die älteste und längste Kastanienallee Deutschlands mit Plastiken von sechzig Künstlern. In den Hallen, Pavillons und Schauhäusern finden jedes Jahr floristische Ausstellungen statt. So werden beispielsweise im Februar und März in einer Orchideenschau die Pflanzen und deren Herkunft vorgestellt, die Verwendung von Schnittblumen gezeigt und floristische Arrangements vorgeführt. Blüten und Früchte aus den Tropen und Subtropen sind in der Schau »Exoten aus Flora und Fauna« zu sehen. Eine Pfingstrosenschnittschau gehört genauso zum Frühjahrsprogramm wie »Florales zur Osterzeit«. Den Jahresabschluß bildet die Weihnachtsbindeausstellung, die einzige nichtkommerzielle Veranstaltung, bei der die Floristinnen und Floristen ausschließlich Naturmaterialien verwenden.

deren Materialien gebaut. Das können Schwäne, Kühe und Bären, aber auch Flugzeuge, Boote und Musikinstrumente sein. Schon vor dem Festumzug stellt man die Figuren auf große Tafelwagen, die geschmückte Pferdegespanne durch den kleinen Ort ziehen. Am Samstag vor dem Umzug werden die Dahlien geschnitten und sonntags in aller Frühe an die Figuren gesteckt. Das Sechshundert-Seelen-Dorf Lichtenhain begrüßt zu diesem blütenprächtigen Festumzug am Sonntagnachmittag mehrere tausend Besucher.

Frankreich

KARNEVAL MIT BLUMEN IN NIZZA (ALPES-MARITIMES)
In Nizza wird der Winter seit 1876 mit großen Mengen Blumen ausgetrieben, und zwar während des berühmten Karnevals, der im Februar 14 Tage lang mit Umzügen, Blumenkorsos und -wettbewerben gefeiert wird. Dieses Ereignis beschäftigt die Gärtner schon ab Oktober, da unglaubliche Blumenmassen benötigt werden; besonders Löwenmäulchen und Mimosen werden in die Menge geworfen. Kurz vorm Karneval werden dann die Floristen aktiv: Einen Wagen für den Blumenkorso zu schmücken nimmt über dreißig Stunden in Anspruch, weil die sorgfältig zurechtgeschnittenen Blumen eine nach der anderen einzeln gesteckt werden. (Programm für die Umzüge unter Tel. 04 / 93 92 82 78 und 93 92 82 89 und 93 92 82 92)

WOCHE DER MIMOSE IN SAINT-RAPHAËL (VAR)
Dieses Fest findet Mitte Februar statt. Meist wird der Termin so gelegt, daß er auf den Valentinstag fällt, damit man einen großen Valentinsball veranstalten kann. Höhepunkt ist ein Korso mit mimosengeschmückten Wagen entlang der Strandpromenade. Wenn man Glück hat, kann man von einer der eigens aufgestellten Tribünen aus zusehen, auf denen junge Mädchen Mimosen an die Zuschauer verteilen. Am Ende werden Blumen und gelbes Konfetti geworfen. (Kulturservice des Bürgermeisteramtes: Tel. 04 / 94 82 15 34)

VEILCHENFEST IN TOURETTES-SUR-LOUP (ALPES-MARITIMES)
Tourettes-sur-Loup ist die einzige französische Stadt, die sich ganz auf die Veilchenkultur spezialisiert hat. Die Blumen werden von Mitte Oktober bis Mitte März geerntet. Die Saison endet mit dem berühmten Veilchenfest, das meist am zweiten Märzsonntag stattfindet. Ein großer Korso zieht dann durch die Stadt, bei dem Veilchensträuße ans Publikum verteilt werden (man kann sie aber auch an Ständen kaufen). Am Ende werden nach alter Tradition Blumen in die Menge geworfen. (Fremdenverkehrsbüro: Tel. 04 / 93 24 18 93)

LAVENDELKORSO UND LAVENDELFEST IN DIGNE-LES-BAINS (ALPES-DE-HAUTE-PROVENCE)
In Digne-les-Bains gehört der August ganz dem Lavendel. Am ersten Wochenende des Monats findet ein Korso mit geschmückten Wagen statt, gefolgt von einem fünftägigen Lavendelfest, das es seit über 75 Jahren gibt. Die ganze Stadt wird mit Lavendel geschmückt, und provenzalische Produkte werden ausgestellt, u.a. die Destillierapparate, mit denen Lavendelöl gewonnen wird. (Informationen beim Sekretariat des Lavendelfestes unter Tel. 04 / 92 31 05 20)

JASMINFEST IN GRASSE (ALPES-MARITIMES)
Grasse feiert am zweiten Wochenende im August das Jasminfest. Neben der Wahl der Jasminkönigin, Feuerwerk, Tanz und einem Konzert in der Kathedrale gilt der Korso mit Musikbegleitung als größte Attraktion. Die Wagen sind über und über mit frischen Blumen geschmückt, und junge Mädchen werfen Blüten in die Menge. Meist hebt man die Blumen, die man fangen konnte, auf und fertigt daraus Sträuße, aber es bleiben immer noch genug übrig für die große Blumenschlacht am Ende des Festes. Dabei verwendet man allerdings keinen Jasmin, denn er wäre dafür zu teuer. Allerdings bespritzen Feuerwehrleute die ganze Stadt und das Publikum mit nach Jasmin duftendem Wasser. (Informationen beim Fremdenverkehrsbüro unter Tel. 04 / 93 36 66 66)

BLUMENFEST IN LUCHON (HAUTE-GARONNE)
Dieses Blumenfest existiert seit über hundert Jahren und zog schon damals eine beträchtliche Menge eleganter Leute an. Das Spektakel war nämlich von Edmond Rostand, dem Autor des Romans *Cyrano de Bergerac*, ins Leben gerufen worden, der gemeinsam mit Freunden ein »Blumenfestkomitee« gegründet hatte. Traditionsgemäß fand dieses Fest wie auch die anderen Festivitäten, die über die Jahre fortgeführt und dem Zeitgeschmack angepaßt wurden, Ende August statt. 1997 wollte man es noch spektakulärer als bis dahin gestalten und beauftragte den Regisseur Eric Le Collen mit der Inszenierung. Er stellte den Blumenkorso unter das Motto »Kindheit und Erinnerung«. (Festservicenummer: 05 / 61 94 68 87; siehe Seite *136*)

Großbritannien

LILIEN- UND ROSENZEREMONIE IN LONDON
Am 21. Mai treffen sich Mitglieder des Eaton College und des King's College in Cambridge – beide gegründet von Heinrich VI. – zu einer Zeremonie am Wakefield Tower. Es ist der Tag, an dem sich die Ermordung des Königs jährt. Lilien (von Eaton) und Rosen (vom King's College) werden an der Stelle niedergelegt, wo der König 1471 den Tod fand.

THE KNOLLYS RED ROSE RENT IN LONDON
Jedes Jahr am 24. Juni begeben sich Mitglieder des All Hallows by the Tower (eine der ältesten religiösen Gruppierungen Londons) zum Rathaus und bringen dem Bürgermeister eine rote Rose auf einem Kissen dar. Sie entrichten damit die Immobiliensteuer eines gewissen Sir Robert Knollys, der im 16. Jahrhundert ohne Erlaubnis der Stadtverwaltung eine Brücke zwischen seinen beiden Grundstücken zu beiden Seiten der Seething Lane baute. Da er jedoch im Krieg große Tapferkeit bewiesen hatte, wurde er nur zu dieser einen Rose im Jahr verurteilt – dies allerdings auf ewig.

Niederlande

THE OPEN GARDEN FESTIVAL, AMSTERDAM
Elsbeth van Tets, Keizersgracht 528
Tel. 0 20 / 6 25 37 66
Elsbeth van Tets, Antiquitätenhändlerin und Spezialistin für Silber, kam eines Tages auf die Idee, jedes Jahr im Mai für ein Wochenende zehn besonders prächtige Gebäude in Amsterdam – alle aus der Zeit der Ostindischen Kompanie – fürs Publikum frei zugänglich zu machen. Dabei kann man die ursprüngliche Aufteilung der Häuser sehen, deren Erdgeschoß gewöhnlich der Lagerung von Waren diente. Meist lag dahinter ein kleiner Garten, in dem die reichen Händler seltene und kostbare Tulpensorten sammelten. Diese Gärten erweiterten im 18. Jahrhundert gewissermaßen die Handelshäuser, und die jetzigen Besitzer stellen dort während des Festivals alle möglichen Antiquitäten, alte Stoffe, Aquarelle oder Porzellan aus. Elsbeth van Tets selbst lebt in einem dieser schönen, an einer Gracht gelegenen Häuser und bietet Nachbildungen von Tulpenvasen aus blauweißem Delfter Porzellan zum Verkauf an. Den Gewinn stiftet sie für den Erhalt des Hortus botanicus, eines berühmten Gartens mit Arzneikräutern, der 1604 in Amsterdam angelegt wurde. Das Festival bietet Gelegenheit, das Leben im 17. Jahrhundert kennenzulernen und gleichzeitig zum Erhalt des gartenbaulichen Erbes beizutragen.

GROSSES BLUMENFEST
Jedes Jahr feiert Holland am ersten Samstag im September ein großes Blumenfest. Ein langer Blumenkorso zieht dann von Aalsmeer nach Amsterdam.

Österreich

AUSSEER LAND NARZISSENFEST
Altaussee, Bad Aussee, Grundlsee
Narzissenfestverein Bad Aussee
Tel. 0 36 22 / 5 22 73
Riesige Narzissenwiesen von mehreren Quadratkilometern Fläche bilden den Hintergrund für dieses jährliche Fest Ende Mai. Es ist das einzige Blumenfest dieser Art in Österreich und wurde erstmals 1960 als Frühlingsfest für Gäste des Ausseer Landes veranstaltet. Über dreitausend Mitwirkende beteiligen sich am Pflücken der Narzissen, Zusammenstellen der Blumenmotive, Maitanzen und -singen. Den Mittelpunkt bilden die aufwendig hergestellten Motive, für die man zunächst ein Holz- oder Baueisengestell fertigt und mit einem speziellen Drahtgitter überzieht. Dieses Geflecht wird dann mit vielen kleinen Narzissenbüscheln bedeckt. Für größere Konstruktionen von mehreren Quadratmetern werden bis zu dreißigtausend Blüten gebraucht. Diese Steckarbeiten führt man in der Nacht vor dem Blumencorso an einem kühlen Ort durch. Die Wahl der Narzissenkönigin und ihrer zwei Prinzessinnen beschließt den ersten Tag des Festes. Bei Konzerten, sportlichen Wettkämpfen, Kinder- und Tanzveranstaltungen kann sich jeder nach Gusto vergnügen. Den Abschluß bilden der Autocorso in Bad Aussee und der Bootscorso im Altausseer See, bei dem die Blumenmotive präsentiert werden. Die besten werden prämiert.

Die Symbolik der Blumen

Früher war es in Frankreich üblich, daß die Floristen ihren Kunden kurz vor Neujahr kleine Kalender schenkten, in denen die Bedeutungen zahlreicher Blumen aufgeführt waren. Nur wenige Geschäfte tun dies auch heute noch.

Im folgenden stellen wir das Blumenwörterbuch vor, das Charlotte de Latour im 19. Jahrhundert ihrem Buch über die Symbolik der Blumen als Anhang beifügte (siehe Seite 102, 105). Die meisten Bedeutungen wurden von den Autoren, die später ähnliche Bücher verfaßten, übernommen. Es gab jedoch auch Varianten, besonders in den englischsprachigen Ländern. Einige von ihnen haben wir den Definitionen von Charlotte de Latour in Klammern hinzugefügt. Der englischen Symbolik (GB) liegt ein Buch über die Bedeutung von Blumen aus dem Jahr 1991 zugrunde (erschienen beim Verlag Running Press), bei den amerikanischen Varianten (USA) haben wir einen kleinen Führer benutzt, den wir im Internet fanden (verfaßt von 800-Flowers, einem amerikanischen Versender von Blumenpräsenten).

Adonisröschen Erinnerung (schmerzhafte)
Ahorn Zurückhaltung
Akanthus Kunst
Akazie platonische Liebe
Akazie (rotblühende) Zierlichkeit
Akazienbaum Vollkommenheit
Akelei Verrücktheit
Aloe Bitterkeit
Alpenveilchen nicht aufgeführt (GB: Mangel an Selbstvertrauen; USA: Adieu und Resignation)
Alraunwurzel Aberglaube
Amarant Unsterblichkeit (GB: ewige Liebe)
Ananas Du bist vollkommen
Anemone Ergebung, Mißtrauen (GB: Verzicht; USA: Zartheit)
Apfelblüte Vorliebe
Aschwurz Feuer
Aster (großblättrige) Rückerinnerung
Aster Hintergedanken (GB: Vielseitigkeit)
Azalee nicht aufgeführt (GB: Mäßigung)

Baldrian Leichtigkeit
Balsamine Ungeduld
Balsamkraut Genesung
Bärenklau Kunst
Basilikum Haß (GB: beste Wünsche)
Begonie nicht aufgeführt (GB: düstere Gedanken; USA: Mißtrauen)
Beifuß Glück (wiederkehrendes)
Berberitze Mißmut
Bilsenkraut Vergehen
Binse Gefügigkeit

Bittersüß (Nachtschatten) Wahrheit
Blasenbaum Zeitvertreib (frivoler)
Blätter (verwelkte) Traurigkeit (hilflose)
Blumenstrauß Galanterie
Brombeerstaude Reue, Stolz
Brombeerstrauch Neid
Buche Größe, Wohlstand
Buchsbaum Gleichmut
Butterblume Kummer, Langeweile, Sorge

Chrysantheme (gelb) nicht aufgeführt (GB: verschmähte Liebe)
Chrysantheme (rot) nicht aufgeführt (USA: Du bist ein wunderbarer Freund)
Chrysantheme (weiß) nicht aufgeführt (GB: Wahrheit)

Dahlie nicht aufgeführt (GB: Unsicherheit)
Distel Härte, Strenge
Dornenzweig Strenge

Ebenholz Schwärze
Efeu Freundschaft
Ehrenpreis Treue
Eibe Traurigkeit
Eichenlaub Gastfreundschaft, Kühnheit, Einigkeit (GB: Mut)
Eisbeere Übereinstimmung; Laßt uns einig sein
Eisenkraut Du machst mich erstarren
Engelwurz Begeisterung
Erdbeere Güte des Herzens
Erika Einsamkeit
Eschwurz Geburt
Esparsette Unruhe
Espenlaub Seufzer

Farnkraut Aufrichtigkeit, Träumerei (GB: Faszination)
Federnelke Ablehnung, Mutwille (kindischer)
Feldraute Gallsucht
Fichte Dreistigkeit
Filzkraut, auch Flachsseide genannt Niederträchtigkeit
Flieder erste Liebesgefühle
Frauenhaarfarn Geheimnis, Vorsicht

Gänsefuß Güte
Gartennelke dauerhafte Schönheit
Geißblatt Liebesbande
Geißraute Vernunft
Gelbklee Vertrauen
Geranie (rot) Dummheit (GB: Auszeichnung)
Gewürznelke Erinnerung (vage)
Ginster Reinlichkeit
Ginsterschoten Demut
Gladiole nicht aufgeführt (GB: Charakterstärke)

Glockenblume Torheit
Glockenblume (blaue) Beständigkeit
Goldhaar Du läßt auf dich warten
Goldlack Glanz, dauerhafte Schönheit (GB: Würde)
Granatapfelbaum Albernheit
Großes Tausendschön Unsterblichkeit

Hagedorn Hoffnung
Hahnenfuß Undankbarkeit
Hainbuche Schönheit
Hartriegel Verteidigung
Haselstaude Versöhnung
Heckenrose Poesie
Heidekraut Einsamkeit
Heliotrop Bezauberung; Ich liebe
Herba sensitiva Gefühl, Scham
Herbstzeitlose Meine guten Tage sind vorbei
Hopfen Ungerechtigkeit
Hortensie Du bist kalt (GB: Prahlerei)
Huflattich Gerechtigkeit; Man wird dir Gerechtigkeit widerfahren lassen
Hyazinthe Wohlwollen, Spiel

Ilex Voraussicht
Immergrün Erinnerungen (süße)
Indianische oder türkische Nelke, auch Sammetblume genannt (Tagetes) Abscheu
Iris Nachricht

Jasmin Liebenswürdigkeit, Trennung (GB: Grazie und Eleganz)
Johannisbeerstrauch Du gefällst allen
Johanniskraut nicht aufgeführt (GB: Feindseligkeit)

Kaiserkrone Macht (GB: Majestät)
Kamelie (rot) nicht aufgeführt (GB: Charme; USA: Mein Herz steht in Flammen für dich)
Kamelie (weiß) nicht aufgeführt (GB: Perfektion; USA: Du bist anbetungswürdig)
Kartoffelkraut Wohltätigkeit
Kastanienblätter Laß mir Gerechtigkeit widerfahren (GB: Unkeuschheit)
Kastanienblüte Luxus
Katzenpfötchen Bestellung (Rendezvous)
Kirschblüte Erziehung (gute)
Kirschlorbeer Treulosigkeit
Klapperrose Trost
Klee Leben, Ruhe
Kleines Tausendschön Unschuld
Klematis Raffinesse (GB, USA: Ich liebe deinen klugen Geist)
Klette Roheit, Überlästigkeit
Knabenkraut Irrtum
Knospe einer weißen Rose Herz, das die Liebe noch nicht kennt

Die Symbolik der Blumen

Kohl Profit
Koriander Verdienst (verborgener)
Kornähre Reichtum
Kornblume Zartgefühl
Kornelkirsche Dauer
Krapp Verleumdung
Krauseminze Gefühl (glühendes), Tugend
Kräuter Nützlichkeit
Kresse Eilfertigkeit
Krokus nicht aufgeführt (GB, USA: jugendlicher Frohsinn)

Lattich Kaltsinn
Lauch Munterkeit
Lavendel Tonkunst, Mißtrauen
Lerchenbaum Kühnheit
Levkoje Würde
Levkoje (hellrote) Du bist eine Göttin
Liane Verbindung
Lilie Majestät (GB, USA: Sanftheit, Reinheit, Schönheit)
Linde eheliche Liebe
Lorbeerzweig Ruhm
Lotos Beredsamkeit (GB: krankhafte Liebe)
Löwenmaul Eigendünkel
Löwenzahn Orakel (USA: Treue, Freude)

Maiglöckchen Rückkehr des Glücks
Mairose Frühzeitigkeit
Malve Anmut, Menschenfreundlichkeit
Mandelbaum Unbedachtsamkeit
Margerite Unschuld; Ich werde daran denken (USA: Ich werde niemals gestehen)
Maulbeerbaum mit weißen Beeren Weisheit
Mimose nicht aufgeführt (GB: Sensibilität)
Minze heiße Gefühle
Mistel Bosheit; Ich überwinde alle Hindernisse
Mohn (weißer) Schlummer des Herzens, Trost
Monatsrose immer sich gleich bleibende Schönheit
Mönchspfeffer Kaltsinn
Moos Alter, Mutterliebe
Moosrose sinnliche Liebe
Muskatrose eigensinnige Schönheit
Myrte Liebe, Symbol der Ehe

Nachtviole Koketterie, Schüchternheit
Narzisse Selbstsucht
Nelke reine tiefe Liebe (GB: Dreistigkeit; USA: Faszination, Liebe einer Frau)
Nelke (gelbe) Verachtung
Nelke (gemustert) nicht aufgeführt (GB, USA: Verweigerung)
Nelke (rote) reine, feurige Liebe
Nelke (weiße) Talent

Ochsenzunge Lüge
Ölzweig Friede
Orangenblüte Jungfräulichkeit, Keuschheit (GB: Schönheit)
Orchidee nicht aufgeführt (GB: Gedanken; USA: Schönheit und Raffinesse)
Osterblume (eine Anemonenart) Anspruchslosigkeit; Du bist anspruchslos
Osterglocke Begierde (GB, USA: Wertschätzung, ausgesuchte Höflichkeit, Antworte auf meine Frage)

Palme Sieg
Päonie Scham (GB: Bescheidenheit; USA: glückliche Ehe)
Pappel Mut
Passionsblume Glaube
Petersilie Festlichkeit
Petunie Überraschung (GB: Verzweifle nicht, USA: Ressentiment)
Pfefferminze Splitterrichterei
Pfingstrose (siehe Päonie)
Pflaumenbaum Unabhängigkeit
Pilz Aufrichtigkeit
Platanenzweig Genie
Primel Jugend

Queckengras Beharrlichkeit

Ranunkel Undankbarkeit; Du hast himmlische Reize
Reseda Die Eigenschaften deines Geistes übertreffen deine körperlichen Reize
Ringelblume Eifersucht, Verzweiflung, Kummer, Schmerz (GB, USA: Grausamkeit, Trauer)
Rittersporn Oberflächlichkeit, Mangel an Ernsthaftigkeit
Rose (aufblühende) Schönheit
Rose (dunkelrote) Glanz
Rose (einzeln) oder rote Rose Liebe; Ich liebe dich
Rose (gelbe) Untreue
Rose (rote) Frische
Rose (weiße) Schweigen, ein Herz, das die Liebe noch nicht empfunden hat (GB, USA: Unschuld, Reinheit)
Rosenblätter Ich bin nie aufdringlich (USA: Du darfst hoffen)
Rosenknospe Jugend (junges Mädchen), Liebreiz
Rosenkranz Belohnung der Tugend
Rosenpelargonie Vorzug
Rosenstengel (dorniger) Keuschheit
Rosenstock (blühender) Geschmeidigkeit
Rosmarin Tränen, Deine Gegenwart belebt mich (GB: Erinnerung)

Salbei (schmalblättriger) Achtung
Schierling Grausamkeit
Schlangenkraut Eifer, Schrecken
Schlangenwurzel Fallstricke
Schneeglöckchen Liebesblick (erster), Trost (GB: Hoffnung)
Schwarzdorn Hindernis
Schwertlilie Botschaft, Flamme
Seidelbast Koketterie
Silberkraut Naivität
Silberpappel Zeit
Skabiose Witwe
Sonnenblume Reichtum (trügerischer)
Spanischer Flieder erste Liebe, Geschwisterliebe
Spanischer Jasmin Üppigkeit
Spierkraut Unbrauchbarkeit
Spierlingsbaum Klugheit
Stachelkraut Hindernis
Stachelnüßchen Verstellung
Staubfäden einer Blume Beraubung
Stechapfel Reize (trügerische)
Stechpalme Vorhersehung
Steinnelke Feinheit
Stiefmütterchen Falschheit
Strohhalm (gebrochener) Trennung
Strohhalm (heiler) Vereinigung

Tanne Erhebung
Täschelkraut Unbeugsamkeit
Tausendgüldenkraut Glückseligkeit
Thymian Tätigkeit
Tragant Deine Gegenwart lindert meinen Schmerz
Trauerweide Schweigen
Trespe Laster
Tuberose Wollust (GB: gefährliche Vergnügungen)
Tulpe Liebeserklärung
Tulpe (gemustert) nicht aufgeführt (GB, USA: Du hast wunderschöne Augen)

Veilchen Bescheidenheit, unerklärte Liebe
Veilchen (weißes) Reinheit des Gefühls, Reinheit des Herzens
Verbene Zauber
Vergißmeinnicht Vergiß mich nicht
Veronika Treue

Wacholderstrauch Zuflucht (sichere)
Waldrebe Arglist
Weide Freimütigkeit
Weidenblätter eheliche Liebe
Weinblätter Freude
Weinrebenblüte Hoffnung (trügerische)
Weintraube Trunkenheit
Weißdorn Hoffnung
Weizen Reichtum
Wermut Abwesenheit
Wicke nicht aufgeführt (GB, USA: Abreise, Adieu, Dank)
Wildrose Dichtkunst, Einfachheit
Windhalm Armut
Wintergrün Erinnerung (süße)
Wolfskirsche Seltenheit
Wollkraut Gutmütigkeit

Zeder Stärke
Zentifolie Fruchtbarkeit, Grazie
Zichorie Mäßigkeit
Zinnie nicht aufgeführt (GB, USA: Ich denke an dich, Gedanken an einen abwesenden Freund)
Zuckerschote Vergnügen (zartes)
Zweiblatt Gewandtheit
Zypresse Tod, Verzweiflung

(aus: Charlotte de Latour: *Die Blumensprache oder Symbolik des Pflanzenreiches*, übersetzt von Karl Michler, Berlin, 1820)

Sitten und Gebräuche rund um die Blume

Früher gab es zahlreiche relativ strikte Regeln für den gesellschaftlichen Umgang mit Blumen. Beispielsweise hätte es ein Mann niemals wagen dürfen, einer verheirateten Frau einen Strauß roter Rosen zu schicken, ein junges Mädchen hätte außer von ihrem Verlobten keine Blumen angenommen, und sie selbst hätte unter keinen Umständen einem jungen Mann einen Strauß geschenkt. All diese Regeln, die bis in die 1950er Jahre hinein respektiert wurden, sind heutzutage nicht mehr gültig, wir sind in dieser Hinsicht wesentlich freier geworden.

Da manche Menschen jedoch an einigen dieser alten Gebräuche festhalten, sollten Sie, wenn Sie den Empfänger oder die Empfängerin eines Blumenpräsents nicht gut kennen, im Zweifelsfall besser vorsichtig sein.

Frankreich: Blumen in ungerader Zahl

Eine typisch französische Tradition verlangt, daß Sträuße immer eine ungerade Anzahl von Blumen enthalten. Früher wollte man damit zeigen, daß das Bukett nicht auf dem Markt gekauft wurde, wo Blumen immer in gerader Anzahl angeboten werden, sondern daß man es beim Floristen erstanden hatte, der die Blumen sorgfältig auswählt. Die Amerikaner beispielsweise haben dieses arithmetische Problem nicht, weil sie ohnehin nicht auf Märkten einkaufen.

Heute, da in Frankreich runde üppige Sträuße gefragt sind, braucht man sich um die genaue Anzahl der Blumen nicht mehr zu kümmern, außer bei Rosensträußen, bei denen diese Sitte meist noch respektiert wird. Im Pariser Geschäft Au Nom de la Rose werden die Kompositionen beispielsweise stets aus elf Blumen zusammengestellt.

Deutschland: Blumen ohne Einschlagpapier überreichen

In Deutschland ist es seit jeher üblich, einen Strauß nicht im häßlichen Einschlagpapier zu überreichen, sondern es vorher zu entfernen. Die Hintergründe für diese Sitte liegen im Dunkeln. Anders ist es bei hübschen Folienverpackungen, die, etwa bei größeren Anlässen, als Schutz für das Bukett dienen und nicht unbedingt entfernt werden müssen.

Aberglaube

Mit manchen Blumen sind alte, abergläubische Vorstellungen verknüpft. Nelken z.B. verursachen noch heute bei Theaterschauspielern ein ungutes Gefühl. Veilchen oder Stiefmütterchen sollte man nur guten Bekannten mitbringen, da sie bei manchen Leuten die Erinnerung an Beerdigungen oder Friedhöfe wachrufen. Violett ist aus demselben Grund allgemein keine beliebte Blumenfarbe. Auch bei gelben Blumen ist eine gewisse Vorsicht angebracht: Früher wurde die Farbe Gelb mit Untreue in Verbindung gebracht, und bei manchen Menschen ist dies noch im Unterbewußtsein verankert.

Glückwunschsträuße und Buketts für Kranke

Wenn man einen Strauß ins Krankenhaus mitnehmen will, sei es für einen Kranken oder für eine junge Mutter, sollte man in erster Linie praktisch denken. Im Fall junger Mütter erkundigt man sich am besten vorher, ob Blumen auf der Entbindungsstation überhaupt erlaubt sind, da manche Krankenhäuser sie aus hygienischen Gründen ablehnen. Wenn man sie mitbringen darf, kann man z.B. ein schönes Gesteck in Betracht ziehen, in dem sich die Blumen durch die Feuchtigkeit der Gesteckmasse lange halten. Falls man ein Bukett vorzieht, sollte man auch an ein Gefäß denken, da Krankenhäuser mit der Fülle der Blumen manchmal überfordert sind. Auch von zu stark duftenden Blumen wie Hyazinthen wird abgeraten, da intensive Blumendüfte im Zimmer von Kranken oft als störend empfunden werden. Am vernünftigsten ist es wahrscheinlich, den Rekonvaleszenten ein Blumenpräsent nach Hause zu schicken, wo sie sich in aller Ruhe daran erfreuen können.

Sträuße als Gastgeschenke

Sträuße als Mitbringsel bei Einladungen oder Besuchen sind sehr beliebt, aber auch dabei sollte man sich darüber im klaren sein, daß nicht jede Art von Bukett in gleicher Weise Freude bereitet. Erkundigen Sie sich vorher nach dem Geschmack der Gastgeberin, da bei Blumen fast jeder bestimmte Vorlieben und Abneigungen hat. Wenn Sie das Zuhause der Gastgeber bisher nicht kennen und mit ihnen selbst nicht besonders gut bekannt sind, ist es sinnvoll, sich über die Art ihrer Einrichtung zu informieren, damit Ihr Bukett nicht ganz disharmonisch erscheint und den Beschenkten wirklich gefällt. Und nicht vergessen: Entfernen Sie das Papier, bevor Sie die Blumen überreichen!

Brautsträuße

Auch in bezug auf den Brautstrauß gibt es heute kaum noch Regeln, die zu beachten wären. Alle Blumenarten und alle Farbtöne sind erlaubt. Manche Traditionen werden jedoch noch respektiert. So ist es fast immer der Bräutigam, der seiner zukünftigen Frau den Brautstrauß aussucht und überreicht. Die Braut darf vorher nicht wissen, wie er aussieht, weil dies angeblich Unglück bringt. Allerdings sollten die Blumen zum Hochzeitskleid passen, und deshalb wird die junge Frau in vielen Fällen gewisse Wünsche äußern. Manchmal wird auch auf dem Kontinent die ursprünglich angelsächsische Sitte praktiziert, den Brautstrauß nach der Trauung in die Menge zu werfen. In England und den USA heißt es, daß die junge Frau, die den Strauß fängt, die nächste sein wird, die heiratet. Aber meist können sich die Bräute hierzulande nicht von ihren Sträußen trennen. Noch immer lebendig ist auch die Tradition des Streuens von Blüten oder Blütenblättern bei kirchlichen Hochzeiten. Kleine Mädchen aus den Familien der Brautleute streuen sie aus Körben vor die Füße des Paares, wenn es zum Altar schreitet.

Hochzeitstage

Hochzeitstage sind gute Gelegenheiten, um Blumen zu verschenken. Die zugehörige Symbolik stammt wahrscheinlich aus dem Amerika des 19. Jahrhunderts:

 8 Jahre Mohnhochzeit
13 Jahre Maiglöckchenhochzeit
17 Jahre Rosenhochzeit
46 Jahre Lavendelhochzeit
51 Jahre Kamelienhochzeit
57 Jahre Azaleenhochzeit
63 Jahre Fliederhochzeit
66 Jahre Jasminhochzeit

Wie man Sträuße frisch hält

Blumen sind vergängliche Lebewesen; das macht einen Teil ihrer Anziehungskraft aus. Die Freude an Sträußen dauert nur eine kurze Zeit: Eine Schnittblume hält sich etwa zehn Tage, so daß man meist nicht mehr als eine Woche lang an einem Bukett Freude hat – vorausgesetzt natürlich, daß man es richtig behandelt:

Der Kauf
Das Geheimnis eines haltbaren Straußes liegt zuallererst in der Frische der Blumen. Vermeiden Sie es, Blumen an einem Montag zu kaufen, da sie das Wochenende häufig im Kühlhaus verbracht haben. Samstags bleibt der Großmarkt geschlossen, daher können die Pflanzen schon bis zu drei Tage alt sein, auch wenn die Floristen sie montags morgens frisch eingekauft haben. Erkundigen Sie sich außerdem nach ihrer Herkunft. Wenn Sie die Wahl zwischen Exemplaren derselben Blumenart aus zwei unterschiedlichen Ländern haben, wählen Sie die aus dem nächstgelegenen, am besten natürlich einheimische, weil sie den kürzesten Weg zurücklegen mußten. Schauen Sie sich die Blumen, die Sie ausgewählt haben, gut an: Der Stengel soll aufrecht und von kräftigem Grün sein, und die Blätter dürfen keine welken Stellen aufweisen. Die Blüten führen leicht in die Irre. Bei Rosen z.B. sollte man, wenn man Zweifel in bezug auf ihre Frische hat, die Knospe zwischen Daumen und Zeigefinger leicht drücken, um zu fühlen, ob sie schön fest und geschlossen ist. Achten Sie auch darauf, ob die Blüte schon ein klein wenig offen ist. Pfingstrosen etwa werden sich nicht öffnen, wenn Sie sie fest geschlossen kaufen. Blumen mit mehreren Blüten an einem Stengel sollten schon zu drei Vierteln geöffnet sein.

In Wasser stellen
Nach dem Kauf sollten die Blumen zu Hause sofort ins Wasser kommen. Wenn Sie den Strauß selbst zusammenstellen, sollten Sie das ganze Bund samt Einwickelpapier in einen Eimer mit kaltem Wasser stellen, bevor Sie ans Arrangieren gehen.

Die Blätter entfernen
Alles weitere verlangt Sorgfalt. Entfernen Sie die Blätter am Stengel bis zu der Länge, in der die Blumen im Wasser stehen werden. Blätter fangen unter Wasser an zu faulen und verderben es, besonders die Blätter des Goldlacks, der sehr rasch welkt.

Die Stengel beschneiden
Schneiden Sie die unteren Enden der Stengel mit einer scharfen, sauberen Schere schräg ab, um die feinen Kanäle zu öffnen, über die die Blume Wasser aufnimmt. Manche Floristen führen den Schnitt unter Wasser aus, um zu vermeiden, daß Wasserbläschen eindringen und die Gefäße verstopfen. Bei einigen Pflanzen, z.B. Mohn, ist es empfehlenswert, die Stiele zehn bis 15 Sekunden lang in heißes Wasser zu halten oder sie rasch durch eine Kerzenflamme zu ziehen. Bei Arten mit holzigen Stengeln, etwa Flieder, sollte man sie mit einem Hammer faserig klopfen und die untersten drei bis vier Zentimeter von der Rinde befreien.

Die Blumen in die gewünschte Vase stellen
Stellen Sie die Blumen sofort nach dem Schnitt in eine ganz saubere Vase. Bei Narzissen müssen Sie zusätzliche Vorsichtsmaßnahmen treffen, da sie einen Saft ausscheiden, der für andere Pflanzen giftig ist. Stellen Sie sie einen Tag lang in eine eigene Vase, bevor Sie sie mit anderen Blumen zusammen arrangieren.

Wasser nachfüllen
Danach dürfen Sie die Blumen nicht mehr zu oft bewegen: Statt sie aus der Vase herauszunehmen, um das Wasser zu wechseln, sollte man besser Wasser nach Bedarf zugießen. Sie können auch Pflanzennahrung dazugeben, aber nicht zuviel. Und achten Sie darauf, daß es die passende Sorte für Ihre Blumen ist.

Letzte Maßnahmen
Wenn die Blumen unansehnlich werden, schneiden Sie sie ganz kurz ab. In vielen Fällen werden sie ganz schnell wieder frisch aussehen. Im schlimmsten Fall, wenn Sie die Hoffnung schon fast aufgegeben haben, nehmen Sie den Strauß, und legen Sie ihn in eine Badewanne mit frischem Wasser. Bisweilen kann man damit erstaunliche Ergebnisse erzielen.

Tulpen
Tulpen haben, wie andere Zwiebelgewächse auch, die Eigenart, in der Vase weiterzuwachsen, und lassen dann oft die Köpfe, ja die ganzen Stiele nach unten hängen. In diesem Fall sollte man sie fest in Zeitungspapier einwickeln und komplett in Wasser eintauchen. Meist richtet sich der Strauß daraufhin wieder auf.

Veilchen
Um Veilchen frisch zu halten, reicht das Wasser in der Vase nicht aus, da sie die nötige Feuchtigkeit über die Blütenkrone aufnehmen. Sie müssen die Pflanzen daher vollständig in Wasser tauchen.

Weitere Tips
Sie sollten Schnittblumen nachts in einen kühlen Raum stellen und Zugluft, direkte Sonneneinstrahlung sowie plötzliche Temperaturwechsel vermeiden. Außerdem sollten Blumensträuße nie in direkter Nähe von Obstkörben stehen. Obst atmet ein Gas namens Äthylen aus, das Blumen welken läßt. Blumenproduzenten wissen, daß ein Korb voll Äpfel im Kühlhaus ihre ganze Ernte vernichten kann.

Bibliographie

Kulturgeschichte der Blumen und florale Gebräuche

Austin, David: *David Austins Englische Rosen.* Tradition und Schönheit, DuMont, Köln, 1994

Backer, Christopher/Allen Lacey: *Die Welt der Rose,* DuMont, Köln, 1991

Beuchert, Marianne: *Symbolik der Pflanzen.* Von Akelei bis Zypresse, Insel, Frankfurt a. M., 1995

Blondel, S.: *Recherches sur les couronnes de fleurs,* Ernest Leroux, Paris, 1876

Coats, P.: *Flowers in History,* New York, 1970

The Elegant Epergne, from the Bunny and Charles Koppelman Coll., Harry N. Abrams, New York, 1995

Elliot, Brent: *Say it with Flowers.* Don't send a bouquet if you want to be clearly understood, in: *The Garden,* London, August 1993

L'Empire de Flore, Histoire et représentation des fleurs en Europe du xvie au xixe siècle, ouvrage collectif, La Renaissance du Livre, Brüssel, 1996

Frain, Irène: *La Guirlande de Julie,* Robert Laffont, Bibliothèque Nationale, Paris, 1991

Goody, Jack: *The Culture of Flowers,* 1993

Krauss, Christel: *... und ohnehin die schönsten Blumen.* Essays zur frühen christlichen Blumensymbolik, G. Narr, Tübingen, 1994

Maumené, Albert: *L'Art floral à travers les siècles,* Paris, 1900

Pelt, Jean-Marie: *Fleurs, fêtes et saisons,* Fayard, Paris, 1988

Schleiden, Matthias J.: *Die Rose.* Geschichte und Symbolik in ethnographischer und kulturhistorischer Beziehung, Frick Öhningen, 1976

Scott-James, Ann/Ray Desmond/Frances Wood: *The British Museum Book of Flowers,* British Museum Publications, London, 1989

Ther, Ulla: *Botschaft der Blumen.* Von der osmanischen Palaststickerei zur anatolischen Aussteuertruhe, H. Temmen, 1993

Velut, Christine: *La Rose et l'Orchidée.* Les usages sociaux et symboliques des fleurs à Paris au xviiie siècle, coll. Jeunes Talents, Larousse, Paris, 1993

Vilmorin, Henry L.: *Les Fleurs à Paris,* J.B. Baillière & fils, Paris, 1892

Wheeler, William: *Histoires de roses,* Ed. du May, 1995

Yriarte, Charles: *Les Fleurs et les jardins de Paris,* Paris, 1893

Blumen in der bildenden Kunst

Dictionnaire des peintres de fleurs belges et hollandais nés entre 1750/1880, Berko, Knokke Le Zoute, 1995

Flowers into Art. Floral motifs in European painting and decorative arts, Den Haag, Niederlande, Rhodos Publishers and Kunstindustrimuseet, Kopenhagen, 1991

Hardouin-Fugier, Elisabeth/Etienne Grafe: *Les Peintres de fleurs en France, de Redouté à Redon,* Les éditions de l'Amateur, Paris, 1992

Keller, Horst: *Ein Garten wird Malerei.* Monets Jahre in Giverny, DuMont, Köln, 1982

Mitchell, Peter: *Les Fleurs,* Scala publications/Réunion des Musées nationaux, 1993

O'Keeffe, Georgia: *Blumen,* Droemer Knaur, München, 1993

La Peinture florale du xvie au xxe siècle, ouvrage collectif, Crédit communal de Bruxelles – Koninklijk Museum voor Schone Kunsten d'Antwerpen, 1996

Peroni, Laura: *Blumen und ihre Sprache,* Amber, München, 1985

Taylor, Paul: *Dutch Flower Painting 1600–1720,* Yale University Press, New Haven/London, 1995

Warhol, Andy: *Blumen, Blumen, Blumen,* Kunstverlag Weingarten, Weingarten, 1996

Einzelne Floristen

Andersen, Tage: *Florale Kunst und neues Raumgefühl,* Gerstenberg, Hildesheim, 1995

Andersen, Tage: *Neue florale Inszenierungen,* Gerstenberg, Hildesheim, 1998

Barnett, Fiona/Debbie Patterson: *Wedding Flowers,* Conran Octopus, London, 1993

Bering, Erik: *Berings Blomster Verden,* Nyt Nordisk Forlag Arnold Busck, Kopenhagen, 1994

Beuchert, Marianne: *Sträuße aus meinem Garten.* Kultur, Schnitt und Verarbeitung der Gehölze, Stauden und Sommerblumen, Ulmer, Stuttgart, 1991

Brinon, Pierre/Philippe Landri/Olivier de Vleeschouwer/Christophe Dugied: *Leçons de fleurs,* Flammarion, Paris, 1997 (die deutsche Ausgabe erscheint 1999 bei Gerstenberg)

Connolly, Shane: *Blumen für den Tisch.* Raffiniert-einfache Arrangements für alltägliche und festliche Anlässe, Gerstenberg, Hildesheim, 1997

Fitch, Charles Marden: *Fresh Flowers.* Identifying, Selecting, and Arranging, Abbeville, New York, 1992

Fukuda, Nob: *Florale Meisterwerke in Deutschland,* hrsg. von Rikuyo-Sha, Tokio, 1990

Granow, Gundel: *Schmuckkränze und Girlanden,* Ulmer, Stuttgart, 1989

Guild, Tricia: *Blumen im Raum.* 200 Ideen zum Arrangieren und Dekorieren, Mosaik, München, 1988

Hillier, Malcom: *Rosen.* Buketts, Sträußchen, Trockenblumen, Potpourris, Duftsäckchen, Rosenwasser und Badeöl, kandierte Rosen, Rosenkonfitüre, DuMont, Köln, 1992

Hillier, Malcom/Colin Hilton: *Trockenblumen.* Trocknen – Präparieren – Binden – Stecken, Orbis, 1993

Kawase, Toshiro: *Inspired Flower Arrangements,* Kodansha International, Tokio/New York

Lefferts, Vena/John Kelsey: *Floral Style.* The Art of Arranging Flowers, Hugh Lauter Levin Associates Inc., New York, 1996

Lersch, Gregor: *Brautstrauß-Romantik,* Donau-Verlag, Günzburg, 1990

Lersch, Gregor: *Quellen meiner Floristik,* Donau-Verlag, Günzburg, 1993

Lersch, Gregor: *Spannungen floristisch gelöst,* Donau-Verlag, Günzburg, 1985

Lersch, Gregor: *Sträuße, fließend, leicht und farbig,* Donau-Verlag, Günzburg, 1987

Lersch, Gregor: *Sträuße – rund und charmant,* Donau-Verlag, Günzburg, 1984

Lersch, Gregor: *Standing Ovations,* Verlag Gregor Lersch, Bad Neuenahr, 1997

Lycett, Simon: *Flowers for four Weddings,* Ebury, London, 1995

Maia, Ronaldo/Denise Otis. *Decorating with Flowers,* Harry N. Abrams, New York, 1978

Maia, Ronaldo: *More Decorating with Flowers,* Harry N. Abrams, New York, 1991/1995

McBride-Mellinger, Maria: *Bridal Flowers.* Arrangements for a Perfect Wedding, Smallwood & Stewart Inc., New York, 1992

Mig, Thomas/Yoshino Mieko: *Sraußideen von Fernost bis West,* Donau Verlag, Günzburg, 1993

Ost, Daniël: *Feuilles et fleurs,* D. Ost – De Clerck, 1989

Packer, Jane/Louise Simpson: *Bouquet & Co.* Blumen-Ideen für jede Jahreszeit, Gerstenberg, Hildesheim, 1995

Pritchard, Tom/Billy Jarecki: *Blumen-Schmuck und -Dekor.* Wohnen mit blühender Schönheit, DuMont, Köln, 1986

Pritchard, Tom/Billy Jarecki: *Flowers Rediscovered by Mädderlake,* Artisan, New York, 1994

Pritchard, Tom/Billy Jarecki: *Mädderlake's Trade Secrets.* Finding and Arranging Flowers Naturally, Clarkson Potter, New York, 1994

Pryke, Paula: *Blumenarrangements.* Phantasievolle Sträuße, Girlanden, Gestecke und Kränze, Naturbuch, Augsburg, 1994

Pryke, Paula: *Flower Innovations,* Mitchell Beazley, London, 1995

Tharp, Leonard: *An American Style of Flower,* Taylor, Dallas, Texas, 1986

Tortu, Christian: *Fleuriste,* Michel Aveline, 1992

Turner, Kenneth: *Flower Style.* Die Hohe Schule der Blumendekoration, Gerstenberg, Hildesheim, 1992

Turner, Kenneth: *Flower Style Praxis.* Meisterhafte Arrangements für Feste und Alltag, Gerstenberg, Hildesheim, 1994

Wegener, Ursula: *Pflanzen konservieren,* Ulmer, Stuttgart, 1990

Wegener, Ursula: *Sträuße.* Geschichte, Technik, Gestaltung, Ulmer, Stuttgart, 1992/1994

Bildnachweis

Schutzumschlag-Vorderseite: Adrian van der Spelt und Frans van Mieris, *Still Life*, Ausschnitt, Foto 1996, Art Institute of Chicago, Alle Rechte vorbehalten; S. 1 Marc Walter, Rosen bei Moulié; S. 2–3 Marc Walter; S. 4 The Kobal Collections; S. 6 Fotografie mit frdl. Gen. des Norman Rockwell Museum, Stockbridge – Abdruck mit frdl. Gen. des Norman Rockwell Family Trust © 1957; S. 7 Robert Doisneau – Rapho; S. 8 Fine Art Photographic Library Ltd/Colin Stodgell Fine Art; S. 9 Jacques-Henri Lartigue – Association française pour la diffusion du patrimoine photographique; S. 10 © The Alfred Stieglitz Cat. 1955, The Metropolitan Museum of Art, N. Y.; S. 11 Rijksmuseum Foundation, Amsterdam; S. 12 P. & M. Marechaux; S. 13 Alain Soldeville; S. 14 Édouard Boubat – agence Top; S. 15 oben: Mary Evans Picture Library – Explorer; unten: Marc Walter; S. 16 und 17 Serge Fouillet; S. 18 Fotoarchiv; S. 19 Tim Graham – Sygma; S. 20 J. Paul Getty Museum, Los Angeles; S. 21 Marc Walter/Schloß Malmaison; S. 22 J. Paul Getty Museum, Los Angeles; S. 23 Bridgeman Art Library, Whitford & Hughes, London; S. 24 Marc Walter; S. 25 Bridgeman Art Library – National Museum of American Art, Smithsonia; S. 26 Scala – Museo Pio-Clementino, Vatikan; S. 27 Edimedia, priv. Fotoarchiv, Ausschnitt; S. 28 Marc Walter; S. 29 Österreichische Nationalbibliothek; S. 30 British Library; S. 31 Mit frdl. Gen. des Kuratoriums des Victoria and Albert Museum/Brenda Norrish (Foto); S. 32 RMN; S. 33 Capella dei Maggi, Ausschnitt, Quattrone, Florenz; S. 34 Marc Walter, Blumen bei Moulié; S. 35 Scala, Florenz, Uffizi; S. 37 RMN; S. 38 oben: Albertina, Wien, D. R.; unten: Ole Woldbye, Kunstgewerbemuseum Kopenhagen; S. 39 oben: Den Haag, Koninklijke Bibliotheek, 74 G 37 a, fol. 1V; unten: Marc Walter; S. 40 Rijksmuseum, Amsterdam; S. 41 oben: Bodleian Library, Oxford, ms Douce 219–220, fol 57 V; unten: Marc Walter; S. 42 National Gallery, London; S. 43 Musée des Offices, Artephot-Bencini; S. 44 J. Paul Getty Museum, Los Angeles; S. 45 Fine Art Photographic Library Ltd & Private Coll.; S. 46 und 47 München, Artephot-Artothek; S. 48 *Archdukes Albert and Isabella in a Collector's Cabinet*, Ausschnitt, The Walters Art Gallery, Baltimore; S. 49 Gilbert Jackson, *A Lady of the Grenville Family with her Son*, Ausschnitt, Tate Gallery, London; S. 50 Haags Gemeente Museum Collection; S. 51 Frans Hals Museum, Haarlem; S. 52 Musée Boijmans Van Beuningen, Rotterdam; S. 53 Fundation Coleccion Thyssen-Bornemisza, Madrid, D.R.; S. 54 Musée du Louvre, Scala; S. 55 Kunsthistorisches Museum, Wien, Artephot-Nimatallah; S. 56 Mit frdl. Gen. des Duke of Westminster OBE TD DL; S. 57 Adrian van der Spelt und Frans van Mieris, *Still Life*, Ausschnitt, Foto 1996, Art Institute of Chicago, Alle Rechte vorbehalten; S. 58 Prado-Museum, Oronoz-Artephot; S. 59 Rijksmuseum, Amsterdam; S. 60 Edimedia, priv. Fotoarchiv; S. 61 RMN; S. 62 oben: Museum für Mode und Stoffe, Copyright Sammlung Ucad-Ufac, Paris, Foto Laurent-Sully Jaulmes; unten: Rijksmuseum, Amsterdam; S. 63 und 64 oben: Bibliothèque Nationale de France; S. 64 unten: Sammlung St Rosendo Naseiro, Madrid, Artephot-Oronoz; S. 65 oben: RMN; unten: Foto Basset, Musée des Beaux-Arts, Lyon; S. 66, 67 und 68 Rijksmuseum, Amsterdam; S. 69 Andrew W. Mellon Fund, Foto Bob Grove, National Gallery of Art, Washington; S. 70 National Gallery, London; S.71, 72 und 73 Herbier du Muséum d'histoire naturelle, Paris; S. 74 Koninklijk Museum voor Schone Kunsten, Antwerpen; S. 75 Musées royaux des Beaux-Arts de Belgique; S. 76 Reynolds: *Three Ladies Adorning a Term of Hymen*, Ausschnitt, Tate Gallery, London; S. 77 Alte Pinakothek, München – Bridgeman Art Library; S. 78 Museo Lazaro Galdiano, Madrid, Oronoz-Artephot; S. 79 Didier Gardillou, Foto Marc Walter; S. 80; Musée des Arts décoratifs, Paris – Foto Laurent-Sully Jaulmes; S. 81 Schloß Schönbrunn, Wien – Bridgeman Art Library; S. 82 Burghley House, Stamford – Bridgeman Art Library; S. 83 Statens Konstmuseer, Stockholm; S. 84 Marc Walter, priv. Fotoarchiv; S. 85 Samuel-H.-Kress-Sammlung, Foto Richard Carafelli, National Gallery of Art, Washington; S. 86 Det Nationalhistoriske Museum pa Frederiksborg, Hillerod; S. 87 National Gallery of Scotland, Edinburgh, D.R.; S. 88 Ausschnitt: *Billet doux* von Fragonard, The Jules Bache Coll.. 1949 – by Metropolitan Museum of Art, N.Y.; S. 89 Photothèque des Musées de la Ville de Paris, Foto Ph. Ladet; S. 90 Sammlung Berko, Foto Speltdoorn & fils; S. 91 RMN; S. 92 oben: Statens Museum for Kunst, Kopenhagen, Foto Hans Petersen; unten: Musée des Arts décoratifs, Paris, Foto Laurent-Sully Jaulmes; S. 93 RMN; S. 94 oben: RMN; unten: Marc Walter; S. 95 Schloß Malmaison – Marc Walter; S. 96 Musée des Beaux-Arts, Rouen – Roger Viollet; S. 97 RMN; S. 98 oben links: GNAM, Sammlung Praz, Palazzo Primoli, Foto Vasari, Rom; oben rechts: Fine Art Photographic Library, priv. Fotoarchiv; unten rechts: D.R.; S. 99 Musée des Beaux-Arts, Lyon, Foto Basset; S. 100 Musée des Beaux-Arts, Quimper – Giraudon; S. 101 RHS, Lindley Library; S. 102 Bibliothèque des Arts décoratifs, Foto J.-L. Charmet; S. 103 Hintergrund: Foto J.-L. Charmet; Vignette: Martin Breese – Retrograph Archive Ltd; S. 104 University Art Museum, University of New Mexico, Albuquerque, D.R.; Vignette: Marc Walter; S. 105 Sammlung der Musées de la Ville de Saintes, Michel Garnier; S. 106 oben: Royal Photographic Society, Bath; unten: Bridgeman Art Library – priv. Fotoarchiv; S. 107 *The First of May 1851*, Winterhalter, Ausschnitt, Royal Collection Enterprises, Windsor Castle – Foto A.C. Cooper Ltd 1993; S. 108 Smith Art Gallery & Museum, Stirling – Bridgeman Art Library; S. 109 Stern (Art Dealers) Co., London – Bridgeman Art Library; S. 110 Etude Jean-Claude Anaf & Associé, Verkauf vom 8. Juni 1997, Los n° 122; S. 111 Tate Gallery, London; S. 112 Musée Carnavalet, Photothèque des Musées de la Ville de Paris, Foto Briant; S. 113 Fine Art Society, London – Bridgeman Art Library; S. 114 (Vignette) D.R.; S. 114 oben und S. 115 Marc Walter; S. 116 D.R.; S. 117 Musée de Nantes – Bulloz; S. 118 Musées royaux des Beaux-Arts de Belgique; S. 119 links: Musée Carnavalet – J.-L. Charmet; Vignetten: Fine Art Photographic Library – Findar Macdonnell & Co; S. 120 Sammlung Monsieur und Madame Kenber – Marc Walter; S. 121 Musées de la Ville de Paris – Carnavalet – The Bridgeman Art Library – Giraudon; S. 122 mit Gen. von Adam Levene, Albourne – Fine Art Photographic Library; S. 123 City of Bristol Museum & Art Gallery – The Bridgeman Art Library; S. 124 Galerie Berko – Fine Art Photographic Library; S. 125 Fine Art Photographic Library; S. 126 oben: Mary Evans Picture Library – Explorer; unten: D.R.; S. 127 Rheinisches Bildarchiv, Köln; S. 128 Statens Museum for Kunst, Kopenhagen – Foto Hans Petersen; S. 129 Gavin Graham Gallery, London – Bridgeman Art Library; S. 130 Christie's London – Bridgeman Art Library; S. 131 Museum of London; S. 132–133 Richard Green Gallery, London – priv. Fotoarchiv; S. 134 und 135 Seeberger – Archives photographiques de Paris/CNMHS; S. 136 Musée municipal de Luchon – Dominique Fournier, Eric Le Collen; S. 137 von oben links nach unten rechts: Archives photographiques de Paris/CNMHS, Hulton Getty Picture Coll. Ltd, Bettmann Archive, Byron Coll./Museum of the City of New York; S. 138 Musée de l'école de Nancy; S. 139 Berry – Hill Galleries; S. 140 Rijksmuseum, Amsterdam; S. 141 Orsay – RMN; S. 142 British Museum, London; S. 143 City of Bristol Museum & Art Gallery – Bridgeman Art Library; S. 144 und 145 Hulton Getty Picture Coll. Ltd; S. 146 Bonhams, London – Bridgeman Art Library; S. 147 Marc Walter; S. 148 Zintzmayer; S. 149 Kobal Collection; S. 150 Marc Walter; S. 151, 152, 153, 154 Serge Fouillet; S. 155 Archive der Bloemenveiling Aalsmeer; S. 156 Marc Walter; S. 157 Emile Luiden – Rapho; S. 158 und 159 Marc Walter; S. 160 Hulton Getty Picture Coll. Ltd; S. 161 Doisneau – Rapho; S. 162 Kennet Poulsen; S. 163, 164, 165, 166, 167 Marc Walter; S. 168 Kennet Havgaard – Nyt Nordisk Forlag Arnold Busck; S. 169 Marc Walter; S. 170 Massimo Listri; S. 171 Weidenfeld & Nicolson – Clive Bournsell; S. 172 Royal Horticultural Society, London; S. 173 Royal Horticultural Society, London – Cecil Beaton; S. 174 Fine Art Society PLC, D.R.; S. 175 Sotheby's – Cecil Beaton; S. 176 Fotoarchiv; S. 177 (von oben links nach unten rechts) Marc Walter, Fotoarchiv; S. 178 Fotoarchiv; S. 179 oben: Archive Interflora; unten: Fotoarchiv; S. 180 Fotoarchiv; S. 181 Marie-Reine Mattera; S. 182 Marc Walter; S. 183 Basia Zarzycka – D.R.; S. 184 Christian Sarramon; S.185 (von oben links nach unten rechts) Christian Sarramon, Marc Walter; S. 186 Marc Walter; S. 187 Patrick Jacob – Agence Top; S. 188 Marc Walter; S. 189 oben: *Bridal Flowers* by Maria McBride-Mellinger, Foto William Stites © 1992 Smallwood & Stewart; unten: *Decorating with Flowers*, by Denise Otis & Ronaldo Maia, Foto Ernst Beadle, Harry N. Abrams Pub, D.R.; S. 190 *Flowers Rediscovered by Mädderlake*, Artisan/ Workman, New York, Foto John Dugdale; S. 191 oben: University of New Hampshire; unten: Gerhard Stromberg; S. 192 *Flowers for four Weddings*, Simon Lycett – Ebury Press, Foto Sandra Lane; S. 193 John Miller – Weidenfeld & Nicolson; S. 194 Marc Walter; S. 196 Daniël Ost – Foto Robert Dewilde; S. 197 *Standing Ovations* by Gregor Lersch, 1997, Foto Ralf Hillebrand, Ralf-C. Stradtmann; S. 198 Magazine Victoria, New York; S. 199 Jan Djenner; S. 200 Nicolas Bruant/Maison & Jardin – hors série *Mariage* n° 1; S. 201 J.-L. Charmet; Kennet Havgaard – Nyt Nordisk Forlag Arnold Busck; Schutzumschlag-Rückseite: Kobal Collection.

Register

Das Register enthält nicht die Namen der Geschäfte und Organisationen, die nur im Anhang vorkommen. Die *kursiven* Seitenzahlen beziehen sich auf Bildlegenden.

A
Aalsmeer 142, 154, 155, *155*, 156, 159, *163*
Afrika 12, *12*, 94, 151, 153, 155, 159
Ägypten 26, 74
Akeleien *28*, 38, 53, 82
Allerheiligen 87, 180
Alma-Tadema, Sir Lawrence 23, *23*, 26, 27, *106*
Amsterdam 52, 146, *146*, 154, *156*, 159, *159*
Ancher, Michael *129*
Andersen, Hans Christian 141
Andersen, Tage (Florist) *171*, 191
Anthurien 151, *152*, *159*
Antike 23, *23*, 25, *28*, 56, 59, 77, *98*
Arabien *12*, 32
Arnim, Elisabeth von *125*
Asien *13*, 154, 182
Atmosphère (Blumengeschäft) *184*, 195
Au Nom de la Rose (Blumengeschäft) *186*, 198
Augustus, Kaiser 26
Aurikeln 72, 74, 87

B
Baes, Firmin *125*
Baloun, Philip (Blumendekorateur) 190
Baltard, Victor (Markthallen) 129, 130, 160, *161*
Balzac, Honoré de 98, *101*
Baptiste (Florist) *184*, 195
Bassen, Bartholomeus van *68*
Baumann, André (Florist) 176
Beaton, Cecil 172, *174*, 175
Beauvoir, Simone de 11
Beeton, Mrs. 126, *126*
Belgien 19, *41*, 118, 134, 136, 138, 171, *186*, 197
Béraud, Jean 120
Bering, Erik (Florist) *171*, 198, *198*
Berjon, Antoine 97
Berlin 78, 102, 134, 154, 159
Bird, Isabella 138
Blom, Gustav Wilhem *129*
Blumenauktion 142, 154, 155, *155*, 156, 159
Blumendekoration/-schmuck 8, 16, *19*, 23, 26, 28, *31*, 35, *41*, 53, 77, 78, 80, *80*, 82, *82*, 87, 92, *92*, 98, 101, 109, 112, 120, *125*, 126, *126*, 129, *129*, 130, 138, 140, 141, *141*, 142, 171, *171*, 172, *172*, 174, 176, 182, 183, 186, 189, *190*, 191, 192, *192*, 198
Blumenfärber 16, 164, 180, 182, *183*, 188
Blumenfeste 16, 59, 134, 136, *136*, 151, 214–215
Blumengeschäfte 8, *25*, 97, 98, 109, 110, 112, *112*, 113, *113*, 134, 138, *150*, 153, *167*, *171*, 172, 174, 176, 178, *184*, 186, 191, 195, *195*
Blumengestecke 23, 189, 198, 218
Blumengirlanden 12, *12*, 15, 17, 23, *23*, 25, 28, 30, *31*, 32, 35, 53, 54, 56, 65, 82, 87, *106*, 189, 198
Blumengroßhändler 148, 155, 156, 89, *89*, 97, 98, 106, 109, 110, 112, 113, 114, 116, 129, 136, 138, *150*, *153*, 156, 163, 171, 176, 180, 184
Blumenhandel 50, 52, 89, 109, 113, 129, 130, 136, 142, *150*, 150, 151, 152, 153, 154, 156, 159, 163, *174*
Blumenhüte 11, 23, 30, 32, 33, 36, 180, *180*
Blumenhutmacher 30, 35, 130, 180
Blumenkränze 12, *19*, 23, *23*, 25, *25*, 26, 28, 32, *32*, 35, *94*, *98*, *106*, 112, 123, 178, 182, 197, 198
Blumenmaler 38, 53, 54, *68*, 71, 97, *174*
Blumenmärkte *25*, 92, 110, 129, 130, *130*, 131, *131*, 136, *146*, 148, 150, *150*, 154, 159, *159*, 160, *160*, 163, 164, 167, *191*, 192, 195
Blumenmode 19, 23, 30, 32, 35, 71, 72, 74, 80, *98*, 112, 136, 141, 164, *167*, *178*, 179, 186, *186*, 189, *189*, 190, 197
Blumenpflücken 11, *11*, 12, 13, 28, 36, 92, *131*, *192*, *197*
Blumenporträts/-darstellungen 38, *38*, 41, 45, 49, 53, *53*, 54, 87, 92, 97, *102*
Blumenproduktion/-anbau 13, 26, 35, 72, 130, 131, 136, 148, 150, 151, 152, *152*, *153*, 154, *154*, 155, 159, *163*, 164, 167
Blumensammlung 49, *49*, 71, 74
Blumensprache/-symbolik 6, *16*, 17, 25, 26, *28*, 32, 35, *35*, 56, *56*, 60, *60*, 62, *62*, 98, 101, *101*, 102, *102*, 105, *105*, 106, *106*, 117, 118, 197, 198, 216–217
Blumensträuße/Buketts 6, 8, 11, 15, 16, 17, 19, *19*, 23, 30, 35, 38, *38*, 41, 45, 52, 54, 56, 62, *62*, 64, *64*, 65, 68, 86, 71, *71*, 72, 74, 80, 82, *82*, 84, 87, 87, 92, 99, 102, 106, 109, *109*, 110, 112, 113, *113*, 116, *116*, 118, *118*, 119, 120, 123, *125*, 129, *129*, 130, *131*, 134, 136, 138, *139*, 140, *140*, 141, *141*, 142, 1÷6, *146*, 148, 150, 153, *153*, 163, 171, 172, 174, *174*, 176, *176*, *178*, 179, 180, 182, 183, 184, *184*, 186, *186*, 188, 189, 191, 192, 195, 197

Blumenzüchter 49, 54, 72, 129, 134, 142, 164, 167
Blumenzwiebeln 49, 50, 52, *53*, 68, 146, 154, *156*
Blumstein, Ehepaar (Floristen) 195
Bosschaert, Ambrosius 53, 54, *54*
Botanik 28, 36, 38, *38*, 41, 45, 49, 54, 71, 72, *72*, 77, 92, 97, 102, 105
Boubat, Édouard 15, *15*
Boucher, François 77
Bourdichon, Jean 38
Brautstrauß 6, 23, 106, 123, 197, 198, *198*
Brilliant, Isabelle 114
Brontë, Charlotte *105*, 148
Brossard (Blumengeschäft) 164, *164*
Bruegel (oder Brueghel) d. J., Pieter 46, 47, 49
Bruegel, Jan (gen. »Samt-« oder »Blumenbruegel«) 49, 53, 54
Busbecq, Ogier Ghislain de 45, 49

C
Carroll, Lewis 11
Cauchois, Eugène-Henri 8
Cattleya (Blumengeschäft) *184*
Chardin, Jean-Baptiste Siméon 71, 87, *87*
Chase, William Merritt *139*
Chasseriau, Théodore *101*
China 16, 17, 62, *64*, 72, 77, 78, 80, 87, *140*, 154, 198
Christie, Agatha 11
Chrysanthemen 80, *129*, 138, 151, 152, 192
Clairoix, N.-C *129*
Colette 8, 97
Colonna, Francesco 36
Coquelin (Blumengeschäft) 164, 167
Covent Garden (Blumenmarkt) 130, 136, *146*, 160, *160*, 167, *191*, 192, *192*

D
Dahlien 8, 106, 125, 138, *195*
Dänemark 141, *171*, 191, 198, *198*
David, Jacques Louis 92
Declercq, Pierre (Florist) 195
Dei Fiori, Mario 45
Deutschland 19, 30, 45, 78, 94, 102, 106, 118, *126*, 138, 150, 163, 171, 176, 195, 197
Didier-Pierre (Florist) *167*, 195
Dietrich, Marlene 6
Dior, Christian 182, *182*, 183
Doisneau, Robert 6, 7, 160, *160*
Drouais, François-Hubert *84*
Dumas, Alexandre 119, 120
Dürer, Albrecht 38, *38*
Dyck, Anthonis van 56

E
Ecuador (Blumenproduktion) 150, 153, 154, 186, *188*
Eliaerts, Jan Frans 74
Elisabeth II., Königin 19, *19*, 174
Eugène, Frank 11
Europa 12, 13, 15, 16, 17, 19, 23, 26, 28, 30, 45, 49, 53, 54, *64*, 72, *72*, 78, 80, 92, 97, 101, 109, 116, 130, 138, *139*, 142, 146, 152, *152*, 153, *153*, 154, *154*, 155, 156, 159, *160*, 163, 167, 174, 176, 189, 191, *197*
Export *64*, 151, 152, 154, 155, 171
Eyck, Hubert und Jan van 36, 38

F
Fantin-Latour, Henri 142
Farbgeschmack/-moden 50, 52, 68, 123, 154, 164, 178, 179, 183, *183*, 184, *184*, 185, 186, 188, 191
Ferrari, Giovanni Battista *64*, *64*, 68
Fitzgerald, Scott 142
Fleurop GmbH 176
Flieder 45, 77, 123, *125*, 136, *138*, 142, 163
Flora, Göttin 49, *50*, 59, *65*
Floréal (Blumengeschäft) 167
Floristen 6, 8, 12, *19*, 38, 54, 87, 89, 97, 106, 109, 110, 112, *112*, 113, *113*, 120, 123, 125, 131, *131*, 136, 138, 140, *141*, 150, 154, *156*, 159, 160, 163, 164, 167, 171, *171*, 172, *174*, 176, 178, *178*, 179, 180, 184, 186, 189, 190, *190*, 191, 192, *197*, 198
Floristik 15, *64*, 68, 138, 141, *171*, 179, 191, 192, 195, *197*
Floristikkurse/-schulen 138, 174, *176*
Fouquet, Jean 38, *38*
Fragonard, Jean Honoré 89

Frankreich 19, *19*, 30, *30*, 35, 38, *38*, 60, 71, 72, 77, 78, 80, *80*, 87, 89, 92, *92*, 94, 97, 97, 101, 102, 105, *105*, 106, 109, 110, *114*, 116, 120, 123, *123*, 126, *129*, 134, 136, 138, 146, 150, 153, 154, 160, 163, 171, *172*, 174, *174*, 176, 178, *179*, 184, 186, 192, 195, 197
Freesien 146, 155, *178*, *186*, *190*, 191, *192*
FTD (Florist Telegraph Delivery Association) 176
Fuchs, Leonhart 38

G
Gallé, Émile *138*
Gänseblümchen 11, 38, *41*, 54, 164, 180
Garcia Marquez, Gabriel 8
Gardenien 113, 116, 118, 174, *188*
Gardillou, Didier 78
Garibaldi (Blumengeschäft) 167
Gartenbau/Gärtner *13*, 26, 28, 49, 71, 129, 131, 134, 136, 138, *138*, 148, 150, 151, *151*, 152, 159, 163, 164, 167
Gartenblumen 13, 26, 28, 71, 74, 87, *131*, 142, 150, 160, 164, *178*, 179
Geburtstag 99, *105*, *106*, 126
Genod, Michel 99
Geoffroy, Henri-Jules-Jean *105*
geprelßte Blumen 72, 197, 198
Gerbera 146, 159, *163*, 184, *186*
Gerda's (Blumengeschäft) *159*
Gerritszoon, Hendrik 50
Gesner, Conrad *41*, 45
Gestes Passion (Blumengeschäft) 195
Gilbert, Victor 110, *131*
Gladiolen 26, 136, 138, 151, *174*, 179, *186*, *189*
Glockenblumen 11, *41*, 78, 142
Glück, Louis Théodore Eugène *174*
Glyzinien 80, 120, 180
Goethe, Johann Wolfgang von 89
Gogh, Vincent van 141
Goldlack *25*, 36, 74, 78, 82
Gonzalès, Eva 92
Goody, Jack 12, 54
Goodyear, Edward (Florist) 176
Gozzoli, Benozzo *32*, *33*
Granatapfelbäume 77, 82, 125
Grandville, J. J. *102*
Groot, Thera de (Floristin) *156*
Großbritannien 8, 19, *19*, 32, *41*, 56, 74, 77, 78, 80, *80*, 101, *101*, 102, *102*, 105, *105*, 106, 110, *112*, 116, 120, 123, *125*, 126, *126*, 129, 134, 136, 138, 141, 146, *154*, 160, 167, 171, *171*, 172, 189, 191, 192, *192*, 197, 198
Großmärkte 130, *146*, *150*, 159, 160, 163, 171
Guillet (Blumengeschäft) 180, 183
Gulley, Catherine B. 142

H
Haller, Albrecht von 71, 72
Haltbarkeit 87, 98, 125, 156, 159, 163, 188, 198, 219
Hamen y Leon, Juan van der 59, *64*
Handelswege 150, 151, 154
Harper & Tom's (Blumengeschäft) *184*
Hart, Valorie (Blumendekorateurin) 189
Heem, Jan Davidsz de 68, *68*
Heliogabalus, Kaiser 26, *26*
Hepburn, Audrey 148
Herbarien 32, 36, *38*, 71, *71*, 180, 197
Hermans, Charles 118
Herpfer, Carl *123*
Hillion, Gérard (Florist) 195
Hochzeit 19, 23, 26, 60, 101, 106, 120, 123, *123*, *136*, 171, *172*, 176, 180, 183, 189, *192*, 197, 198
Hochzeitstag 198, 218
Hongkong 17, 164, 180, 182, 198
Hortensien 72, *72*, 94, *125*, *150*, 188, 191, 197
Hugo, Victor 12
Huet, Jean-Baptiste 89
Hufnagel, Georg 45
Huysum, Jan van 68, *71*
Hyazinthen 49, 74, 131, 136, 146, 155, *190*

I
Ikebana 15
Import 17, 26, 136, 151, 152, 154, *154*, 163
Indien 15, *16*, 17, 178
Interflora Inc. 176, *179*
Iris 8, *35*, 53, 54, *54*, 80, 113, 138, 141, *146*, 163, 183, 184, *192*
Isabell, Robert (Blumendekorateur) 190
Israel (Blumenproduktion) 154, 155
Italien 19, 26, 36, 45, *45*, *64*, 87, 89, 131, 150, 163, 167, 171, 192, *192*

Register

J
Jackson, Gilbert *49*
Jacquemart et Benard (Manufaktur) 80, *80*
James, Henry *112*
Japan 13, 15, *15*, 16, 17, 138, *139*, 140, 141, 154, 171, 191, 197
Jarecki, Billy 163, 189, *190*
Jasmin 12, 15, 36, *36*, 45, 77, 182, 198
Joséphine, Kaiserin *94*, 97

K
Kaiserkronen 49, *49*, 54, 60, 82, 146
Kakuzo, Okakura 15, 16
Kallas *8*, 82, 125, *174*, 180, 184, 186
Kamelien 72, 94, 106, *109*, 113, 116, 119, *119*, 120, 125, 182, 195
Karr, Alphonse *116*, 131, 134
Kennedy, Jackie *178*
Klematis 11, 138, *141*, 197
Knopflochblüten 23, 109, 112, *114*, 116, 118, 198
Kock, Paul de 109, 116
Kolumbien (Blumenproduktion) 16, 151, *151*, 152, *152*, 153, *153*, 154, *154*, 155, 159
Kopf-/Haarschmuck *12*, 30, 49, *82*, *84*, 94, 120, 123
Kornblumen 54, 68, 82, 118, *142*, 150, 167
Kunstblumen 78, 87, *87*, 89, *94*, 112, *113*, *114*, 123, *123*, *136*, 179, 180, *180*, 183, *183*, *188*

L
La Farge, John *25*
La Fosse, Charles *65*
La Salle, Philippe de 80
Lachaume (Florist) *15*, 112, 113, 174, *176*, 191
Lacroix, Christian 183, 195
Lartigue, Jacques Henri 8, *9*
Latour, Charlotte de 102, 105
L'Écluse, Charles de 49
Légeron (Blumengeschäft) *114*, *115*, 180, *180*, 182, 183
Leighton, Edmund Blair *123*
Lemarié (Blumengeschäft) 180, 182
Lemoine, Victor *138*
Lersch, Gregor (Florist) 171, 197, *197*
Lilien *15*, *25*, 28, *35*, 38, 41, *53*, 60, *60*, 74, 77, 97, 97, 110, 130, 136, 154, *154*, 182, 183, 191, 198
Linné, Carl von 71
Lippi, Filippo *35*
Logsdail, William *110*
London 19, 78, 110, *114*, *116*, 129, 130, *131*, 134, 136, *146*, 154, 160, *160*, 171, *171*, 172, 174, *174*, 179, 183, *183*, *184*, 188, *191*, 192, *198*
Longman's (Blumengeschäft) 19
Loti, Pierre 138, *139*
Lubrano-Guillet, Marcelle 182, 183
Ludwig XIV. 71
Ludwig XV. 77, 78
Ludwig XVI. 72
Ludwig XVIII. 94
Lycett, Simon (Florist) *192*

M
Mackintosh, Charles Rennie *142*
Mädderlake (Blumendekorationen) 163, 189, *190*
Madeleine, Marché de la (Blumenmarkt) 146
Maia, Ronaldo (Florist) 179, *189*
Maiglöckchen 36, 74, 110, 120, 182
Manet, Édouard *141*, 142
Mann, Alexander *113*
Margeriten *8*, 129, *134*, 150, *178*, *179*, *180*, 182, 183
Marie-Antoinette, Königin 87, 89, 97
Marokko (Blumenproduktion) 154
Maugham, Somerset u. Syrie 172
Maumené, Albert 112
Medellín (Blumenmarkt, Blumenfest) *151*
Memling, Hans 53, *53*
Mieris, Frans van 56
Mijn, Hermann van der *82*
Millefleurs-Teppich *31*, 32
Mimosen 13, 136, 148, 163, 189
Mittelalter 28, *28*, 30, *30*, 35, *35*, 36, *36*, 56, 60, *60*
Mode, Blumen und 30, 60, 87, 89, *114*, 120, *142*, 171, *174*, *176*, *180*, 182, *182*, 183, *183*, 195
Mohnblumen 72, *92*, 189, *190*, 198
Monnoyer, Jean-Baptiste 71
Moulié (Blumengeschäft) 6, 184, 195
Moulignon, Leopold de *109*
Moyses Stevens (Blumengeschäft) 176
Muttertag 156, 159
Myrten 26, 68, 125, 184, 198
Mytens, Martin *80*

N
Nadar, Paul *136*
Napoleon I. *92*, 94, *94*, 97, *98*
Narzissen 8, 11, 25, 68, 74, 101, 102, 109, 136, *146*, *160*, 167

Nelken 8, *12*, 19, 32, 36, *36*, *41*, 53, 60, 65, 74, 77, *80*, 116, 117, *134*, *136*, *141*, 151, 152, 159, 163, 195
Nero, Kaiser 26, *26*
Neujahr 17, 123
New York 54, 129, 131, 142, 151, 152, 163, 171, 179, 182, 186, *189*, 190, *190*
Niederlande (Blumenproduktion) 17, 19, *36*, *45*, 49, 50, *50*, 52, 53, 54, *56*, 68, *68*, 71, 131, 142, 150, 151, 152, 154, 155, *155*, *156*, 159, *159*, *160*, 163, 167, *171*, *186*, 191, *198*
Nizza 131, 134, 136, 148

O
Oberkirch, Madame de 87
Orangenbaumzweige/-blüten 16, 23, 36, 71, *102*, 109, 123, *123*, 134
Orchideen 8, 12, 30, 71, 72, 112, 136, 151, 154, 174, *176*, 182, 183, *192*, 197
Orient 45, 54, *72*, 101, *159*
Orley, Bernaert van *36*
Österreich 19, 80, 94, *94*, 116
Ost, Daniël (Florist) 171, 197
Ostern *16*, 123, 180

P
Packer, Jane (Floristin) 171
Paret, Luis *78*
Paris 6, 8, 12, *15*, 17, 35, *54*, 71, 72, 78, 80, 89, 92, 97, 102, 109, 112, *112*, 114, *114*, 116, 123, 125, 129, 130, 131, *131*, 134, *134*, 136, 146, 150, 154, 160, *160*, 163, 164, *164*, 167, 174, 176, *176*, 178, *178*, 179, 180, 182, 183, *184*, 186, 191, 195, *195*
Pascal, Antoine *98*
Percier, Charles *94*
Persien 32, 36
Pfingstrosen 8, *15*, 16, 28, 77, 77, 102, *134*, *139*, 142, 167, 191
Phantasiesträuße d. Maler 53, 54, 97
Phillips, Marlo (Floristin) 186
Pillement, Jean-Baptiste 78
Pizan, Christine de *30*
Polynesien 17, 151
Pompadour, Madame de 77, *77*
Portaels, Jean-Francois *109*
Prévost, Madame (Floristin) 97, 98
Primeln 74, 116, 189
Pritchard, Tom 163, 189, *190*
Proust, Marcel 112, 140
Prouvé, Victor *138*
Pryke, Paula (Floristin) 171
Pulbrook & Gould (Blumengeschäft) *191*, 192

Q
Quai aux Fleurs (Paris) 92, 146

R
Rambouillet, Marquise de 60
Redouté, Pierre-Joseph 97, *97*
Reynold, William Ernest *23*
Reynolds, Sir Joshua 77
Ringelblumen 15, 17, 28, 60, 78, 87
Rittersporn 82, *146*, *164*, 191
Robert, Nicolas 62
Robic, Marianne (Floristin) *184*, *195*
Robinson, Martin (Florist) 188
Rockwell, Norman *6*
Rom 23, *23*, 25, 26, 28, 32, 64, 154, 198
Rorbye, Martinus *92*
Rosa Rosa (Blumengeschäft) 186
Rosas, Don Eloy (Florist) *153*
Rosen 6, *6*, 8, 11, *12*, 17, 23, 25, 26, *26*, 32, 32, 36, *36*, 38, 54, *54*, 60, 77, *77*, 78, 80, 82, 89, 92, 94, 97, 97, 101, *101*, 106, *106*, 109, *109*, 110, *114*, 116, 120, 123, 126, 130, *130*, *131*, 136, 140, *140*, 141, 142, *146*, 150, *150*, 151, 152, *152*, 153, *153*, 154, *154*, 164, 167, *167*, *171*, 172, 174, 176, 182, *182*, 184, *184*, 186, 188, *188*, 189, 191, *192*, 197, *197*, 198, *198*
Rosen-Boom 186
Roses Only (Blumengeschäft) 186
Roslin, Alexander *82*
Rossi, Angelo *11*
Rousseau, Jean-Jacques 72
Rungis (Markthallen) 19, 160, *160*, 163, *163*, 164, 167
Rußland 78, 80, 94, *126*, 134, 136, *136*
Ruysch, Rachel 42

S
Saleya, Cours (Blumenmarkt) 148
Savery, Roelandt 53, 54
Schaufensterdekorationen 109, 112, *171*, 172, 178, 183, 191, 192, 195
Schnittblumen 13, 15, 16, 30, 41, 80, 125, 146, 151, *152*, 154, 155, *155*, 156, *156*, 159, *159*, 164, *167*, 189, *189*
Schwarzafrika 12, 13, 72
Schweden 71, 82

Schweiz 19, 41, *71*, 72, 89, 163
Scudéry, Madeleine de 62
Shakespeare, William 102
Shaw, George Bernard 114
Singel (Blumenmarkt) 146, 159
Sitten und Gebräuche 11, *12*, *13*, 15, 16, 17, 19, 23, 25, 28, 30, *30*, 32, *41*, 45, 50, 53, 60, 68, 72, 87, 89, 92, *92*, 97, 106, 116, 120, 123, *123*, 126, 146, 151, *153*, *178*, 189, *189*, 198, 218
Snijers, Peeter 74
Sonnenblumen 19, *56*, 60, *129*, 142, 189, 191
Spanien 19, 32, 53, *59*, 78, 80, *153*
Spelt, Adrian van der *56*
Spry, Constance (Floristin) 171, 172, *172*, 173, 174, *174*, 179, *189*, 192
Starz, Thomas (Florist) 197
Stiefmütterchen 36, 38, *41*, 82, *98*, 197
Stilleben 54, 56, *64*
Strelitzien *148*, 192
Streublumen *12*, *16*, 23, 26, 30, 35, 36, *41*, 198
Südamerika 12, 60, 72, 153

T
Ternes, Marché des (Blumenmarkt) 146
Thailand (Blumenproduktion) 154
Thanksgiving 171
Thera de Groot (Floristin) 156, *156*
Tischdekoration/-gestecke 36, 78, 125, 126, *126*, 172, 191
Tissot, Jacques Joseph *125*
Tortu, Christian (Florist) 171, 188
Toulmouche, Auguste 116
Transport 64, 136, 151, 154, 155, *155*, 156, 159, 163, *163*
Trauergebinde 136, 153, 172
Treib-/Gewächshäuser 15, 26, 71, 72, 77, 131, 141, 142, *148*, 152, 156, 164, *164*, 167, *167*, 180, 184
Trockenblumen *116*, 153, 179, 186, *188*, 197
Troyes, Chrétien de 30
Tuberosen 71, 131, 136, 146
Tulpen *8*, 11, 41, 45, *45*, 49, *49*, 50, *50*, 52, 53, *53*, 54, *59*, 60, 68, *68*, *71*, 130, 131, 141, 142, 155, *156*, *159*, 163, *184*, *184*, 191, 192
Tulpenfieber 49, 50
Türkei 41, 45, 49, 101
Turner, Kenneth (Florist) 171, *171*, *191*, 192, *192*

U
USA (Blumenproduktion) 6, *6*, 16, 17, 19, *25*, 36, 60, *71*, 101, 105, 106, 109, 110, *112*, 126, 129, 131, 136, *136*, 142, 146, 151, 152, *154*, 163, 167, 171, 174, 176, 178, 186, 189, *189*, 190, 191, 197

V
Valentinstag 6, 17, 156
Vasen 17, 23, 35, 38, 41, 45, *50*, 54, *54*, 62, *62*, 64, 68, 71, 72, 74, 78, 80, 98, 110, 113, 120, 126, *130*, *139*, 140, 141, *141*, 142, 172, *174*, 179, *184*, 197, 211
Veilchen 6, 8, 25, 32, 38, *38*, 60, 74, 92, 94, *94*, 109, *109*, 110, 118, 120, 123, 126, 131, 148, *163*, 167, 182, *188*, 197
Verdissimo (Firma) 188, *188*
Verhas, Franz *92*
Viktoria, Königin 19, *106*, 174
Vilmorin, Henry de 109, 110
Vincennes (Manufaktur) 77, 78, *78*
Voerman, Jan *140*
Vrancx, Sebastien *45*
Vulpius, Christiane 89

W
Wako, Dorothy (Blumendekorateurin) 190
Waldmüller, Ferdinand Georg *126*
Walpole, Horace 74
Watteau, Antoine 77
Wegener, Ursula u. Paul (Floristen) 197
Weihnachten *116*, 195, 218
Wein, Franz-Josef (Florist) 197
Wellington, Herzog von *106*
Wharton, Edith 110, 142
Wicken 17, *146*, 163, 164, *164*
Wien 49, 54, *80*, 94, 116
Wildblumen 12, 13, 28, 87, *98*, 134, 141, *152*, 172, 180
Wilde, Oscar 130, 141
Winden 11, 30, 72, 98
Winterhalter, Franz Xaver *106*
Wolterinck, Marcel (Florist) 54, 171, *186*
Wordley, Alison 19
Wortley Montagu, Lady Mary 101

Y
Young, Karen 198

Z
Zinnien 72, 82, 179
Zola, Émile 114, 118, *118*, 119, 160
Zweig, Stefan 116

Danksagung

Wir bedanken uns herzlich bei allen Floristen, die uns geholfen und von ihrer Erfahrung haben profitieren lassen, besonders bei Christophe (Atmosphère), der uns als erster bei unseren Recherchen behilflich war, Didier-Pierre, der uns soviel Zeit gewidmet hat, Gilles Pothier (Moreux Fleurs), dessen Erläuterungen für uns sehr wertvoll waren, und schließlich Monsieur Moulié, der uns mit Blumen förmlich überschüttet hat, in erster Linie mit wunderbaren Pfingstrosen, wie sie auf einigen Abbildungen zu sehen sind.

Ferner bedanken wir uns bei Jean-Claude Anaf (Auktionator), Monsieur Berko, Madame Blumstein (Gestes-Passion), Monsieur und Madame Brossard, Véronique de Bruignac (Konservatorin in der Tapetenabteilung des Musée des Arts décoratifs, Paris), Madame Callegari (Lachaume), Monsieur und Madame Coquelin, Madame de Damas (Interflora), Monsieur Debrie, Madame Pierre Declercq, Véronique Fontaine (Lambert-Bayard), Serge Fouillet, dem wir die exklusiven Fotos aus Kolumbien verdanken, Madame Jimena Garcón von der Kolumbianischen Botschaft in Paris, Didier Gardillou, Marc Goujard (L'Herbe Verte), Harper & Tom's, Gérard Hillion, Monsieur Jolinon vom Musée d'histoire naturelle de Paris, Monsieur und Madame Kenber, Ruy Kubota, Eric Le Collen, Monsieur Légeron, Monsieur Lemarié, Gregor Lersch, Monsieur Longman (Firma Longman's), Madame Lubrano-Guillet (Firma Guillet), Madame Mertens (Firma J.-M. Mertens), Daniël Ost, Tom Pritchard (Mädderlake), Pulbrook & Gould, Thomas C. Shaner und den Mitgliedern des American Institute of Floral Designers in Baltimore, bei Miss Ira Silvergleit von der Society of American Florists, die für uns zahlreiche wichtige Informationen zusammengesucht hat, Diana van der Westen von der Bloemenveiling in Aalsmeer, bei Marcel Wolterinck und Basia Zarzycka.

Die Autorin dankt außerdem Madame Ghislaine Bavoillot und all ihren Mitarbeiterinnen für die konstruktive Zusammenarbeit: Nathalie Bailleux, Hélène Boulanger, Soazig Cudennec, Cécile Guillaume, Carine Lefeuvre, Véronique Manssy, Anne-Laure Mojaïsky.

Meine ganze Dankbarkeit gilt zudem Florence Cailly und Hervé Droin.

Schließlich und ganz besonders tausend Dank an Sabine, Corinne und natürlich an Marc.

Ghislaine Bavoillot, die die Konzeption dieses Buches entwickelt hat, bedankt sich bei John Carter von The Flower Van, Graham Storey von Moyses Stevens, Tom Vach von Harper & Tom's, Sonja Wiates von Pulbrook & Gould und bei Basia Zarzycka für den herzlichen Empfang in London sowie bei den Londoner Blumengroßhändlern C. Ros aus Holland und George A. Moss Son vom Großmarkt in Covent Garden.

Ferner dankt sie Monsieur Edouard Carlier vom Restaurant Beauvilliers, Madame Ariane Dandois, Monsieur Rob Demarée vom Terra-Verlag in Holland, Emmanuel Ducamp, Béatrice und Laurent Laroche, Monsieur Éric Le Collen und der Galerie Richard Green in London.

Ihr Dank gilt natürlich auch dem ganzen Team, das zur Entstehung dieses Buches beigetragen hat: Margherita Mariano, Murielle Vaux, Nathalie Bailleux, Anne-Laure Mojaïsky, Véronique Manssy, Hélène Boulanger, Soazig Cudennec, Aurélie Prissette, Carine Lefeuvre und Cécile Guillaume.

Schließlich möchte sie ihrer Freude über die Entdeckung der amerikanischen Zeitschrift *Victoria* Ausdruck verleihen, die sich nicht nur als äußerst wichtige Informationsquelle für alle Blumenliebhaber entpuppte, sondern auch großes ästhetisches Vergnügen bereitet hat.